師《し》僧《そう》　今《こん》東《とう》光《こう》大《だい》僧《そう》正《じょう》に捧《ささ》ぐ

弟《で》子《し》・寂《じゃく》聴《ちょう》

【編集部《へんしゅうぶ》より】

一人でも多くの若い人たちに仏教を知ってほしいという願《ねが》いから、本書では、おおむね小学4年生以上《いじょう》で習う漢字に読みがなをつけています。

GLOBAL STANDARD ★ BUDDHISM

痛快！寂聴仏教塾

瀬戸内 寂聴

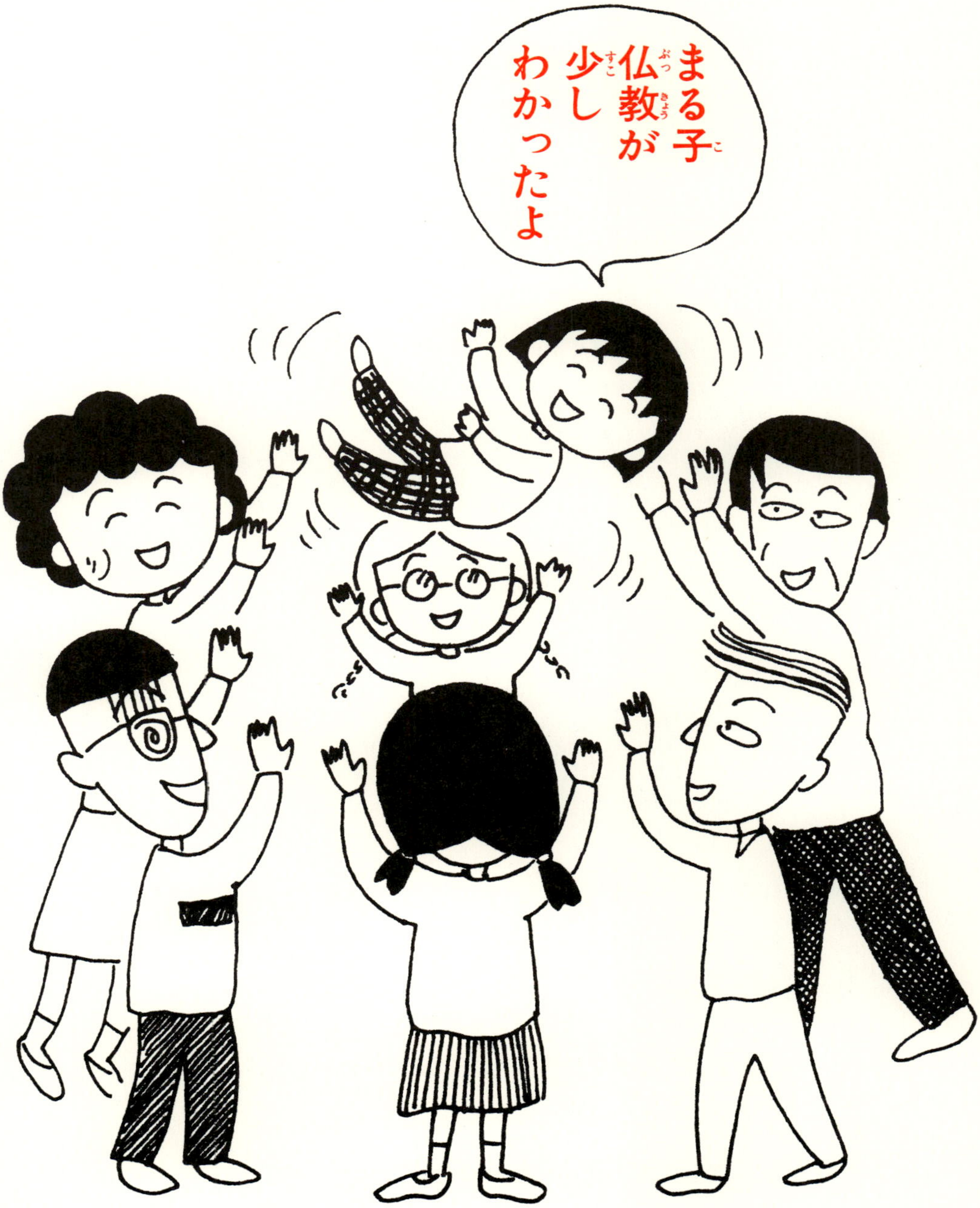

目次《もくじ》

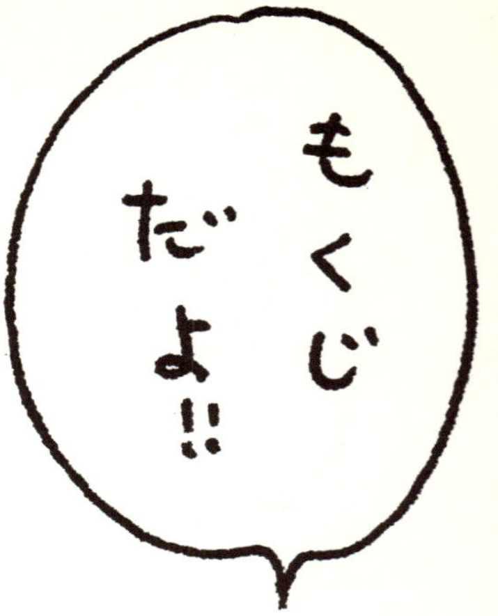

もくじだよ!!

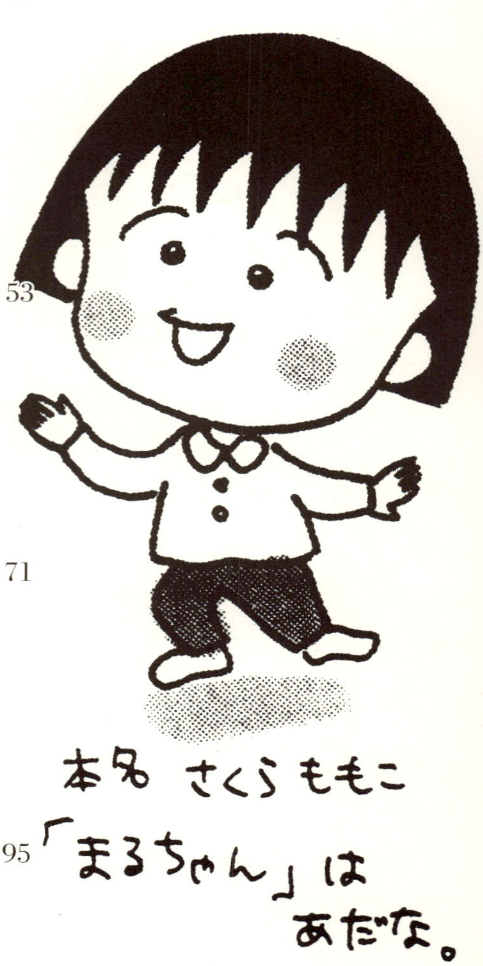

本名 さくらももこ
「まるちゃん」は
あだな。

GLOBAL BUDDHISM STANDARD

装画　高橋常政

装丁＆本文デザイン　江嶋 任

挿画　さくらももこ
（集英社版『ちびまる子ちゃん』©さくらプロダクション）

本文カット　岩里ワラジ

図版制作　タナカデザイン

写真（順不同）　勝山泰佑／鈴木鍵一／大村次郷
毎日新聞社／共同通信社／平凡社
オリオンプレス／ボンカラー／飛鳥園

編集協力　長尾玲子

スペシャル・アドバイザー　久保田展弘（宗教学）

【おことわり】まえがき、本文以外の文責はすべて編集部にあります。

◉ようこそ「仏教塾《ぶっきょうじゅく》」へ！

——心さがしの旅の案内書《ガイドブック》——

21世紀《せいき》は、人間が、いつの間にか見失った「心」を取りもどし、人間らしく生き直す時代だと私は思います。

世界とか、地球とかの大きな単位《たんい》でなくても、日本だけ見ても、なんと私たちは大切なものを多く見失い、情《なさ》けない暮《く》らしをしていることでしょう。

私のような年寄《としよ》りは、まだ子どもの頃《ころ》、よき日本に生きていて、なつかしい、あたたかな思い出をいっぱい持っています。

でも今の世相は、その頃《ころ》に比《くら》べたら、なんという寒々《さむざむ》しい心貧《まず》しい時代になったことでしょう。

どうしてそうなったのか、今、それをふりかえって、見失ったものを探し求めないと日本の未来はないと私は思い、その危機感《ききかん》に日夜、おびやかされています。

世の中が悪くなったのは、物質《ぶっしつ》にばかり眼《め》が走って、お金ばかりほしがる生活態度《せいかつたいど》が増えつづけたせいだと思います。

お金さえあれば、何でも手にはいると思いはじめたのが、まちがいの始まりです。一つボタンをかけちがったら、どのボタンもまちがってはめられます。

思いきって、最初《さいしょ》のボタンから、かけ直しをしなければ、私たちのゆがんだ服は直りません。

目に見える物質《ぶっしつ》やお金より、目に見えない大切なものに心の目を向けるべきです。

目に見えない大切なものとは、心です。神です。仏《ほとけ》です。宇宙《うちゅう》の生命、エネルギーです。

長い年月にわたって、私たちの祖先《そせん》が心のよりどころとしてきて、日本人のバックボーンになっていた仏教を、もう一度ふりかえってみるときがせまっていると思います。

希望《きぼう》を失い、学校嫌《がっこうぎら》いになり、友だちさえもほしがらなくなった今の若い人たちに、何とかして、宗教《しゅうきょう》や仏教になじんでほしいと思うようになりました。それもさしせまった問題で、今すぐ、そうしてほしいと思うのです。

そのため、出来るだけ、わかりやすい、読んで、見て、楽しい仏教入門書はないものかと思い、いっそ私が書いてみようと思いました。

絵をたくさん入れて、若い人たちが手に取りたくなるような本にしてほしいと思いました。

私は、さくらももこさんの大ファンなので、ももこさんの漫画《まんが》をいっぱいほしいと思いました。

その気持ちを伝えてお願いしたら、超忙《ちょういそが》しの売れっ子のももこさんが、快《こころよ》く引き受けてくれたのです。私自身が、早くその本を見たくなって、心を弾《はず》ませ書きました。

まず若い人に、そしてお年寄《としよ》りにも、ぜひ読んでほしいと思います。自分の「心」さがしの旅をしていただきたいと思います。

この本が、あなたの心さがしの旅の、楽しいガイドブックになり、地図の役目をしてくれることを祈《いの》ってやみません。

旅の終わりには、きっと、釈迦《しゃか》にめぐりあったあなたたちは、仏教を好きになってくれると信じています。

2000年3月
寂庵《じゃくあん》にて
瀬戸内《せとうち》 寂聴《じゃくちょう》

1歳《さい》、母コハルと

昭和《しょうわ》7年、10歳《さい》の学芸会《がくげいかい》（右）

東京女子大学入学のころ（昭和《しょうわ》16年、左）

昭和《しょうわ》35年、38歳《さい》のころ

見合い用に撮《と》った写真（昭和《しょうわ》17年）

昭和《しょうわ》40年、書斎《しょさい》で

軽井沢《かるいざわ》にて（昭和《しょうわ》40年）

昭和《しょうわ》42年ごろ

昭和《しょうわ》26年ごろ、小学館《しょうがくかん》資料室《しりょうしつ》の前で

遠藤周作《えんどうしゅうさく》氏《し》と（昭和《しょうわ》48年）

あたしゃ生《う》まれ変《か》わったよ
ハーイ
クルッ

壱《いっしょう》

私たちは生きているかぎり、さまざまな悩《なや》みを抱《かか》えて生きています。恋《こい》の悩《なや》み、人間関係《かんけい》の悩《なや》み……その悩《なや》みの根源《こんげん》を探《さぐ》っていったのが、仏教の創始者《そうししゃ》・お釈迦《しゃか》さまでした。人はなぜ、悩《なや》むのか。そして、その苦しみから脱却《だつきゃく》する方法《ほうほう》は、はたしてあるのでしょうか。

愛

人はなぜ悩むのか

こんなものに1日《にち》振《ふ》りまわされたのかと思うとホントに腹《はら》が立《た》つ

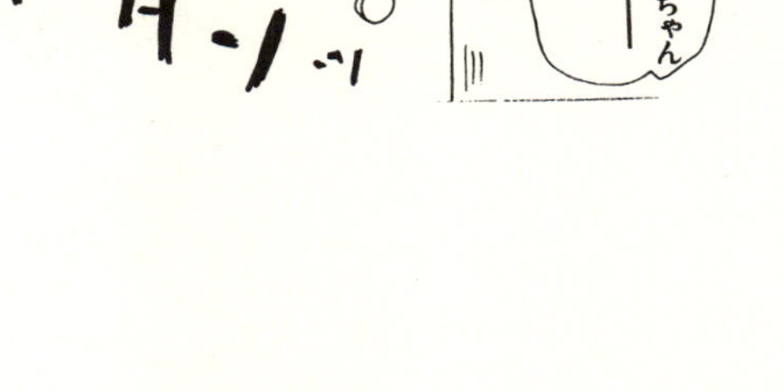

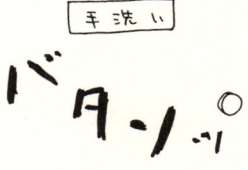

還俗●僧侶《そうりょ》が俗人《ぞくじん》に戻《もど》ること。

世間《せけん》を驚《おどろ》かせた突然《とつぜん》の出家《しゅっけ》

出家《しゅっけ》の真相

日本人と仏教との縁《えん》は、今から1400年以上《いじょう》も前、欽明《きんめい》天皇《てんのう》の時代に始まると言われています。インドで生まれた仏教が中国大陸《ちゅうごくたいりく》から朝鮮半島《ちょうせんはんとう》を経《へ》て、日本に伝《つた》わってきたのは6世紀半《せいきなか》ばのことです。

以来《いらい》、日本人は仏教を信仰《しんこう》し、日本人の生活と仏教とは切っても切れないものになっています。お盆《ぼん》、お彼岸《ひがん》、除《じょ》夜《や》の鐘《かね》といった年中行事《ねんちゅうぎょうじ》はもちろんのこと、日常生活《にちじょうせいかつ》で使う言葉の中にも仏教用語はたくさん入っています。「因《いん》縁《ねん》」、「往生《おうじょう》」、「餓鬼《がき》」、「娑《しゃ》婆《ば》」……これらはみんな仏教から来た言葉です。

しかし、その仏教がはたしてどんな宗教《しゅうきょう》なのかをきちんと知っている人は残念《ざんねん》ながら、あまりにも少ない。

みなさんも、お釈迦《しゃか》さまが仏教の創始者《そうししゃ》であることを知ってはいても、その教えがどんなものだったかはあまりよく知らないのではないでしょうか。それが一般的《いっぱんてき》な日本人だと思います。仏教というのは、葬式《そうしき》や法事《ほうじ》といった儀式《ぎしき》のためのもので、本当に心の底《そこ》から仏《ほとけ》さまがおられると信《しん》じている人は、ことに若《わか》い人の中にはそれほど多くないというのが実情《じつじょう》です。

実《じつ》を言えば、私自身、出家《しゅっけ》をして髪《かみ》を剃《そ》る前までは、みなさんと同じでした。小説家《しょうせつか》という職業柄《しょくぎょうがら》、仏教に関《かん》する知識《ちしき》はひととおり持っているつもりでしたが、信仰心《しんこうしん》などは、およそありませんでした。ことに私の場合、生まれた家が仏壇《ぶつだん》や神棚《かみだな》を作って売る商売をしていました。そうした環境《かんきょう》に育ったために、かえって信仰《しんこう》に対して反発《はんぱつ》を持っていたくらいです。

そんな私が出家《しゅっけ》したのは、昭和《しょうわ》48年11月14日のことです。

私が出家《しゅっけ》を決意したのは、仏教で人を救《すく》いたいとか、仏《ぶつ》道《どう》を極《きわ》めたいとかいう高邁《こうまい》な目的《もくてき》ではありませんでした。ただただ自分のために出家《しゅっけ》したのです。

そのとき、私は51歳《さい》でした。

それまでの私は小説家《しょうせつか》として——今でも小説《しょうせつ》は書いていますが——、すごく忙《いそが》しい生活を送っていました。今とは違《ちが》って小説家専業《しょうせつかせんぎょう》ですから、毎月たいへんな枚数《まいすう》の原稿《げんこう》を書いていましたし、雑誌《ざっし》や新聞での連載《れんさい》は何年も先まで決まっていました。はたから見たら何不自由《なにふじゆう》ない生活に見えたと思います。その私が急に出家《しゅっけ》をしたわけですから、世《せ》間《けん》は「なぜだ」とずいぶん不《ふ》思議《しぎ》がりました。

小説《しょうせつ》が書けなくなったのだろう、男に振《ふ》られたからだろう、いや、今までの悪行《あくぎょう》を悔《く》いてのことだ……みなさん勝手なことばかりをおっしゃっていました。あげくの果《は》てには週刊誌《しゅうかんし》に、私がいつ出家生《しゅっけせい》活《かつ》をギブアップするかを占《うらな》い師《し》に予言させるという記事が出る始末《しまつ》。占《うらな》い師《し》たちは「1ヶ月もたない」「半年で還俗《げんぞく》する」「いや、2年は続くだろう」など、勝手なことを答えています。誰《だれ》一人、死ぬまで出家《しゅっけ》を全《まっと》うするだろうとは答えていませんでした。

それだけならまだしも、マスコミは出家《しゅっけ》した私をそっとしておいてくれません。どこに行っても追いかけてきて、私は知人・友人の家を転々《てんてん》とするはめになりました。

ところで、本当のところ、私はなぜ出家《しゅっけ》したのか、どうして尼《あま》さんになったのか——自分でもよく分かっていないのです。だから、いくら問われても答えようがなかったの

昭和《しょうわ》48年11月14日、中尊寺《ちゅうそんじ》で剃髪《ていはつ》▶

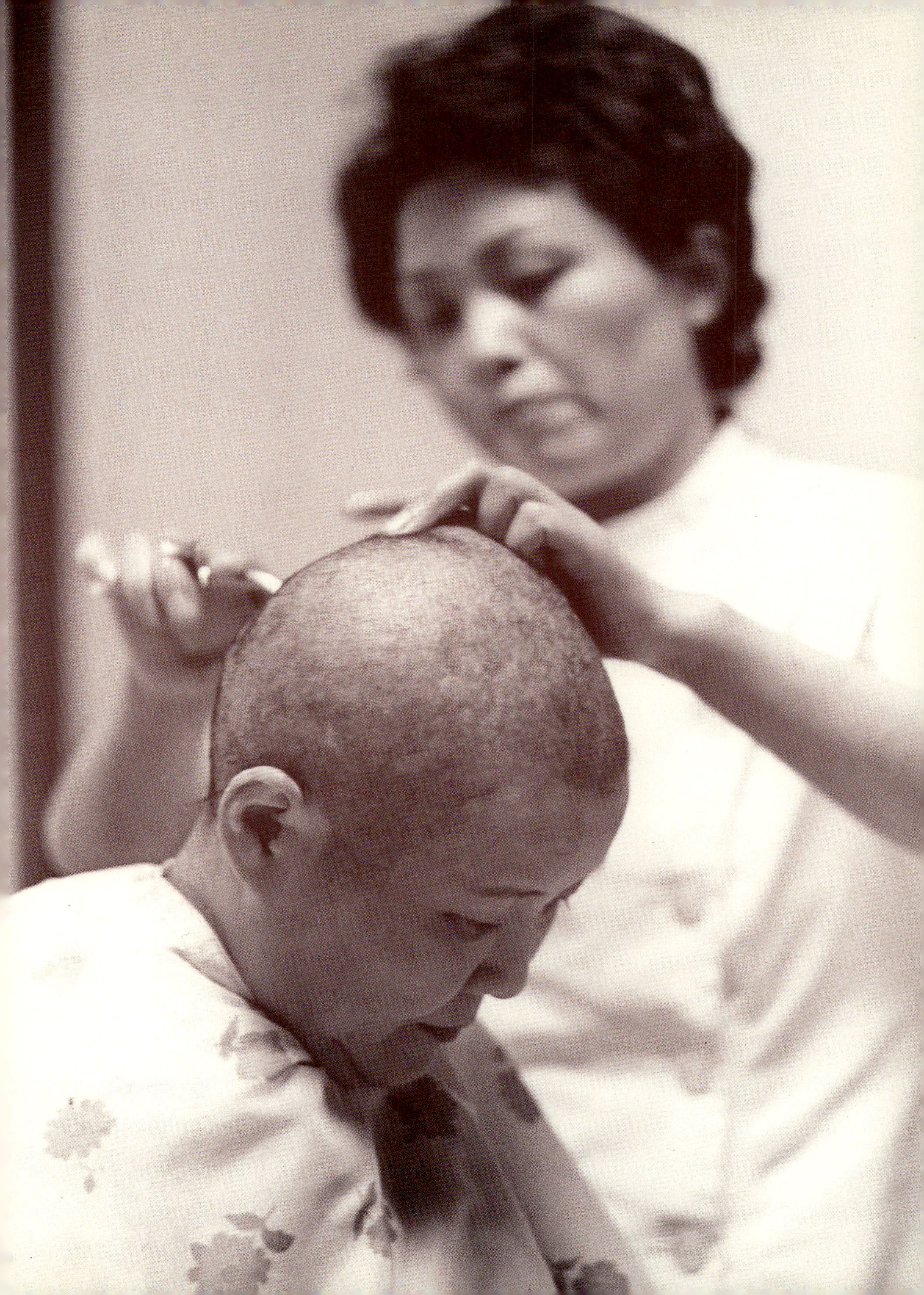

今東光師《こんとうこうし》の書斎《しょさい》で

です。強《し》いて言うならば、仏教との縁《えん》があったのだろうとしか説明《せつめい》しようがありません。ただ、何かに首根っこを摑《つか》まれて、ぐっと引き寄《よ》せられる気持ちがして、出家《しゅっけ》してしまったのです。

人生にむなしさを感じるとき

はっきりした理由もなく出《しゅっ》家《け》したのかと、あなたがたは呆《あき》れるかもしれません。

しかし、「なぜ、あなたは今の旦那《だんな》さんと結婚《けっこん》したの」、「なぜ、あの人と付《つ》き合っているの」と聞かれて、明確《めいかく》に答えられますか。

「背《せ》が高かった」とか、「金持ちだから」という理由はいちおう言えるかもしれません。でも、背《せ》が高ければいいのなら、世の中には2メートルの大男だっています。それなのに、せいぜい1メートル80センチの今のご主人と結婚《けっこん》している。男性《だんせい》にしても同じですね。世の中には美人がたくさんいるというのに、なぜ、こともあろうに今の彼女《かのじょ》と付《つ》き合っているのか、今の奥《おく》さんと結婚《けっこん》しているのか。これは「縁《えん》があったから」としか言いようがないでしょう。

中には「独身《どくしん》時代に3人の男と付《つ》き合って、最後《さいご》の男と結婚《けっこん》したけれども、今になってみたら最初《さいしょ》のほうがよかった、しまった」なんて思っている人がいるかもしれない。しかし、そんなことを悔《く》やん遠藤周作◉小説家《しょうせつか》。1923年〜1996年。主たる作品に『海と毒薬《どくやく》』『沈黙《ちんもく》』『死海《しかい》のほとり』など。カトリックの作家として、信仰《しんこう》をめぐるテーマを生涯《しょうがい》追い続《つづ》けた。

◉信仰《しんこう》と結婚《けっこん》は似《に》ている。両方とも〝縁《えん》〟が大事

でもしかたがない。

今のご主人と結婚《けっこん》したのは結婚《けっこん》するだけの縁《えん》があったからでしょう。もしかしたら、もっと素敵《すてき》な人と結婚《けっこん》スレスレまで、いい線いっていたかもしれない。しかし、結局《けつきょく》捨《す》てられた。つまり、縁《えん》がなかったということです。

出家《しゅっけ》も結婚《けっこん》と同じです。縁《えん》があったとしか言いようがないのです。

出家《しゅっけ》する前の私は、ずいぶんわがまま放題《ほうだい》で生きてきました。幸いなことに小説《しょうせつ》も売れていて、お金もあるので、50歳《さい》前後のころまでには、自分がやりたかったことを、たいていしてしまっていました。

あのころはたくさん着物を持っていたし、宝石《ほうせき》もいっぱい持っていました。こんな短い指にはめられる宝石《ほうせき》もかわいそうだけれども、世間《せけん》から見ればうらやましがられる生活を送っていたと思います。

しかし、着物を買っても、宝石《ほうせき》を買っても、旅行に行っても、そのころから何とはなしに「むなしい」という感じにとらわれてきたのです。

それまでの私は、自分の持っている才能《さいのう》を最高《さいこう》に発揮《はっき》することが生きがいだと思って、ひとりで頑張《がんば》っていました。自分の才能《さいのう》は小説《しょうせつ》を書くことにあると思って、そのために夫《おっと》を捨《す》て、家庭を捨《す》てたりもしました。

ところが、それが50歳《さい》になる前後から「ほんとうにそうなんだろうか」と思い出したのです。自分の才能《さいのう》を活《い》かすことが幸せだと思って小説家《しょうせつか》になり、そして小説《しょうせつ》を好《す》きなだけ書いて暮《く》らしていける状況《じょうきょう》になったのに、何だか幸せだとは思えない。そんな自分に、はっと気が付《つ》いたのです。むなしさとは、こういうことかと思ったのです。

もちろん、そんなむなしさを押《お》さえつけて小説《しょうせつ》を書くこともできたでしょう。長年《ながねん》にわたって小説《しょうせつ》を書いてきたわけですから、書くべきテーマも題材《だいざい》もたくさん持っているし、読者に喜《よろこ》んでもらうテクニックにも自信《じしん》があります。だから、仕事として割《わ》りきって小説《しょうせつ》を書くという選択《せんたく》もありました。

しかし、それでは何のために小説家《しょうせつか》になったのか分かりませんし、読んでくださる読者に失礼ではないかと思ったのです。

こんな状況《じょうきょう》の中、いつしか私は信仰《しんこう》に心惹《ひ》かれるようになっていました。

「急ぐんだね」

そこで、最初《さいしょ》にご相談したのが、遠藤周作《えんどうしゅうさく》さんでした。カトリックの信者《しんじゃ》でいらっしゃった遠藤《えんどう》さんに、実《じつ》は洗礼《せんれい》を受けたいのだとご相談をして神父《しんぷ》さんをご紹介《しょうかい》していただいたのです。

その神父《しんぷ》さんは、とっても立派《りっぱ》な方だったのですが、結《けつ》局《きよく》、洗礼《せんれい》を受けるまでに至《いた》りませんでした。「結局《けつきょく》、キリスト教と縁《えん》がなかったのだ」としか言いようがありません。

そこで今度は仏門《ぶつもん》に入ろうと思って、いろんな宗派《しゅうは》の門を叩《たた》きました。

禅宗《ぜんしゅう》、浄土宗《じょうどしゅう》、真言宗《しんごんしゅう》、それこそあらゆる宗派《しゅうは》に行ってみたのですが、「10年経《た》ったら、出家《しゅっけ》させてあげます」、「20年経《た》ったら、もう一度相談にいらっしゃい」――どのお坊《ぼう》さんもみな、おっしゃるのです。どうせ、一時の気の迷《まよ》いだから、頭を冷《ひ》やしなさいということでしょう。じょうずに断《こと》わられてしまったわけです。

そこで最後《さいご》にお願いしたの

天台宗◉6世紀《せいき》に登場《とうじょう》した中国《ちゅうごく》の智顗《ちぎ》を開祖《かいそ》とし、比叡山《ひえいざん》を開創《かいそう》した最澄《さいちょう》を宗祖《しゅうそ》とする宗派《しゅうは》。

◉寂聴《じゃくちょう》とは「仏《ほとけ》の声を静かに聴《き》く」の意味

が天台宗《てんだいしゅう》の今東光《こんとうこう》先生でした。

今《こん》先生は小説家《しょうせつか》で、参議院《さんぎいん》議員《ぎいん》で、そして天台宗《てんだいしゅう》の大僧《だいそう》正《じょう》で、中尊寺《ちゅうそんじ》の貫主《かんしゅ》をなさっておられました。貫主《かんしゅ》というのは、お寺で一番偉《えら》い人ということです。今《こん》先生とは同業でもあり、また講演旅行《こうえんりょこう》にご一緒《いっしょ》したこともあるので、お人柄《ひとがら》もよく存《ぞん》じています。

そこで今《こん》先生のご自宅《じたく》にうかがい、「今日《きょう》はご相談があって参《まい》りました。どうか私を出家《しゅっけ》させてくださいませんか」とお願《ねが》いしたのです。

すると今《こん》先生は何も聞かずに、たった一言《ひとこと》「急ぐんだね」とおっしゃったのです。

他のお坊《ぼう》さんたちのように「本気なのか」とか、「どうして天台宗《てんだいしゅう》なんだ」とはお聞きにならなかった。私の思いつめた表情《ひょうじょう》を見て、すべてを見《み》抜《ぬ》いておられたのです。

この相談をしたのが8月のころでしたが、得度式《とくどしき》は11月14日、今《こん》先生が貫主《かんしゅ》をなさっている中尊寺《ちゅうそんじ》で行なうことに決まりました。得度式《とくどしき》とは、出家《しゅっけ》の儀式《ぎしき》です。ところが、この3ヶ月の間に、今《こん》先生は癌《がん》の手術《しゅじゅつ》をなさったものですから、どうしても式を執《と》り行なうことができなくなってしまいました。

そこで、東京《とうきょう》・上野《うえの》の寛永《かんえい》寺《じ》貫主《かんしゅ》の杉谷義周大僧正《すぎたにぎしゅうだいそうじょう》が私の得度《とくど》をしてくださることになりました。杉谷貫主《すぎたにかんしゅ》は今《こん》先生の親友でしたから、快《こころよ》く引き受けていただきました。

ちなみに、私の法名《ほうみょう》「寂《じゃく》聴《ちょう》」は今《こん》先生の命名です。今《こん》先生の東光《とうこう》というお名前は、いかにも法名《ほうみょう》のようですが本《ほん》名《みょう》で、法名《ほうみょう》は「春聴《しゅんちょう》」。その1文字をいただいて「寂聴《じゃくちょう》」ということになりました。

寂聴《じゃくちょう》の寂《じゃく》というのは、「寂《さび》しい」という意味ではありません。静寂《せいじゃく》の寂《じゃく》で、しずかという意味です。「出離者《しゅつりしゃ》は寂《じゃく》なり梵音《ぼんのん》を聴《き》く」という言葉から取ったのだとうかがいました。出離者《しゅつりしゃ》とは出家者《しゅっけしゃ》、つまりお坊《ぼう》さんのこと。出家者《しゅっけしゃ》は心しずかに仏《ほとけ》の声を聴《き》くといった意味です。

今《こん》先生は病気のために得度《とくど》式《しき》こそなさいませんでしたが、もちろん私にとってのお師匠《ししょう》です。

中尊寺《ちゅうそんじ》での得度《とくど》が終わって、東京《とうきょう》のがんセンターに入院中の今《こん》先生にごあいさつにうかがいました。先生は私の姿《すがた》を見ると、今まで見たことがないほど優《やさ》しいお顔で、「いいお姿《すがた》になっておめでとう。これからは独《ひと》りをつつしみなさい」とおっしゃいました。

出家《しゅっけ》することはめでたいことなのだと、その時、はじめて教えられました。

独《ひと》りをつつしめ……これが私が師《し》からいただいた、ただ一つの教えです。それから4年後、今《こん》先生は示寂《じじゃく》なさったのでした。

三千仏礼拝《さんぜんぶつらいはい》

こんないきさつですから、私は仏教のことも、天台宗《てんだいしゅう》のことも、出家《しゅっけ》とは何かということもよく知らずに出家《しゅっけ》しました。

考えてみれば、ひどい話です。他の宗派《しゅうは》のお坊《ぼう》さんたちが断《こと》わったのも無理《むり》はありません。ただただ自分の人生は何なのだろう、どうやって生きていけばいいのだろうという思いだけでした。

でも、私よりもっとひどいのは今《こん》先生です。今《こん》先生は、出家《しゅっけ》したらどんな厳《きび》しい修行《しゅぎょう》が待っているか、ちっとも教えてくださらなかった。もし知っていたら、うかうかと出《しゅっ》家《け》などしなかったかもしれません。

横川行院《よかわぎょういん》での厳《きび》しい修行《しゅぎょう》を終えて

今東光●小説家《しょうせつか》。1898年〜1977年。旧制《きゅうせい》中学を中退《ちゅうたい》、川端康成《かわばたやすなり》らと同人雑誌《ざっし》「文芸時代《ぶんげいじだい》」を創刊《そうかん》し、気鋭《きえい》の若手《わかて》作家として注目されるが、1930年に出家《しゅっけ》。1956年に『お吟《ぎん》さま』で直木賞受賞《なおきしょうじゅしょう》。1968年、参議院議員《さんぎいんぎいん》になる。

中尊寺●岩手《いわて》県平泉《ひらいずみ》町にある天台宗《てんだいしゅう》の寺。9世紀《せいき》、円仁《えんにん》が開基《かいき》したと伝《つた》えられる。12世紀《せいき》、奥州藤原氏《おうしゅうふじわらし》によって隆盛《りゅうせい》をきわめた当時、建物《たてもの》はみな金色《こんじき》に輝《かがや》いていたという。14世紀《せいき》に火事でおおかたが焼失《しょうしつ》したが、その面影《おもかげ》は金色堂《こんじきどう》に見ることができる。

法名●本来、仏教で出家《しゅっけ》をし、受戒《じゅかい》したのちに授《さず》けられる名前だが、死亡《しぼう》した人間に葬儀《そうぎ》の際《さい》にも授けられる。

示寂●すぐれた修行者《しゅぎょうしゃ》、僧侶《そうりょ》の死を指《さ》して、示寂《じじゃく》と呼《よ》ぶ。

比叡山●京都府《きょうとふ》と滋賀県《しがけん》の県境《けんざかい》の山で、古来、王城鎮護《おうじょうちんご》の霊山《れいざん》と目《もく》されてきた。最澄《さいちょう》が入山して、天台宗《てんだいしゅう》の総本山《そうほんざん》となった。

顕教と密教●顕教《けんぎょう》は釈迦《しゃか》が人間の性質《せいしつ》や能力《のうりょく》に応《おう》じて説《と》いた教え。密教《みつきょう》とは、宇宙仏《うちゅうぶつ》としての大日如来《だいにちにょらい》と人間が本質的《ほんしつてき》に異《こと》ならないという「即身成仏《そくしんじょうぶつ》」を説《と》く、呪法《じゅほう》・儀礼《ぎれい》を重んじる仏教（134、173ページ参照）。

3000の仏《ほとけ》を拝《おが》む「三千仏礼拝《さんぜんぶつらいはい》」

まる子
おっちょこちょいでなまけ者

出家《しゅっけ》した翌年《よくねん》、比叡山《ひえいざん》の中にある「横川行院《よかわぎょういん》」というところで2ヶ月間、私は最初《さいしょ》の行《ぎょう》をしました。その中で一番のクライマックスが三千仏礼拝《さんぜんぶつらいはい》です。前半1ヶ月が顕教《けんぎょう》、後半1ヶ月が密教《みつきょう》です。その境《さかい》に三千仏礼拝《さんぜんぶつらいはい》があります。

朝から晩《ばん》まで3000回、五体《ごたい》投地礼《とうちらい》ということをいたします。

五体投地礼《ごたいとうちらい》とは、つまり両《りょう》膝《ひざ》と両肘《りょうひじ》、そしておでこを一度に地面に付《つ》けてお祈《いの》りをすることです。この礼拝《らいはい》を3000回するのですが、1回の礼拝《らいはい》をするたびに仏《ほとけ》さまの名前を唱《とな》えるのです。三世《さんぜ》の諸仏《しょぶつ》といって、過去《かこ》・現世《げんせ》・来世《らいせ》の三世《さんぜ》に仏《ほとけ》さまがそれぞれ1000おられると言われています。合計で三千仏《ぶつ》で、1日3000回の五体投地礼《ごたいとうちらい》をするたびに、その仏《ほとけ》さまの名前を一つずつ唱《とな》えるわけです。

このときの行《ぎょう》の参加者《さんかしゃ》は43人ほどでしたが、ほとんどが若《わか》い男の子ばかりです。尼《あま》さんは私を入れて5人。行《ぎょう》が始まったころには5人いましたが、2人は顕教《けんぎょう》だけで、最後《さいご》に残《のこ》ったのは3人でした。もちろん、私も最後《さいご》まで頑張《がんば》りました。

五体投地礼《ごたいとうちらい》をするときには、手ぬぐいを四つに畳《たた》んで、おでこの当たるところに置《お》くことを許《ゆる》されます。3000回も頭を板敷《いたじ》きの床《ゆか》に付《つ》けるわけですから、擦《す》りむけるでしょう。私も手ぬぐいを置《お》いたのだけれども、500回を過ぎるころから目はかすむ、涙《なみだ》は出る、鼻水は出る。だから、せっかく手ぬぐいを置《お》いても、どこにあるのか分からなくなる。行《ぎょう》をしている時、気絶《きぜつ》する人が出るそうですが、その時は水をぶっかけて正気《しょうき》にし、行《ぎょう》を続《つづ》けるそうです。

もちろん、2ヶ月の行《ぎょう》の間には、勉強もいたします。教義《きょうぎ》の講習《こうしゅう》、経典《きょうてん》の読み方、声明《しょうみょう》の唱《とな》え方、仏教的行儀作法《ぶつきょうてきぎょうぎさほう》などを教わりました。

人はなぜ愛《あい》に苦しむのか

こうして仏教のことを学んでいくうちにようやく分かったのは、出家《しゅっけ》して僧侶《そうりょ》になるというのは、けっして自分一人のためではない。他人に尽《つ》くすために出家《しゅっけ》するのだということでした。

いっしょに帰ったりおべんとうをたべたりする。
たまちゃん
まる子の親友

私のように自分の生きがい、自分の平安を求《もと》めるためだけで出家《しゅっけ》はしていけないのです。出家《しゅっけ》したからには、少しでも他人のためになるように努力《どりょく》する。それが出家者《しゅっけしゃ》のつとめなのです。

自分のためではなく、人のために尽《つ》くす——これを仏教では「忘己利他《もうこりた》」と言います。「もう、懲《こ》りた」ではありません。己《おのれ》を忘《わす》れて他《た》を利《り》する、つまり自分のことはさておいて、他人のためになることをしなさいという意味です。

天台宗《てんだいしゅう》を作った宗祖《しゅうそ》は最澄《さいちょう》という人です。最澄《さいちょう》は真言宗《しんごんしゅう》の宗祖空海《しゅうそくうかい》と並《なら》ぶ平安《へいあん》時代の大宗教者《だいしゅうきょうしゃ》で、中国《ちゅうごく》に留学《りゅうがく》して仏教を学び、比叡山《ひえいざん》に延暦寺《えんりゃくじ》を建《た》てました。その最澄《さいちょう》が書いた『山家学生式《さんげがくしょうしき》』という文中に「己《おのれ》を忘《わす》れ、他《た》を利《り》する声明●仏《ほとけ》の徳《とく》をたたえるために仏前《ぶつぜん》で行なわれる声楽《せいがく》。インドの声楽《せいがく》が中国《ちゅうごく》を経《へ》て、天台宗《てんだいしゅう》の円仁《えんにん》によって日本に伝《つた》えられたのが最初《さいしょ》。日本音楽に大きな影響《えいきょう》を与《あた》えたと言われる。ＣＤやレコードも発売されている。

●仏《ほとけ》の愛《あい》は慈悲《じひ》、人の愛《あい》は渇愛《かつあい》

は慈悲《じひ》の極《きわ》みなり」という一《いっ》節《せつ》があって、そこから「忘己《もうこ》利他《りた》」という言葉が生まれました。

仏教では、愛《あい》を二つに分けます。一つは渇愛《かつあい》、もう一つは慈悲《じひ》。

渇愛《かつあい》は、私たち凡人《ぼんじん》の、男女のセックスを伴《ともな》った愛《あい》を指《さ》します。これに対して、慈悲《じひ》とは仏《ほとけ》さまの愛《あい》です。

最澄《さいちょう》は「私たち人間も忘己《もうこ》利他《りた》につとめて、仏《ほとけ》さまの愛《あい》に少しでも近づくように努力《どりょく》しようではないか」と言っているのです。

人間は渇愛《かつあい》の生き物です。

渇愛《かつあい》とは、文字どおり「渇《かわ》く愛《あい》」。のどが渇《かわ》いたら、水が飲みたくなる。もっと、もっとと、いくらでも飲みたい。そんなふうに、渇愛《かつあい》は「もっともっと」と求《もと》める愛《あい》です。もっと自分を大事にしてほしい、もっと自分を見つめてほしい……そう際限《さいげん》なく思うのが私たち人間の愛《あい》なのです。

しかし、相手だって人間ですから、無限《むげん》に愛《あい》してくれるわけではありません。その人にだって仕事や人生があるのだから、あなたのことばかり見つめているわけにはいかないというものでしょう。

でも、人間はそれでは我慢《がまん》できない。いつでも自分のことを見ていてほしいし、他の人に目移《めうつ》りしてもらいたくない。自分がこれだけ相手のことを愛《あい》しているのだから、それに見合うだけの愛情《あいじょう》を自分に返してほしいと思うのです。

しかも自分が相手を10、愛《あい》しているとすれば、相手から15の愛情《あいじょう》、20の愛情《あいじょう》を返してもらいたいと願《ねが》う。渇愛《かつあい》というのは、お返しを期待する愛《あい》です。

これは何も男女の間の恋愛《れんあい》に限《かぎ》ったことではありません。親子関係《かんけい》だって、同じです。

自分は親として、これだけ息子《むすこ》のことを愛《あい》している。愛《あい》しているからこそ、おいしい食事を与《あた》え、いい服を着せ、学校に通わせたのに、息子《むすこ》はちっとも自分のことを大事にしてくれない……最初《さいしょ》から何も期待しなければいいのに、「愛情《あいじょう》のお返し」、しかも利息《りそく》のついたお返しを期待してしまうから苦しむのです。

別《わか》れられない理由

人間の愛《あい》、つまり渇愛《かつあい》というのはすべて自己愛《じこあい》なのです。

自分自身が大切にされたいから、他人を愛《あい》する。恋人《こいびと》や、夫《おっと》や、子どもにいくらやさしくしても、結局《けつきょく》は自分がかわいいのです。

自分を愛《あい》してもらいたいから、他人を愛《あい》する……それが渇愛《かつあい》の正体《しょうたい》だと言ってもいいでしょう。自分を忘《わす》れて他人に尽《つ》くす仏《ほとけ》さまの慈悲《じひ》とは正反対だということですね。

以前《いぜん》、私の寂庵《じゃくあん》に、１人の女優《じょゆう》さんが相談に来られました。とっても素晴《すば》らしい、本当にきれいな女優《じょゆう》さんです。名前を言えば、みなさんもよくご存《ぞん》じの方だと思います。

その人には７年間も付《つ》き合ってきた人がいたのですが、その彼《かれ》から突然《とつぜん》、別《わか》れを告《つ》げられたというのです。もちろん、自分は別《わか》れたくない。しかし、彼《かれ》は別《わか》れると言って聞かない。どうしたらいいかと言います。

彼女《かのじょ》の告白《こくはく》を聞いて、私はこう尋《たず》ねました。

「彼《かれ》のほうはもう、あなたと別《わか》れる決意をしているのだか寂庵◉京都《きょうと》市嵯峨野《さがの》にある、瀬戸内寂聴《せとうちじゃくちょう》師の修行《しゅぎょう》の場。ふだんは閉門《へいもん》しているが、定期的《ていきてき》に法話《ほうわ》や写経《しゃきょう》の会などが行なわれている（巻末《かんまつ》228ページ参照《さんしょう》）。

おじいちゃん（友蔵）
まる子の一番の味方で仲良し。
まる子ォ…おじいちゃんはいつも見てるよ……

ら、今さら彼《かれ》の気持ちを変《か》えることなどできないのは、あなたも分かっているでしょう。どうして、きっぱり諦《あきら》めてしまえないの」

すると彼女《かのじょ》は、７年間も愛《あい》したのにこういう形で別《わか》れなければならないのが辛《つら》いと言うのです。

たしかに彼女《かのじょ》はかわいそうだけれども、これは結局《けつきよく》のところ自己愛《じこあい》でしかありません。

彼女《かのじょ》が相手と別《わか》れたくないと思うのは、彼《かれ》を愛《あい》しているからではないのです。冷《つめ》たい言い方に聞こえるかもしれないけれども、７年間にわたって自分が注《そそ》いできた愛情《あいじょう》が無《む》駄《だ》になるから、別《わか》れたくないと言っているだけなのです。

「７年間、いやな思い出だけではないでしょう。とっても楽しかった時間があったはずよ。彼《かれ》から愛《あい》された思い出があるでしょう」

その思い出があるだけでも幸せではありませんかと慰《なぐさ》めたのだけれども、「いや、思い出があるから、かえって辛《つら》いのです」と言います。

これもまた渇愛《かつあい》ですね。

私たちは悲しいことに、他人から何かをされたことは忘《わす》れて、自分がしたことだけを覚《おぼ》えています。「あのとき、私は何を買ってあげた」とか「あんな手の込《こ》んだお料理《りょうり》を作ってあげた」とか、自分のしたことだけはよく覚《おぼ》えていても、相手がしてくれたいいことはちっとも覚《おぼ》えていない。

また、かりにいい思い出を覚《おぼ》えていたとしても、その記《き》憶《おく》だけでは満足《まんぞく》できない。思い出せば思い出すほど、もっともっと幸せでありたいと思うから、かえって辛《つら》くなるというわけです。本当にその人を愛《あい》していたら、その人の欲《ほっ》することをかなえてあげるのが愛《あい》ではないでしょうか。相手がそんなに別《わか》れたがっているなら、自分がどんなに辛《つら》くても別《わか》れてあげたほうがいいはずです。

すべての悩《なや》みは、渇愛《かつあい》から生まれる

しかし、私たちはけっして

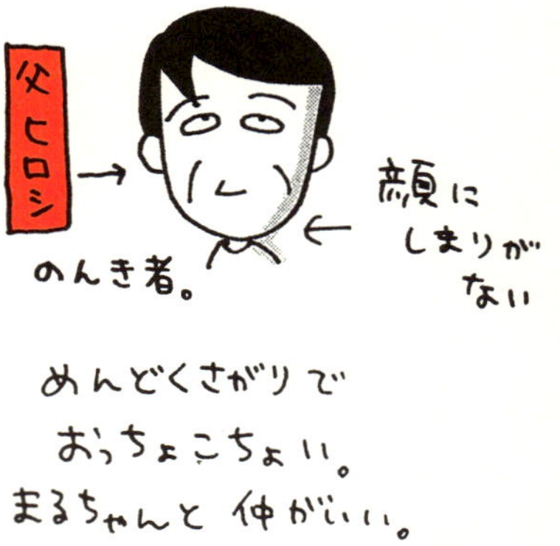
父ヒロシ
のんき者。
顔にしまりがない
めんどくさがりで
おっちょこちょい。
まるちゃんと 仲がいい。

彼女《かのじょ》のことを責《せ》めることはできません。

彼女《かのじょ》にかぎらず、私たちは相手のために愛《あい》するのではなく、愛《あい》した自分にうっとりしたいから愛《あい》しているだけのことなんです。愛《あい》することが心《ここ》地《ち》よいから、他人を好《す》きになるのです。

自分が愛《あい》してもらいたいと願《ねが》っているとおりに、相手が自分のことを好《す》きになってくれるとは限《かぎ》りません。かりに相手が自分のことを好《す》きになっても、人間はわがままだから、その愛《あい》だけでは満足《まんぞく》できないのです。「もっと、もっと」と愛情《あいじょう》を高望《たかのぞ》みしてしまいます。渇愛《かつあい》だから、心が渇《かわ》いてたまらないのです。だから、いつまで経《た》っても満足《まんぞく》できず、苦しくなってしまう。

すべての苦しみ、悩《なや》みは渇《かつ》愛《あい》から生まれると言っても、けっして過言《かごん》ではありません。

それは男女の恋愛《れんあい》ですが、

親子の愛《あい》、または会社や友人などの人間関係《かんけい》すべてに当てはまることです。

「あれだけ苦労《くろう》して育てた息子《むすこ》が嫁《よめ》ばかりを大切にして、自分のことはちっともかまってくれない」と思ってしまう。自分が子どもを愛《あい》したという記憶《きおく》だけでは満足《まんぞく》できない。子どもから愛《あい》されていないと我慢《がまん》できない。だからこそ、嫁《よめ》が憎《にく》くなるのです。

あるいは、仕事場《しごとば》で一所懸命《いっしょけんめい》働《はたら》いているのに、誰《だれ》も認《みと》めてくれないという不満《ふまん》、これも結局《けっきょく》は渇愛《かつあい》です。上司《じょうし》に自分の働《はたら》きを褒《ほ》めてほしいのに、ちっとも褒《ほ》めてもらえない。本当はそんなことなど気にせず、自分が楽しく、充実《じゅうじつ》して働《はたら》いていればそれでいいはずなのに、人間はそれでは我慢《がまん》ができないのです。誰《だれ》かから認《みと》められたい、褒《ほ》められたい。その心がなくならないから、悩《なや》んでしまうのです。

こんな苦しい渇愛地獄《かつあいじごく》から抜《ぬ》けだし、あげっぱなしの慈悲《じひ》を行ないなさい——これがお釈迦《しゃか》さまの教えです。相手から愛《あい》されようなんて望《のぞ》むのをやめれば、ずっと楽に生きることができるのです。

もしも、あなたのご主人が「お前は嫌《いや》になった、若《わか》い女の子がいい」と言い出したら、しょうがないと思ったほうがいいんです。

そもそも、そんな夫《おっと》になったのには、あなた自身にも何かの責任《せきにん》があるんです。我《わ》が身《み》を振《ふ》り返ってごらんなさい。そういえば、若《わか》い頃《ころ》のようにきれいにお化粧《けしょう》もしないし、夫《おっと》が帰ってきても、先にぐうぐう寝《ね》ている。よその夫《おっと》と比《ひ》較《かく》して、自分の夫《おっと》の甲斐性《かいしょう》のなさをグチる。料理《りょうり》もつい手ぬきしている。それで愛情《あいじょう》のお返しを期待するというのは、ちょっとムシがよすぎると思いませんか。

突然《とつぜん》、夫《おっと》がそう言い出したら、「あ、そう。それはよかったわね。じゃあ、私も若《わか》い男を捜《さが》すわ」と思ったほうが、ずっと楽というものでしょう。どうせ放っておいたって、あなたのご主人だもの、そのうち相手の女の子から捨《す》てられて戻《もど》ってきます。だから、あたふた心配することもありません。

かりにもし帰ってこなければ、それはそれで縁《えん》がなかったんだと思うことです。あれこれ悩《なや》んでも、それは何の解決《かいけつ》にもならないし、かえって渇愛《かつあい》で苦しくなるばかりです。

愛《あい》される喜《よろこ》びより、愛《あい》する喜《よろこ》びを見つけよう

おばあちゃん
友蔵の妻
と目立った活やくがないので今後に期待したい

今から二十数年前、ある有名な日舞《にちぶ》の女性《じょせい》の名手《めいしゅ》が、それまで尽《つ》くしてくれ、育ててくれたパトロンと別《わか》れ、自分より13歳《さい》も年下の芸人《げいにん》と結婚《けっこん》し、話題になりました。

ところが、若《わか》い夫《おっと》は女たらしで有名だったので、7、8年すると若《わか》い女と恋愛《れんあい》して、年上の妻《つま》と別《わか》れたがりました。捨《す》てられかけた彼女《かのじょ》は悩《なや》み苦しんで、見るも気の毒《どく》なほどやつれはてました。

私は「あなたには誰にも負けない日舞《にちぶ》という芸術《げいじゅつ》の才能《さいのう》があるんだから、それにすがって生きてほしい。よそに向いている男の心を追いかけてもみじめなだけだ」と慰《なぐさ》めました。

その人は苦しみの中から立ち直り、いさぎよく離婚《りこん》して、芸一筋《げいひとすじ》に精進《しょうじん》して、その道で何年か後、最高《さいこう》の賞《しょう》を得《え》ました。

最近《さいきん》、彼女《かのじょ》と別《わか》れた男の妻《つま》が訪《たず》ねてきました。結婚《けっこん》して20年以上《いじょう》も経《た》つのに、夫《おっと》がま

托鉢◎僧《そう》が鉢《はち》を持って町などを歩き、食を乞《こ》うことをいう。元来、インド宗教《しゅうきょう》の修行者《しゅぎょうしゃ》の風習《ふうしゅう》だったが、禅宗《ぜんしゅう》では修行《しゅぎょう》の一つとして重要視《じゅうようし》してきた。

人間の心には「煩悩《ぼんのう》」の炎《ほのお》が燃《も》えている

た若《わか》い女と夢中《むちゅう》になり、自分と別《わか》れると言い出したというのです。かつて自分が人に与《あた》えた苦しみと同じ苦しみに直面しているのです。

人生とはそんなものです。人間の渇愛《かつあい》とは、そんなはかないものです。

絶世《ぜつせい》の美男子《びだんし》の悩《なや》み

お釈迦《しゃか》さまは、渇愛《かつあい》を捨《す》てて慈悲《じひ》の心を持ちなさいとお教えになりました。自分のために愛《あい》するのではなく、相手からのお返しを求《もと》めずに、あげっぱなしの無償《むしょう》の愛《あい》を与《あた》えなさいということです。

でも、これは実際《じっさい》にはたいそうむずかしい。

私たち人間の中には、煩悩《ぼんのう》というものがあります。欲望《よくぼう》とも言います。生きている以《い》上《じょう》、その煩悩《ぼんのう》の炎《ほのお》は消えるものではありません。渇愛《かつあい》は、煩悩《ぼんのう》の炎《ほのお》から生まれます。つまり、生きている人間は渇愛《かつあい》から完全《かんぜん》に離《はな》れることはなかなかできないということです。

かく言う私だって、こうして袈裟《けさ》を着て、いかにも悟《さと》りすましたように見えますが、やはり人間ですから、腹《はら》が立つこともありますし、悔《くや》しく思うこともあります。出家《しゅっけ》したから、すぐに煩悩《ぼんのう》が消えるというほどお手軽なものではありません。

お釈迦《しゃか》さまの弟子《でし》に阿難《あなん》という人がおりました。インドの言葉ではアーナンダと言います。

アーナンダはお釈迦《しゃか》さまの従兄弟《いとこ》です。歳《とし》は息子《むすこ》くらい離《はな》れていたそうですが、出家《しゅっけ》してお釈迦《しゃか》さまの弟子《でし》になり、お釈迦《しゃか》さまが亡《な》くなられるまでおそばにお仕《つか》えしていた人です。

そのアーナンダは絶世《ぜつせい》の美《び》男子《だんし》だったそうです。お釈迦《しゃか》さまも若《わか》いころには負けないくらいの美少年《びしょうねん》だったそうですが、もう、このころには老《ろう》人《じん》になっているから、若《わか》いアーナンダのほうが娘《むすめ》たちに人気がありました。町に托鉢《たくはつ》に行くと、娘《むすめ》たちが競争《きょうそう》で集まってきて、お布施《ふせ》をくれたそうです。

もちろんアーナンダは修行《しゅぎょう》中《ちゅう》の身ですから、若《わか》い娘《むすめ》に追いかけられても困《こま》ります。そこで、お釈迦《しゃか》さまに「女に対しては、どうしたらいいのでしょう」と相談した。

すると、お釈迦《しゃか》さまは「見るな」とおっしゃる。

人口の半分は女なのですから、四六時中《しろくじちゅう》、目をつぶっていないかぎり女を見ないわけにはいきません。アーナンダは、

「もし、見てしまったら、どうしましょう」

と尋《たず》ねました。すると、お釈迦《しゃか》さまは一言《ひとこと》、

「口を利《き》くな」

とお答えになった。しかし、アーナンダは、それでも心配です。

「でも、向こうから話しかけられ、つい口を利《き》いてしまったらどうしましょう」

と質問《しつもん》した。するとお釈迦《しゃか》さまは、

「つつしんでおれ」

と答えたという話が残《のこ》っています。

この話の解釈《かいしゃく》はいろいろ考えられます。お釈迦《しゃか》さまは女《じょ》性《せい》を蔑視《べっし》なさった方だと思う人もあるでしょう。女性《じょせい》は修《しゅ》行《ぎょう》の邪魔《じゃま》になる。だから、付《つ》き合うなとおっしゃったと読

お釈迦《しゃか》さまも愛《あい》に悩《なや》んだ人だった

むことは可能《かのう》です。しかし、私は別《べつ》の意味に取っています。

それはお釈迦《しゃか》さまご自身も若《わか》いころに渇愛《かつあい》に苦しまれた経験《けいけん》があって、どんなに心を強く持っても、渇愛《かつあい》を消すのはむずかしいことをご存《ぞん》じだったからだと思うのです。

後《あと》でゆっくりお話ししますが、お釈迦《しゃか》さまはインドの小《しょう》国《こく》の王子としてお生まれになりました。素敵《すてき》な奥《おく》さんもおられたし、また小さな子どももいました。そうした恵《めぐ》まれた環境《かんきょう》を捨《す》てて、出家《しゅっけ》なさったというのは、やはり渇愛《かつあい》に悩《なや》まれた経験《けいけん》があったからでしょう。

愛弟子《まなでし》のアーナンダに対して、「見るな」、「話すな」とおっしゃったのは、渇愛《かつあい》に走ってしまう人間の弱さを、お釈迦《しゃか》さま自身がよく知っておられたからだと思うのです。

人は渇愛《かつあい》から逃《のが》れられない

それでは、人間は一生渇愛《いっしょうかつあい》に苦しんで、慈悲《じひ》の心を持てないのか——そこでお釈迦《しゃか》さまがお説《と》きになったのは、「たしかに人間である以上《いじょう》、渇愛《かつあい》からは離《はな》れられない。しかし、その渇愛《かつあい》をしずめる方《ほう》法《ほう》、煩悩《ぼんのう》の炎《ほのお》をおだやかにする方法《ほうほう》はある」ということです。

渇愛《かつあい》が完全《かんぜん》になくなってしまったら、男女の契《ちぎ》りもなくなってしまいます。そうなれば、子どもも生まれず、人の世はなくなってしまいます。そんな極論《きょくろん》はお釈迦《しゃか》さまもおっしゃっていません。

たしかにお釈迦《しゃか》さまは出家《しゅっけ》した僧侶《そうりょ》に対しては、アーナンダの話のように厳《きび》しく指導《しどう》しておられましたが、一般《いっぱん》の信者《しんじゃ》に対しては子孫《しそん》を繁栄《はんえい》させなさいと勧《すす》めています。そして、妻《つま》を大事にして、浮気《うわき》をしてはいけないし、また身を飾《かざ》るものを奥《おく》さんにプレゼントしなさいともおっしゃっています。みなさんのご主人や恋人《こいびと》に聞かせてあげたい話でしょう。

人間である以上《いじょう》、煩悩《ぼんのう》におぼれ、渇愛《かつあい》をしてしまうのは無理《むり》もありません。ただ、いくらかでも渇愛《かつあい》から脱《だつ》する努《ど》力《りょく》をしていこうというのが、お釈迦《しゃか》さまの教えなのです。

では、どうやったら渇愛《かつあい》を捨《す》て、慈悲《じひ》に向かうことができるのか——そのことを知るために、お釈迦《しゃか》さまは家庭を

まるちゃんのクラスメイトであるが、キザでシャレ者。
花輪クン
ヘーイ
大金持ちの息子。

捨《す》て、地位《ちい》を捨《す》てて修行《しゅぎょう》を何年も何年もなさったのです。

そうして、はっと悟《さと》られたのは「この世は因果《いんが》によって成《な》り立つ」ということでした。

因果《いんが》とは原因《げんいん》と結果《けっか》。つまり、世の中のありとあらゆる現象《げんしょう》や出来事《できごと》には、それをもたらす原因《げんいん》がある、ということです。答えだけを聞けば「なあんだ、そんなこと」と思うけれども、それを悟《さと》るというのが実《じつ》は大変《たいへん》なのですね。

因果《いんが》が分かると、心がしずまる

因果《いんが》が分かると、すべてのことが分かってきます。

たとえば、うちの嫁《よめ》はとても気が利《き》かない。嫁《よめ》のくせに威張《いば》り散《ち》らして、やれ「風呂《ふろ》は別《べつ》にしましょう」とか、「お義母《かあ》さんとは食事を別《べつ》にしましょう」なんてことばか

り言って、実《じつ》にけしからん。

そういう悩《なや》みを持っている人は一杯《いっぱい》いると思います。でも、なんでそういう目に遭《あ》うのか、その原因《げんいん》を考えてみたらいいんです。

そもそも気の利《き》かない嫁《よめ》を選《えら》んだのは誰《だれ》かといえば、自分の息子《むすこ》ではありませんか。そして、その息子《むすこ》を産《う》んで、育てたのは誰《だれ》かといえば、あなた自身でしょう。結局《けつきょく》、今、不愉快《ふゆかい》な思いをしている原因《げんいん》を探《さぐ》っていけば、自分自身にあることに気が付《つ》く。そうすると、嫁《よめ》ばかりに当たっていては駄目《だめ》だと分かるじゃありませんか。

好《す》きな人から別《わか》れ話を持ちかけられたというのも同じです。

よくよく自分の胸《むね》に手を当ててみれば、相手が逃《に》げ出したくなる理由が自分の中にあることを発見する。

不幸《ふこう》は突然襲《とつぜんおそ》ってくるのではありません。すべて原因《げんいん》があって結果《けつか》がある。こういったことが、お釈迦《しやか》さまの悟《さと》られた因果《いんが》——因縁《いんねん》、縁起《えんぎ》とも言います——なのです。

渇愛《かつあい》から脱《だつ》したい、煩悩《ぼんのう》の炎《ほのお》をしずめたいと思えば、まず現実《げんじつ》をありのままに見つめることです。

運命は変《か》えられる

因果《いんが》、因縁《いんねん》というと、近頃《ちかごろ》は「ご先祖《せんぞ》の因縁《いんねん》が悪くて、不幸《ふこう》になっているんだ」とか言って、高いお墓《はか》を買わせたり、仏壇《ぶつだん》を買わせたりする新興宗教《しんこうしゅうきょう》や占《うらな》い師《し》の話を聞きます。

前に東京《とうきょう》でタクシーに乗ったら、運転手さんが最近《さいきん》、占《うらな》い師から「放っておくと、もうすぐ悪いことが起きる」と言われて、高いお守り札《ふだ》を買わされたと言います。

この占《うらな》い師《し》のように相談に来た人を脅《おど》かして、余計《よけい》なものを買わせようとする宗教《しゅうきょう》や占《うらな》いは、ぜんぶインチキだと思ったほうが間違《まちが》いありません。

ところが最近《さいきん》は、そんなインチキ宗教《しゅうきょう》があちこちで被害《ひがい》をひき起こしています。立派《りっぱ》な宗教者《しゅうきょうしゃ》だと思って信仰《しんこう》していたら、どんどん財産《ざいさん》を絞《しぼ》りとられて、ついに破産《はさん》してしまったとか、あるいは一家がバラバラになったという話がしょっちゅうテレビや新聞で報《ほう》じられています。

いい宗教《しゅうきょう》か悪い宗教《しゅうきょう》かを区《く》別《べつ》するのは、たった一つ。それはお金を取るか取らないか、です。どんな宗教《しゅうきょう》を信《しん》じるのも自由だけれども、あらぬことを言って信者《しんじゃ》を脅《おど》し、お金を要求《ようきゅう》するのは、すべてインチキです。

寂庵《じゃくあん》に相談に来られる方にも、そういうインチキ宗教《しゅうきょう》に騙《だま》されたという人がとても多いんです。ご主人が亡《な》くなって、3000万円くらい生命保険《せいめいほけん》が入ったのに、それを半年でむしり取られたという人もいました。「泣《な》き寝《ね》入りしちゃ

宇野千代●小説家《しょうせつか》。1897年～1996年。代表作『色ざんげ』『おはん』など。波瀾万丈《はらんばんじょう》の人生を記《しる》した自伝《じでん》『生きていく私』はベストセラーとなった。着物デザイナーとしても活躍《かつやく》。

●「自分は不幸《ふこう》だ」と思ったときから不幸《ふこう》が始まる

駄目《だめ》。絶対《ぜったい》に戦《たたか》いなさい」と言って弁護士《べんごし》さんを紹介《しょうかい》してあげたら、3分の2くらい戻《もど》ってきたそうですが、普通《ふつう》は泣《な》き寝入《ねい》りです。

お釈迦《しゃか》さまのおっしゃった因縁《いんねん》というのは、そんな後ろ向きの考え方ではありません。

そもそも「あなたは不幸《ふこう》になります」なんて、たとえ神さまのお告《つ》げだろうが、けっして言ってはいけないことなんです。

なぜなら、運命は変《か》えられるから。人間の運命はいいほうに変《か》えることができるし、悪いほうにも変《か》えられます。

亡《な》くなった宇野千代《うのちよ》さんは「幸福は連《つ》れだって来る」とおっしゃいましたが、不幸《ふこう》も連《つ》れだって来ます。「自分は不幸《ふこう》だ」「不運《ふうん》だ」と思った瞬間《しゅんかん》に、不幸《ふこう》が向こうからパーッとやってくる。逆《ぎゃく》に「自分は幸せだ」「自分は恵《めぐ》まれている」と思うと、不幸《ふこう》が寄《よ》りつかなくなる。そういうものだと思います。

お釈迦《しゃか》さまが因縁《いんねん》をお説《と》きになったのは、「まず自分の置《お》かれている現実《げんじつ》を、ありのままに見なさい」という意味であって、「親の因果《いんが》が子に報《むく》い」といった因縁話《いんねんばなし》ではありません。

宇野千代《うのちよ》さんの自宅で

すでに起《お》こってしまったことは、今さら変《か》えられるものではありません。高価《こうか》な仏壇《ぶつだん》を買い、立派《りっぱ》なお墓《はか》を建《た》てたとしても、過去《かこ》は変《か》えられません。

しかし、原因《げんいん》と結果《けっか》が分かれば、自分が不幸《ふこう》になったわけも分かる。そうすれば、これから前向きに生きられるでしょう。前向きに生きるために、まず因縁《いんねん》を知りなさいとお釈迦《しゃか》さまはおっしゃったのです。

お釈迦《しゃか》さまは「足下《あしもと》を見つめなさい」「自分の置《お》かれている現実《げんじつ》を見なさい」とおっしゃった。そして、「明日《あした》のことは、いくら考えても分からない。過去《かこ》のことを悔《く》やんでも始まらない。だから今日《きょう》を、今を悔《く》いなく生きて行きなさい」と説《と》いているのです。

人間の幸せは、どこにあるのだろう

お釈迦《しゃか》さまの仏教は、人間が幸せに生きていくにはどう

他人をホッとさせる人になりたい

お笑い好きな暗い少女。変な顔の兄がいる。

したらいいか、という教えです。

人間が寂《さび》しいと思うのは、自分が求《もと》められていないと感じることなのです。誰《だれ》の役にも立っていないというのは、とても寂《さび》しい。だから、まず誰《だれ》かの役に立ちたい、誰《だれ》かを幸せにしたいと思うことです。

たとえば、お母さんがいるから、家の中が明るくなったと言われることが幸せであり、また恋人《こいびと》が「君といるとホッとする」と言ってくれることが幸せなんです。

あなたがそこにいるだけで、人に少しでも和《なご》やかな気持ちを与《あた》えることができれば、それが慈悲《じひ》なのだと思います。

そのときに大事なのは、「相手のためにしてあげる」というのではなく、「させてもらう」という気持ちを持つことです。

感謝《かんしゃ》されたいと思って何かをするのではなく、そうさせてもらえることを自分自身で感謝《かんしゃ》するのです。

「笑顔《えがお》のプレゼント」

仏教では、あの世へ渡《わた》る前の修行《しゅぎょう》が六つあると考えます。布施《ふせ》、持戒《じかい》、忍辱《にんにく》、精進《しょうじん》、禅《ぜん》定《じょう》、智慧《ちえ》です。その第一に置《お》かれているのが布施《ふせ》で、プレゼントという意味です。

お布施《ふせ》というと、お寺や僧《そう》侶《りょ》に物やお金を寄進《きしん》することを考えます。でも、それは布《ふ》施《せ》のごく一部で「物施《ぶつせ》」（財《ざい》施《せ》）と言います。お布施《ふせ》というのは、感謝《かんしゃ》する心を持つための修行《しゅぎょう》ですから、たくさん布施《ふせ》を包《つつ》んだ人が偉《えら》いというわけではありません。仏教には「貧女《ひんじょ》の一灯《いっとう》」という言葉があります。金持ちの何億円《なんおくえん》の寄付《きふ》よりも、貧《まず》しい老婆《ろうば》の１本のろうそくのほうが尊《とうと》いということ。また、布施《ふせ》をもらう僧侶《そうりょ》は、布施《ふせ》という善行《ぜんこう》をさせてあげたという立場からお礼をペコペコ言う必要《ひつよう》はないのです。

信者《しんじゃ》がする布施《ふせ》を物施《ぶつせ》と言うのに対して、出家《しゅっけ》した僧《そう》や尼《あま》は人々に「法施《ほっせ》」をほどこします。お坊《ぼう》さんだけがお釈《しゃ》迦《か》さまの教えを独占《どくせん》するのではなく、みんなのために教えを伝《つた》えることも布施《ふせ》なのです。

しかし、何も物やお金をあげるばかりがお布施《ふせ》ではありません。

親切にしてあげたり、優《やさ》しい言葉をかけたり、悲しんでいる人を慰《なぐさ》めるのを「心施《しんせ》」と言います。つまり、心をプレゼントすること。「無畏施《むいせ》」という言葉もあります。これは畏《おそ》れをなくしてあげる、人が苦しんでいるのを慰《なぐさ》めて、苦しまないようにしてあげることです。

心施《しんせ》も無畏施《むいせ》も、あんまりむずかしく考える必要《ひつよう》はありません。相手の話を心から聞いてあげるだけでも充分《じゅうぶん》なんです。

悩《なや》みを持っている人というのは、たいてい人に話を聞いてもらいたい。聞いてもらえただけで、気が晴れるものです。

真面目《まじめ》に受け答えして、

「そんな人なら別《わか》れたほうがいい」とか言うと、「なんで、あんたにそんなことを言われなきゃならないのッ。うちの亭主《ていしゅ》にだっていいところはあるわよ」なんて、逆恨《さかうら》みされたりします。

苦しんでいる人、悲しんでいる人には一緒《いつしよ》に泣《な》いてあげて、相手が落《お》ち着《つ》いたら、「和顔施《わがんせ》」をしたらどうでしょう。

和顔施《わがんせ》とは、いい顔をあげる、ニコニコして、相手にいい気持ちをプレゼントすることです。笑顔《えがお》は人をいい気持ちにさせます。やさしい笑顔《えがお》はそれだけで人の心を慰《なぐさ》め、癒《いや》す力を持っています。それだけでも立派《りっぱ》な布施《ふせ》なのです。

人間が渇愛《かつあい》を脱《だつ》して、慈悲《じひ》に向かうのは、けっして楽な、平坦《へいたん》な道ではありません。しかし、だからと言って諦《あきら》めてしまうわけにはいきません。

人は誰《だれ》でも仏《ほとけ》になれる種《たね》を持っていると信《しん》じて、忘己利他《もうこりた》の心で何かをプレゼントする行《ぎよう》をつむこと。それが渇愛《かつあい》から離《はな》れるための第一歩なのです。

わあああ
わああぁ
わあああん
わぁぁ
わあぁん
いやだっ みんな いっしょが いいよ わあああん わあああん
ヒック
ヒック
ヒック
ヒック
どっちも いてくんなきゃ 困《こま》るよ… わあああん わあああん
わあぁん
わぁぁ
わぁぁ
わぁぁ
わぁぁ
わたし達《たち》は ずっと ずっと 泣《な》きました
その夜《よる》は お姉《ねえ》ちゃんと 手を つないで 寝《ね》ました

[第2章]

貳《にしょう》

仏教の開祖《かいそ》はお釈迦《しやか》さま。そんなことは誰《だれ》だって知っています。ですが、そのお釈迦《しやか》さまとはいったい、どんな人で何を悟《さと》ったのか。案外《あんがい》、知っているようで知りませんね。そこで今から2500年前にインドに誕生《たんじよう》なさったお釈迦《しやか》さまの一生を追いつつ、「仏教とは何か」の根本《こんぽん》を探《さぐ》っていきましょう。

人間 釈迦の生涯

サンスクリット◉古代インドで使われた言葉。サンスクリットはもっぱら学術語《がくじゅつご》、文章語《ぶんしょうご》として用《もち》いられた。これに対して、俗語《ぞくご》、庶民《しょみん》の言葉として用《もち》いられたパーリ語は、スリランカ、タイ・ビルマなどの南伝仏教《なんでん》（184ページ）の聖典語《せいてんご》となっている。

◉人のいないお寺なんて、ただの「がらんどう」

お寺とは「同志《どうし》」が集まるところ

みなさんはお寺というと何を連想《れんそう》しますか。修学旅行《しゅうがくりょこう》で行く観光地《かんこうち》、葬式《そうしき》や法事《ほうじ》をするための場所、お墓《はか》が並《なら》んでいる不気味《ぶきみ》な場所……みなさんの頭に浮《う》かぶお寺というのは、きっとそんなイメージでしょう。いずれにせよ、楽しい明るいイメージとは言えませんね。

１年のうち、お寺に行く機会《きかい》なんて、何回もないでしょう。中には、「この１年間、一度もお寺の門をくぐったことがない」という人がおられるかもしれません。

そのくらい、今の日本人にとってお寺は縁遠《えんどお》い場所になってしまいました。

しかし、本来のお寺というのは、もっともっと違《ちが》うものだったのです。

今から2500年前に、お釈迦《しゃか》さまは悟《さと》りを開かれました。悟《さと》りを開かれたお釈迦《しゃか》さまは、そのあまりの気持ちのよさにうっとりして、自分ひとりでその喜《よろこ》びに浸《ひた》っていようとなさいました。ところがそこへ梵天《ぼんてん》というインド一偉《えら》い神さまが現《あら》われて、「どうか、あなたの悟《さと》りを、すべての人々に伝え、教えを広めて、彼《かれ》らの苦を救《すく》ってください」

と頼《たの》みました。お釈迦《しゃか》さまは、その梵天《ぼんてん》の言葉にうながされて、立ち上がり、人々に自分の悟《さと》りと教えを伝《つた》えることになりました。

まず最初に行ったのはサールナートでした。そこには修《しゅ》行者《ぎょうしゃ》たちがたくさん集まって修行《しゅぎょう》していました。まずそこで昔の苦行仲間《くぎょうなかま》の５人に説法《せっぽう》をなさったのです。それが最《さい》初《しょ》の説法《せっぽう》で、仏教では「初転《しょてん》法輪《ほうりん》」と言います。仏教を車の輪《わ》にたとえ、はじめてその輪《わ》を廻《まわ》したということです。

そのサールナートには建物がなく、説法《せっぽう》も青空の下での説法《せっぽう》でした。それを見て、面《おも》白《しろ》そうだと次々修行者《しゅぎょうしゃ》が集まってきて、５人が10人に、10人が100人にとなっていきました。その人々をインドの言葉でサンガと呼《よ》びます。サンガは同じ志《こころざし》を持った仲間《なかま》、つまり同志《どうし》という意味にもなります。また、その人たちの集まり、共同体も指《さ》します。漢字では僧伽《そうぎゃ》と書きます。

このサンガという言葉が、やがてお寺の意味でも使われるようになりました。つまり、仏教を志《こころざ》すサンガの集団《しゅうだん》がいるところもサンガというわけです。

このサンガという言葉がインドから中国《ちゅうごく》にわたって来たときに「寺」という文字が当てられ、日本でも使われるようになったというわけです。

また、古代インドのサンスクリット語では建物《たてもの》のことを「ガラン」とも言います。お寺のことを「伽藍《がらん》」と言ったりもしますが、その伽藍《がらん》という言葉も元はインドから来た言葉なのです。

しかし、お寺は何も伽藍《がらん》、つまり建物《たてもの》がある必要《ひつよう》はありません。

お寺の根本《こんぽん》の意味は、サンガ、つまり同じ志《こころざし》を持った人たちが集まる場所という意味です。

ですから、たとえ屋根《やね》がなくても同じ志《こころざし》の人が集まれば、そこはお寺、サンガになるというわけです。逆《ぎゃく》に、どんなに立派《りっぱ》な建物《たてもの》であっても、そこに誰《だれ》も来なければ、そのお寺はただの「がらんどう」なんです。

なぜ釈迦《しゃか》をブッダと呼《よ》ぶのか

◀前ページ・天台寺《てんだいじ》で幼稚園児《ようちえんじ》たちにお話

みなさんもご存《ぞん》じのとおり、仏教はお釈迦《しゃか》さまがお説《と》きになったものですが、そのお釈迦《しゃか》さまのことをブッダ（仏陀《ぶつだ》）と呼《よ》んだりすることもあります。

ブッダはサンスクリット語で、「悟《さと》りを開いた人」という意味です。

ですから、山田《やまだ》さんという人がもし悟《さと》りを開いたら「山田仏陀《やまだぶつだ》」になる。鈴木《すずき》さんが悟《さと》りを開けば「鈴木仏陀《すずきぶつだ》」になるわけですが、こうした悟《さと》りを開いた人の中で最《もっと》もえらいのがお釈迦《しゃか》さまなので、普通《ふつう》、仏陀《ぶつだ》と言うとお釈迦《しゃか》さまを指《さ》すことになりました。

お釈迦《しゃか》さまにも本名があります。ゴータマというのが、お釈迦《しゃか》さまの名字です。名前はシッダールタと言います。ですから、悟《さと》りを開いたお釈迦《しゃか》さまは正確《せいかく》には「ゴータマ仏陀《ぶつだ》」ということになります。

ゴータマというのは「大きな牛」という意味。変な名字だなあと思われるかもしれませんが、インドでは牛は聖《せい》なる動物です。今でもインド人は牛を食べないし、外国からの観光客《かんこうきゃく》が寺に入るときには牛革《ぎゅうかわ》の靴《くつ》を脱《ぬ》がなくてはなりません。また、どんなに急い

でいても前から牛がノソノソ歩いてきたら、車も人も牛が通りすぎるまで待っていなければなりません。

ですから、大きな牛というのは、とても美しい、聖《せい》なる名なのです。そういえば、漢字で「美」は、羊が大きいと書きますね。中国《ちゅうごく》では羊が神《しん》聖《せい》な動物だったから、その羊が大きいことを「美」と表現したわけです。牛と羊の違《ちが》いこそあれ、同じ発想です。

話を戻《もど》せば、正確《せいかく》にはブッダイコールお釈迦《しゃか》さまではありません。山といえば富士山《ふじさん》、花といえば桜《さくら》というのと同じで、ブッダといえばお釈迦《しゃか》さまという意味で使われてきたのです。

サーキャ族の王子

では、お釈迦《しゃか》さまはなぜお釈迦《しゃか》さまと言うのでしょう。

今から、2500年ほど前、インドの北、今のネパールのあたりに、サーキャ族という人たちが暮《く》らしていました。そのサーキャ族を漢字で書くと、「釈迦《しゃか》族」ということになります。お釈迦《しゃか》さまはサーキャ族の王子としてお生まれになったので、お釈迦《しゃか》さまと呼《よ》ばれるようになりました。

ですから、お釈迦《しゃか》さまという呼《よ》び名も、本当は固有名詞《こゆうめいし》ではありません。釈迦《しゃか》族の聖《せい》者《じゃ》という意味で「シャカムニ」（釈迦牟尼《しゃかむに》）と呼《よ》ばれ、それをさらに縮《ちぢ》めて「釈迦《しゃか》」とか「釈尊《しゃくそん》」という呼《よ》び名が付《つ》いたのです。

前に言ったとおり、お釈迦《しゃか》さまの名前はシッダールタ、つまりゴータマ・シッダールタが本名です。

この釈迦《しゃか》族はひじょうに勇《ゆう》敢《かん》で、頭がよかったそうです。お釈迦さま自身がそう言っています。

サーキャ国の首都はカピラヴァットゥというところでした。その国のスッドーダナ王（浄飯王《じょうぼんおう》）と后《きさき》のマーヤー（摩耶夫人《まやぶにん》）との間に、お釈《しゃ》迦《か》さまは誕生《たんじょう》しました。父のスッドーダナは中国語《ちゅうごくご》に訳《やく》すと「浄飯王《じょうぼんおう》」というくらいで

すから、このサーキャ国はたくさんお米が穫《と》れたのでしょう。経済的《けいざいてき》に豊《ゆた》かな国であったようです。一方、マーヤーは「幻《まぼろし》」という意味があります。何となく、はかない名前ですね。

このスッドーダナとマーヤーはとても仲《なか》がよかったのですが、なかなか子どもができなかった。

「人間の子」釈迦《しゃか》

このマーヤーがようやく子どもを授《さず》かったのが、30歳《さい》のころで、その子がのちにお釈《しゃ》迦《か》さまになるわけです。

お釈迦《しゃか》さまはイエス・キリストとは違《ちが》って、ちゃんと夫婦《ふうふ》が愛《あい》しあってセックスによってできた子どもです。キリストはマリアが処女《しょじょ》のまま妊娠《にんしん》して生まれたことになっていますが、お釈迦《しゃか》さまは普《ふ》通《つう》の人と同じです。骨《ほね》があって、内臓《ないぞう》があって、身体《からだ》がある。物を食べなければお腹《なか》が空《す》くし、病気にもなります。ごくごく普通《ふつう》の人間なんです。

さて、待ちに待った子どもですから、王はとても喜《よろこ》んで、マーヤーを大切にしました。あんまり大切にしすぎて、なかなか彼女《かのじょ》をお里《さと》に帰してあげなかったくらいです。

今の日本でも、赤ちゃんを産《う》むときには、お里《さと》に帰って出産《しゅっさん》することが珍《めずら》しくありませんが、昔のインドの習慣《しゅうかん》もそうだったんです。

マーヤーも臨月《りんげつ》近くなって里《さと》帰りすることになりました。といっても、昔のインドのことですから、里《さと》に帰るといっても歩くか、象《ぞう》に乗って行くしかありません。マーヤーは象《ぞう》に乗って、里《さと》帰りします。私はインドで実際《じっさい》に、象《ぞう》に乗ったことがあるけれども、あれはちっとも優雅《ゆうが》なんかじゃありません。象《ぞう》が歩くたびに、もう大変《たいへん》な揺《ゆ》れ。

さすがにマーヤーも、象《ぞう》に乗っているうちに調子が悪くなってしまいました。そこで途中《とちゅう》にあったルンビニー（藍《らん》毘尼園《びにおん》）という、きれいな園《その》で一休みをします。ルンビニーは夫人《ふじん》の実家の持ち物で、そこには女たち専用《せんよう》の別荘《べっそう》がありました。

脚色《きゃくしょく》された「仏伝《ぶつでん》」

このルンビニーに下《お》りてみると、ちょうどそこにきれいなアショーカの花が咲《さ》いていました。訳《やく》して無憂華《むゆうげ》の花と言いますが、このアショーカの花をマーヤーが手を伸《の》ばして取ろうとした、その拍子《ひょうし》に赤ちゃんが生まれたと言われています。

お釈迦《しゃか》さまの生涯《しょうがい》を記《しる》した「仏伝《ぶつでん》」という伝記《でんき》によれば、このときお釈迦《しゃか》さまはマーヤーの右脇《みぎわき》の下から生まれたということになっています。

けれども、そんなことを今の私たちは素直《すなお》に信《しん》じられるものではありません。今でもインドに行くと、そのようすを示《しめ》したレリーフが残《のこ》っていますが、いくらなんでも嘘《うそ》に決まっています。

しかも、仏伝《ぶつでん》によれば、そのとき生まれた赤ちゃんは、すぐに前に7歩、後ろに7歩、右に7歩、左に7歩、さらに上に7歩、下に7歩歩《ある》いたと書いてあるんです。そんな赤ちゃんがいたら、お化《ば》けです。

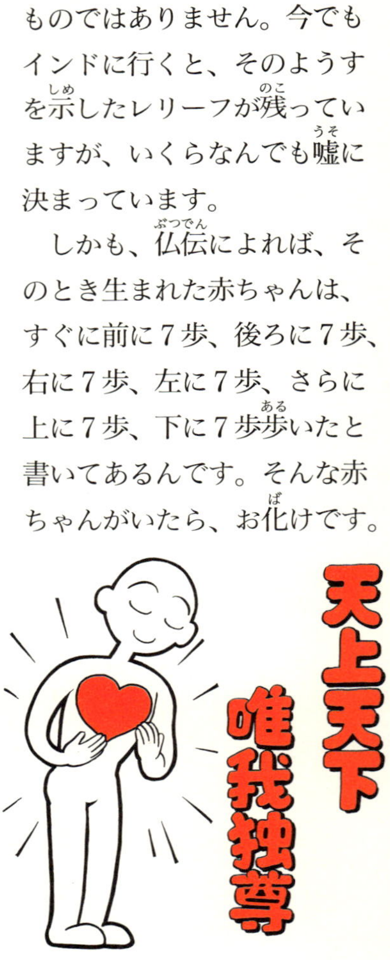

十戒◉神からモーゼに与《あた》えられた10ヶ条《じょう》の戒《かい》。殺人《さつじん》、姦淫《かんいん》、盗《ぬす》み、偽証《ぎしょう》、貪欲《どんよく》などを禁《きん》じており、旧約聖書《きゅうやくせいしょ》に記《しる》されている。

上下にどうやったら歩けるというんでしょう。

おそらく仏伝《ぶつでん》を記《しる》した人たちは、お釈迦《しゃか》さまの偉《えら》さを強調《きょうちょう》したくて、こんな伝説《でんせつ》を書いたんでしょうね。

また、お釈迦《しゃか》さまは生まれてすぐに右手を上げて天を指《さ》し、左手で地を指《さ》して「天上天下唯我独尊《てんじょうてんげゆいがどくそん》」とおっしゃったと言われています。これもまた、後世《こうせい》の作り事です。お釈迦《しゃか》さまともあろう方が「天にも地にも、尊《とうと》いのは我《われ》のみ」などと自慢《じまん》げにおっしゃるわけもありません。

私はこの８文字を「自分が受けたこの命は、天にも地にもただ一つの、かけがえのない尊《とうと》いものである」と読んでいます。

お釈迦《しゃか》さまだけではなくて、私もあなたも、みんな一人一人違《ちが》います。一人一人の顔がみな違《ちが》うように、あなたたち一人一人の命もかけがえがない。隣《となり》の人の命は大したことないけれども、自分のは尊《とうと》いなんてことは絶対《ぜったい》にありません。どんな人の命も、みな同じようにかけがえがなく尊《とうと》い。ですから、自分の命を大切にするのと同じくらいに、他人の命も大切にしなさいということ。命の重さはみな同じです。

「殺《ころ》すなかれ」の教え

人間が人間として、絶対《ぜったい》にやってはいけないことは、いくつもありますが、その中で最《もっと》も大事なのは「殺《ころ》すなかれ」という教えです。「汝《なんじ》、殺《ころ》すなかれ」は聖書《せいしょ》の十戒《じっかい》にも書かれていることですが、仏教の場合は単《たん》なる殺人《さつじん》の禁止《きんし》ではありません。

他人の命を傷《きず》つけるのはもちろんいけないことですが、他人が誰《だれ》かを殺《ころ》すのを黙《だま》って見ていてはいけないんです。人が殺《ころ》そうとするのも、止《と》めなくてはならないと仏教では教えています。ですから、「殺すなかれ、殺させるなかれ」と続《つづ》きます。

人を殺《ころ》してはいけないというのは、常識《じょうしき》でしょう。しかし、その常識《じょうしき》が通用しない場

2世紀《せいき》に作られた釈迦誕生《しゃかたんじょう》のレリーフ

所が世の中にはあります。

それは戦場《せんじょう》です。国が戦争《せんそう》を起こすときには、一般《いっぱん》の国《こく》民《みん》が駆《か》りだされて、兵隊《へいたい》にさせられる。今の日本は戦争《せんそう》を放棄《ほうき》しているし、徴兵制度《ちょうへいせいど》もありませんが、前の戦争《せんそう》では成人男子《せいじんだんし》はほとんど全員と言っていいほど、兵隊《へいたい》にとられて戦場《せんじょう》に往《い》かされました。戦《せん》場《じょう》では、自分が生きたければ、敵《てき》を殺《ころ》すしかありません。

戦争《せんそう》くらい人間の道に外《はず》れたものはありません。戦争《せんそう》では殺人《さつじん》が肯定《こうてい》されるからです。

仏教では、あらゆる武器《ぶき》を否定《ひてい》します。「煩悩《ぼんのう》の矢《や》」、「渇望《かつぼう》の投槍《なげやり》」といった表現《ひょうげん》が仏教の経典《きょうてん》でしばしば使われるのは、戦争《せんそう》で使われる武《ぶ》器《き》ほど、仏《ほとけ》の道に反したものはないと考えるからです。

さらに言えば、死刑《しけい》もまた仏教の教えに反したことです。

どこの国に行っても、殺人《さつじん》を肯定《こうてい》する法律《ほうりつ》などはありません。法律《ほうりつ》は「殺《ころ》すな」という精神《せいしん》から殺人罪《さつじんざい》を設《もう》けています。それなのに、その同じ法律《ほうりつ》で死刑《しけい》を定めているのは、どうしたことでしょう。死刑《しけい》というのは、やはり殺人《さつじん》の一《いっ》種《しゅ》です。

世界中を見渡《みわた》してみると、今や死刑廃止《しけいはいし》は時代の流れになっています。死刑《しけい》も殺人《さつじん》の一種《いっしゅ》だという考えが広まっているのに、この日本ではいまだに死刑《しけい》が行なわれています。また、何か事件《じけん》が起こるとマスコミは「極刑《きょくけい》に処《しょ》すべし」、死刑《しけい》にしろと言います。

しかし、仏教の考え方でいえば、死刑《しけい》は絶対《ぜったい》に認《みと》められないこと。お釈迦《しゃか》さまの教えは、あくまで「殺《ころ》すなかれ」なんです。

憂鬱《ゆううつ》な青年

さて、お釈迦《しゃか》さまはルンビニーという、花が咲《さ》き乱《みだ》れる美しい園《その》でお生まれになったわけですが、本来、めでたいはずの王子誕生《たんじょう》は悲劇《ひげき》になってしまいました。

お釈迦《しゃか》さまを産《う》んだマーヤーが出産後《しゅっさんご》、すぐに亡《な》くなってしまったからです。今の言葉でいえば、産褥熱《さんじょくねつ》ということになるでしょう。当時は抗《こう》生物質《せいぶつしつ》もなければ、消毒薬《しょうどくやく》もありません。

先ほど、お釈迦《しゃか》さまがマーヤーの右脇《みぎわき》の下から生まれたという伝説《でんせつ》を紹介《しょうかい》しましたが、この話は、お釈迦《しゃか》さまの出産《しゅっさん》が難産《なんざん》であったことを示《しめ》しているとも考えられます。ひょっとしたら逆子《さかご》だったのかもしれません。マーヤーは30歳《さい》を過《す》ぎての初産《ういざん》だし、また医学も発達《はったつ》していなかったので、そのために命を縮《ちぢ》めたのだと思われます。

このマーヤーの死は、お釈《しゃ》迦《か》さまの生涯《しょうがい》を考える場合、とても重要《じゅうよう》な事件《じけん》です。というのも後年《こうねん》、お釈迦《しゃか》さまが家庭を捨《す》てて出家《しゅっけ》した原因《げんいん》が、このマーヤー夫人《ふじん》の死と大いに関係《かんけい》があるからです。

スッドーダナ王はシッダールタ、つまりお釈迦《しゃか》さまを育てるため、マーヤー夫人《ふじん》の妹にあたるマハーパジャーパティを妻《つま》にしました。マハーパジャーパティとマーヤーは姉妹ですから、きっと面影《おもかげ》も似《に》ていたのでしょう。やがて、父スッドーダナと後妻《ごさい》マハーパジャーパティの間に、ナンダという男の子が生まれます。

継母《ままはは》とはいえ、マハーパジャーパティはお釈迦《しゃか》さまの叔《お》母《ば》さんなのですから、けっして不幸《ふこう》な育てられ方をしたわけではありません。しかし、物心《ものごころ》が付《つ》いてくるにつれ、だんだんに自分の実母《じつぼ》が死んだ事情《じじょう》は分かってきます。

お釈迦《しゃか》さまはひじょうに頭

もよく、感受性《かんじゆせい》の強い人ですから、自分が生まれてきたために、お母さんのマーヤーが死んだのだと考えるようになったのでしょう。自分は母の命と引《ひ》き替《か》えに生まれてきたのだ……その思いゆえに、お釈迦《しゃか》さまはメランコリックな青年に育ちました。

メランコリーは、日本語では「鬱《うつ》」と言いますが、鬱《うつ》の人は、どんなことでも「自分のせいだ」、「自分の責任《せきにん》だ」と思いがちなのだそうです。若《わか》きゴータマ・シッダールタ青年は、まさにそのような感じだったようです。

「蒸発亭主《じょうはつていしゅ》第1号」

このお釈迦《しゃか》さまの様子《ようす》を見て、一番心配したのは父王です。というのも、お釈迦《しゃか》さまが生まれたときに偉《えら》い仙人《せんにん》がやってきて「この子がこのまま成人したら、たいへんに立派《りっぱ》な王になるでしょう。しかし、もし王にならなければ世界中の人の悩《なや》みを救《すく》う尊者《そんじや》になります」と予言していたからです。

王からしてみれば、この予言が頭にあるものだから心配でなりません。いつもわが子はメランコリックな、深刻《しんこく》そうな顔をしている。このままでは自分の跡《あと》を継《つ》がずに出家《しゅっけ》すると言い出すのではないかと王は考えました。

そこでスッドーダナ王は、なるべくお釈迦《しゃか》さまが元気な、普通《ふつう》の男子になってくれるように、さまざまな手を打ちます。いい着物を着せたり、お酒《さけ》を飲ませたりする。王としての喜《よろこ》びを早く教えてしまえば、出家《しゅっけ》するなどとは言わないだろうと考えたのです。お釈迦《しゃか》さまは後年《こうねん》になって「自分は下着《したぎ》までカーシー産《さん》の絹《きぬ》しか身につけなかった」と語っておられます。カーシーというのは、今のベナレスのことで、インド最高《さいこう》の絹産地《きぬさんち》です。当時としては、最高《さいこう》のブランド下着《したぎ》を身に付《つ》けていたというわけです。お釈迦《しゃか》さまは、絵に描《か》いたようなお坊《ぼっ》ちゃんだったのです。

しかし、このような贅沢《ぜいたく》をさせても、ちっともお釈迦《しゃか》さまは喜《よろこ》ばない。そこで今度は女の子をたくさんあてがいました。

王はたくさんの侍女《じじょ》をお釈《しゃ》迦《か》さまに与《あた》えました。おっぱいの大きいのやら、お尻《しり》の大きいのやら、顔のきれいなのやら、歌のうまいのやら、踊《おど》りのうまいのやら……いろんな魅力《みりょく》を持った侍女《じじょ》たちを、王は用意しました。

ところが、それだけの美女たちに囲《かこ》まれながら、彼《かれ》はちっとも朗《ほが》らかにならない。そこで今度は「嫁《よめ》をもらったら、落ち着くかもしれない」と考えて、王は王子にお嫁《よめ》さんを探《さが》してきた。当時のインドは一夫多妻《いっぷたさい》ですから、何人もの妻《つま》をもらったようです。

今でも名前が伝《つた》わっているのは、ゴーピカー、ミガジャー、ヤソーダラーの3人だけですが、他にも大勢《おおぜい》いただろうと言われています。ヤソーダラーとの間に世継《よつ》ぎの男の子も生まれました。

ところが、お釈迦《しゃか》さまは子どもが生まれると間もなく、夜、こっそり王宮《おうきゅう》を抜《ぬ》け出して、出家《しゅっけ》して蒸発《じょうはつ》してしまったんです。これぞ蒸発亭主《じょうはつていしゅ》第1号。

ヤソーダラーの怒《いか》り

朝、目が覚《さ》めてみると、自分の夫《おっと》がいなくなってしまった妻《つま》の怒《いか》りというのは、古今《ここん》東西《とうざい》変《か》わりません。ヤソーダラーは激怒《げきど》します。

突然《とつぜん》の出家《しゅっけ》に目をつり上げた妻《つま》・ヤソーダラー

夜の間にお釈迦《しゃか》さまは愛馬《あいば》カンタカにまたがって、馬丁《ばてい》のチャンダカに引かせて、王《おう》宮《きゅう》を抜《ぬ》け出すのですが、お城《しろ》からかなり離《はな》れた場所についたところで、チャンダカに、

「ここから先は自分一人で修《しゅ》行《ぎょう》に出る。お前は城《しろ》に帰って、私のようすを妻《つま》や父に話してくれ」

と頼《たの》みました。そして、着ていた服をすべてチャンダカに渡《わた》し、自分は通りかかった乞食《こじき》から着物をもらい、頭も剃《そ》って、修行《しゅぎょう》の森に入っていくのです。

チャンダカは仕方《しかた》がないので王宮《おうきゅう》に戻《もど》り、泣《な》きながら「王子さまは出家《しゅっけ》なさいました」と告《つ》げます。これを聞いて、王さまとお后《きさき》はショックで卒倒《そっとう》してしまいました。

そのとき、ヤソーダラーはどうしたか……。

馬鳴《めみょう》という人の書いた仏伝《ぶつでん》によれば、ヤソーダラーは目をつり上げて地団駄《じだんだ》踏《ふ》んだ。そしてチャンダカに向かって「よくもよくも私の寝《ね》ている間に、大事な夫《おっと》を連《つ》れだしてくれたものだ」と怒鳴《どな》る。それればかりか、愛馬《あいば》カンタカにまで「お前もお前だ。日頃《ひごろ》かわいがってやっている恩《おん》を忘《わす》れたか。ええい、今ごろヒンヒン嘶《な》いても遅《おそ》い。どうしてあの方《かた》が出ていくときに嘶《な》いて私を起こさなかった」と八《や》つ当たりしたというのです。

愛馬《あいば》カンタカに乗り、王宮《おうきゅう》を出る釈迦《しゃか》（2世紀前半）

このヤソーダラーって、人間らしくて素敵《すてき》じゃありませんか。

子どももまだ生まれたばかりなのに、夫《おっと》が書《か》き置《お》きも遺《のこ》さずに蒸発《じょうはつ》したら怒《おこ》るのは当《とう》然《ぜん》ですよ。

2500年前のインドにも、今の私たちと同じように、夫《おっと》のわがままにヒステリックに怒《いか》る妻《つま》がいたということに、私はとても共感《きょうかん》できます。

「四門出遊《しもんしゅつゆう》」は真実《しんじつ》か？

なぜ、お釈迦《しゃか》さまは突如《とつじょ》として出家《しゅっけ》を思いついたのでしょうか。そこで語られるのが、「四門出遊《しもんしゅつゆう》」というエピソードです。

ある日、お釈迦《しゃか》さまが輿《こし》に乗って、お城《しろ》の東門を出ていくと、そこに年寄《としよ》りの男がよろよろ歩いていた。お釈迦《しゃか》さまが「あれは何だ」と尋《たず》ねると、従者《じゅうしゃ》が「あれは年寄《としよ》りでございます」と答えた。それでお釈迦《しゃか》さまはショックを受けた……というんですが、まさかそれまで年寄《としよ》りを見たことがなかったなんて考えられない。このとき、お釈迦《しゃか》さまは16～17歳《さい》だったそうです。

ショックを受けたお釈迦《しゃか》さまはそのままお城《しろ》に戻《もど》っていきました。そしてしばらくして、今度は南門から出かけた。

赤ちゃんは、生まれるのが辛《つら》くて泣《な》く？

すると、そこに脂汗《あぶらあせ》を流して震《ふる》えている人間がいる。お釈《しゃ》迦《か》さまが「あれは何だ」と尋《たず》ねると「あれは病人でございます。熱病《ねつびょう》で苦しんでいるのです」と聞いて、びっくりする。そうか、人間は病気をするのかと驚《おどろ》いて、また城《しろ》に戻《もど》っていった。

さらに次に、西の門から出ていくと、今度は人々が痩《や》せさらばえた人間を戸板《といた》の上に載《の》せて担《かつ》いでいる。「あれは何だ」、「死人です」というので、またまたお釈迦《しゃか》さまはショックを受けた。何しろナイーブな方ですから、何を見てもショックを受けるのです。

さて、東、南、西と門を出るたびにショックを受けていたお釈迦《しゃか》さまが残《のこ》る北門から出かけたときとても気高《けだか》い顔をしている男が、托鉢《たくはつ》のお椀《わん》を持っている姿《すがた》を見ました。「あれは何者か」、「あれは出《しゅっ》家者《けしゃ》でございます」。

そこでお釈迦《しゃか》さまは「人間は出家《しゅっけ》をしたら、ああいうふうに心おだやかに、気高《けだか》くなれるのか」と知った。そして自分もぜひ出家《しゅっけ》してみたいと考えるようになった……というのが、この「四門出遊《しもんしゅつゆう》」の話です。

四苦八苦《しくはっく》の人生

四門出遊《しもんしゅつゆう》のエピソードはいかにも出来《でき》すぎている話ですから、本当のこととは思えません。東西南北の門を出るたびに、死人、病人、老人《ろうじん》や出《しゅっ》家者《けしゃ》に会うなんて話、今どき下手《へた》な小説家《しょうせつか》でも書きません。

しかし、若《わか》い、憂鬱《ゆううつ》なお釈《しゃ》迦《か》さまがそのころ、何を悩《なや》んでいたのかは、この話にあるとおりでしょう。

人はなぜ生まれてきたのに、老《お》い、病《やまい》に苦しみ、あげくの果《は》てに死ななければならないのか。――それ以来《いらい》、お釈迦《しゃか》さまは悩《なや》みつづけます。

人間に与《あた》えられた、この四つの苦しみのことを仏教では「生老病死《しょうろうびょうし》」と言い、人間の「四苦《しく》」とも言います。四苦《しく》の中に、なぜ「生」、つまり生まれることが入っているのだろうと疑問《ぎもん》に思いますね。

でも、この世に生まれるのも、実《じつ》はなかなか大変《たいへん》です。仏教のあるお経《きょう》によれば、赤ちゃんがオギャーという産声《うぶごえ》を上げるのは、あまりに苦しいからだとあります。

本当は赤ちゃんは生まれてくるときには、前世《ぜんせ》の記憶《きおく》を

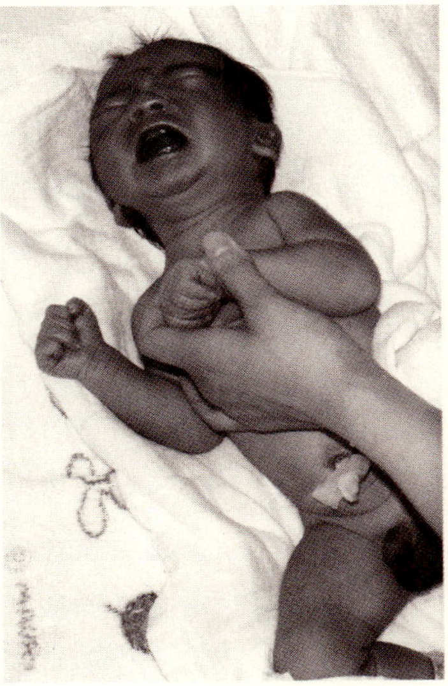

持っている。ところが、生まれるときに産道《さんどう》があまりに狭《せま》くて苦しいので赤ちゃんは悶《もん》絶《ぜつ》し、いったん死んでしまう。そのために前世《ぜんせ》の記憶《きおく》がなくなっているのだそうです。

また、オギャーという産声《うぶごえ》は、いったん死んだ赤ちゃんが生きかえるので、その苦しみの泣《な》き声なのだとも記《しる》されています。

また、「生」という字を生まれるではなく、「生きる」と考えることもできます。生きるのは、本当に大変《たいへん》なことであり、苦そのものです。また、人間は生まれたときに死ぬ運命《うんめい》を与《あた》えられている。言ってみれば、人間は死ぬために生まれてきたというわけです。だから、生きていくことそのものが苦なのだと考える

カースト◉元来《がんらい》、ヒンドゥー教の浄《じょう》・不浄《ふじょう》・けがれの観念《かんねん》から生まれた社会体系《しゃかいたいけい》だが、古代のインドでは司祭階級《しさいかいきゅう》バラモン、王侯《おうこう》・武士階級《ぶしかいきゅう》クシャトリヤ、庶民階級《しょみんかいきゅう》ヴァイシャ、隷属民《れいぞくみん》シュードラという四つの「バルナ」と呼《よ》ばれる階級《かいきゅう》があった。のちに細分化《さいぶんか》され、2000から3000のカーストが指摘《してき》されている。

◉人間の苦しみは8種類《しゅるい》に分けられる

こともできるでしょう。

仏教ではこの「四苦《しく》」に、さらに四つの苦を加えて「四苦八苦《しくはっく》」と呼《よ》ぶことがあります。

その一つは「愛別離苦《あいべつりく》」。愛《あい》する人と別《わか》れる苦しみです。死に別《わか》れる場合もあれば、好《す》きあっているのに別《わか》れなければならないこともあります。また、親が離婚《りこん》したために、家族が引き裂《さ》かれることもあります。

その反対は「怨憎会苦《おんぞうえく》」。これはイヤな人や嫌《きら》いな人との出会いです。気にくわない上司《じょうし》がいるけれども、会社を辞《や》めるわけにはいかない。また、そりのあわない嫁《よめ》を息子《むすこ》が連《つ》れてくる。これも苦しいことです。

「求不得苦《ぐふとつく》」というのも、あります。欲《ほ》しい物が手に入らないというのも、苦しみです。好《す》きな人がいるけれども、ちっとも気づいてくれない。これは求不得苦《ぐふとつく》です。また家を建《た》てたいけれども、なかなか土地が手に入らない、車を買いたいけれども金がない。人間には生まれながらにして欲望《よくぼう》があります。その欲望《よくぼう》をかなえられないのは苦しみです。

結局《けつきょく》のところ、人間は手に入らなければ、それで苦しむ。そして、手に入ってしまうと、今度は別《わか》れるのが辛《つら》くなるという生き物なのです。愛別離苦《あいべつりく》と求不得苦《ぐふとつく》はセットになっていると言えるでしょう。

最後《さいご》は「五蘊盛苦《ごうんじょうく》」。これは人間の身体《からだ》や心の中で、欲望《よくぼう》が燃《も》えさかること。身体《からだ》のかもしだす苦しみとも言えます。

たとえば、食べ過《す》ぎてはいけないと分かっているのに、ついケーキを食べてしまって太ってしまう。あるいはギャンブル中毒《ちゅうどく》になって、大切なお金を失ってしまう。セックスで苦しむ。人間の存在《そんざい》そのものの苦しみとも言えます。

生老病死《しょうろうびょうし》に加《くわ》えて、愛別離苦《あいべつりく》、怨憎会苦《おんぞうえく》、求不得苦《ぐふとつく》、五蘊盛苦《ごうんじょうく》を「八苦《はっく》」と言いますが、お釈迦《しゃか》さまはこの四苦八苦《しくはっく》の人生から、いかにすれば脱却《だつきゃく》できるのだろうと悩《なや》み、そのために出家《しゅっけ》なさったのです。

釈迦《しゃか》が出家《しゅっけ》したニつの「理由」

しかし考えてみれば、人間は死すべきものであるとか、あるいは病気や老《お》いに苦しむ生き物であるというのは、何もお釈迦《しゃか》さまだけが発見したわけではありません。人間なら、誰《だれ》しもそのことを知っています。しかし、それを悩《なや》んで、家族を捨《す》てて出家《しゅっけ》する人はそういません。もし、そうだったら、世界中が出家者《しゅっけしゃ》だらけになってしまいます。

では、なぜお釈迦《しゃか》さまは出家《しゅっけ》なさろうと考えたのか。

それには大きく言って二つの理由があると思うのです。

一つは、若《わか》いときのお釈迦《しゃか》さまがとてもものに感じやすい、メランコリックな性格《せいかく》であったということです。つまり何事《なにごと》も悪いほうに感じる人、マイナス思考タイプで憂鬱症《ゆううつしょう》でした。

たとえば、こんな話が伝《つた》えられています。

王子であったころのお釈迦《しゃか》さまは、父王からあてがわれた美女に囲《かこ》まれて生活しておられましたが、ある夜遅《おそ》く、ふと目が覚《さ》めた。トイレにでも行こうと思ったんでしょう。

ベッドから起きあがって王宮《おうきゅう》の中を歩いていると、女たちが寝《ね》ている。その寝姿《ねすがた》を見たら、きれいな女たちが寝巻《ねま》きを振《ふ》り乱《みだ》して、太い足を出して、だらしなく寝《ね》ていた。

バラモン教◉バラモン階級《かいきゅう》を中心に古代インドに生まれた宗教《しゅうきょう》。ヴェーダと呼《よ》ばれる聖典《せいてん》にもとづくため「ヴェーダの宗教《しゅうきょう》」とも呼《よ》ばれる。現在《げんざい》のヒンドゥー教の基礎《きそ》となった。

天台寺◉寂聴師《じゃくちょうし》が住職《じゅうしょく》を務《つと》める岩手《いわて》県浄法寺《じょうぼうじ》町の古刹《こさつ》。詳《くわ》しくは終章《しゅうしょう》に。

中には、ぐうぐういびきをかいている女もいたし、鼻提灯《はなちょうちん》をぶらさげているのもいた。

これを見て、お釈迦《しゃか》さまはとっても絶望《ぜつぼう》した。どんなに昼間着飾《きかざ》って、美しく化粧《けしょう》をしていても、無防備《むぼうび》に寝《ね》ている女の姿《すがた》はこんなに醜《みにく》いじゃないかと思った。人間というのは、何と醜《みにく》い生き物かと絶望《ぜつぼう》したというのです。

これも出家《しゅっけ》の遠い原因《げんいん》になったと記《しる》されています。

インド人は出家好《しゅっけず》き？

お釈迦《しゃか》さまが出家《しゅっけ》をお考えになった、もう一つの背景《はいけい》として、この当時のインドの習慣《しゅうかん》を見逃《みのが》せません。

インドはカーストという階級制度《かいきゅうせいど》があることで知られていますが、お釈迦《しゃか》さまの時代にも身分差別《みぶんさべつ》がありました。バラモン、クシャトリヤ、ヴァイシャ、シュードラの4階級《かいきゅう》があって、その中で最《もっと》も高い地位《ちい》がバラモンでした。

バラモンはバラモン教や学問の指導者《しどうしゃ》とされていましたが、この階級《かいきゅう》の男は人生を四つの時期に分けて暮《く》らすという習慣《しゅうかん》がありました。学生期《がくしょうき》、家住期《かじゅうき》、林棲期《りんせいき》、遊行期《ゆぎょうき》です。

学生期《がくしょうき》は幼《おさな》いころ家にいて、一所懸命《いっしょけんめい》に学問をする。家住《かじゅう》期《き》は結婚《けっこん》をして家庭を持ち、子どもを作る。つまり、子孫《しそん》を作る。林棲期《りんせいき》には林の中で修行《しゅぎょう》をする。次の遊行期《ゆぎょうき》は、全国を行脚《あんぎゃ》して、自分の悟《さと》ったことを人に教えるという時期です。

バラモン階級《かいきゅう》では、このように人生を四つに分けて暮《く》らすというのが理想《りそう》とされていたのです。

もちろん、お釈迦《しゃか》さまはバラモンではありません。バラモンの次に偉《えら》い、クシャトリヤと呼《よ》ばれる王さまや武士《ぶし》の階級《かいきゅう》です。

しかし、お釈迦《しゃか》さまの生き方を見ていると、まさにこのバラモンの生き方と重《かさ》なります。お釈迦《しゃか》さまは、学生期《がくしょうき》と家住期《かじゅうき》を終えたところで、林《りん》棲期《せいき》・遊行期《ゆぎょうき》に入ることを選《えら》ばれたのです。

すべてを捨《す》て、生まれ変《か》わる

愛《あい》する妻《つま》や生まれたばかりの赤《あか》ん坊《ぼう》、年老《としお》いた父や義理《ぎり》のある育ての母を捨《す》てていったお釈迦《しゃか》さまは、非情《ひじょう》、薄情《はくじょう》な男と見えますが、けっしてそうではありません。

お釈迦《しゃか》さまは自分一人の幸せ、あるいは自分の家族の幸せだけではけっして我慢《がまん》ができなかったのです。お釈迦《しゃか》さまの出家《しゅっけ》は、世の中の人すべてが幸せになるにはどうしたらよいかを追求《ついきゅう》するためのものでした。人の苦しみ、人の痛《いた》みを自分のもののように感じるやさしい心の持ち主でした。

出家《しゅっけ》したお釈迦《しゃか》さまの心はきっと晴れやかなものだったでしょう。

私は51歳《さい》のときに出家《しゅっけ》しました。家も仕事も、財産《ざいさん》もみんな捨《す》てました。そのときの気持ちのよさといったらありません。自分を縛《しば》り付《つ》けていたものが、全部なくなった。出家《しゅっけ》とは一度死んで生まれ変《か》わることだと言い、また、「生きながら死ぬ」とも言われますが、本当に生まれ変《か》わったような気がしたものです。

ところが、その出家《しゅっけ》も10年もすると、元《もと》の木阿弥《もくあみ》。ぜんぶ捨《す》てたと思ったけれども、気が付《つ》くと寂庵《じゃくあん》は出来《でき》ているし、岩手《いわて》県の天台寺《てんだいじ》の住職《じゅうしょく》まで仰《おお》せつかっています。しかも、そうした仕事をしながら小説《しょうせつ》も書いているわけですから、かえって出家《しゅっけ》前よりも、しがらみが多くなったかもしれません。

無駄《むだ》に終わった6年間

お釈迦《しゃか》さまに話を戻《もど》しましょう。

出家《しゅっけ》したお釈迦《しゃか》さまは6年もの間、苦行林《くぎょうりん》で大層厳《たいそうきび》しい修行《しゅぎょう》を続《つづ》けました。今でもインドには苦行者《くぎょうしゃ》がたくさんいます。断食《だんじき》をしたり、眠《ねむ》らなかったり、釘《くぎ》をびっしりと打ったベッドの上で寝《ね》たり、火の上を歩いている修行者《しゅぎょうしゃ》をテレビで見たことがあるでしょう？　お釈迦《しゃか》さまの時代にも、そうした苦行《くぎょう》が行なわれていて、修行者《しゅぎょうしゃ》たちが集まる林がありました。それを苦行林《くぎょうりん》と言います。

もちろん、そうした修行《しゅぎょう》の間、お釈迦《しゃか》さまが考えていたのは、なぜ、人は苦に満《み》ちた人生を送らなければならないのかということでした。なぜ、若《わか》くて美しい青年や少女がやがて年寄《としよ》りになるのだろう。なぜ、人は病気に苦しまなければならないのか、死ぬのか。そうしたことをずっと考えながら、苦しい修行《しゅぎょう》を続《つづ》けていたわけです。

ところが、6年間も苦行《くぎょう》したけれども、いっこうにその答えが見えてこなかった。

そこでようやく「ひょっとしたら、修行《しゅぎょう》の方法が間違《まちが》っていたのではないか」と思ったのです。お釈迦《しゃか》さまは林を出て、苦行《くぎょう》を止《や》めることにしました。

お釈迦《しゃか》さまの発想《はっそう》はつねに客観的《きゃっかんてき》、論理的《ろんりてき》です。

みなさんも、一所懸命《いっしょけんめい》に努力《どりょく》しているのに、全然成果《ぜんぜんせいか》が得《え》られないという経験《けいけん》があるでしょう。

たとえば、誰《だれ》かを好《す》きになって、必死《ひっし》になってそれを伝《つた》えようとしているのに、ちっとも相手が振《ふ》り返ってくれないとか、夜も寝《ね》ずに仕事をしているのにまったく成果《せいか》が上がらないとか。

そんなときは、自分のやり方そのものが間違《まちが》っているんじゃないかと思わなければなりません。

ところが、普通《ふつう》はなかなかそれができません。相手がこっちを見てくれないのは、相手が鈍感《どんかん》なせいだとか、勉強しても数学の成績《せいせき》が上がらないのは教師《きょうし》のせいだとか思ってはいませんか。

視点《してん》を変《か》えて見ると案外《あんがい》、答えが見つかるものなのに、それに気が付《つ》かないのです。

お釈迦《しゃか》さまが苦行《くぎょう》を止《や》めたときも、周《まわ》りの苦行者《くぎょうしゃ》たちはみんな彼《かれ》を軽蔑《けいべつ》した。「ああ、これで奴《やつ》も修行《しゅぎょう》から脱落《だつらく》した」、「堕落《だらく》した」と思ったのです。まあ、これが普通《ふつう》の反応《はんのう》かもしれません。

スジャーターの乳粥《ちちがゆ》

ところが、お釈迦《しゃか》さまは苦行《くぎょう》をやめたとたんに、悟《さと》りに至《いた》ったのです。

苦行林《くぎょうりん》を出たお釈迦《しゃか》さまは、もっと気候《きこう》のおだやかな場所に移《うつ》ることにしました。ネーランジャラー川という川のそばに来て、川で6年間の垢《あか》を落とし、身体《からだ》をきれいにして、近くに立っている大きな木の下に坐《すわ》って座禅《ざぜん》を組み、瞑想《めいそう》をされました。

すると、そこにスジャーターという若《わか》い女が現《あら》われます。

彼女《かのじょ》は、この土地の村長の息子《むすこ》と結婚《けっこん》していたのですが、なかなか子どもが生まれません。そこで、この大きな木に願掛《がんか》けをして、「どうか子どもが授《さず》かりますように」とお願《ねが》いしていたのです。日本でも、大きな木には神さまが宿《やど》

暁《あかつき》の明星《みょうじょう》が輝《かがや》いた瞬間《しゅんかん》、釈迦《しゃか》は「仏陀《ぶつだ》」になった

ると思われていますが、インドではもっと樹《き》を敬《うやま》います。スジャーターは「もし私に元気な男の子が生まれましたら、そのお礼にうんとおいしい乳《ちち》粥《がゆ》を差し上げます」と祈《いの》っていました。

乳粥《ちちがゆ》は、私もインドで2度食べたことがあります。お米を牛乳《ぎゅうにゅう》でお粥《かゆ》にして、ハチミツで味付《あじつ》けがしてあります。とってもおいしい食べ物です。

願《ねが》いが通じたのか、スジャーターには男の子が生まれました。そこで、彼女《かのじょ》はさっそく絞《しぼ》りたてのお乳《ちち》で粥《かゆ》を作って、樹《き》の神さまにお供《そな》えをしに来たのですが、その木の下でお釈迦《しゃか》さまが座禅《ざぜん》をなさっていたというわけです。スジャーターは、てっきり樹《き》の神さまがそこにお姿《すがた》を現《あら》わしたと思いこみ、お釈迦《しゃか》さまに粥《かゆ》をささげて帰りました。

お釈迦《しゃか》さまはスジャーターが持ってきた乳粥《ちちがゆ》を食べました。何しろ、それまで断食《だんじき》していたから、お腹《なか》が空《す》いていましたし、断食《だんじき》の直後にあまり重たい食べ物は身体《からだ》によくありません。断食《だんじき》で弱った身体《からだ》を元気にするには、お粥《かゆ》が最適《さいてき》です。空腹が満たされ、体力が回復《かいふく》してきました。

「縁起《えんぎ》の法則《ほうそく》」の発見

ふと見ると、川の向こうに、もっと気持ちのよさそうな村があります。お釈迦《しゃか》さまはそのまま川を歩いて渡《わた》り、向こう岸の村に入りました。そして、そこにあるアシヴァッタという大きな木の下で改《あらた》めて座禅《ざぜん》を組むことにしたのです。

その木の下で心静《しず》かに座禅《ざぜん》をなさった翌朝《よくあさ》、暁《あかつき》の明星《みょうじょう》が輝《かがや》いた瞬間《しゅんかん》に、お釈迦《しゃか》さまは悟《さと》りを得《え》たと言われています。

つまり、このときお釈迦《しゃか》さまは仏陀《ぶっだ》になられたというわけです。

仏教では、お釈迦《しゃか》さまが悟《さと》りを開いた瞬間《しゅんかん》のことを「成道《じょうどう》」と言いますが、その日は12月8日であったと伝《つた》えられています。禅宗《ぜんしゅう》のお寺では「臘八接心《ろうはちせつしん》」と言って、この日にとても厳《きび》しい座禅《ざぜん》を行ないます。

ちなみに、このときお釈迦《しゃか》さまが座禅《ざぜん》を組んでおられたアシヴァッタの木は、のちに「菩提樹《ぼだいじゅ》」と呼《よ》ばれるようになりました。

「菩提《ぼだい》を弔《とむら》う」という表現《ひょうげん》がありますが、これは亡《な》くなった人がどうか仏《ほとけ》になれますようにとお祈《いの》りすることです。仏《ほとけ》になって悟《さと》ることを、菩提《ぼだい》というのです。菩提樹《ぼだいじゅ》は、この木の下でお釈迦《しゃか》さまが悟《さと》りを開いたことから、その名前が付《つ》いたのです。

さて、お釈迦《しゃか》さまがこのとき悟《さと》られたのが、「因縁《いんねん》」であったというのは前にお話ししましたね。

簡単《かんたん》に言えば、この世の中の出来事《できごと》には、すべて原因《げんいん》があるという考え方です。突然《とつぜん》に不幸《ふこう》が襲《おそ》ってくるように見えるけれども、落ち着いて、冷静《れいせい》な目で見れば、すべてその不幸《ふこう》が起きる原因《げんいん》があるという真理です。だから、苦を滅《めつ》しようと思えば、よって起こったその原因《げんいん》から断《た》たなければならないというのが、お釈迦《しゃか》さまの悟《さと》りでした。

これを仏教では「これあれば、かれあり」「これなければ、かれなし」「これ生《しょう》ずれば、かれ生《しょう》ず」「これ滅《めつ》すれば、かれ滅《めつ》す」などとも言います。

たとえば自分というものは他者《たしゃ》があるから存在《そんざい》する。同様《どうよう》に、他者《たしゃ》も自分がいなければ存在しない。つまり、すべてのものは、たがいに依存《いぞん》して存在《そんざい》するということです。

衆生◉「いのちあるもの」「生きとし生けるもの」を指《さ》す仏教の言葉。私たちが生きている人間界を衆生界《しゆじようかい》と言う。

◉自分の不幸《ふこう》を他人や運命のせいにしていてはダメ

これはひじょうに合理的《ごうりてき》な考え方です。

これを因果《いんが》、または因縁《いんねん》と言い、縁起《えんぎ》の法則《ほうそく》とも言います。この世の苦から逃《のが》れたければ、苦の原因《げんいん》を滅《めつ》することだとお釈迦《しやか》さまは悟《さと》られたのです。

私たちは、自分の不幸《ふこう》や苦しみを、運命とか神さまのせいにしがちです。自分が不幸《ふこう》なのは、何か星の巡《めぐ》り合わせが悪いためじゃないかとか、あるいは悪い霊《れい》に取り付《つ》かれているのではないかと思ってしまいます。あるいは、自分が不幸《ふこう》なのは夫《おつと》のせい、姑《しゆうとめ》のせいと思ったりもします。

お釈迦《しやか》さまはこれに対して、「自分の不幸《ふこう》を人のせいにしたり、超自然的《ちようしぜんてき》なもののせいにしてはだめだ。それでは何の解決《かいけつ》にもならない」とおっしゃったのです。

「法《ほう》の輪《わ》」が動き出した

お釈迦《しやか》さまは因縁《いんねん》を発見したことで、のちの仏教につながる悟《さと》りを得《え》たわけですが、実《じつ》は最初《さいしよ》のうち、この発見は自分一人の胸《むね》の中にしまっておこうと思ったのです。というのも、自分がこうして発見した結論《けつろん》だけを他人に話したところで、予備知識《よびちしき》のない人々には分かってもらえないだろうと思ったからです。

ところが、そこに梵天《ぼんてん》という神さまが現《あら》われました。梵《ぼん》天《てん》というのは、インドの一番偉《えら》い神さまで、宇宙《うちゆう》を作ったとされています。日本の天照《あまてらす》大神《おおみかみ》を男にしたような神さまです。

その梵天《ぼんてん》が悟《さと》りを開いたお釈迦《しやか》さまに対して、

「ブッダよ、悟《さと》ったことを一人で楽しまずに、どうか衆生《しゆじよう》のために教えてやってください」

とお願《ねが》いしました。そこでお釈迦《しやか》さまは考えを改《あらた》めて、皆《みな》に教えを広めることを決意したと言われます。これが仏教で言う「梵天勧請《ぼんてんかんじよう》」という出来事《できごと》です。

この梵天《ぼんてん》の願《ねが》いを聞いて、お釈迦《しやか》さまは菩提樹《ぼだいじゆ》の下から立ち上がります。ちなみに、お釈迦《しやか》さまが悟《さと》りを開いた土地のことを、のちに「ブッダガヤ」と呼《よ》ぶようになりました。

お釈迦《しやか》さまが最初《さいしよ》に教えを広めたのは、サールナート(鹿《ろく》野苑《やおん》)という場所でした。

お釈迦《しやか》さまがブッダガヤからサールナートに歩いていくと、そこに5人の修行僧《しゆぎようそう》たちがいました。もと、お釈迦《しやか》さまの修行仲間《しゆぎようなかま》だった人たちなのですが、お釈迦《しやか》さまの姿《すがた》を見ると彼《かれ》らはコソコソと相談《そうだん》しました。お釈迦《しやか》さまは苦行《くぎよう》を途中《とちゆう》で放棄《ほうき》した人です。彼《かれ》らから見ると脱落者《だつらくしや》、裏切《うらぎ》り者《もの》です。そこで、「あそこに見えるのはゴータマじゃないか」、「そうだ、無視《むし》してやろう」、「うん、口を利《き》くな」と話し合いました。

ところが、お釈迦《しやか》さまの姿《すがた》を見ると、思わずこの5人が合掌《がつしよう》してしまった。お釈迦《しやか》さまには、悟《さと》った人にしかない威厳《いげん》があって、圧倒《あつとう》されてしまったのです。5人は合掌《がつしよう》し、お辞儀《じぎ》までしてしまいました。貫禄《かんろく》負け、ですね。

しかし、それでもこの5人は負けを認《みと》めたくありません。そこで1人が「やあ、ゴータマ君じゃないか」と声を掛《か》けた。もう1人は「やあ、きみか」と言いました。

すると、お釈迦《しやか》さまは「私は悟《さと》りを開いた人間だ。もうゴータマとか、きみとか呼《よ》んではならない」と答えたと仏《ぶつ》伝《でん》にあります。

しかし、そんな馬鹿《ばか》なこと

◀前ページ・インド聖地巡礼《せいちじゆんれい》。釈迦《しやか》ゆかりの霊鷲山《りようじゆせん》にてがあったとは思えません。

　お釈迦《しゃか》さまともあろう人が、そんな心の狭《せま》いことをおっしゃるわけがありません。これはもちろん、後《のち》の時代の人が作った話でしょう。お釈迦《しゃか》さまが偉《えら》かったことを強調したいがために、こんなことを書いたのでしょう。

　お釈迦《しゃか》さまは「まあ、私の話を聞きなさい」と言って、そこで初《はじ》めて自分の悟《さと》ったことを話しました。この５人が、お釈迦《しゃか》さまにとっての最初《さいしょ》の「サンガ」、つまり同志《どうし》になるわけですが、このときの最初《さいしょ》の説法《せつぽう》を「初転法輪《しょてんほうりん》」と言います。

　仏教では、その教えを巨大《きょだい》な車の輪《わ》にたとえます。仏法《ぶつぽう》の輪《わ》ですから、法輪《ほうりん》です。その法輪《ほうりん》が初《はじ》めて回ったというので、初転法輪《しょてんほうりん》という名前が付《つ》きました。

　この瞬間《しゅんかん》に、仏教が成立《せいりつ》したと言ってもいいでしょう。最初《さいしょ》はたった５人だったサンガが、やがて10人になり、100人になり、あちこちからお釈迦《しゃか》さまの話を聞きたいという人がやってくるようになりました。その中には、貧《まず》しい人もあれば大金持ちもいる。さらには王さままでがお釈迦《しゃか》さまの教えを聞きたいとやってくるようになったのです。その集団もサンガです。

スーパーマンではなかったお釈迦《しゃか》さま

　お釈迦《しゃか》さまはその生涯《しょうがい》をかけて、自分が悟《さと》られた仏教の教えを北インドの各地《かくち》を歩きながら、広めていかれました。その間にも、さまざまな物語があるのですが、とても語りきれるものではありません。お釈迦《しゃか》さまの生涯《しょうがい》を書いた物語や本がいろいろ出版《しゅつぱん》されていますから、興味《きょうみ》のある方はそうした本を読まれるといいでしょう。

　でも、どうしても一つだけお話ししたいのは、お釈迦《しゃか》さまのご臨終《りんじゅう》、いわゆる「入《にゅう》滅《めつ》」の物語です。

　私がお釈迦《しゃか》さまの伝記《でんき》を読んで心惹《ひ》かれるのは、お釈迦《しゃか》さまは悟《さと》りを開いたあとでも、普通《ふつう》の人間といっさい変《か》わらなかったという点です。お釈《しゃ》迦《か》さまほどのスーパースターであれば奇跡《きせき》を起こしたりしても不思議《ふしぎ》はありませんが、けっしてお釈迦《しゃか》さまはそうした超能力《ちょうのうりょく》をお使いになろうとなさらなかった。超能力《ちょうのうりょく》、つまり、仏教で言う「神通力《じんつうりき》」はもちろんあったようですが、それをあえて使おうとはしなかったようです。そして生涯《しょうがい》、普通《ふつう》の人間と同じように暮《く》らして、普通《ふつう》の人と同じように年老《としお》いて、そして病気《びょうき》に苦しんで亡《な》くなるのです。ここが、お釈迦《しゃか》さまのとても素晴《すば》らしいところ、心惹《ひ》かれるところです。

　たとえば、お釈迦《しゃか》さまが故郷《こきょう》のカピラヴァットゥに帰られたときの話があります。

　お釈迦《しゃか》さまは29歳《さい》のときに家庭を捨《す》ててから長い間、故郷《こきょう》に戻《もど》ることはありませんでしたが、たまたま釈迦《しゃか》族の人たちがカピラヴァットゥに新しい会堂《かいどう》を建《た》てたので、その落成祝《らくせいいわ》いにお釈迦《しゃか》さまをお招《まね》きしようと考えました。

　むろん、お釈迦《しゃか》さまは快《こころよ》くそれを引き受け、夜遅《おそ》くまで人々のために法話《ほうわ》をなさいました。法話《ほうわ》を聞いて、釈迦《しゃか》族の人たちが心から感動したのは言うまでもありません。

　その法話《ほうわ》のあとで、お釈迦《しゃか》さまはお供《とも》のアーナンダを呼《よ》んで、こう言いました。

「まだ、人々が私の話を聞きたがるようならば、アーナンダよ、お前が行って代《か》わりに

● 人生は苦に満《み》ちている。でも、この世はとても美しい

話をしてくれまいか。あんまり夜遅《おそ》くまで起きていたから、私は背中《せなか》が痛《いた》い。しばらく横になっていたい」

お釈迦《しゃか》さまももうけっして若《わか》くはありません。長年《ながねん》にわたり苦行《くぎょう》をし、その後は全国を歩いてこられました。ですから、このときにはすでに身体《からだ》も疲《つか》れ果《は》てていたのでしょう。お釈迦《しゃか》さまはアーナンダの前で本当に横になったと言います。

お釈迦《しゃか》さまのような人でも「背中《せなか》が痛《いた》い」とおっしゃるのです。私たちとまったく同じではありませんか。

また、80歳《さい》をすぎたころ、ヴェーサーリーというところに行ったところが、そこでお腹《なか》に激痛《げきつう》が起こりました。急性の腸炎《ちょうえん》か大腸癌《だいちょうがん》でしょう。しかし、それを精神統一《せいしんとういつ》で克《こく》服《ふく》したあと、アーナンダに言いました。

「アーナンダよ、私ももう80歳《さい》だ。肉体もすっかりおとろえた。身体《からだ》のあちこちも傷《いた》みきって、使いものにならないボロ車のようだ。無理《むり》に皮紐《かわひも》でこわれた部分をつなぎあわせて使っている。ああ、背中《せなか》が痛《いた》い」

何という人間的な言葉でしょう。私は仏伝《ぶつでん》のここが一番好きで、いつ読んでもなつかしく、涙《なみだ》が出ます。けっしてここで神通力《じんつうりき》など使わないのです。

この出来事《できごと》のあと、少し身体《からだ》のよくなったお釈迦《しゃか》さまは最後《さいご》の旅に出発されます。その時、丘《おか》の上でヴェーサーリーを振《ふ》り返り、「ヴェーサーリーを見るのはこれが最後《さいご》だろう。ああ、この世は美しい。人間の命は何と甘美《かんび》なものよ」とつぶやかれています。末期《まつご》の眼《め》に映《うつ》った、この世の自然と人の命を祝福《しゅくふく》してくださったのです。何というありがたい言葉でしょう。

お釈迦《しゃか》さまでも年をとる

お釈迦《しゃか》さまはこの遊行《ゆぎょう》の旅の途中《とちゅう》、80歳《さい》で亡《な》くなるのですが、世のため人のために一生を捧《ささ》げた方だから、どんなに素晴《すば》らしい亡《な》くなり方をするのだろうと思うでしょう？

旅の途中《とちゅう》で、お釈迦《しゃか》さまはチュンダという鍛冶屋《かじや》に出会います。チュンダは貧《まず》しい男なのですが、「どうかお釈迦《しゃか》さま、うちに来て夕ごはんを召《め》し上がってください」と言います。

この当時のインドは身分制《みぶんせい》度《ど》があるので、お釈迦《しゃか》さまのような方がチュンダと食事をするなどは常識《じょうしき》では考えられないことです。お釈迦《しゃか》さまはクシャトリヤという武士階級《ぶしかいきゅう》、チュンダはそれより低《ひく》い身分です。

しかし、お釈迦《しゃか》さまは「人間に差別《さべつ》があってはならない」ということを徹底《てってい》して説《と》かれた方ですから、貧《まず》しいチュンダの家に喜《よろこ》んで招待《しょうたい》されます。

ところが、その食事がいけなかった。チュンダが用意した食事の中には毒《どく》キノコが入っていたとも言われますし、腐《くさ》った肉が入っていたとも言われます。

チュンダは心をこめてお釈《しゃ》迦《か》さまにごちそうを用意したつもりだったのですが、その食事にあたってお釈迦《しゃか》さまはお腹《なか》をこわしてしまいます。

今で言うと、急性腸炎《きゅうせいちょうえん》というのでしょうか。それとも赤《せき》痢《り》だったのかもしれません。いずれにせよ、お釈迦《しゃか》さまはお腹《なか》を下《くだ》して、それこそ垂《た》れ流《なが》しの状態《じょうたい》で旅を続《つづ》けなければなりませんでした。

そして、ようやくたどりついたクシナガラで、お釈迦《しゃか》さ

仏教精神《せいしん》の根本《こんぽん》は「自灯明《じとうみょう》」にある

まは亡《な》くなるのです。

「自灯明《じとうみょう》」の教え

　お釈迦《しゃか》さまは最後《さいご》まで鍛冶《かじ》屋《や》チュンダのことを気にかけておられたそうです。周《まわ》りの弟子《でし》たちは「チュンダのせいで、お釈迦《しゃか》さまは病気になった」と思っています。そこでお釈迦《しゃか》さまは、
「私が今まで受けた布施《ふせ》の中で、チュンダが精一杯《せいいっぱい》に出してくれたご馳走《ちそう》ほど素晴《すば》らしいものはなかった」
　と言い残《のこ》します。チュンダにとって、その一言ほど慰《なぐさ》められる言葉はなかったでしょう。お釈迦《しゃか》さまは最後《さいご》まで優《やさ》しい方でした。
　そしてアーナンダに遺言《ゆいごん》を遺《のこ》します。
「お前たちは自分たちを明かりとしなさい。人をよりどころにするな。仏法《ぶつぽう》をよりどころにして、他を頼《たよ》るな」
　このお釈迦《しゃか》さまの遺言《ゆいごん》を仏教では「自灯明《じとうみょう》」とも言います。これはとても大切な教えです。
　自分が亡《な》くなっても、自分の銅像《どうぞう》を拝《おが》めとか、一番弟子《でし》の言うことを聞けとはおっしゃらなかった。あくまでも頼《たよ》りにしなければならないのは自分なんです。自分がしっかりしなきゃ、誰《だれ》も助けてはくれない。自分で自分の心を鍛《きた》えなさい、自分の姿《すがた》を反省《はんせい》して正しい行ないをしなさいというのです。

インド・クシナガラ。釈迦入滅《しゃかにゅうめつ》の地

　そういえば、お釈迦《しゃか》さまがなくなる前に、こんな出来事《できごと》がありました。
　バッカリという男がいました。彼《かれ》は在家《ざいけ》の信者《しんじゃ》だったのですが、不治《ふち》の病《やまい》に倒《たお》れます。バッカリは友人にこう頼《たの》みました。
「私の命はもう尽《つ》きる。この世の最後《さいご》の思い出に、どうしてもお釈迦《しゃか》さまのお顔を拝見《はいけん》したいものだ。だが、自分の体力はもう残《のこ》っていない。おそれ多いことだけれども、お釈迦《しゃか》さまにお出ましいただきたいとお願《ねが》いしてくれないだろうか」
　友人がお釈迦《しゃか》さまのところに行くと、お釈迦《しゃか》さまはすぐにバッカリの家に行きます。
「どうだね、バッカリ。調子はいくらかよいのか」
　やさしげなお釈迦《しゃか》さまの顔を見て、バッカリが泣《な》いて喜《よろこ》んだのは言うまでもありません。
　お釈迦《しゃか》さまは泣《な》くバッカリにこう説法《せつぽう》をされたと言います。
「バッカリよ、私の老《お》いさらばえた身体《からだ》を見たところで、何の役にも立ちはしないよ。大切なのは私ではない、仏法《ぶつぽう》だ。仏法《ぶつぽう》を守り、信《しん》じるのだよ」

だからこそ、私は仏教が好《す》き

バッカリはその言葉を聴《き》いてハッとして悟《さと》りました。お釈迦《しやか》さまはけっして自分を神《しん》格化《かくか》なさらなかった。大事なのは仏教の教えであり、自分自身なのです。

「人生は変《か》えられる」

お釈迦《しやか》さまの臨終《りんじゆう》には何の奇蹟《きせき》も起こりませんでした。ただ、ベッドのまわりの４本の沙羅双樹《さらそうじゆ》の樹《き》が、お釈迦《しやか》さまが亡《な》くなると同時に、真っ白になって枯《か》れただけです。あれだけ素晴《すば》らしいことをなさりながら、普通《ふつう》の人と同じように老《お》い、病《やまい》に倒《たお》れ、亡《な》くなられました。

しかし、だからこそ私はお釈迦《しやか》さまが大好《だいす》きなのです。

お釈迦《しやか》さまは「人生は苦に満《み》ちている」と認識《にんしき》しながらもなお、「この世は美しい。人の命は甘美《かんび》なものだ」という美しい言葉を残《のこ》していってくださったのです。

これこそが仏教の教えなのです。生きていくのは苦しいし、人生は悲しいことの連続《れんぞく》です。「こんなに生きるのが辛《つら》いのなら、最初《さいしよ》から生まれてこなければよかった」と思ってしまうほどです。でも、だからといって、人生を諦《あきら》めてはいけない。人生は自分の努力《どりよく》、心がけしだいで変《か》えることができる。だからこそ、人間は素晴《すば》らしいというのがお釈迦《しやか》さまの教えなのです。

ですから、お寺に行ってお賽銭《さいせん》をあげれば、それでいいというものではありません。仏《ほとけ》さまに甘《あま》えて祈《いの》れば、それで済《す》むというのではありません。自分の人生は誰《だれ》にも頼《たよ》らず、自分の努力《どりよく》で変《か》えなさいというのが仏教の教えです。

私はだからこそ、仏教が大《だい》好《す》きなんです。

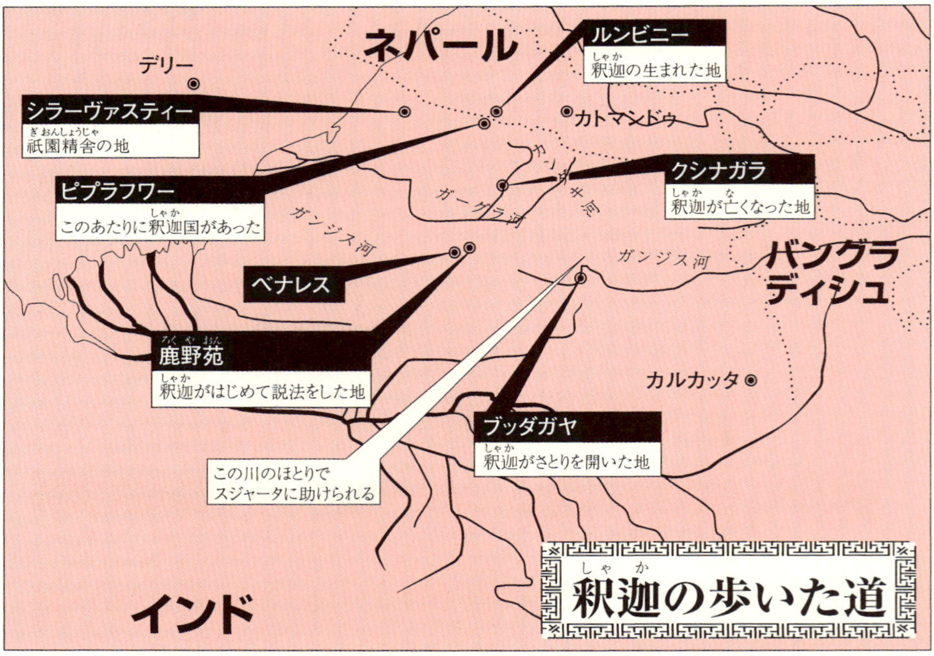

釈《しゃ》迦《か》涅《ね》槃《はん》図《ず》（奈良国立博物館）

十巻目
うれしはずかし
友蔵
十巻目の俳句
十巻で
ボクんち
家は
火事になり
永沢くんの
俳句
10巻記念
MOMOKO SAKURA

[第3章]

GLOBAL BUDDHISM STANDARD

参《さんしょう》

生き方を変える「四つの真理」

お釈迦《しやか》さまは菩提樹《ぼだいじゆ》の下で悟《さと》りを開き、「仏陀《ぶつだ》」になられました。そのお釈迦《しやか》さまの悟《さと》りとはいったい何なのでしょう。お釈迦《しやか》さまは「四つの真理」を発見し、私たちが煩悩《ぼんのう》から抜《ぬ》け出すための「八つの正しい道」を見つけたと言われます。仏教の真髄《しんずい》とも言うべき、その内容《ないよう》を探《さぐ》っていきましょう。

○丸尾君の苦悩
ローマ字で自分の名前を書くときはみょうじをあとに書きますね
たとえば田中一郎さんならICHIRO TANAKAとなるわけです
それの一番はじめの文字だけを書いたものがイニシャルですね
田中一郎さんならI・Tとなるわけです
ICHIRO・TA
イニシャル
I・T
さあみなさんも自分のイニシャルを書いてみましょう
ワイ
ワイ
ワイ
先生!!
丸尾スエオ自分のイニシャルだけは情なくて書けません
彼の苦悩は一生つづく。

仙厓◉江戸《えど》時代後期の禅僧《ぜんそう》。博多《はかた》の聖福寺《しょうふくじ》の住職《じゅうしょく》を務《つと》めるかたわら、すぐれた絵画や書を遺《のこ》したことでも知られる。「○△□」の3文字（？）を力強い筆致《ひっち》で書いた作品は読者も見覚《みおぼ》えがあるかもしれない。

四諦《したい》の「諦《たい》」とは「真理をあきらかにする」ということ

四つの真理

前章《ぜんしょう》でお釈迦《しゃか》さまの生涯《しょうがい》についての話をしましたが、今回はそのお釈迦《しゃか》さまがいったい何をお悟《さと》りになられたかという話をいたしましょう。

お釈迦さまは6年間にわたる苦行《くぎょう》をなさいましたが、結《けつ》局《きょく》、それでは何も得《え》られませんでした。そこで「これはやり方が間違《まちが》っているのではないか」と思って、スジャータの乳粥《ちちがゆ》で栄養《えいよう》をつけ、川で身を清《きよ》めて改《あらた》めて座禅《ざぜん》をなさって、この世の真理を悟《さと》ったという話をしました。

そのとき、お釈迦《しゃか》さまが悟《さと》られた内容を「四諦《したい》」と言います。

諦《たい》といっても、これは諦《あきら》めるという意味ではありません。諦《たい》というのはサンスクリット語の「シャタイヤ」の訳語《やくご》で、真理をあきらかにするという意味があります。お釈迦《しゃか》さまは菩提樹《ぼだいじゅ》の下で、四つの真理を発見《はっけん》されたということですね。

その四つの真理とは、苦諦《くたい》、集諦《じったい》、滅諦《めったい》、道諦《どうたい》です。「苦《く》集滅道《じゅうめつどう》」の四つの真理です。

苦諦《くたい》とは、この世は苦しみに満《み》ちているという真理です。

人間は生きている以上《いじょう》、生《しょう》老病死《ろうびょうし》の四苦《しく》から逃《のが》れられません。生まれてくること自体が、すでに苦です。そして、生まれてきてからも老《お》いは避《さ》けられません。病《やまい》に倒《たお》れることもあります。そういう苦しみを経《へ》て、最後《さいご》には死が待っているのです。

長生きするというのは、いいことのように見えるけれども、大変《たいへん》なこと。

長く生きれば、長く生きた分だけ悩《なや》みは増《ふ》えます。年《とし》を取ると誰《だれ》でもポックリ死にたいと思います。寝《ね》たきりになったり、ボケたりしたくない。誰《だれ》にも迷惑《めいわく》をかけずに死にたいと考える。でも、なかなかそうはいきません。

「死にたくない」と言った高僧《こうそう》

ある立派《りっぱ》な女性政治家《じょせいせいじか》が病気で臨終《りんじゅう》になりました。最後《さいご》にお見舞《みま》いに行ったら、もう管《くだ》がいっぱい付《つ》けられていました。いわゆる「スパゲッティ状態《じょうたい》」になっていたのです。

その病院の前に報道陣《ほうどうじん》がいくつもテントを張《は》っていました。「まだか、まだか」と、そこに待機《たいき》しているのです。

ところが、それから2週間も病院は延命措置《えんめいそち》をした。2週間も、です。

その間、テントはずっと張《は》られつづけです。

それを見て、私は延命措置《えんめいそち》などしないよう遺言《ゆいごん》して、さっさと死にたいと思いました。誰《だれ》にも迷惑《めいわく》をかけないように死にたいと思ったものです。

でも、なかなか上手《じょうず》に死ぬのはむずかしい。誰《だれ》だって死にたくはありません。

江戸《えど》時代、福岡《ふくおか》の博多《はかた》に仙厓《せんがい》という禅宗《ぜんしゅう》のお坊《ぼう》さんがおられました。大変《たいへん》な高僧《こうそう》で絵や書道でも立派《りっぱ》な作品を遺《のこ》しています。その仙厓《せんがい》さんの臨終《りんじゅう》の時のことです。お弟子《でし》さんたちは「これだけの立派《りっぱ》な方だから、さぞや素晴《すば》らしいことをおっしゃるに違《ちが》いない」と思って、最期《さいご》の言葉を待っていた。

それで「和尚《おしょう》、何かおっしゃりたいことはありませんか」と聞きました。すると、仙厓《せんがい》さんいわく、

「死にたくない」

まさか、これが高僧《こうそう》の最期《さいご》の言葉だとは思えないと弟子《でし》たちがもう一度聞きました。

「和尚《おしょう》、どうか死について、

国東《くにさき》半島・六郷満山巡礼《ろくごうまんざんじゅんれい》（本文7章参照）▶

寂

私どもに何か教えを」
　すると仙厓《せんがい》さんはまた、
「死にたくない」
　さらに聞かれると「どうしても、どうしても死にたくない」と言ったとか。
　仙厓《せんがい》さんほどの偉《えら》いお坊《ぼう》さんだって死にたくないんです。もっと長く生きたい。人生に未練《みれん》がある。
　私たちが死ぬのはいやだと思うのは、当然《とうぜん》のことです。老《お》いたくないと思うのは当然《とうぜん》のこと。でも、死はかならずやってくる。老《お》いはかならずやってくる。お釈迦《しゃか》さまだって、老《お》いて亡《な》くなられた。これが人生の苦なのですね。

私たちが認識《にんしき》しなければ、この世は存在《そんざい》しない!?

　この生老病死《しょうろうびょうし》の四つに加《くわ》えて、お釈迦《しゃか》さまはさらに四つの苦を分類《ぶんるい》なさっています。もう一度、おさらいして言えば、愛《あい》する者と別《わか》れる「愛別《あいべつ》離苦《りく》」、嫌《きら》いな人に出会ってしまう「怨憎会苦《おんぞうえく》」、欲《ほ》しいものが手に入らない「求不得《ぐふとっ》苦《く》」、そしてもう一つが「五《ご》蘊盛苦《うんじょうく》」です。
　五蘊盛苦《ごうんじょうく》とは、人間の身体《からだ》や心の中で、欲望《よくぼう》が燃《も》えさかる苦しみを言います。五蘊《ごうん》の蘊《うん》とは「包《つつ》み」のこと。つまり、五蘊《ごうん》とは身体《からだ》の中に包《つつ》まれている五つの要素《ようそ》ということです。言いかえれば、人間の存在《そんざい》をなりたたせている構《こう》成要素《せいようそ》の集まりです。すべての存在を指《さ》します。この五つの要素《ようそ》を「色《しき》・受《じゅ》・想《そう》・行《ぎょう》・識《しき》」と言います。
「色《しき》」というのは、お色気《いろけ》のことではありません。仏教で「色《しき》」といえば、物質《ぶっしつ》を指《さ》します。私たちの身体《からだ》は物質《ぶっしつ》で出来《でき》ていますから、五蘊《ごうん》の場合、色《しき》といえば肉体のことです。これに対して、「受《じゅ》・想《そう》・行《ぎょう》・識《しき》」は精神《せいしん》の作用、心の働《はたら》きのことです。私たちには意識《いしき》、心があります。これが「識《しき》」ですね。人間の肉体「色《しき》」と心の「識《しき》」をつなぐもの。それが「受《じゅ》・想《そう》・行《ぎょう》」の三つです。
　たとえば、ここにおいしそうなビフテキがあるとします。しかし、ビフテキがあったとしても、それを私たちの心が認識《にんしき》しなければ、ビフテキはないのと同じです。いい匂《にお》いを嗅《か》ぎ、眼《め》で柔《やわら》かそうな肉の塊《かたまり》を確認《かくにん》し、ジュウジュウ焼《や》ける音が聞こえて初《はじ》めてビフテキは存在《そんざい》する。誰《だれ》も気が付《つ》いてなければ、そのビフテキはないも同然《どうぜん》なんです。
　物質《ぶっしつ》は最初《さいしょ》から存在《そんざい》するのではない。私たちが感じ、認《みと》めて初《はじ》めて、その物質《ぶっしつ》は存在《そんざい》したことになるという考え方ですね。
　私たちは広大な宇宙《うちゅう》の中で暮《く》らしています。でも、その宇宙《うちゅう》の中に、人間のような知《ち》的《てき》な存在《そんざい》がたったの一人もなかったとしたら、どうでしょう。それでも宇宙《うちゅう》は「ある」と言えますか。宇宙《うちゅう》を見る人が誰《だれ》もいなければ、その宇宙《うちゅう》は存在《そんざい》していないのと変《か》わらないではありませんか。

アダムとイブの物語　もう一つの読み方

　聖書《せいしょ》では、神さまが最初《さいしょ》にアダムとイブを作ったという物語がありますが、この話の肝心《かんじん》なところは最初《さいしょ》から２人の人間がいたということにあります。
　もし、アダムだけしか地球上にいなかったとしたら、アダムの存在《そんざい》は誰《だれ》にも認《みと》めてもらえないでしょう。それでは、アダムはいないのと同じです。だから、神さまはイブを作ったということでしょう。これはイブの側《がわ》から見ても同じですね。イブがいるからアダムがいる。そしてアダムがいるからイブがいる。だから、2人の人間がどうしても必要《ひつよう》だったということではないでしょうか。

日本の神話でも、大地を作ったのはイザナミとイザナギの2神です。どんな神話でも、世界の最初《さいしょ》はかならずペアで現《あら》われます。お互《たが》いを認識《にんしき》してこそ、はじめて物語が始まる。たった1人では、世界は存在《そんざい》しないと同じなのです。

そこで五蘊《ごうん》の話に戻《もど》せば、「識《しき》」（精神《せいしん》）があってはじめて「色《しき》」（物質《ぶっしつ》）が存在《そんざい》することができるわけですが、「受《じゅ》・想《そう》・行《ぎょう》」はその間をつなぐプロセスです。

「受《じゅ》」とは、感受作用。そこに物があると感じる作用です。「想《そう》」とは、知覚表象作用《ちかくひょうしょう》のことで、外界《がいかい》の印象《いんしょう》を象《かたち》に結《むす》ぶ作用です。「行《ぎょう》」とは意志《いし》や、その他の心の作用です。「識《しき》」とは認識《にんしき》する作用のことです。

私たちがビフテキを食べているときには、この五つのプロセスを無意識《むいしき》のうちに行なっています。

眼《め》の前にビフテキがある。それを見て、「ビフテキ（＝色《しき》）があるな」と感じる。これが「受《じゅ》」。そうすると、いい匂《にお》いがする。「あっ、ビフテキ、おいしそうだなあ」と思う。「ちょっと食べてみようかしら」と思うでしょう。それが「想《そう》」です。太ったら困《こま》るなあと思うけれども、つい食べる。これが「行《ぎょう》」。そうすると「ビフテキはおいしかった」と認識《にんしき》する。これが「識《しき》」です。この流れが「色《しき》・受《じゅ》・想《そう》・行《ぎょう》・識《しき》」の五蘊《ごうん》です。

私たちは誰《だれ》でもそうした感覚能力《かくのうりょく》を持っているわけですが、それが煩悩《ぼんのう》を産《う》みだし、苦しみを作っているというのがお釈迦《しゃか》さまの言う「五蘊盛《ごうんじょう》

◉心の働《はたら》きが煩悩《ぼんのう》を産《う》み出し、苦しみを作っている

苦《く》」なんです。美しい女性《じょせい》を見て悩《なや》ましく思ったり、食べたら太ると分かっていながら、ついケーキに手が出てしまう。煩悩《ぼんのう》がかき乱《みだ》される。これも苦であるとお釈迦《しゃか》さまはおっしゃいました。

赤ちゃんを亡《な》くした女

何か不幸《ふこう》があると人間は、
「どうして自分だけが、この広い世の中でこんな目に遭《あ》わなければならないのだろう」
と考えてしまいます。

愛《あい》している人が病気で、あるいは年を取って死んでいく。あるいは好《す》きで好《す》きで仕方がない人が、ちっとも自分のことを振《ふ》り向いてくれない。こんなに辛《つら》い思いを自分はしているのに、外に出たら、いつもと同じ風景《ふうけい》が広がっている。町を歩いている人たちが楽しそうに笑《わら》っている。なぜ、自分だけがこんなに不幸《ふこう》なのかしらと思う。

でも、それは違《ちが》う。

まわりを見廻《みまわ》せば、自分と同じ悩《なや》みを抱《いだ》いている人がいっぱいいる。

悲しみの数、苦しみの数、それはいくつあるのか分からない。しかし、この世の中にある苦しみや悲しみを選《よ》り分けていけば、かならず自分の苦しみはそのどこかに入ります。それが四苦八苦《しくはっく》です。

苦しいときは「こんなに辛《つら》いのは世界で私一人だ」と思う。でも、その辛《つら》さを同じように味わっている人がどこかにいる。あるいは、過去《かこ》にも同じような苦しみに遭《あ》った人がたくさんいるのです。このことをまず冷静《れいせい》に認識《にんしき》しようというのが、お釈迦《しゃか》さまの発見した第一の真理「苦諦《くたい》」なんです。

昔、インドにキサーゴータミーという若《わか》いお母さんがいました。長い間、待ち望《のぞ》んだ男の子がようやく授《さず》かったのですが、1週間もしないうちに赤ちゃんが病気で死んでしまった。彼女《かのじょ》は悲しみのあまり頭がおかしくなった。その赤ちゃんの遺体《いたい》をしっかり胸《むね》に抱《だ》きしめて、
「私の赤ちゃんを生き返らせてください」
と言いながら、町をさまよっていたといいます。その彼女《かのじょ》の姿《すがた》を見て、ある人が、
「むこうの森に、お釈迦《しゃか》さまが来ておられるよ。お釈迦《しゃか》さまにお願《ねが》いしてみてはどうだろう」
と教えました。

キサーゴータミーは喜《よろこ》んで、お釈迦《しゃか》さまのもとに駆《か》けつけました。そこでは、お釈迦《しゃか》さまがたくさんの人に囲《かこ》まれて坐《すわ》って説法《せつぽう》をされていた。

キサーゴータミーは、
「どうか私の赤ちゃんを生き返らせてください」
ととりすがってお願《ねが》いした。人々は、気が触《ふ》れた女が来たと思い、キサーゴータミーを連《つ》れ出そうとする。すると、お釈迦《しゃか》さまが、
「女よ、ここにいらっしゃい」
と声をかけました。

お釈迦《しゃか》さまは、泣《な》いているキサーゴータミーにこうおっしゃいました。
「本当に気《き》の毒《どく》な女よ、私がすぐに赤《あか》ん坊《ぼう》をよみがえらせる薬を作ってあげよう。ただし、それには材料《ざいりょう》がいる。今からすぐに町に行って、白い芥子《けし》の種《たね》をもらっておいで」
「そんなことでいいのなら、よろこんでいたします」
「ただし、その芥子《けし》の種《たね》は1人も死人を出していない家からもらってこないと駄目《だめ》だぞ」
「分かりました」
キサーゴータミーは喜《よろこ》び勇《いさ》

誰《だれ》もが別《わか》れのつらさを乗《の》り越《こ》えて生きている

んで町に戻《もど》りました。そして、1軒《けん》1軒《けん》を訪《たず》ねては、
「白い芥子《けし》の実《み》を分けてください。私の赤ちゃんが生き返るためです」
と頼《たの》んで歩きました。もちろん、どの家でも芥子《けし》の種《たね》をくれようとします。しかし、彼女《かのじょ》が、「お聞きしますが、ここの家では死んだ人はいないでしょうね」と尋《たず》ねると、
「うちは今年のはじめに爺《じい》さんが死んだばかりだ」とか、
「つい、この間、お婆《ばあ》ちゃんが亡《な》くなったんだよ」とか、
「去年、娘《むすめ》がお産《さん》で亡《な》くなったんだよ」という返事ばかりが返ってくる。

キサーゴータミーは何とか、死人の出ていない家を見つけようと、町中をさまよい歩きますが、死人の出ていない家などどこにも見つからない。

その時、キサーゴータミーはハッと気が付《つ》いた。
「そうか、世の中には愛《あい》する人に死なれたことのない人なんて、誰《だれ》もいないんだ。私は自分の赤ちゃんが死んだので苦しんでいたけれども、世の中には同じ苦しみをした人はたくさんいるし、みんなその苦しみを乗り越《こ》えて生きている」

キサーゴータミーは、すぐに森に戻《もど》りました。
「女よ、芥子種《けしだね》は見つかったか」
「いえ、お釈迦《しゃか》さま。もう芥《け》子種《しだね》は必要《ひつよう》ありません」

こうして、キサーゴータミーはお釈迦《しゃか》さまに帰依《きえ》して、立派《りっぱ》な尼僧《にそう》になったと伝《つた》えられています。

「日《ひ》にち薬《ぐすり》」

自分の子どもや孫《まご》が自分よりも早く死ぬ。それを「逆《ぎゃく》縁《えん》」と言います。

お釈迦《しゃか》さまのおっしゃった愛別離苦《あいべつりく》の中でも、逆縁《ぎゃくえん》くらい切《せつ》ない、辛《つら》いものはないでしょう。

世の中にはそうした逆縁《ぎゃくえん》に泣《な》いている人、苦しんでいる人はいっぱいいる。自分だけが不幸《ふこう》なのではない。それにキサーゴータミーは気づかせてもらった。

どんな苦しみや悲しみも、けっしていつまでも続《つづ》きませ

恩寵◉仏《ほとけ》（神）からの恵《めぐ》み。
劫罰◉地獄《じごく》の苦しみを与《あた》える罰《ばつ》。

●悲しみ、苦しみはけっして続《つづ》かない。それが「無常《むじょう》」

ん。いつか、かならず終わりが来ます。この苦しみが一生続《つづ》くように思えても、絶対《ぜったい》に続《つづ》かない。物事はすべて移《うつ》り変《か》わっていく。これも、とても大切なことです。

これを「無常《むじょう》」と言います。「常《つね》」が「無《な》い」というのが無常《むじょう》。同じ状態《じょうたい》は続《つづ》かないということ。これは仏教の根本《こんぽん》思想です。

花が咲《さ》けば実《み》がなる。そして、その実《み》が土に落ちて芽《め》が出る。その苗木《なえぎ》がやがて大きな樹《き》になって、また花を咲《さ》かせる……このように、世の中は絶《た》えず移《うつ》り変《か》わっています。どんなに厳《きび》しい冬でもやがて春が来るように、どんなに暗い夜でもやがて朝が来るように、悲しみや苦しみには終わりがある。だから、私たちは生きていけるんです。

京都《きょうと》には「日《ひ》にち薬《ぐすり》」という言い方があります。

どんな苦しみもやがて時間が忘《わす》れさせ、癒《い》やしてくれます。それを京都《きょうと》では「日《ひ》にち薬《ぐすり》」というのです。愛別離苦《あいべつりく》の悲しみ、辛《つら》さを癒やしてくれるのは、月日《つきひ》という時間の薬だけということです。

人間が「忘《わす》れる」という能力《のうりょく》をさずかっているのは、とてもありがたいことです。でも、どんな大切なことも人間は忘却《ぼうきゃく》という能力《のうりょく》で忘《わす》れてしまいます。私は「忘《わす》れる」という能力《のうりょく》は、仏《ほとけ》からいただいた恩寵《おんちょう》であると同時に劫罰《ごうばつ》だと思います。

どうして煩悩《ぼんのう》は百八つなのか

さて、四諦《したい》の２番目が「集諦《たい》」です。

集諦《じったい》とは、どうしてこの世の中に苦しみがあるのか、その原因《げんいん》を考えることです。苦の原因《げんいん》は煩悩《ぼんのう》や執着《しゅうちゃく》だという真理です。

私たちは、煩悩《ぼんのう》を持っています。その煩悩《ぼんのう》があるから、「もっと欲《ほ》しい、もっと欲《ほ》しい」という欲望《よくぼう》が生まれる。その欲望《よくぼう》の最大《さいだい》、最悪《さいあく》のものが、「渇愛《かつあい》」です。「私が10の愛情《あいじょう》をあげたのだから、お返しに15の愛情《あいじょう》をちょうだい」というのが渇愛《かつあい》、むさぼる愛《あい》です。

この渇愛《かつあい》のために私たちは苦しみます。

なぜなら、渇愛《かつあい》はとどまることを知らない。満足《まんぞく》することがない。もっと愛情《あいじょう》の証拠《しょうこ》が欲《ほ》しいとねだる。

エルメスのバッグを買ってもらったら、今度はヴィトンも欲《ほ》しくなる。きりがない。

煩悩《ぼんのう》が欲望《よくぼう》を産《う》み、欲望《よくぼう》が執着《しゅうちゃく》を産《う》み、執着《しゅうちゃく》が苦を産《う》む――仏教では人間が持っている煩悩《ぼんのう》は百八つとも八万四千とも言います。除夜《じょや》の鐘《かね》は煩悩《ぼんのう》の数の108回撞《つ》くというのは、みなさんもご存《ぞん》じでしょう。

百八つは、算数の108ではありません。無限《むげん》にあると言う代《か》わりに、百八つとか八万四千という数を当てているのです。インド人というのは、何しろ世界で初《はじ》めてゼロを発見した人たちですから、昔から数学が大好《だいす》きなんです。だから、仏教の言葉の中にも数字がたくさん出てきます。しかし、それらの数字が具体的《ぐたいてき》な数字を表わしているとは限《かぎ》りません。

三千世界、四百四病《しひゃくしびょう》など、いずれも同じで、要《よう》するに「いっぱい」ということ。

私たちの心の中には数え切れないほどの煩悩《ぼんのう》が揺《ゆ》れ動いています。ですから、私たちは生きている限《かぎ》り、心が動いている限《かぎ》り、たえずさまざまな苦しみに悩《なや》まされることになるのだというのが、お釈迦《しゃか》さまの発見した第二の真理だ

●世の中の出来事《できごと》には、すべて原因《げんいん》がある

ったのです。

「因縁《いんねん》」でこの世の仕組みが分かる

この集諦《じつたい》の真理を、お釈迦《しやか》さまはもっと詳《くわ》しく精密《せいみつ》に「十二因縁《いんねん》」という形で発見なさいました。お釈迦《しやか》さまは人の世の苦しみを説《と》くために12の項目《こうもく》をあげ、それによって人間の現実《げんじつ》の生《せい》を説明し、どうすれば生《せい》の苦しみから脱《だつ》することができるのか、その根拠《こんきよ》と方法《ほうほう》を教えられました。12の項目《こうもく》とは、無明《むみよう》、行《ぎよう》、識《しき》、名色《みようしき》、六入《ろくにゆう》、触《そく》、受《じゆ》、愛《あい》、取《しゆ》、有《う》、生《しよう》、老死《ろうし》です。

因縁《いんねん》や因果《いんが》、縁起《えんぎ》という言葉を私たちは日常生活《にちじようせいかつ》でよく使いますが、これらの言葉はみな仏教から来た言葉です。

私たちの生きているこの世に起きていることには、すべて原因《げんいん》がある。これが因果《いんが》という考えです。原因《げんいん》があるから、結果《けつか》がある。因果《いんが》とは、この二つを合わせた言い方です。自分の息子《むすこ》は学校の成績《せいせき》が悪いという結果《けつか》は、親の自分の頭が悪いという原因《げんいん》がもたらしたもの——これが因果《いんが》ということですね。

しかし、現実《げんじつ》の世界はもちろんこれほど簡単《かんたん》ではありません。親の頭が悪ければ、子どもがみな出来《でき》が悪いとはかぎらない。トンビが鷹《たか》を産《う》むということだってあります。逆《ぎやく》に、いくら親が真面目《まじめ》でも、息子《むすこ》や娘《むすめ》がぐれるという話もざらにあります。

そこで出てくるのが「縁《えん》」です。因縁《いんねん》の縁《えん》とは、今の言葉でいえば条件《じようけん》ということです。

たとえば、水が凍《こお》って氷になる。氷が結果《けつか》ならば、水は原因《げんいん》です。しかし、水があればすべて氷になるわけではありません。氷になるには、周《まわ》

●**死者《ししゃ》の霊《れい》は絶対《ぜったい》にたたらない。だから、心配《しんぱい》ご無用《むよう》**

りの温度《おんど》が低《ひく》いという条件《じょうけん》が必要《ひつよう》です。この条件《じょうけん》が「縁《えん》」なのです。

親の頭が悪いのは「因《いん》」だけれども、子どもの努力《どりょく》が足《た》らないとか、あるいは親のしつけがよくなかったという「縁《えん》」がなければ、受験浪人《じゅけんろうにん》という「果《か》」は生まれてこないわけです。

お釈迦《しゃか》さまは、このことからも分かるように、とても合《ごう》理的《りてき》・科学的《かがくてき》に世の中をごらんになった方です。

最近《さいきん》、「あなたが不幸《ふこう》なのは、昔、中絶《ちゅうぜつ》した水子《みずこ》の霊《れい》がたたっているからです」とか、「いくら努力《どりょく》しても出世《しゅっせ》しないのは、ご先祖《せんぞ》の供養《くよう》が足《た》りないからです」「悪い霊《れい》が憑《つ》いているから除霊《じょれい》してあげよう」などと言って大金をむしり取っている話があちこちで起こっていますが、こんなのは仏教でも何でもありません。

第一、人間は死ねばみんな仏《ほとけ》さまになる。仏《ほとけ》さまはけっして生きている人間をいじめたり、苦しめたりはしません。

生きている間はお嫁《よめ》さんをネチネチといじめたお姑《しゅうとめ》さんも、亡《な》くなったら仏《ほとけ》さまになる。ですから、死んだ人の霊《れい》が、生きている人を苦しめたりすることは絶対《ぜったい》にない。逆《ぎゃく》に、みんなにもっと幸せになってほしいと祈《いの》っておられるんです。

お釈迦《しゃか》さまのおっしゃった因果《いんが》、因縁《いんねん》は、たたりなどとはいっさい関係《かんけい》ありません。むしろ、まったく正反対の教えなのです。

私たちは何か不幸《ふこう》なことがあると、運が悪いせいだとか、何かがたたっているのではないかと思いがちです。でも、それは違《ちが》う、すべての出来事《できごと》には原因《げんいん》と条件《じょうけん》があって結果になるのだと教えておられます。

たとえば、自分の夫《おっと》が浮気《うわき》をして、ちっとも家に帰ってくれないし、お金を家庭に入れてくれない。どうしてだろうと考えたときに、運命のせいとか、先祖《せんぞ》のせいにしてはいけないというのがお釈迦《しゃか》さまの教えです。

冷静《れいせい》になって考えてみれば、そういえば結婚《けっこん》したてのころには、たとえ帰りが遅《おそ》くなっても温《あたた》かいご飯《はん》を用意して寝《ね》ずに待っていたけれども、結《けっ》婚《こん》して５年も経《た》ったころから先に寝《ね》ていたとか、夫《おっと》が出かけて行ったのも知らないで、化粧《けしょう》していたなんて、こちらにも落ち度はあるのです。

とは言っても、何にでも例《れい》外《がい》があります。奥《おく》さんはすごく尽《つ》くしているのに、それでも浮気《うわき》が収《おさ》まらない夫《おっと》もたしかにいます。そういう男は文字どおり「縁《えん》なき衆生《しゅじょう》」だと思うしかありません。すっぱり諦《あきら》めたほうがいい。

尽《つ》くす奥《おく》さんという「因《いん》」があっても、それをいい結果《けっか》に結《むす》びつける「縁《えん》」が夫《おっと》になかったということでしょう。

苦しみは、どうやって生まれるのか

お釈迦《しゃか》さまは世の中の仕組みを因縁《いんねん》、因果《いんが》という考えで明確《めいかく》に説明《せつめい》した上で、人の世の苦しみは12の因縁《いんねん》によって生まれるのだと設定《せってい》されました。これが十二因縁《いんねん》で、集諦《じったい》の根本《こんぽん》です。十二因縁《いんねん》とは、苦しみが起きる12の段階《だんかい》ということになるでしょうか。

無明《むみょう》、行《ぎょう》、識《しき》、名色《みょうしき》、六入《ろくにゅう》、触《そく》、受《じゅ》、愛《あい》、取《しゅ》、有《う》、生《しょう》、老《ろう》死《し》。これが十二因縁《いんねん》です。

最初《さいしょ》に「**無明《むみょう》**」があります。

無明《むみょう》は無知《むち》、迷《まよ》いの根本《こんぽん》です。私たちの煩悩《ぼんのう》の根本《こんぽん》が無《む》明《みょう》です。無明《むみょう》とは暗闇《くらやみ》です。

みんな凡夫《ぼんぷ》、みんなおバカちゃん

私たちはこの世の真理を知らず、心の中に暗闇《くらやみ》を抱《かか》えてさ迷《まよ》っている。そして、その心の闇《やみ》の中には無数《むすう》の煩悩《ぼんのう》がうごめいている、ということです。

もっと分かりやすく言えば、私たちはみなおバカちゃんの心を持っているということ。仏教では、それを凡夫《ぼんぷ》と言います。

夫《おっと》と書いてあるけれども、馬鹿《ばか》なのは男だけではありません。女も凡夫《ぼんぷ》です。私もあなたも、みんな凡夫《ぼんぷ》。みんな、心に無明《むみよう》を持っている。

「**行**《ぎよう》」とは、煩悩《ぼんのう》が惹《ひ》き起こすさまざまな作用・活動のことです。身口意《しんくい》——私たちの身体《からだ》と口と心が起こす、さまざまなことを行《ぎよう》と言います。たとえば、自分の奥《おく》さんと喧嘩《けんか》をする。ぶん殴《なぐ》ったり、悪口を言うのも行《ぎよう》です。また、「あいつなんていなくなればいい」と思ったりするのも、心の動きですから行《ぎよう》になりますね。

「**識**《しき》」とは識別《しきべつ》すること、判断力《はんだんりよく》のことです。この人はいい人だとか、うちの子は頭が悪いとか、そういう判断《はんだん》のすべてが識《しき》です。「**名色**《みようしき》」の名《みよう》とは精神《せいしん》、色《しき》とは肉体のこと

です。仏教で「色《しき》」とは「いろ」のことではありません。「しき」と読んで、ものを表わします。この場合は肉体ということです。

「**六入**《ろくにゆう》」とは「眼耳鼻舌身《げんにびぜつしん》意《い》」、つまり人間の感覚能力《かんかくのうりよく》のことを指《さ》します。六根《ろつこん》とも言います。

眼《め》で見て、耳で聴《き》き、鼻で嗅《か》ぎ、舌《した》で味わい、身体《からだ》で触《ふ》れる。これがいわゆる五感ですが、仏教ではさらに「意《い》」つまり、意識《いしき》を加《くわ》えます。五感で感じたものを意識《いしき》で感じ取るので「六入《ろくにゆう》」というわけです。

六入《ろくにゆう》の次は「**触**《そく》」です。

眼《め》や耳といった感覚器官《かんかくきかん》があったとしても、それらが外の現象《げんしよう》と触《ふ》れあわなければ何も起きません。眼《め》が見えても、外の世界に色《しき》がなければ何も感じることができません。鼻があっても、香《かお》りがなければ何も嗅《か》ぐことはできません。別《べつ》の言葉で言えば、情報《じようほう》ということになるでしょうか。

何かを感じるために感覚器《かんかくき》官《かん》も必要《ひつよう》ですが、その感覚器《かんかくき》官《かん》を刺激《しげき》する情報《じようほう》がなければなりません。仏教では、この情報《じようほう》のことを「色声香味触《しきしようこうみそく》法《ほう》」と言います。眼《め》は色《しき》を見、耳は声を聞き、鼻は香《かお》りを嗅《か》ぎ、舌《した》は味を感じ、身体《からだ》は触《しよく》感《かん》を味わう。そして、それらの情報《じようほう》を意識《いしき》が感じ取るとき「法《ほう》」——決まりというものになる。この「色声香味触《しきしようこうみそく》法《ほう》」を、六入《ろくにゆう》に対して「六《ろつ》境《きよう》」と呼《よ》びますが、六入《ろくにゆう》が六《ろつ》

境《きよう》に触《ふ》れあうというのが「触《そく》」なのです。

「受《じゆ》」とは外界の現象《げんしよう》を感覚《かんかく》器官《きかん》で受け取ることです。感《かん》受《じゆ》作用ということですね。触れれば、感じる。これは当然。

「愛《あい》」、「取《しゆ》」、「有《う》」はまとめて説明《せつめい》したほうが、分かりやすいでしょう。

私たちが誰《だれ》かを好《す》きになる。そのことを考えてみましょう。誰《だれ》かに出会って、愛《あい》が芽生《めば》えるには、まず相手を感覚器官《かんかくきかん》（六入《ろくにゆう》）で感じなければなりません。太郎《たろう》が花子《はなこ》を好《す》きになる。それにはまず「あ、あの子は美人だし、声もきれいだ。それに髪《かみ》からはいい香《かお》りがするぞ」と思う。花子《はなこ》の顔かたちや匂《にお》い（六境《ろつきよう》）と接《せつ》「触《しよく》」し、つまり、触《さわ》ってますます好《す》きだと感《かん》「受《じゆ》」して、愛《あい》が生まれるわけです。

この愛《あい》はもちろん無明《むみよう》が産《う》み出す渇愛《かつあい》ですから、慈悲《じひ》の愛《あい》ではありません。誰《だれ》かを好《す》きになると、遠くから見ているだけでは我慢《がまん》できません。何とか自分のものにしたいと思います。この執着《しゆうちやく》の心が「取《しゆ》」です。

「取《しゆ》」が起きると、一所懸命《いつしよけんめい》に花子《はなこ》を口説《くど》いて自分の彼女《かのじよ》にして独占《どくせん》する。これが「有《う》」です。つまり彼女《かのじよ》を所「有」するというわけです。

これは何も恋愛《れんあい》だけではありませんね。たとえば、デパートでブランド物のコーナーを歩いていると、流行の洋服や素敵《すてき》なアクセサリーが眼《め》に入ってくる。すると、どうしても欲《ほ》しくなる。買いたくなる。見てしまったから執着《しゆうちやく》が生まれるわけです。これもまさに因縁《いんねん》ですね。

すべては無明《むみよう》から始まる

十二因縁《いんねん》の残《のこ》りは「生《しよう》」、そして「老死《ろうし》」です。

先ほどの太郎《たろう》と花子《はなこ》は、おたがいの渇愛《かつあい》でやがて結婚《けつこん》します。そんな恋愛《れんあい》、どうせ2、3年もすれば冷《さ》めてくるのに、周《まわ》りがいくら冷静《れいせい》に忠告《ちゆうこく》しても、渇愛《かつあい》で煩悩《ぼんのう》に振《ふ》り回されているわけですから分からない。それで結婚《けつこん》して、セックスをして子どもが生まれます。生命が生じます。すなわち「生《しよう》」です。そして、その生まれた赤ちゃんはやがて病気になったり、老人になる。「老死《ろうし》」が待ち受けているわけです。

もう一度、振《ふ》り返ってみましょう。

私たちはなぜ、生老病死《しようろうびようし》という四苦《しく》に悩《なや》まされるのか——その原因《げんいん》をどんどん遡《さかのぼ》っていくと無明《むみよう》にたどり着くというのが、お釈迦《しやか》さまの発見された第二の真理「集諦《じつたい》」なのです。

人間が生まれ、老《お》い、病《やまい》に苦しみ、最後《さいご》に死ぬのは、もとはといえば無明《むみよう》がもたらしたものです。

私たち人間の心の中には、煩悩《ぼんのう》の暗闇《くらやみ》がある。その煩悩《ぼんのう》によって私たちの身口意《しんくい》が動かされ、さまざまなことをしたり、いろんな事件《じけん》が起きる。これが「行《ぎよう》」です。そして、私たちには物を認識《にんしき》する心の働《はたら》き（「識《しき》」）があり、精神《せいしん》と肉体の「名色《みようしき》」があって、さらに「六入《ろくにゆう》」、つまり眼《め》や耳といった感覚器官《かんかくきかん》がある。その感覚器官《かんかくきかん》が外界の色や音という「六境《ろつきよう》」と接触《せつしよく》するわけですね。これが「触《そく》」ですね。

触《そく》というのは、言ってみれば、私たちの感覚器《かんかくき》と外界の情報《じようほう》が出会ってスパークするようなものです。バチバチッと電気火花《ひばな》が上がる。それが感受《かんじゆ》作用の「受《じゆ》」ということですね。「この人は色が白いなあ」とか「このビフテキはいい匂《にお》いがするなあ」と感じると、欲《ほ》しくなる。人間同士《どうし》の出会いなら、そこに渇愛《かつあい》が起きるわけです。

「愛《あい》」が生じれば、それを執着《しゅうちゃく》し（「取《しゅ》」）、独占《どくせん》（「有《う》」）したくなる。異性《いせい》を独占《どくせん》したら、そこに子どもが生まれます。それが「生《しょう》」で、生まれた命はやがて老《お》い、死んでいく。これが「老死《ろうし》」ということですね。

原因《げんいん》をなくせば、結果《けつか》は消える

お釈迦《しゃか》さまは、人間が生老《しょうろう》病死《びょうし》という苦しみを味わうプロセスをこの12項目《こうもく》に分けました。それが十二因縁《いんねん》というわけですが、そこからさらに考察《こうさつ》を深めて「どうやったら、私たちはこの苦しみをなくすことができるのだろう」とお考えになりました。

それが先ほどからお話ししている四諦《したい》の第三番目「滅諦《めつたい》」です。

お釈迦《しゃか》さまの結論《けつろん》は明確《めいかく》です。十二因縁《いんねん》で明らかなように、人間の苦しみの根源《こんげん》は無明《むみょう》である。それならば無明《むみょう》を消してしまえば、渇愛《かつあい》も老死《ろうし》もなくなるとお考えになった。苦を消滅《しょうめつ》させる真理ですから、これを「滅諦《めつたい》」と言います。

これもまた、ひじょうに論理的《ろんりてき》な、明快《めいかい》な考えです。

お釈迦《しゃか》さまはこのことを「これあれば、かれあり」「これ生《しょう》ずれば、かれ生《しょう》ず」「これ無《な》ければ、かれ無《な》し」「これ滅《めつ》すれば、かれ滅《めつ》す」と言っておられます。これとは「原因《げんいん》」、かれとは「結果《けつか》」のことです。つまり「原因《げんいん》があるから、結果《けつか》がある」「原因《げんいん》が生《しょう》ずるから、結果《けつか》が生《しょう》ずる」「原因《げんいん》がなければ、結果《けつか》もない」「原因《げんいん》をなくせば、結果《けつか》もなくなる」ということなのです。

なんだか当たり前のことばっかりだなあ、と思われたのではありませんか。

でも、こんな当たり前のことが分からないから、人間は悩《なや》んでしまうんです。「どうして、自分は不幸《ふこう》なんだろう」と考えて、それを誰《だれ》かのせいにする。あるいは運命のせいにする。お釈迦《しゃか》さまの時代から2500年以上経《た》った今でも、私たちはグジグジそんなふうに悩《なや》んでいるではありませんか。人類《じんるい》なんて、2500年経《た》っても全然《ぜんぜん》進歩していないということです。

苦しみを消すためには、その原因《げんいん》を消滅《しょうめつ》させてやればいい。ならば、苦を消したいのであれば、何も無明《むみょう》まで遡《さかのぼ》らなくても、その途中《とちゅう》の因縁《いんねん》を消滅《しょうめつ》させればいいではないか、という考え方もあるでしょう。

たとえば、異性《いせい》と出会って渇愛《かつあい》に苦しむのは、私たちの感覚《かんかく》が相手を認識《にんしき》するからです。だったら、人里離《ひとざとはな》れたところに暮《く》らして誰《だれ》とも会わないようにすればいいではないかという考え方もありえるでしょう。

しかし現実《げんじつ》には、そんなことは無理《むり》というもの。

なぜなら、たとえ誰《だれ》とも会わないようにしても、私たちの心が無明《むみょう》であるかぎり、煩悩《ぼんのう》は私たちの身口意《しんくいい》を突《つ》き動かします。頭で「誰《だれ》とも接触《せつしょく》しないようにしよう」としても、煩悩《ぼんのう》はそれを許《ゆる》してくれません。人恋《ひとこい》しくなって、苦しくてしかたがなくなるはずです。そのうち、雲を見ても女性《じょせい》に見えたり、花の匂《にお》いを嗅《か》いでも女性《じょせい》を連想《れんそう》するようになるに違《ちが》いありません。心が煩悩《ぼんのう》のために動いてしまうからです。

感覚器官《かんかくきかん》が働《はたら》くかぎり、やはり苦は消え去りません。ずっと眼《め》を閉《と》じ、耳を塞《ふさ》いで暮《く》

人類《じんるい》の歴史《れきし》は無明《むみょう》の歴史《れきし》

らすわけにはいかないのです。

ブランドもののバッグに執《しゅう》着《ちゃく》してしまうからといって、デパートの中を眼《め》をつぶって歩くわけにはいきません。眼《め》をつぶれば煩悩《ぼんのう》のもとがなくなるのだったら、こんなに簡《かん》単《たん》な話はありません。

やはり、苦を滅《めつ》するには根《こん》本《ぽん》の原因《げんいん》であるおバカちゃんの心、つまり無明《むみょう》を消滅《しょうめつ》させ、煩悩《ぼんのう》から脱却《だつきゃく》するしかない。これがお釈迦《しゃか》さまの結論《けつろん》でした。

私たちが生きているということは、お父さんとお母さんの「無明《むみょう》」から起こったこと。お父さんとお母さんが愛《あい》し合わず、一緒《いっしょ》にならなければ、私たちはそもそも生まれてこなかったでしょう。

しかし現実《げんじつ》には、私たちはすでに生まれてしまっているわけです。せっかく産《う》んでもらって、こんなことを言うのは何だけれども、生まれて来さえしなければ、こんなに渇《かつ》愛《あい》に悩《なや》むこともない。でも、もうそれは今さら言っても始まりません。それどころか、その私たちが子どもを作っているわけです。つまり、次の世代の無明《むみょう》を作り出しているということになります。

だから、人類《じんるい》の歴史《れきし》というのは無明《むみょう》の歴史《れきし》です。人類《じんるい》があるかぎり、無明《むみょう》は尽《つ》きることがない。人は悩《なや》みに苦しみ、また戦争《せんそう》や人殺《ひとごろ》しのような愚《おろ》かなことを続《つづ》けていくわけです。

お釈迦《しゃか》さまは、こうした無《む》明《みょう》の連鎖《れんさ》を断《た》ち切ってしまいなさいとおっしゃいました。

といっても、人類《じんるい》が滅亡《めつぼう》すればいいと考えたのではありません。迷《まよ》いの心、暗闇《くらやみ》の心をなくしてしまおうということです。

無明《むみょう》をなくして、理想の境《きょう》地《ち》に達《たつ》することを仏教では「涅槃《ねはん》」と言います。サンスクリット語では「ニルヴァーナ」と言います。

仏教絵画《かいが》に、お釈迦《しゃか》さまが右を下にして寝《ね》ているようすを描《えが》いた絵があります。それを涅槃図《ねはんず》と言いますが、涅槃《ねはん》というのはお昼寝《ひるね》なんかじゃありません。あれはお釈迦《しゃか》さまがクシナガラで亡《な》くなったときのようすを描《えが》いたもの。

しかし、涅槃《ねはん》は死ぬことではありません。涅槃《ねはん》とは、心が落ち着いて悟《さと》りきった境地《きょうち》のこと。私たちも生きている間に無明《むみょう》を消せば、涅槃《ねはん》の境《きょう》地《ち》に達《たつ》することができるわけです。

悟《さと》りへの八つの道

それでは、いったいどうすれば、私たちは無明《むみょう》を滅《めつ》し、涅槃《ねはん》に至《いた》ることができるのでしょう。

お釈迦《しゃか》さまは菩提樹《ぼだいじゅ》の下で、その方法を悟《さと》ります。これが四諦《したい》の最後《さいご》、「道諦《どうたい》」です。道《どう》とは涅槃《ねはん》に至《いた》る道、無明《むみょう》を消滅《しょうめつ》させるための方法《ほうほう》です。この方法《ほうほう》を「八正道《はっしょうどう》」と言います。

八正道《はっしょうどう》とは、文字どおり、八つの正しい実践方法《じっせんほうほう》のこと。順番《じゅんばん》に紹介《しょうかい》していきましょう。

一、正見《しょうけん》（正しく見る）
二、正思《しょうし》（正しい答え）
三、正語《しょうご》（正しい言葉）
四、正業《しょうぎょう》（正しい行ない）
五、正命《しょうみょう》（正しい生活）
六、正精進《しょうしょうじん》（正しい努力）
七、正念《しょうねん》（正しい気づかい）
八、正定《しょうじょう》（正しい精神統一《せいしんとういつ》）

この八つが八正道《はっしょうどう》です。

読んで字の如《ごと》しですが、正《しょう》見《けん》とは「ものごとを正しく見ること」。正しく判断《はんだん》する、正しく観察《かんさつ》するということですね。

見るというのは簡単《かんたん》なようでいて、なかなか大変《たいへん》です。

言葉を正しく使うのも修行《しゅぎょう》の一つです

先ほどのキサーゴタミーにしても、赤ちゃんをなくした母親は自分だけではないという真実を知るのに、とても回り道をした。人間はたとえ眼《め》が見えていても、正しく見ていないことがあります。真実に気が付《つ》かないことがある。逆《ぎゃく》に、眼《め》が見えなくても真実を見る人もいます。

正思《しょうし》とは、正しい考え。正《しょう》語《ご》とは、正しい言葉ですね。

言葉というのは、大切なものです。言葉一つで人間が死ぬことだってあります。いかに心を正しく持っていても、言葉が悪ければ、その気持ちが伝《つた》わりません。言葉を正しく、適切《てきせつ》に使いなさいということですね。

また、それと同時に、悪い言葉を話さないということも大事です。仏教では妄語《もうご》、両舌《りょうぜつ》、悪口《あっこう》、詭語《きご》などと言います。妄語《もうご》は嘘《うそ》、両舌《りょうぜつ》とは二枚《にまい》舌《じた》のこと、詭語《きご》はおべんちゃら、無駄口《むだぐち》のたぐいです。言葉を正しく使うのは、大事な修行《しゅぎょう》です。

正業《しょうぎょう》とは、悪いことをするなということですね。仏教では殺生《せっしょう》、偸盗《ちゅうとう》、邪淫《じゃいん》などを厳《きび》しく禁《きん》じます。殺《ころ》したり、盗《ぬす》んだり、不倫《ふりん》をしたりするなということ。最近は不倫《ふりん》が流行していますが、これは絶対《ぜったい》によくありません。

殺生《せっしょう》の中には、生き物を食べないということも含《ふく》まれます。私たちは牛を殺《ころ》し、豚《ぶた》を殺《ころ》し、魚を殺《ころ》して食べています。人間は他の生命を犠牲《ぎせい》にして生きている。ですから、食事をするときには「すみません」と言ってから食べないといけない。お魚さんごめんなさい、牛さん、すみませんって謝《あやま》らなければならない。

ベジタリアンになればいいかといえば、野菜《やさい》だって生き物です。命があります。いずれにせよ私たちは殺生《せっしょう》を犯《おか》しているわけです。ものの命を殺《ころ》して食べてそれで自分の命を養《やしな》っている。だから、ときどきはそれを反省《はんせい》してください。

簡単《かんたん》だけれども、むずかしい。それが八正道《はっしょうどう》

正命《しょうみょう》は、正しい生活をすること。私たちは煩悩《ぼんのう》を抱《かか》えた生き物です。その煩悩《ぼんのう》をなだめすかして、落ち着かせてより正しい生活を送るということですね。

その正しい生活を送るには、「正精進《しょうしょうじん》」が必要《ひつよう》です。精進《しょうじん》とは努力《どりょく》。つねに努力《どりょく》を怠《おこた》らない。仏教の教えを聞いたり、1日の行動を反省《はんせい》したり、悪いことをしたと思ったら仏《ほとけ》さまにおわびする。無明《むみょう》を少しでもなくす努力《どりょく》をしていこうということです。

「正念《しょうねん》」とは、外に向いていた心を自分の内に向けて思いを一点に集中する。つねに念《ねん》ずることです。煩悩《ぼんのう》の火を消したい、無明《むみょう》をなくしたい。そう念《ねん》じて毎日を送るのです。

「正定《しょうじょう》」の「定《じょう》」は禅定《ぜんじょう》の定《じょう》。禅定《ぜんじょう》とは、心を静《しず》め、煩悩《ぼんのう》をなだめるということです。怒《いか》りの心、嫉妬《しっと》の心、欲望《よくぼう》……そういった心の動きを静《しず》めなければなりません。そこで一番いいのは、座禅《ざぜん》です。仏教では座禅《ざぜん》をとても重んじます。

禅宗《ぜんしゅう》では「只管打坐《しかんたざ》」といって、ひたすら座禅《ざぜん》しなさいという教えがあります。でも、私たちは日常生活《にちじょうせいかつ》がありますから、一日中座禅《ざぜん》を組むわけにもいきません。会社に行って仕事をしたり、料理《りょうり》を作ったり、お洗濯《せんたく》したり、子どもの面倒《めんどう》を見たりしなければなりません。でも、ときどき嫉《しっ》妬《と》の心とか怒《いか》りの心がわきあがったら、座禅《ざぜん》をしてみる。

白楽天◉中国《ちゅうごく》・唐《とう》時代の代表的《だいひょうてき》詩人。白居易《はくきょい》とも。玄宗皇帝《げんそうこうてい》と楊貴妃《ようきひ》の愛《あい》を歌った「長恨歌《ちょうごんか》」は有名。

◉仏教の極意《ごくい》はここにあり

そうすると、少しだけ煩悩《ぼんのう》の炎《ほのお》が収《おさ》まります。あるいは写《しゃ》経《きょう》をしたり、お経《きょう》を唱《とな》えるのもいい。静《しず》かな部屋でジッと坐《すわ》っているだけでも、案外心《あんがいしん》の炎《ほのお》が静《しず》まります。

これがお釈迦《しゃか》さまのおっしゃった八つの正しい修行《しゅぎょう》の道、八正道《はっしょうどう》です。

なんだか常識的過《じょうしきてきす》ぎて、がっかりした？　たしかに、こんなこと、誰《だれ》でも考えそうな気がしますね。でも、考えつくのは簡単《かんたん》でも実行するのはむずかしい。それが八正道《はっしょうどう》です。

諸悪莫作《しょあくまくさ》、衆善奉行《しゅぜんぶぎょう》

中国《ちゅうごく》の大詩人の一人、白楽《はくらく》天《てん》が杭州《こうしゅう》（浙江省《せっこうしょう》）の地方官《ちほうかん》として赴任《ふにん》したときのことです。杭州《こうしゅう》の秦望山《しんぼうさん》という山に、道林禅師《どうりんぜんじ》という偉《えら》いお坊《ぼう》さんがいました。この禅師《ぜんじ》はいつも木の枝《えだ》の上で座禅《ざぜん》を組んでいるので、その姿《すがた》が鳥の巣《す》のようだと言って鳥窠禅師《ちょうかぜんじ》という綽名《あだな》がありました。また、いつも木の上にいるために鵲《かささぎ》がなついたので、鵲巣禅師《しゃくそうぜんじ》とも呼《よ》ばれています。

さて、杭州《こうしゅう》に赴任《ふにん》した白楽《はくらく》天《てん》は、この禅師《ぜんじ》のいる木の下を通りました。

白楽天《はくらくてん》は禅師《ぜんじ》に向かって「そんな木の上にいるのは危《あぶ》ないから、下《お》りてきたらどうですか」と言った。すると禅《ぜん》師《じ》は「危《あぶ》ないのはそっちのほうだ」と言い返します。

白楽天《はくらくてん》が「どうして私のほうが危《あぶ》ないんですか」と訊《き》くと、禅師《ぜんじ》は「お前さんの心は、さながら薪《まき》に火が着《つ》いたようなものじゃないか」と言います。煩悩《ぼんのう》の炎《ほのお》が燃《も》えさかっているというわけです。

そう言われて、白楽天《はくらくてん》は腹《はら》が立ちました。

「それじゃあ、高名《こうめい》なる禅師《ぜんじ》にお聞きしたい。仏教の極意《ごくい》とは何ですか」

すると禅師《ぜんじ》は次のように答えた。

「諸悪莫作《しょあくまくさ》、衆善奉行《しゅぜんぶぎょう》」

直訳《ちょくやく》すれば、「悪いことはするな。いいことを一杯《いっぱい》しなさい」ということですね。

この答えを聞いた白楽天《はくらくてん》は、「そんなことは、3歳《さい》の子どもでも知っていますよ」

とあざけりました。すると禅師《ぜんじ》は、

「3歳《さい》の子どもが知っていても、80歳《さい》の老人《ろうじん》ですら実行できぬぞ」

と言ったと伝《つた》えられています。

お釈迦《しゃか》さまの説《と》かれた八正《はっしょう》道《どう》は、要《よう》するに「いいことをしましょう」ということです。本当に、3歳《さい》の子どもでも知っていることです。でも、それを本気で実行しようと思えば、こんなにむずかしいことはありません。しかし、その困難《こんなん》にあえて挑戦《ちょうせん》すれば、無《む》明《みょう》は消えてなくなるというのが、お釈迦《しゃか》さまの発見だったのです。

真理とは、誰《だれ》の目にも明らかなことだから真理なのです。ですが、その真理を誰《だれ》もがつかめるわけではありません。空に輝《かがや》く星は誰《だれ》の目にもはっきり見えますが、その星を摑《つか》むことはむずかしい。

八正道《はっしょうどう》を完璧《かんぺき》に実行するのは、本当に大変《たいへん》なこと。さっきも言ったように、偉《えら》いお坊《ぼう》さんでさえ「死にたくない」

と言ったほどです。ましてや、凡夫《ぼんぷ》、おバカちゃんの私たちが悟《さと》りに達《たつ》するのは絶望的《ぜつぼうてき》と言ってもいいでしょう。

しかし、だからと言って諦《あきら》めてはいけない。人生は苦の連続《れんぞく》だけれども、少しでも煩悩《ぼんのう》を静《しず》めて、苦を減《へ》らす努力《どりょく》をしましょうというのが、お釈迦《しゃか》さまの教えです。

正しい行ないをしようという努力《どりょく》はけっして無駄《むだ》ではありません。少し煩悩《ぼんのう》を静《しず》めてやれば、それだけ苦しみも減《へ》っていくはず――八正道《はっしょうどう》は苦しみを少なくする道筋《みちすじ》です。

けっして一般論《いっぱんろん》を説《と》かなかったお釈迦《しゃか》さま

さて、ここまで四諦八正道《したいはっしょうどう》のお話をしてきたわけですが、実《じつ》はお釈迦《しゃか》さまは生前、四諦《したい》についても、八正道《はっしょうどう》についても、今まで説明《せつめい》したような明確《めいかく》な形で教えを述《の》べてはおられません。四諦《したい》も八正道《はっしょうどう》も、のちに弟子《でし》たちや仏教学者が整理したものなんです。

お釈迦《しゃか》さまは1冊《さつ》の本も書き残《のこ》しませんでした。当時は紙もなければ、鉛筆《えんぴつ》もない。書き残《のこ》すという習慣《しゅうかん》がありません。ですから、お釈迦《しゃか》さまが菩提樹《ぼだいじゅ》の下で悟《さと》った内容《ないよう》については、推測《すいそく》するしかないんです。お釈迦《しゃか》さまが折《おり》に触《ふ》れて話されたことを、弟子《でし》たちが思い出して、それを整理してみたら、四諦八正道《したいはっしょうどう》という形になりました。

でも、おそらくお釈迦《しゃか》さまの悟《さと》ったことは文字になんかにできないんじゃないでしょうか。お釈迦《しゃか》さまは悟《さと》った直後の数日間、恍惚《こうこつ》としていたと言います。そのくらい、素晴《すば》らしい真理を発見なさった。口で簡単《かんたん》に説明《せつめい》できるほどのことであれば、それほど恍惚《こうこつ》とはしなかったでしょう。

それともう一つ大事なのは、お釈迦《しゃか》さまはまたけっして一般論《いっぱんろん》をおっしゃらなかった。お釈迦《しゃか》さまは悟《さと》りのあと、インド北部を歩いて、いろんな人に法《ほう》を説《と》かれました。その中には大金持ちもいれば、貧乏《びんぼう》人もいる。王さまもいれば、病気で苦しんでいる人もいます。そういう人たちの悩《なや》みを聞いてやり、どうやったら苦しみがなくなるかをお説教《せっきょう》していたのです。

ですから、お釈迦《しゃか》さまの言葉はみなケース・バイ・ケース。「人を見て法《ほう》を説《と》く」という言葉のとおり、その人に合ったアドバイスをなさっていたわけです。ですから、そうした言葉を集めて、整理しても、結局《けっきょく》はお釈迦《しゃか》さまの悟《さと》りには近づけないと思います。

四諦《したい》にしても、八正道《はっしょうどう》にしても、言葉にしてみれば、実《じつ》に簡単《かんたん》なことです。でも、本当は、いわく言いがたい内容《ないよう》だったのではないでしょうか。仏教ではそれを「無上甚深微妙法《むじょうじんじんみみょうほう》」と表現《ひょうげん》します。この上なく深く、精妙《せいみょう》な真理、それがお釈迦《しゃか》さまの悟《さと》ったことなのでしょう。まるで雲が晴れてサーッと光が射《さ》し込《こ》むように、菩提樹《ぼだいじゅ》の下で座禅《ざぜん》を組んでおられたお釈迦《しゃか》さまの心には、えも言われぬ光が射《さ》したのだと思います。その感激《かんげき》、その喜《よろこ》びはけっして言葉では伝《つた》えられないものだったのではないでしょうか。

その悟《さと》りを私たちが追体験《ついたいけん》することはできません。それができたら、悟《さと》ったということです。四諦《したい》や八正道《はっしょうどう》というのは、悟《さと》っていない私たちがお釈迦《しゃか》さまの悟《さと》りを少しでも理解《りかい》するための鍵《かぎ》、キーワードだと思ったほうがいいのかもしれません。

わたしは
20年後《ねんご》のたまちゃんに
20年後のたまちゃんへ
たまちゃん、大好き。
まる子より
……と書《か》きました
そのころたまちゃんも
20年後の まるちゃんへ。
まるちゃん、大好き。
たまえより
できたっ!!
ふたりとも
このへんにうめよう
うん
おんなじことが書《か》いてあるってわかるのは
まだまだ先《さき》の20年後《ねんご》です……
たのしみだね
うん

BUDDHISM GLOBAL STANDARD

四《よんしょう》

彼岸《あのよ》への細い道

仏教では苦《く》も煩悩《ぼんのう》もない理想《りそう》の境地《きょうち》を「彼岸《ひがん》」と言います。悩《なや》み、悲しみに満《み》ちた人生を送りながら、私たち人間は彼岸《ひがん》を追い求《もと》めてやみません。はたして、私たち人間はどうすれば彼岸《ひがん》へとたどり着き、救《すく》われるのでしょう。大乗仏《だいじょうぶつ》教《きょう》の精髄《せいずい》「六波羅蜜《ろくはらみつ》」を通して、彼岸《ひがん》への道を探《さぐ》っていきましょう。

どうしようかな大人《おとな》になったまるちゃんへ・・・

「娑婆《しゃば》」は仏教用語《ぶっきょうようご》。あなたはご存《ぞん》じでしたか？

穢土《えど》と浄土《じょうど》

お釈迦《しゃか》さまは人間がどうすれば煩悩《ぼんのう》の苦しみから抜《ぬ》け出せるかをお考えになりました。私たちの人生は、苦しみに満《み》ちています。新聞を開けば、かならずそこには殺人事件《さつじんじけん》や戦争《せんそう》の記事が載《の》っています。人間の世は、苦しみや悲劇《ひげき》で一杯《いっぱい》です。

仏教では、私たちが暮《く》らしているこの世のことを「穢《え》土《ど》」と記《しる》します。穢土《えど》とは、穢《けが》れた場所という意味です。人間の煩悩《ぼんのう》のために、この世は穢《けが》れています。親が子を殺《ころ》す、子が親を殺《ころ》す、あるいは罪《つみ》のない一般人《いっぱんじん》が戦争《せんそう》によって殺《ころ》されていく……まさしく、私たちの生きている社会は穢《けが》れに満《み》ちています。

また、「娑婆《しゃば》」と言う場合もあります。シャバというと、今ではヤクザやチンピラが使う言葉だと思われていますが、これはもともとインドのサンスクリット語から来ているのです。サンスクリットで「サハ」とは、忍耐《にんたい》。つまり、この世に暮《く》らしているかぎり、私たちは苦しみに耐《た》え忍《しの》んでいかなければならないということから、浮《う》き世《よ》を娑婆《しゃば》と呼《よ》ぶことになったのです。お釈《しゃ》迦《か》さまのおっしゃった四苦八《しくはっ》苦《く》の苦しみから私たち人間は逃《のが》れることができません。娑《しゃ》婆《ば》にいる私たちは、ひたすら耐《た》え抜《ぬ》かなければならないというわけです。

人間にとって苦しみに耐《た》えることほど、辛《つら》いことはありません。忍耐《にんたい》が楽しい、耐《た》えることが幸福だ、なんて思う人はどこにもいません。できることなら、苦しみのない、幸せな暮《く》らしを送りたいとは誰《だれ》もが願《ねが》うことでしょう。

そうした、苦しみのない理《り》想郷《そうきょう》のことを、仏教では浄土《じょうど》と言います。穢土《えど》、穢《けが》れた土地の反対語で、清《きよ》らかな土地という意味です。お釈迦《しゃか》さまの教えにしたがい、八正道《はっしょうどう》をきちんと行なっていけば無明《むみょう》がなくなり、苦しみから解放《かいほう》され、浄土《じょうど》に行くことができるというのが仏教の考えです。

しかし、一口に八正道《はっしょうどう》を行なうといっても、これは容易《ようい》なことではありません。「諸《しょ》悪莫作《あくまくさ》、衆善奉行《しゅぜんぶぎょう》」、3歳《さい》の子どもでも知っているのに、80歳《さい》の老人《ろうじん》すらできないのが八正道《はっしょうどう》です。心を正しく持ち、煩悩《ぼんのう》の火を消すのは凡夫《ぼんぷ》、おバカちゃんの私たちには至難《しなん》のわざ。

私も仏道修行《ぶつどうしゅぎょう》のために出家《しゅっけ》した身ですが、出家《しゅっけ》して頭を剃《そ》っても、イヤな人に会えば腹《はら》が立つし、物事が思うように行かなければ癇癪《かんしゃく》が起きそうになります。これでは八正《はっしょう》道《どう》を行なって悟《さと》りを開くなんて、とうていできそうにはありません。

なぜインドには、お彼岸《ひがん》がないのか

浄土《じょうど》は、別名《べつめい》「彼岸《ひがん》」とも言います。彼岸《ひがん》というのは「彼《か》の岸」、つまり向こう岸という意味です。私たちのいる娑婆《しゃば》、穢土《えど》はこちら岸ですから「此岸《しがん》」と言います。

彼岸《ひがん》、という言葉はみなさんも聞き覚《おぼ》えがあるでしょう。

毎年2回、春分・秋分の日前後にある「お彼岸《ひがん》」とは、これから来た言葉です。

お彼岸《ひがん》はよくご存《ぞん》じのとおり、自分のご先祖《せんぞ》さまに感謝《かんしゃ》をし、その供養《くよう》をするための仏教行事です。人間は死ねば、彼岸《ひがん》に行くというのが仏教の考えです。生きている間は煩《ぼん》悩《のう》のために苦しみが絶《た》えないけれども、死んでしまえば、観経疏●正式題名は『観無量寿経疏《かんむりょうじゅきょうそ》』。『観無量寿経《かんむりょうじゅきょう》』という経《きょう》について、善導《ぜんどう》が注釈《ちゅうしゃく》をほどこしたもの。日本仏教に大きな影響《えいきょう》を与《あた》えた。

古来、日本人にとって、太陽は特別《とくべつ》の存在《そんざい》だった

みんな仏《ほとけ》になる。煩悩《ぼんのう》も消え、苦しみのない浄土《じょうど》に行けるというわけです。死んで彼岸《ひがん》に行かれた先祖《せんぞ》を供養《くよう》するから、お彼岸《ひがん》と呼《よ》ぶようになったのでしょう。

ところで、この「お彼岸《ひがん》」という行事は日本独特《どくとく》のものです。春分や秋分の日に先祖《せんぞ》のお墓詣《はかまい》りをする習慣《しゅうかん》は仏教の発祥地《はっしょうち》インドにもありませんし、中国《ちゅうごく》にも東南アジアにもない習慣《しゅうかん》なのです。日本だけで行なわれているのがお彼《ひ》岸《がん》です。

そもそも仏教が伝来《でんらい》する前から、日本人にとって春分の日や秋分の日は特別《とくべつ》な日でした。

というのも、古代から日本は農業国でした。減反《げんたん》や生産《せいさん》調整《ちょうせい》などが常識《じょうしき》になって、今の日本はお米を作らない国になりつつありますが、かつては「豊葦原《とよあしはら》の瑞穂《みずほ》の国」と言ったほど、農業を大切にしていた国柄《くにがら》だったのです。

農業が生活や産業《さんぎょう》の中心ですから、かつての日本人にとっては天気や気象現象《きしょうげんしょう》は何よりも気になりました。中でも太陽には特別《とくべつ》の関心《かんしん》を抱《いだ》いていました。

日が照《て》らなければお米はで

きませんし、日が照《て》りすぎてもいけません。そこで、日本には古くから太陽に対する信《しん》仰《こう》がありました。お日《ひ》さまが今日《きょう》も東から昇《のぼ》って西に沈《しず》みますように、そして太陽の巡《めぐ》りにあわせて春夏秋冬がきちんと訪《おとず》れますように……昔の日本人はお日《ひ》さまに向かって、いつも祈《いの》っていたのです。

その太陽に対する信仰《しんこう》の中で、最《もっと》も大事な時期とされていたのが春分と秋分の日です。春分と秋分には、太陽が真東《まひがし》から昇《のぼ》り、真西《まにし》に沈《しず》みます。太陽にとっては特別な日です。そこで、昔から日本では春分・秋分をはさんだ前後３日、あわせて１週間を、太陽をお祀《まつ》りする習慣《しゅうかん》があったようです。春には田植えがうまく行くように祈《いの》り、秋には収穫《しゅうかく》を感謝《かんしゃ》する。つまり、昔のお彼《ひ》岸《がん》は仏教行事ではなくて、農業のための神事であったわけです。

浄土《じょうど》は西方《さいほう》にあり

それでは、いったいなぜ太陽の祭りが、ご先祖供養《せんぞくよう》になったのでしょうか。

その理由を知るには、仏教で彼岸《ひがん》、つまり浄土《じょうど》がどのように考えられていたかを知る必要《ひつよう》があります。

仏教では、極楽浄土《ごくらくじょうど》は西にあると言われています。西方《さいほう》浄土《じょうど》という言葉を聞いたことがあるでしょう。私たちの暮《く》らす世界（此岸《しがん》）からさらに西に行ったところに浄土《じょうど》があるという考え方は、インドの古い仏教にもあったようですが、それがことに日本で強く信《しん》じられるようになったのは、中国《ちゅうごく》仏教の影響《えいきょう》です。

今からおよそ1300年前、日本では奈良《なら》時代のころに、中国《ちゅうごく》に善導大師《ぜんどうだいし》という方がおられました。この善導大師《ぜんどうだいし》は浄土教《じょうどきょう》を大成した人なのですが、この方が書いた『観経《かんぎょう》疏《しょ》』という本があって、その中に「浄土《じょうど》は西にある」と書かれています。その『観経《かんぎょう》疏《しょ》』の話が、日本に伝《つた》わって

◉千里眼《せんりがん》で亡《な》き母の姿《すがた》を透視《とうし》したモッガッラーナ

浄土《じょうど》は西にあると広く信《しん》じられるようになりました。

春分・秋分の日には、太陽は真西《まにし》に沈《しず》みます。つまり、太陽の沈《しず》む方向の、さらにその先には西方浄土《さいほうじょうど》があるというわけです。そこで、本来は農業神事であった春分・秋分の日が、仏教の行事に変《か》わり、浄土《じょうど》におられるご先祖《せんぞ》を思い、供養《くよう》する日に変《か》わったというのが真相なのです。

しかし、だからといってお彼岸《ひがん》は意味がないとか、やらなくてもいいというわけではありません。

私たちがこの世に生まれることができたのは、ご先祖《せんぞ》のおかげです。ところが、人間というのは図々《ずうずう》しいから、何でも自分の力と才能《さいのう》でやっていると、つい思ってしまう。

自分がこの世に生を受けたのはご先祖《せんぞ》のおかげだし、毎日暮《く》らしていけるのは家族や周《まわ》りの人のおかげです。

本当なら、そのことを毎日感謝《かんしゃ》するべきなのだけれども、凡夫《ぼんぷ》ですからそんなことはなかなかできませんね。だったら、せめて年に2回ぐらいはご先祖《せんぞ》さまに手を合わせて感謝《かんしゃ》するくらいはしたほうがいい。幸い、春分・秋分のころは季節《きせつ》も穏《おだ》やかだから、お墓《はか》詣《まい》りにも行きやすい。

だから、「お彼岸《ひがん》なんて、本場のインドではやらないんだよ」なんて、知ったかぶりは言わないで、ちょっとでもいい、お墓詣《はかまい》りをしなくてもいいから、少しでもご先祖《せんぞ》さまを思う。感謝《かんしゃ》する。年にたった2回のことですから、そうしてほしいと思います。

お盆《ぼん》はなぜ、真夏《まなつ》にするのか

ついでにお盆《ぼん》の話もしておきましょう。

お彼岸《ひがん》は日本独自《どくじ》の行事ですが、お盆《ぼん》は違《ちが》います。お盆《ぼん》はお経《きょう》に由来する行事ですし、また中国《ちゅうごく》の寺院でお盆《ぼん》の法要《ほうよう》をしているのを見たこともあります。日本だけではありません。

お釈迦《しゃか》さまの弟子《でし》の一人に、目連《もくれん》(モッガッラーナ)という人がいました。目連《もくれん》は弟子《でし》の中でも「神通《じんつう》第一」と呼《よ》ばれていて、神通力《じんつうりき》を得意《とくい》としていました。今の言葉で言うならば、超能力《ちょうのうりょく》者ということでしょう。お釈迦《しゃか》さま自身は前にお話ししたように、ご自身では神通力《じんつうりき》を使わないようにしていましたが、弟子《でし》の目連《もくれん》は神通力《じんつうりき》をしょっちゅう使っていたようです。

その目連《もくれん》が、あるとき得意《とくい》の神通力《じんつうりき》を使って、亡《な》くなった自分の母のようすを透視《とうし》してみました。千里眼《せんりがん》、という力ですね。すると、なんと極《ごく》楽《らく》にいると思っていた母は地《じ》獄《ごく》に墜《お》ちて、飲まず食わずの責《せ》め苦《く》にあっているではない

◀前ページ・稚児《ちご》たちと。天台寺《てんだいじ》・春の大祭《たいさい》

ですか。目連《もくれん》は地獄《じごく》にいる母に何とか食べ物をあげようとするのですが、食べ物が口のそばに近づくと、突然《とつぜん》に燃《も》えだしてしまい、どうしても食べさせることができません。

　嘆《なげ》き悲しんだ目連《もくれん》は、お釈《しゃ》迦《か》さまのところに行きました。

「なんとか、私の母を救《すく》えないものでしょうか」

　するとお釈迦《しゃか》さまはこう言いました。

「お前にとっての母はかけがえのない人であろうが、本当は心が狭《せま》く、生きている時、困《こま》っている人を見ても助けようとはしなかった。その罪《つみ》の深さゆえ、お前の母は地獄《じごく》の苦しみにあわなければならない」

　と答えたと言います。

　もちろん、目連《もくれん》としてはそれでは納得《なっとく》できません。お釈《しゃ》迦《か》さまに、それでも母を救《すく》う方法《ほうほう》はないかと尋《たず》ねたところ、

「母親の罪《つみ》は、お前一人で祈《いの》ったところでどうすることもできないが、夏安居《げあんご》の終わる７月15日、断食《だんじき》が終わった僧《そう》侶《りょ》たちに、お前ができるかぎりの布施《ふせ》を行ないなさい」

　と答えられたという話が『盂蘭盆経《うらぼんぎょう》』に記《しる》されています。

　夏安居《げあんご》というのは、夏に行なわれるお坊《ぼう》さんの修行《しゅぎょう》です。インドでは４月から７月の３ヶ月間は雨期で、その間は外出することができません。そこで、この時期に寺院の中で修行《しゅぎょう》を行なうのが夏安居《げあんご》です。夏安居《げあんご》では断食《だんじき》を行ないますから、断食《だんじき》を終えたお坊《ぼう》さんに食べ物をたっぷり差《さ》し上げなさいというわけです。

『盂蘭盆経《うらぼんぎょう》』によれば、目連《もくれん》はお釈迦《しゃか》さまの言われたとおりに夏安居《げあんご》が終わった僧侶《そうりょ》にご馳走《ちそう》をしたので、母は地獄《じごく》の苦しみから救《すく》われたとあります。

　この目連《もくれん》の話から、お盆《ぼん》という行事が生まれました。旧《きゅう》暦《れき》の７月15日、新暦《しんれき》では８月15日がお盆《ぼん》なのは、この日に夏安居《げあんご》が終わるからなのです。

　目連《もくれん》のお母さんが地獄《じごく》で受けていた罰《ばつ》のことを、「ウランバナ」と言います。ウランバナとは「倒懸《とうけん》の苦《く》」、つまり逆《さか》さ吊《づ》りの苦しみ、甚《はなは》だしい苦しみという意味です。お盆《ぼん》は正式には「盂蘭盆会《うらぼんえ》」と言いますが、その盂蘭盆《うらぼん》とは目連《もくれん》の母親が苦しんでいたウランバナに漢字を当てたものなのです。

　お盆《ぼん》と言うと最近《さいきん》では、盆《ぼん》踊《おど》りをするお祭りだとか、あるいは帰省《きせい》するための口実《こうじつ》だなんて思っている人もいるようですが、もちろん、それは違《ちが》います。目連《もくれん》の物語から分かるように、亡《な》くなった人がどうか極楽浄土《ごくらくじょうど》に行けますようにとお祈《いの》りするためのものなのです。

浄土《じょうど》への白い道

　私の好きな仏教の話に「二《に》河白道《がびゃくどう》」というものがあります。これは先ほど紹介《しょうかい》した善《ぜん》導大師《どうだいし》が書いた『観経疏《かんぎょうそ》』の中の「散善義《さんぜんぎ》」というところに出ている話です。浄土《じょうど》に往《おう》生《じょう》したいと願う人の入信《にゅうしん》から、浄土《じょうど》に往生《おうじょう》できるまでの経路《けいろ》をたとえ話によって表わしたものです。

　ある時、１人の若い僧《そう》が、

火は煩悩《ぼんのう》の象徴《しょうちょう》、水は欲望《よくぼう》の象徴《しょうちょう》

何とかして自分も彼岸《ひがん》に渡《わた》って極楽浄土《ごくらくじょうど》へ行き、往生《おうじょう》したいと願《ねが》って、西へ西へと歩き、彼岸《ひがん》へ渡《わた》る此岸《しがん》の果《は》てまでやってきた。彼岸《ひがん》に向かって1本の白い道が通っている。とても細くて、15～6センチメートルぐらいしかない。身体《からだ》がやっと通れるくらいだ。

その道の両側《りょうがわ》には火の河《かわ》と水の河《かわ》がある。南の火の河《かわ》ははてしもなく広く、猛火《もうか》が燃《も》えさかって、炎《ほのお》がめらめらと白い道をおおい尽《つ》くそうとおし寄せている。北の水の河《かわ》は、

やはりはてしもなく広く、河水《かすい》がさかまき、怒濤《どとう》になって、これも白い道に襲《おそ》いかかっている。とてもその道を進むことはできない。背後《はいご》へ逃《に》げようとふりむくと、群賊《ぐんぞく》や悪獣《あくじゅう》が、僧《そう》に向かって走り迫《せま》ってくる。どっちへ進んでも死はまぬがれない。

進退《しんたい》きわまって絶体絶命《ぜつたいぜつめい》のまま立ちすくんだ時、背後《はいご》の東の方から声がして、

「恐れず、真《ま》っ直《す》ぐ進め、必《かなら》ず死ぬようなことはない」

と言う。すると今度は西方の彼岸《ひがん》から声がして、

「一心に仏《ほとけ》を祈《いの》って走って来い。私がお前を守ってやろう」

と言う。背後《はいご》のは釈尊《しゃくそん》の声で、対岸の声は阿弥陀仏《あみだぶつ》の声だったという。僧《そう》は二つの声に励《はげ》まされて、夢中《むちゅう》で、細い白い道を駆《か》け抜《ぬ》けて、無事《ぶじ》彼岸《ひがん》に着き、阿弥陀仏《あみだぶつ》に迎《むか》えられたという話です。

この話に記《しる》されている火の河、水の河というのは煩悩《ぼんのう》の象徴《しょうちょう》です。火は嫉妬《しつと》、怒《いか》り、憎《にく》しみの象徴《しょうちょう》です。私たちの心を焼《や》き尽《つ》くす煩悩《ぼんのう》の炎《ほのお》が燃《も》えさかっている。

一方、水は欲望《よくぼう》の象徴《しょうちょう》です。私たちの欲望《よくぼう》は限《かぎ》りがありません。かりに100万円《まんえん》が貯《た》まったからと言って、人間はそれでは我慢《がまん》できない。500万《まん》円欲《えんほ》しい、いや1000万円欲《まんえんほ》しいと思う。1億円《おくえん》あればさらにいいと思う。

欲望《よくぼう》の洪水《こうずい》はあらゆるものを飲み込《こ》み、押《お》し流してしまいます。

南無《なむ》とは「あなたまかせ」

このように彼岸《ひがん》、向こう岸に渡《わた》るのは、修行《しゅぎょう》を積《つ》んだ僧でも大変《たいへん》なことなのですが、凡夫《ぼんぷ》の私たちでも、一つだけ確実《かくじつ》に彼岸《ひがん》に行ける方法があります。それは死ぬことです。

死ねば私たちは彼岸《ひがん》に渡《わた》ることができます。煩悩《ぼんのう》多い私たちも、死ねば仏《ほとけ》さまになる。だからこそ、お彼岸《ひがん》のときに亡《な》くなった人たちの供養《くよう》をするわけですね。死んだ人はみんな彼岸《ひがん》におられるというわけです。

といっても、誰《だれ》だって死ねば仏《ほとけ》さまになれるかといえば、これはそうとも限《かぎ》らない。

そこで、先ほど紹介《しょうかい》した善導《ぜんどう》の教えでは、阿弥陀仏《あみだぶつ》にひたすらお祈《いの》りしながら細い道を進みなさいとあります。

阿弥陀仏《あみだぶつ》を拝《おが》み、「南無阿弥陀仏《なむあみだぶつ》、南無阿弥陀仏《なむあみだぶつ》」と唱《とな》えながら、彼岸《ひがん》への道を渡《わた》りなさい。そうすると、阿弥陀《あみだ》さまが守ってくださるので向こうに無事《ぶじ》着くことができる。これが善導大師《ぜんどうだいし》の教えです。

南無阿弥陀仏《なむあみだぶつ》の「南無《なむ》」というのは、これまたインドの

「南無阿弥陀仏《なむあみだぶつ》」は彼岸《ひがん》へのパスポート

言葉です。「ナーム」というサンスクリットの言葉に漢字を当てて「南無《なむ》」と書きます。「南がない」から、北のことだろうと思っては間違《まちが》い。ナームという音に合わせて字を当てただけだから、漢字に意味はありません。

　このナームというのは、「あなたにお任《まか》せします」ということ。南無阿弥陀仏《なむあみだぶつ》は「身も心も阿弥陀《あみだ》さまにお任《まか》せします」ということなんです。

　よく時代劇《げき》や歌舞伎《かぶき》で心中《しんじゅう》をしたり、切腹《せつぷく》したりするときに「南無阿弥陀仏《なむあみだぶつ》」と言うでしょう。

　男と女が心中《しんじゅう》するときには、かならず西のほうを向いて、南無阿弥陀仏《なむあみだぶつ》と言ってから死ぬ。また、武士《ぶし》が切腹《せつぷく》して介《かい》錯役《しゃくやく》から首を斬《き》られる前に南《な》無阿弥陀仏《むあみだぶつ》と唱《とな》えたりするシーンがあります。

　昔から日本人は、南無阿弥《なむあみ》陀仏《だぶつ》と唱《とな》えれば、かならず極《ごく》楽浄土《らくじょうど》に渡《わた》ることができると信《しん》じてきました。

　西方浄土《さいほうじょうど》には阿弥陀《あみだ》さまがおられる。ひらたく言えば浄《じょう》土《ど》は阿弥陀仏《あみだぶつ》のテリトリー、縄張《なわば》りで、しきっていらっしゃるということです。阿弥陀《あみだ》仏《ぶつ》は浄土《じょうど》の王さまです。だから南無阿弥陀仏《なむあみだぶつ》の6文字が彼《ひ》岸《がん》へのパスポートとなるわけです。

　南無阿弥陀仏《なむあみだぶつ》という念仏《ねんぶつ》を、中世の日本人に広めたのが浄《じょう》土宗《どしゅう》を開いた法然上人《ほうねんしょうにん》や、浄《じょう》土真宗《どしんしゅう》を作った親鸞上人《しんらんしょうにん》でした。

　平素《へいそ》は「ナンマンダ」とも言いますが、これは南無阿弥《なむあみ》陀仏《だぶつ》を早く言ううちになまってしまったのです。

「二河白道《にがびゃくどう》」の話でも、お釈《しゃ》迦《か》さまは彼岸《ひがん》に行く人の後押《あとお》しをし、阿弥陀《あみだ》さまは「こちらにおいで」と招《まね》いてくださったことになっています。お釈迦《しゃか》さまは此岸《しがん》、阿弥陀《あみだ》さまは彼岸《ひがん》の主《あるじ》というわけです。

　阿弥陀仏《あみだぶつ》は、阿弥陀如来《あみだにょらい》とも言います。如来《にょらい》とは「真理を体得《たいとく》した者」ということ。ですから、お釈迦《しゃか》さまのことを釈迦如来《しゃかにょらい》とも言います。如《によ》来《らい》は仏《ほとけ》さまの中でも、最高《さいこう》の称号《しょうごう》です。

　如来《にょらい》には、この他に薬師如《やくしによ》来《らい》が有名です。薬師如来《やくしにょらい》は過《か》去世《こせ》の主《あるじ》。

　私たちが現世《げんせ》に生まれるとき、薬師如来《やくしにょらい》は「現世《げんせ》で苦しみが減《へ》るように」と、ありがたいお薬を渡《わた》してくださると言います。また、この世でも病気を治《なお》してくださる仏《ほとけ》として信仰《しんこう》されています。お手に薬壺《くすりつぼ》を持っていらっしゃいます。

　阿弥陀仏《あみだぶつ》は修行《しゅぎょう》のすえに仏《ぶつ》陀《だ》、如来《にょらい》となったときに48の誓願《せいがん》、誓《ちか》いを立てられたと言われています。この誓願《せいがん》が成《じょう》就《じゅ》しない時は自分は仏《ほとけ》にならないと誓《ちか》われたのです。その誓願《せいがん》の十八番目のものが「念《ねん》仏往生《ぶつおうじょう》」で、念仏《ねんぶつ》する衆生《しゅじょう》は一人残らず救済《きゅうさい》し、浄土《じょうど》へ渡《わた》すと誓《ちか》われたのです。それで南無阿弥陀仏《なむあみだぶつ》と唱《とな》えれば、どんな人であっても阿弥陀《あみだ》さまが浄土《じょうど》に連《つ》れていってくださるという思想が生まれたわけです。

　そこで昔の人は、その阿弥《あみ》陀《だ》さまの誓願《せいがん》を心から信《しん》じて、死ぬときに南無阿弥陀仏《なむあみだぶつ》と唱《とな》え、普段《ふだん》もそれを唱《とな》えつづけたのです。

●「目に見えないもの」を信《しん》じなくなった現代人《げんだいじん》の不幸《ふこう》

「信《しん》は任《まか》すなり」

現代《げんだい》の私たちは疑《うたぐ》り深いから、阿弥陀《あみだ》さまの誓願《せいがん》なんて言われてもなかなか信《しん》じられません。

そんな誓願《せいがん》があるのなら、阿弥陀直筆《あみだじきひつ》の誓約書《せいやくしょ》を見せろとか、本当に白道《びゃくどう》の向こう側《がわ》で、阿弥陀《あみだ》さまが「こっちにおいで」と手を振《ふ》っているのか、その証拠《しょうこ》に写真かビデオを見せろなんて言い出しかねません。

もちろん、そんな証拠《しょうこ》はどこにもありません。しかし、証拠《しょうこ》があるから信《しん》じる、証拠《しょうこ》がなければ信《しん》じないというのでは、そもそも信仰《しんこう》とは言えないんです。

「信《しん》は任《まか》すなり」と言います。信仰《しんこう》というのは、すべてを任《まか》せるということ。ナームの精神《せいしん》です。本当に南無阿弥陀仏《なむあみだぶつ》と唱《とな》えるだけで、どんな極悪人《ごくあくにん》でも浄土《じょうど》に行けるのかは、死んでみないかぎり分かりません。

しかし、そういう疑問《ぎもん》は抜《ぬ》きにして、「ある」と信《しん》じることから始めるのが信仰《しんこう》なんです。

私たちは昔の人に比《くら》べればずっと知識《ちしき》があります。月の表面にウサギがいないことも、地震《じしん》をナマズが起こさないことも知っています。でも、その教養《きょうよう》が災《わざわ》いして疑《うたが》い深くなっているところが不幸《ふこう》の始まりなんです。

もちろん、自分の頭で考えるのは大事です。よくよく考えないと、変《へん》な宗教《しゅうきょう》に騙《だま》されてお金を巻《ま》き上げられたりして大変《たいへん》な目に遭《あ》います。でも、本当に仏《ほとけ》さまはおられる、神さまはおられると信《しん》じることから、信仰《しんこう》は始まるのです。

私たち現代人《げんだいじん》の不幸《ふこう》は目に見えないものを信《しん》じなくなったことにあると思います。目に見、手に触《ふ》れなければ信《しん》じられないというのは赤《あか》ん坊《ぼう》で、およそ想像力《そうぞうりょく》がないということです。目に見えないものに「心」、「神」、「仏《ほとけ》」があります。

私の好《す》きな話があります。浄土真宗《じょうどしんしゅう》を開いた親鸞上人《しんらんしょうにん》に、弟子《でし》の唯円《ゆいえん》という人が相談しました。

「私は極楽浄土《ごくらくじょうど》に行きたいと思って、一所懸命念仏《いっしょけんめいねんぶつ》を唱《とな》えていますが、ありがたいという感じがしないんです。どうしたらいいでしょう」

この気分はよく分かります。南無阿弥陀仏《なむあみだぶつ》と唱《かな》えたからと言って、阿弥陀《あみだ》さまが彼岸《ひがん》から「聞こえたぞう」って答えてくださるわけではないでしょう。念仏《ねんぶつ》を唱《とな》えたら、空がピカピカッと光るとか、虹《にじ》がかかったというのなら分かりやすいけれども、そんなことはまずありません。

唯円《ゆいえん》が「ありがたい気持ちがしない」と言っているのは、そういうことでしょう。

すると親鸞上人《しんらんしょうにん》はどう答えたか。

「唯円《ゆいえん》よ、わしも同じじゃ」

この話が私は大好《だいす》きです。親鸞上人《しんらんしょうにん》のような立派《りっぱ》な偉《えら》い人でも、そう思うところが素敵《すてき》ではないですか。また、それを正直《しょうじき》に弟子《でし》に言えるというのは、何という立派《りっぱ》なことでしょう。

信仰《しんこう》というのは、全部を任《まか》せること。阿弥陀《あみだ》さまが何にも返事してくださらなくっても、南無阿弥陀仏《なむあみだぶつ》と唱《とな》える。浄土《じょうど》に連れていってくださることを信《しん》じきって念《ねん》じるしかないのです。

親鸞上人《しんらんしょうにん》は唯円《ゆいえん》に向かって、こうも言っています。

「少しでも病気をすると、このまま死んでしまうのじゃないかと心配になってしまう。

誕生釈迦仏立像《たんじょうしゃかぶつりゅうぞう》（東大寺）

死ねば浄土《じょうど》に行けると分かっているのに、ちっとも早く死にたいとは思わない。この娑《しゃ》婆《ば》という世界はなかなかに離《はな》れがたいし、見たこともない浄土《じょうど》は少しも恋《こい》しくない。寿《じゅ》命《みょう》が尽《つ》きたならば、浄土《じょうど》に行きたいとは思うのだが」

これもまた素晴《すば》らしい告白《こくはく》です。浄土《じょうど》に行きたい。でも、早く死ぬのはイヤだ。私たち凡夫《ぼんぷ》と同じことを親鸞上人《しんらんしょうにん》も感じていたのです。親鸞上人《しんらんしょうにん》ほどの人であれば、死を達観《たつかん》していたのかと思いがちですが、そうではなく、私たちと同じというのは、何と嬉《うれ》しい話でしょう。

いくら、この世が苦しくても、辛《つら》くても死ぬのはイヤ。人間らしくていいじゃありませんか。

神や仏《ほとけ》を感じるとき

かく言う私も50歳《さい》を過《す》ぎるまで、出家《しゅっけ》するまで、なかなか仏《ほとけ》さまや神さまを信《しん》じられませんでした。「そんなもの、あるものか」と思っていました。

私の家は仏壇屋《ぶつだんや》で、生まれた場所も四国八十八ヶ所巡礼《じゅんれい》で有名な四国《しこく》の徳島《とくしま》です。ところが、若《わか》いころの私はちっとも仏《ほとけ》さまなんか信《しん》じていなかったんです。

しかし、この頃《ごろ》、私は仏《ほとけ》さまはおられると信《しん》じています。なぜかといえば、人間の能力《のうりょく》の限界《げんかい》に気づいたからです。

いくら努力《どりょく》をしても、人間は一生のうちに、やりたいことの何分の一もできません。どんなにいいことばっかりしていても、何かしら不幸《ふこう》も襲《おそ》ってきます。「あんないい人が、どうして病気をして、どうして死ぬの」というようなことが起こったり、逆《ぎゃく》に「あんな人、死ねばいいのに」と思っている人が、元気で生きているじゃありませんか。理《り》屈《くつ》に合わないことだらけなの

が、世の中です。

この世の中には、私たちの人知《じんち》では測《はか》り知れないことが、いろいろ起こります。そういう時に、つまり「人間というのは、本当に無能力《むのうりょく》だなあ」ということを感じた時、私たちは神や仏《ほとけ》を近くに感じることができるのだと思います。

地球の上に、私たちは生きています。この地球は、宇宙《うちゅう》の中にぽっかり浮《う》いている。これって不思議《ふしぎ》だと思いませんか。もちろん、物理学の専《せん》門家《もんか》に聞けば、引力《いんりょく》がどうだの、重力《じゅうりょく》がどうだのって、それなりの説明《せつめい》はしてくれるでしょう。

でも、それではなぜ引力《いんりょく》があるのかとか、なぜこの宇宙《うちゅう》は作られたのかと言い出したら、やはり物理学者でも分からない。やはり人知《じんち》には限界《げんかい》がある。

不思議《ふしぎ》なことが世の中には一杯《いっぱい》あるんです。月と太陽は、どうして自分の軌道《きどう》を廻《まわ》り、衝突《しょうとつ》しないのでしょう。星座《せいざ》はどうして乱《みだ》れないのでしょう。

どんなに努力《どりょく》をしても、分からないことはいつも残《のこ》っている。それが人間の限界《げんかい》、努《ど》力《りょく》の限界《げんかい》なのです。

なぜ、あなたは今生きているのか

分からないのは、宇宙《うちゅう》の不《ふ》思議《しぎ》だけではありません。

宇宙《うちゅう》どころか、私たちは自分の明日さえ分からない。明日何が起こるか知りません。まさか関西の大地震《だいじしん》を予知《よち》しなかったでしょう。東海《とうかい》村の臨海事故《りんかいじこ》なんか、起こる瞬間《しゅんかん》まで誰《だれ》も想像《そうぞう》していませんでした。

自分の人生なんだから、これだけのことはやりとげたいと思っていても、ほとんどの人はそれを実現《じつげん》することはできません。自分がやりたいと思っていたことの、ほんの何分の一、いえ、ひょっとしたら数パーセントしかできないまま、死んでいく。それも、いつ、どこで自分が死ぬのか分からない。これも人間の限《げん》界《かい》です。

人間は30歳《さい》で死ぬかもしれないし、80歳《さい》で死ぬかもしれない。何歳《さい》で死ぬのかは誰《だれ》にも予測《よそく》が付《つ》かない。80歳《さい》の人のほうが、30歳《さい》の人よりも早く死ぬともかぎらない。むしろ80歳《さい》の人のほうが長生きするかもしれない。80歳《さい》になっても元気だったら、なかなか死ぬもんじゃありません。息《むす》子《こ》や孫《まご》のほうが先に死ぬかもしれません。

不吉《ふきつ》なことを言うと怒《おこ》る方もあるでしょうが、この本を読んでいる人の中にも、明日《あした》死んでしまう人がおられるかもしれない。

明日《あした》の新聞を開いたら、瀬《せ》戸内寂聴《とうちじゃくちょう》の死亡《しぼう》記事をあなたが発見するかもしれません。明日《あした》のことは誰《だれ》にも分からないんです。

これを逆《ぎゃく》の側《がわ》から考えてみましょう。

あなたは、今、こうやって私の本を読んでおられます。これまでの人生が、どれだけの長さだったのかは知らないけれども、いつ死んでもおかしくなかった。

交通事故《じこ》で若死《わかじ》にしていたかもしれないし、変《へん》なものを食べて食中毒《しょくちゅうどく》で死んでいたかもしれません。それどころか、お母さんのお腹《なか》から生まれようとしたのに、難産で死んでいたかもしれない。ところが、現実《げんじつ》にはこれまで死なずに生きてきた。

なぜ、自分は今日《きょう》、眼《め》が覚《さ》めたら生きていたのだろう？こんなことをいくら考えたと六波羅蜜寺◉京都市東山区《きょうとひがしやまく》にある真言宗《しんごんしゅう》の寺。平安《へいあん》時代中期《ちゅうき》、空也上人《くうやしょうにん》が疫病《えきびょう》流行が止《や》むことを願《ねが》って、十一面観音像《めんかんのんぞう》を安置《あんち》したことが起源《きげん》とされる。のち、地蔵菩薩霊験《じぞうぼさつれいげん》の寺として庶民信仰《しょみんしんこう》を集めた。
六波羅探題◉鎌倉《かまくら》時代、京都《きょうと》に置《お》かれた幕府《ばくふ》の役職《やくしょく》。京都《きょうと》・六波羅《ろくはら》にあって朝廷《ちょうてい》の監視《かんし》や京都《きょうと》の警備《けいび》などに当たった。

ころで、誰《だれ》にも説明《せつめい》が付《つ》きません。

今日《きょう》という日まで、私たちが無事《ぶじ》に生きてこられたのは、なぜか——それは何かに守られているからだと私は思うのです。

私が死なずに、今、こうして本を書いていられるのは、何かに守られているからなんです。あなたが今、こうして本を読んでいられるのも、何かに守られているから。

その何かとは、仏《ほとけ》と言ってもいいし、神と言ってもいいでしょう。神や仏《ほとけ》という言葉がお嫌《きら》いならば、宇宙《うちゅう》の生命と言ってもいいし、宇宙《うちゅう》の摂《せつ》理《り》と言ってもいい。とにかく「何か」があるのです。

だから「今日《きょう》、ここにいて、こうして生きていられるのは何かに守られてるからなんだ」と思いましょう。

そして、自分にいいことがあったときには、「よかった、ラッキー」と思うだけではなくて、その幸せに感謝《かんしゃ》してください。

そして、その幸せを誰《だれ》かに分けようと思ってほしいのです。これが仏教で言う「布《ふ》施《せ》」の精神《せいしん》なんです。

六波羅蜜《ろくはらみつ》と八正道《はつしょうどう》

私たちは死ねばかならず彼《ひ》岸《がん》に行くことができます。娑《しゃ》婆《ば》の苦しみも、死ねば消えてなくなり、彼岸《ひがん》に渡《わた》ることができる。といっても、死んで

彼岸《ひがん》に行ける保証《ほしょう》はないわけだから、やはり心配です。

南無阿弥陀仏《なむあみだぶつ》と唱《とな》えさえすれば、浄土《じょうど》に行けるというのは、たしかに救《すく》われる思いがするけれども、やはり生きているうちに彼岸《ひがん》に行けないものかと思うのが人の常《つね》です。

彼岸《ひがん》に渡《わた》ることは無理《むり》としても、生きている間に少しでも向こう岸に近づけないものかと思うでしょう。

そこで仏教が教えるのが、「六波羅蜜《ろくはらみつ》」というものです。六波羅蜜《ろくはらみつ》の「波羅蜜《はらみつ》」とはインドのサンスクリット語「パーラミター」の音訳《おんやく》です。「向こう岸に渡《わた》る」という意味です。つまり、六波羅蜜《ろくはらみつ》とは「彼岸《ひがん》へ渡《わた》るための六つの修行《しゅぎょう》」ということなのです。

六波羅蜜《ろくはらみつ》という言葉は、何となく聞いたことがあるでしょう。京都《きょうと》の東山《ひがしやま》には六波羅《ろくはら》密寺《みつじ》というのがあります。また『平家物語《へいけものがたり》』を読むと、六《ろく》波羅探題《はらたんだい》なんていうのが出てきたのを覚《おぼ》えているでしょう。平清盛《たいらのきよもり》の政権《せいけん》のことを「六《ろく》波羅政権《はらせいけん》」と言いました。

六波羅蜜《ろくはらみつ》は「六度《ろくど》の行《ぎょう》」ということもあります。六度《ろくど》の「度《ど》」は「渡《ど》」と同じ、渡《わた》るという意味ですが、六波羅蜜《ろくはらみつ》

の行《ぎょう》を行なえば、私たちは生きながらにして彼岸《ひがん》に渡《わた》れるというわけです。

「ちょっと待って。彼岸《ひがん》に渡《わた》るというのは、煩悩《ぼんのう》を消すということでしょう？　だったら、お釈迦《しゃか》さまのおっしゃった八正道《はっしょうどう》というものがあったのでは？」と思った方もあるかもしれません。

いい質問《しつもん》です。たしかに、おっしゃるとおり八正道《はっしょうどう》は前にも説明《せつめい》したように、悟《さと》りを開き、涅槃《ねはん》の境地《きょうち》に達《たつ》するための方法《ほうほう》です。涅槃《ねはん》の境地《きょうち》とは、無明《むみょう》をなくし、煩悩《ぼんのう》を消した状態《じょうたい》のこと。言ってみれば、涅槃《ねはん》の境地《きょうち》とは彼岸《ひがん》のことなのですから、修行《しゅぎょう》の方法《ほうほう》としては八正道《はっしょうどう》だけでいいように思われます。

お釈迦《しゃか》さまのお説《と》きになった八正道《はっしょうどう》とは要《よう》するに、お釈《しゃ》迦《か》さまのように家族を捨《す》て、地位《ちい》を捨《す》て、財産《ざいさん》を捨《す》て、すべてのものを捨《す》てて出家《しゅっけ》した人が行なうべき修行《しゅぎょう》なのです。正見《しょうけん》（正しくものを見る）、正思《しょうし》（正しく考える）、正語《しょうご》（正しく言う）、正業《しょうぎょう》（正しい行ないをする）、正命《しょうみょう》（正しい生活をする）、正精進《しょうしょうじん》（正しく努力する）、正念《しょうねん》（正しい気づかい）、正定《しょうじょう》（正しい精神統一《せいしんとういつ》をする）……これらは何度も言うように、一見《いっけん》すると実《じつ》にシンプルなことですが、実際《じっさい》にはなかなかむずかしい。小さな子どもでも分かっているけれども、80歳《さい》の老《ろう》人《じん》でも実行できないのです。

出家《しゅっけ》してこういう修行《しゅぎょう》に専《せん》念《ねん》するのが一番やりやすいでしょうが、みんながすべて頭を剃《そ》って坊主《ぼうず》になるわけにはいきませんね。

みんなが出家《しゅっけ》してしまったら、この世の中は成《な》り立ちません。農業をする人も必要《ひつよう》だし、魚を網《あみ》で捕《つか》まえる人もいなければ困《こま》るし、それを売る商人がいなければなりません。また戒律《かいりつ》をきちんと守ろうとすれば、結婚《けっこん》することも、子どもを持つこともできません。

そこで出てきたのが、この六波羅蜜《ろくはらみつ》という思想なのです。彼岸《ひがん》に行きたいのは、何も出《しゅっ》家者《けしゃ》ばかりではない。在家《ざいけ》の、普通《ふつう》の人でも彼岸《ひがん》を目指《めざ》すことはできないだろうかということから、生まれたのがこの六波羅蜜《ろくはらみつ》だと思ってください。

南伝《なんでん》仏教と北伝《ほくでん》仏教

八正道《はっしょうどう》の実践《じっせん》を何より重視《じゅうし》する、お釈迦《しゃか》さま以来《いらい》の仏教は今でも東南アジアなどで行なわれていますが、こうした仏教のことを南伝《なんでん》仏教、あるいは小乗《しょうじょう》仏教と言います。インドから南のルートを伝《つた》わってきたから、南伝《なんでん》仏教です。

これに対して、八正道《はっしょうどう》と同時に六波羅蜜《ろくはらみつ》を唱《とな》える仏教のことを、北伝《ほくでん》仏教とか大乗《だいじょう》仏教と言います。日本の仏教はヒマラヤを越《こ》え、中国《ちゅうごく》を通《と》って、つまり北回りのルートで伝《つた》わってきたものですので、これは北伝《ほくでん》仏教の流れです。

繰《く》り返しになりますが、もともとお釈迦《しゃか》さまの説《と》いた仏教では、出家《しゅっけ》を何より重《おも》んじます。お釈迦《しゃか》さまと同じように修行《しゅぎょう》をし、悟《さと》りを開こうというのが本来の仏教です。仏教を信《しん》じるということは、出《しゅっ》家《け》するということと同じなのです。

東南アジアのタイなどには、今でも黄色い衣《ころも》を着たお坊《ぼう》さんがたくさんいますが、タイの仏教はあきらかに南伝《なんでん》仏教です。南伝《なんでん》仏教とはお釈迦《しゃか》さまのオリジナルな思想を忠実《ちゅうじつ》に守りつづけている宗教《しゅうきょう》ということになります。

こうした本来の仏教に対して、新しい仏教の形がお釈迦《しゃか》さまが亡《な》くなられた約600年後に現《あら》われました。それが北《ほく》伝《でん》仏教、いわゆる大乗《だいじょう》仏教です。

出家者《しゅっけしゃ》だけが悟《さと》りを開くのではなく、在家《ざいけ》の信者《しんじゃ》が救《すく》われる道がないのかということから、大乗《だいじょう》仏教は自然発生的《しぜんはっせいてき》に起こりました。大乗《だいじょう》仏教の大乗《だいじょう》とは、大きな乗り物という意味です。出家者《しゅっけしゃ》ばかりでなく、在家《ざいけ》の信者《しんじゃ》も乗せることができる大きな仏教という意味です。この大乗《だいじょう》仏教を集《しゅう》大成《たいせい》したのがナーガールジュナ（龍樹《りゅうじゅ》）という人です。日本や中国《ちゅうごく》の仏教では、ナーガールジュナは「八宗《はっしゅう》の祖師《そし》」と言って、とても尊敬《そんけい》します。

南伝《なんでん》仏教のことを小乗《しょうじょう》仏教とも言いますが、大乗《だいじょう》仏教よりも小乗《しょうじょう》仏教が劣《おと》っているなどということは、もちろんありません。

大乗《だいじょう》仏教はもともと小乗《しょうじょう》仏教の批判《ひはん》から生まれたもので、小乗《しょうじょう》仏教、「小さな乗り物」の仏教という呼《よ》び名も、大乗《だいじょう》仏教の側《がわ》が付《つ》けたものなのですが、その大乗《だいじょう》仏教も誕生《たんじょう》してから2000年も経《た》つと、ずいぶん堕落《だらく》してしまった気がします。

日本人の私たちから見ると、タイのお坊《ぼう》さんたちのほうが立派《りっぱ》に見えます。タイのお坊《ぼう》さんはそれこそ朝から晩《ばん》まで修行《しゅぎょう》です。これに対して、今の日本はどうでしょう。日本の仏教は葬式《そうしき》仏教で、坊主《ぼうず》はお金儲《かねもう》けに走っているというのがみなさんのイメージでしょう。もちろん、立派《りっぱ》なお坊《ぼう》さんもたくさんおられますが、そういうイメージが根強《ねづよ》いのは、やはり日本の仏教が昔に比《くら》べて堕落《だらく》したからです。

とにかく、南伝《なんでん》仏教と北伝《ほくでん》仏教はどちらが上でどちらが下ということはありません。

心施《しんせ》——人は話し相手を求《もと》めている

さて、その六波羅蜜《ろくはらみつ》の行《ぎょう》を順《じゅん》に挙《あ》げていくと、**布施《ふせ》**、**持《じ》戒《かい》**、**忍辱《にんにく》**、**精進《しょうじん》**、**禅定《ぜんじょう》**、**智慧《ちえ》**。この六つをやれば彼岸《ひがん》に行くことができるというわけです。六波羅蜜《ろくはらみつ》は彼岸《ひがん》へ渡《わた》る6枚の切符《チケット》です。

人の愚痴《ぐち》を聞いてあげるのも、立派《りっぱ》な修行《しゅぎょう》

それではこの六波羅蜜《ろくはらみつ》を順《じゅん》に説明《せつめい》していきましょう。

布施《ふせ》はみなさんのあんまり好《す》きじゃない例《れい》のお布施《ふせ》です。

布施《ふせ》は、布《ぬの》を施《ほどこ》すと書きます。インドは暑いから、ほんとうは裸《はだか》のほうが過《す》ごしやすいけれども、そうもいかない。虫だって刺《さ》します。そこで布《ぬの》を身体《からだ》に巻《ま》くわけですが、その布《ぬの》を施《ほどこ》すということから布施《ふせ》という言葉が出来《でき》ました。

布施《ふせ》は六波羅蜜《ろくはらみつ》の中でも、いちばん取っつきやすいことですね。プレゼントすることです。

六波羅蜜《ろくはらみつ》は何も在家《ざいけ》の人だけがすることではありません。出家《しゅっけ》した人間も、もちろん六波羅蜜《ろくはらみつ》をしなければなりません。

私は京都《きょうと》の寂庵《じゃくあん》で月に1回、また住職《じゅうしょく》をしている岩手《いわて》の天台寺《てんだいじ》でも月に1回、こちらは雪のない時期だけですが、法話《ほうわ》をしております。声をからして一所懸命《いっしょけんめい》しゃべっていますが、両方とも無料です。法話《ほうわ》は出家者《しゅっけしゃ》が行なう布施《ふせ》だからです。

もちろん、それを聞いた方がお賽銭《さいせん》を入れる。つまり、布施《ふせ》をしてくださるのは、これもまたたいへんに結構《けっこう》なことです。布施《ふせ》というからには、その見返りを要求《ようきゅう》してはいけません。布施《ふせ》はあくまで無償《むしょう》の行為《こうい》です。

物をあげるのがとても惜《お》しい、どうしてもいやだという人は物でなくてもいいんです。心をプレゼントする。それを「心施《しんせ》」と言います。文字どおり心を施《ほどこ》すということですが、優《やさ》しい言葉をかけてあげればそれも立派《りっぱ》な布施《ふせ》です。

「あの人は今日《きょう》、何か顔色が悪いなあ、どこか悪いんじゃないかしら」と思ったら、何か一声《ひとこえ》かけてあげる。

具合《ぐあい》の悪そうな人を見たら、「病気なの」と言うのではなく、「お元気ですか、ご機嫌《きげん》いいですか？」っていうふうに訊《き》く。そうすると相手も、「ああ、自分のことを心配してくれている人がいる」と思って心が慰《なぐさ》められる。病気で落ち込《こ》んだ気持ちも、いくらかは軽くなるというものです。

心施《しんせ》は、何もしゃれたことを言う必要はありません。悩《なや》んでいる人、困《こま》っている人に声をかけて、その人たちの話を聞いてあげるだけで充分《じゅうぶん》なのです。

悩《なや》みを人に話せば、それだけでも楽になる。何も、その悩《なや》みを解決《かいけつ》してあげようなんて思わなくてもいい。聞くだけでもいい。それが心施《しんせ》です。

「この頃《ごろ》、いかがですか、お宅《たく》の嫁《よめ》さん、少しおとなしくなりましたか？」なんて言う。そうすると「まあ、聞いてください、うちの嫁《よめ》は」って、いくらでも愚痴《ぐち》をこぼしだすはず。

もちろん、あなたが聞いてあげたから、それで嫁姑《よめしゅうとめ》の問題が解決《かいけつ》するわけではありません。でも、それだけでもいいんです。

みんな話し相手が欲《ほ》しいんです。悩《なや》み事は外に吐《は》き出すだけでも楽になる。だから、話し相手、聞き役になってあげるだけでも布施《ふせ》になるのです。

ことにお年寄《としよ》りたちの話し相手になってあげましょう。お年寄《としよ》りは孤独《こどく》です。若《わか》い人は敬遠《けいえん》して近寄《ちかよ》ってこないし、同年代の友だちはみんな先に死んでしまっている。だから、お年寄《としよ》りの話し相手になること。これが一番の親切です。

顔施《がんせ》―微笑《ほほえみ》の贈《おく》り物

話し相手が欲《ほ》しい、誰《だれ》かに

今日から心施《しんせ》と顔施《がんせ》を始めてみませんか？

悩《なや》みや苦しみを聞いてほしいと思うのは、もちろんお年寄《としよ》りばかりではありません。世の中には悩《なや》みのない人はほとんどいません。幸せそうにしてはいても、何かしら心配事がある。あなた自身だって、その一人でしょう。

生きていれば、辛《つら》い、悲しいと思うことはいくらでもあります。自分がそうした悩《なや》みや苦しみを抱《かか》えているときには、他人に心施《しんせ》なんてできないかもしれないけれども、もし、気持ちに余裕《よゆう》があるときには、「自分と同じように悲しい人、辛《つら》い人はいっぱいいるんだ」と思ってください。そして、他人の悲しみや苦しみに対して、同情《どうじょう》してあげる。相手に優《やさ》しい言葉をかけ、話を聞いてあげる。それ以上のことは何も要《い》りません。それこそが最高《さいこう》のお布施《ふせ》です。

それと同時に大事なのは、自分は幸せなんだと感謝《かんしゃ》することですね。

「あの人は苦しいんじゃないか、悩《なや》んでいるんじゃないかな」と思えるということは、それだけ自分が幸せだということです。人の悩《なや》みを聞いて、「よかった、あの人ほど不幸《ふこう》じゃなくて」と思っていたらダメです。そうではなくて自分の幸福に感謝《かんしゃ》し、健康《けんこう》に感謝《かんしゃ》する。それも心施《しんせ》と同じくらい大事なことですね。

優《やさ》しい言葉や思いやりをあげるのもイヤだという人には、顔施《がんせ》という言葉があります。

これはもちろん、何も自分の首を斬《き》ってプレゼントする

ことではありません。誰でも一人一人顔を持っています。その顔でニッコリ笑《わら》ってあげるというのが顔施《がんせ》です。和顔《わがん》施《せ》とも言います。和《なご》やかな顔を施《ほどこ》すということです。

口下手《くちべた》な人だって、ニッコリ笑《わら》うくらいのことはできます。笑顔《えがお》を見《み》たら相手だって気分が少しは晴れるというものでしょう。これなら、どんなにケチな人だってやれますわね。

それに人間というのは、たいてい笑《わら》ったときの表情《ひょうじょう》が一番美しい。

本当の美女になれば、泣《な》いた顔が一番いいと言いますが、そういう人は例外《れいがい》。普通《ふつう》は泣いたら、どうしようもなくなる。でも、どんな不器量《ぶきりょう》な人だって、笑《わら》った顔には愛嬌《あいきょう》があります。

布施《ふせ》と言っても、何もむずかしく考える必要《ひつよう》はありません。

まずは、これから誰《だれ》に会っても、どんなにイヤな上司《じょうし》でも姑《しゅうとめ》でも、まずニッコリ微笑《ほほえ》むこと。そうすれば、相手との仲《なか》も多少はよくなるというものでしょう。

いい嘘《うそ》、悪い嘘《うそ》

六波羅蜜《ろくはらみつ》の二番目は「持《じ》戒《かい》」です。

持戒《じかい》、というのは戒《かい》を持《たも》つ、戒律《かいりつ》を保《たも》つということです。戒律《かいりつ》とは、何々してはいけないというルールです。

仏教の奥義《おうぎ》は「諸悪莫作《しょあくまくさ》、衆善奉行《しゅぜんぶぎょう》」です。この言葉は覚《おぼ》えていますね。悪いことをしない、いいことをする。これが持戒《じかい》の基本《きほん》です。

悪いことはしない、いいことをするというのは、どんなに教養《きょうよう》があっても、知恵《ちえ》があっても、なかなか実践《じっせん》できません。その証拠《しょうこ》が政治家《せいじか》です。政治家《せいじか》になるくらいなんですから、人より教養《きょうよう》も常識《じょうしき》もあるはずでしょう。選挙民《せんきょみん》を騙《だま》すくらいの弁舌《べんぜつ》だって持っている。知恵《ちえ》はあるはずなのに、悪いことを平気でしていますね。

政治家《せいじか》ばかりではありませんね。会社の社長、銀行《ぎんこう》の頭《とう》取《どり》と言われるような人だって、悪いことをして刑務所《けいむしょ》に入れられているのが今の世の中です。最近《さいきん》では、悪い人を捕《つか》まえる立場のお巡《まわ》りさんや警察《けいさつ》の人が悪いことをして世間を騒《さわ》がせています。そんなことをすれば刑務所《けいむしょ》に入れられると分かっているのに、手が後ろに回るようなことをしていますね。

人間というのは、分かっていても、悪いことをしてしまう生き物なんです。私たちだって、警察《けいさつ》に捕《つか》まるほどの悪いことをしていないだけのこと。悪いことはいっぱいしています。それでも悪いことをせずに、いいことをしなさいというのが持戒《じかい》です。

人を殺《ころ》すな、盗《ぬす》むな、嘘《うそ》をつくな……出家《しゅっけ》するときには、「戒《かい》を授《さず》ける」と言って、戒律《かいりつ》を守っていけるかを出家《しゅっけ》者《しゃ》に問《と》う儀式《ぎしき》が行なわれます。

殺《ころ》すなかれ、よく持《たも》つや否《いな》や——持《たも》つや否《いな》やとは、「お前は持戒《じかい》ができるか」ということです。「殺《ころ》すなかれ、よく持《たも》つや否《いな》や」と聞かれたら、出家者《しゅっけしゃ》は「よく持《たも》つ」と返事をする。

私も出家《しゅっけ》したときに、同じことをしましたが、「嘘《うそ》をつくなかれ、よく持《たも》つや否《いな》や」と聞かれたときばかりは、ちょっと返事に困《こま》った。小説《しょうせつ》は、嘘《うそ》をいかに本当らしく書くかというものです。嘘《うそ》をつくのが小説家《しょうせつか》という仕事です。で

●他人の悪口は楽しい。でも、我慢《がまん》我慢《がまん》

も、それを顔に出さずに「よく持《たも》つ」と答えました。

言《い》い訳《わけ》をするわけではありませんが、人間は嘘《うそ》をつかずに生きてはいけません。たとえば、癌《がん》の告知《こくち》などもそうでしょう。周《まわ》りはみんな癌《がん》だと知っているけれども、本人だけは知らない。みんな嘘《うそ》をついて病人を騙《だま》しているわけですね。これも厳密《げんみつ》に言えば、「嘘《うそ》をつくなかれ」という戒《かい》に反しているわけです。しかし、それでは正直に事実をそのまま伝《つた》えるのがいいかと言えば、かならずしもそうとは断言《だんげん》できない。

癌《がん》の告知《こくち》はなかなかむずかしい問題だけれども、相手を喜《よろこ》ばせる嘘《うそ》は許《ゆる》されると思います。

生まれたての赤ちゃんなんて、お猿《さる》みたいなものでしょう。お母さん、お父さんはかわいくてしょうがないけれども、だいたい生後１週間ぐらいまでの赤《あか》ん坊《ぼう》は他人から見れば、あまりかわいいものではありません。

でも、それを正直に言ってはいけない。「あなたに似《に》ていませんね」なんて絶対にダメ。「髪《かみ》が薄《うす》いわね」も「鼻が潰《つぶ》れている」もタブーです。どんな赤ちゃんであろうと、「あら、かわいい」というのが礼儀《れいぎ》ですね。

こうしたことも、厳密《げんみつ》に言えば嘘《うそ》になるでしょう。でも、それで相手が喜《よろこ》ぶんだったら、いいではありませんか。

おべんちゃらというのは、目的《もくてき》、魂胆《こんたん》があって言う嘘《うそ》ですから、よくないけれども、お世辞《せじ》は許《ゆる》されると思います。赤ちゃんを褒《ほ》めても、何がもらえるわけでもないし、お金が儲《もう》かるわけでもない。お世《せ》辞《じ》までをお釈迦《しやか》さまも禁止《きんし》なさっていないと思います。

褒《ほ》めようがない赤ちゃんだと思っても、とりあえずは「お元気そうねえ」とか、「耳が大きくて、福耳《ふくみみ》ねえ」と褒《ほ》めてあげる。よくよく見ていれば、褒《ほ》めるところの一つや二つぐらい見つかります。どうしても褒《ほ》めるところが見つからなければ、「かわいいわね」と言って頭を撫《な》でてあげる。

戒律《かいりつ》には、他人の悪口を言ってはいけないというのもあります。

だいたいにおいて、戒律《かいりつ》で禁《きん》じられていることは、やる

ととても楽しかったり、気持ちがよいと相場《そうば》が決まっています。これは悪口も同じこと。

他人の悪口を言いながら、食べる食事のおいしいことといったら、消化までよくなる気がいたします。よくないことだとは知っていても、いくつになっても他人の悪口はやめられません。これも事実ですね。

懺悔《さんげ》すれば、仏《ほとけ》さまは許《ゆる》してくださる

結局《けつきょく》のところ、お釈迦《しやか》さまは「戒律《かいりつ》を定めても、どうせ人間には守れまい」と思っておられたのではないでしょうか。どうせ守れるはずはないけれども、少しは努力《どりよく》してみなさい——それが戒律《かいりつ》の本質《ほんしつ》だと私は思います。

殺人《さつじん》は絶対《ぜつたい》にしてはいけないことだけれども、嘘《うそ》や悪口は禁止《きんし》したところで、なかなか止《や》められない。でも、なるべく控《ひか》えるようにしなさい。それが戒律《かいりつ》ですね。

そして、もし自分が戒律《かいりつ》に背《そむ》いたことをしたならば、そのときにはすぐに反省《はんせい》する。これが大事。「申《もう》し訳《わけ》ありません。私は戒律《かいりつ》を破《やぶ》ってしまいました」と仏《ほとけ》さまに謝《あやま》るのです。

そうすれば、仏《ほとけ》さまは許《ゆる》してくださいます。「お前たち人間はしかたがない。明日《あした》からは気をつけなさい」と言って、その罪《つみ》をすべて許《ゆる》してくださいます。

これを仏教では懺悔《さんげ》と言います。

キリスト教では「ざんげ」と読みますが、仏教では「さんげ」。仏《ほとけ》さまにお祈《いの》りするときに「私たちはいつも悪いことばかりをしております。中には気が付《つ》かずに悪いことをしている場合もありますが、どうか許《ゆる》してください」と懺《さん》悔《げ》すればいい。そうしたら、仏《ほとけ》さまは許《ゆる》してくださる。

でも、私たちは凡夫《ぼんぷ》、おバカちゃんだから、その反省《はんせい》は長持ちしない。明日《あした》になったら忘《わす》れてまた同じことをする。

でも、死ぬまでバカなことをするのも人間ですが、それを反省《はんせい》できるのも人間だからです。

動物は殺生《せつしよう》をしようと平気です。シマウマを殺《ころ》したからといって、ライオンは反省《はんせい》しません。魚を捕《と》ったからといって、猫《ねこ》が後悔《こうかい》したりはしない。人間はおろかなこともする。でも反省《はんせい》できるところが動物とは違《ちが》うのです。

なぜ、耐《た》えることが大事なのか

六波羅蜜《ろくはらみつ》の三番目は「忍《にん》辱《にく》」です。忍辱《にんにく》とは辛抱《しんぼう》するという意味、ガーリックのニンニクではありません。

人生には、いいときもあれば悪いときもある。ずっと幸せということはない。たとえ自分は健康《けんこう》でも、家族が病気になったり、怪我《けが》をしたりすることだってあります。また仕事だって、順調《じゆんちよう》に行っているときもあれば、うまく行かないときもある。人生には浮《う》き沈《しず》みが付《つ》き物です。

その沈《しず》んだ時期に、自暴自《じぼうじ》棄《き》にならずにじっと我慢《がまん》しなさい、耐《た》えなさいというのが忍辱《にんにく》です。

私のところに相談に来られる人の中には、嫁姑《よめしゆうとめ》問題で悩《なや》んでいる人も少なくありません。だいたい嫁《よめ》と姑《しゆうとめ》は赤の他人なんですから、最初《さいしよ》からうまくいくはずがありません。中には最初《さいしよ》から仲《なか》がいいという人もあるかもしれない。でも、それは例外《れいがい》です。

嫁《よめ》と姑《しゆうとめ》の仲《なか》がうまくないと

人生は一生、努力《どりょく》。ダメだと思って諦《あきら》めちゃいけない

きには、これは忍辱《にんにく》、つまり辛抱《しんぼう》しかありません。お互《たが》いがぐっと我慢《がまん》する。すぐにそれで好転《こうてん》するわけではありませんが、我慢《がまん》、辛抱《しんぼう》を続《つづ》けていたら、そのうちに丸く収《おさ》まるものです。丸く収《おさ》まらなくても、我慢《がまん》していればどっちかが先に死ぬというもの。とにかく短気を起こしたら、ろくなことはありません。

　夫婦《ふうふ》だって忍辱《にんにく》が大事です。亭主《ていしゅ》は亭主《ていしゅ》で「畳《たたみ》と何とやらは新しいほうがいい」と思っているし、女房《にょうぼう》は女房《にょうぼう》で「毎《まい》晩毎晩《ばんまいばん》、遅《おそ》く帰ってきやがって」と思っている。亭主《ていしゅ》が定《てい》年退職《ねんたいしょく》して、朝帰りがなくなったのはいいけれども、毎日毎日家にいると目ざわりでもっと腹《はら》が立つ。

　でも、それを口に出してはダメです。ぐっと我慢《がまん》する。忍辱《にんにく》です。短気を起こして、新しい夫《おっと》を捜《さが》そうと思っても、いい男なんかにめったに会えるものではない。

　だいたい、冷静《れいせい》に考えたら分かるでしょう。そのろくでもない夫《おっと》をわざわざ選《えら》んで結《けっ》婚《こん》したのは、あなた自身。あなたもその程度《ていど》の女だということ。今の夫《おっと》を捨《す》てたところで、もっといい男が見つかる保証《ほしょう》など、どこにもありません。自分の足元《あしもと》をしっかり見なさい——これもお釈迦《しゃか》さまの大事な教えの一つです。

仏《ほとけ》さまの功徳《くどく》とは

　さて六波羅蜜《ろくはらみつ》の四番目は精《しょう》進《じん》。精進《しょうじん》とは努力《どりょく》することですね。

　これは、あらためて言うまでのことはありません。

　なぜなら、皆《みな》さんは、それぞれに生活の中で努力《どりょく》、精進《しょうじん》しておられるから。仕事がもっと上手《じょうず》にこなせるようにとか、お料理《りょうり》がもっと上手《じょうず》に作れるようにとか、そうして精《しょう》進《じん》を続《つづ》けてきたから今がある。

　精進《しょうじん》しても、なかなか仕事がうまくいかないし、料理《りょうり》もできないと悩《なや》んでいる人もあるでしょう。しかし、人間はそういうものなんです。一所《いっしょ》懸命努力《けんめいどりょく》して、ようやくお米が上手《じょうず》に炊《た》けるようになったなあと思うころには、みんな死んでしまう。われながら、いい仕事ができたなあと思ったころには定年《ていねん》なんです。でも、だからといって精進《しょうじん》を怠《おこた》っていてはダメです。精進《しょうじん》を続《つづ》けることは、彼岸《ひがん》行きのチケットを手に入れるためには大事なことです。

「禅定《ぜんじょう》」は、心を静《しず》めるということです。

　誰《だれ》の心の中にも、恨《うら》みつらみが燃《も》えています。今さら恨《うら》んでも始まらないのに「どうして、こんな会社に入ったのだろう」とか「どうして、こんな男と結婚《けっこん》したのだろう」とか、いろいろ腹《はら》が立つことがある。自分が不幸《ふこう》でなくても、隣《となり》の家が大きな車を買ったので悔《くや》しいと思ったりもする。

　そうしたもやもやした気持ち、むらむらする怒《いか》りを静《しず》めるのが禅定《ぜんじょう》です。それにはお経《きょう》を読んでもいいし、写経《しゃきょう》をしてもいい。あるいは座禅《ざぜん》を組む。あるいはお寺にお参《まい》りして、仏《ほとけ》さまを拝《おが》むというのでもかまいません。

　よく「仏《ほとけ》さまを拝《おが》んだら、本当に功徳《くどく》があるんですか」とか「巡礼《じゅんれい》をしたら、功徳《くどく》があるのか」と聞かれます。私は、仏《ほとけ》さまを拝《おが》んだら、病人が治《なお》ったというような分かりやすい功徳《くどく》なんてないと思っています。

　信仰《しんこう》というのは、そうした物々交換《ぶつぶつこうかん》のようなものではありません。1000円お布施《ふせ》をしたら、1000円分の功徳《くどく》が

あるなんてことはないのです。１万巻《まんかん》の写経《しやきよう》をすれば癌《がん》が治《なお》るなんて、そんな都合《つごう》のいい話もありません。

でも、写経《しやきよう》をしたり、仏《ほとけ》さまに祈《いの》れば、間違《まちが》いなく心が静《しず》まります。怒《いか》りが収《おさ》まったり、煩悩《ぼんのう》の炎《ほのお》がちょっとだけでも静《しず》かになる。それが功徳《くどく》です。だから、彼岸《ひがん》に行こうと思えば、禅定《ぜんじよう》をしっかりおやりなさいということです。

智慧《ちえ》――仏《ほとけ》さまのプレゼント

六波羅蜜《ろくはらみつ》の最後は「**智慧**《ちえ》」。これは他の五つとは少し違《ちが》います。というのは、六波羅蜜《ろくはらみつ》の布施《ふせ》、持戒《じかい》、忍辱《にんにく》、精進《しようじん》、禅定《ぜんじよう》を行ない、５枚のチケットが手に入れば、最後《さいご》の１枚がおまけとして、お釈迦《しやか》さまからいただけます。それが智慧《ちえ》のチケットです。言うなれば、付録《ふろく》、おまけプレゼントです。

智慧《ちえ》とは、正しい判断力《はんだんりよく》ということ。今、自分が何をすればいいか、相手に何をしてあげればいいのか、そうしたことを適切《てきせつ》に考える力ということです。布施《ふせ》、持戒《じかい》、忍辱《にんにく》、精進《しようじん》、禅定《ぜんじよう》をつねに心がけていれば、自然《しぜん》に智慧《ちえ》が身に付《つ》くというわけです。

さっき、写経《しやきよう》をしたり、仏《ほとけ》さまに祈《いの》れば、心が静《しず》まると言いましたね。心が静《しず》まれば、正しい判断《はんだん》ができるようになります。これが智慧《ちえ》です。

さあ、これで６枚のチケットが揃《そろ》ったからいつでも彼岸《ひがん》に渡《わた》れます。

似《に》ているようですが、智慧《ちえ》と知識《ちしき》は違います。１＋１＝２ということを覚《おぼ》えるのが知識《ちしき》。アルファベットを覚《おぼ》えるのも知識《ちしき》です。智慧《ちえ》は、生きていく上で、色々な立場に立って、どうすればいいのかを判断《はんだん》する能力《のうりよく》のことです。今の学校では知識《ちしき》ばかり教えて、智慧《ちえ》を教えなくなったから教育が荒廃《こうはい》してしまったのです。

６枚のチケットを手に入れようと六波羅蜜《ろくはらみつ》の行《ぎよう》をつむことによって、知らず知らずのうちに私たちは、この世で人間らしい、正しい生き方をしていることになるのです。

著者《ちよしや》手《て》彫《ぼ》りの仏

何《なに》コレ？
夢《ゆめ》？
一体《いったい》わたしの身《み》の上《うえ》に何《なに》が起《お》こったんだろう
まる子
はまじ

GLOBAL BUDDHISM STANDARD

五《ごしょう》

人生はけっして思いどおりにはいきません。一《いっ》所懸命《しょけんめい》努《ど》力《りょく》をしても、失敗《しっぱい》する。あるいは順調《じゅんちょう》に行っていたはずなのに、突然《とつぜん》、不幸《ふこう》が襲《おそ》ってくる——そんな苦難《くなん》に出会ったとき、私たちはつい神仏《しんぶつ》の助けを求《もと》めたくなるものです。そこで、この章では「祈《いの》り」について考えてみたいと思います。祈《いの》れば、はたして救《すく》われるのでしょうか？

祈る心 信じる心

スクープ
まる子と はまじ ねっあい!!
きのう まる子が はまじへ、プロポーズ しているのを ブーたろうが もくげきした。
見たら次のへ
まる子とはまじ
たまちゃん このまま ムードに流《なが》されて 本当《ほんとう》に はまじと 結婚《けっこん》する事《こと》に なったら どうしよう
まるちゃん…… そんなこと くらいで 流《なが》されて結婚《けっこん》する ようなら あんたも まんざらじゃあ ないのよ
その通《とお》り

七福神◉七福神《しちふくじん》とは、えびす、大黒天《だいこくてん》、毘沙門天《びしゃもんてん》、弁財天《べんざいてん》、福禄寿《ふくろくじゅ》、寿老人《じゅろうじん》、布袋《ほてい》のこと。インド、中国《ちゅうごく》、日本のさまざまな神々を取り合わせた日本独特《どくとく》の組み合わせで、その信仰《しんこう》は室町《むろまち》時代にさかのぼる。

◉仏さまには性別《せいべつ》がありません

観音《かんのん》さまとお地蔵《じぞう》さま

宗教《しゅうきょう》の話をする場合、よく仏教とキリスト教が比較《ひかく》されます。

宗教《しゅうきょう》は何も仏教とキリスト教だけではありませんが、東の仏教、西のキリスト教といった形で並《なら》べやすいし、またともに世界中に信者《しんじゃ》がいます。そうしたことで、この二つの宗教《しゅうきょう》はよく対比《たいひ》されます。

言うまでもないことだけれども、この二つの宗教《しゅうきょう》には共《きょう》通点《つうてん》もあれば、まったく違《ちが》う点もあります。

共通《きょうつう》しているところで言えば、仏教は前にお話ししたように、渇愛《かつあい》から脱却《だっきゃく》して慈悲《じひ》に行きなさいと教えます。「私が、私が」という自分勝手な愛《あい》、お返しを求める愛《あい》ではなくて、どんどん他人に分け与《あた》える愛《あい》を持ちなさいということですが、それと同じことをキリスト教でも教えます。

キリスト教では男女の肉欲《にくよく》をエロス、神の愛《あい》をアガペと言います。このアガペは仏教でいう慈悲《じひ》とほぼ同じです。どんどん惜《お》しみなく与《あた》える愛《あい》。

これに対して、仏教とキリスト教でまったく異《こと》なるのは、キリスト教では神はゴッドだけなのに、仏教では仏《ほとけ》さまがいっぱいおられるという点です。一神教《いっしんきょう》と多神教《たしんきょう》の違《ちが》いです。

釈迦如来《しゃかにょらい》、阿弥陀如来《あみだにょらい》、薬《やく》師如来《しにょらい》、観世音菩薩《かんぜおんぼさつ》、弥勒菩《みろくぼ》薩《さつ》、地蔵菩薩《じぞうぼさつ》、不動明王《ふどうみょうおう》……七福神《しちふくじん》の弁財天《べんざいてん》、毘沙門天《びしゃもんてん》、大黒天《だいこくてん》も仏《ほとけ》さまですね。仏教ではたくさんの仏《ほとけ》さまや菩薩《ぼさつ》を信仰《しんこう》します。これらの仏《ほとけ》さまは、すべてインド生まれで、中国《ちゅうごく》や朝鮮《ちょうせん》半島を経《へ》て日本に渡《わた》って来られました。「三千諸仏《しょぶつ》」という言い方があるくらい、仏《ほとけ》さまにはいろんな種《しゅ》類《るい》があります。

こうした仏《ほとけ》さまの中で、最《もっと》も庶民《しょみん》に親しまれているといえば、何と言っても観音《かんのん》さまと地蔵《じぞう》さまでしょう。東京《とうきょう》で言えば浅草寺《せんそうじ》のご本尊《ほんぞん》は観音《かんのん》さま、「おばあちゃんの原宿《はらじゅく》」と言われる巣鴨《すがも》にはとげ抜《ぬ》き地蔵《じぞう》があって信仰《しんこう》を集めているのは、みなさんもよくご存《ぞん》じでしょう。

お地蔵《じぞう》さまと観音《かんのん》さまは、ともにお姿《すがた》が特徴的《とくちょうてき》です。

頭を丸めたお地蔵《じぞう》さまは、どちらかと言えば男性的《だんせいてき》。三頭身《とうしん》、四頭身《とうしん》の、かわいらしい体型《たいけい》のお地蔵《じぞう》さまも少なくありません。これに対して、観音《かんのん》さまは、ひじょうにアダルトな雰囲気《ふんいき》です。美しく髪《かみ》を結《ゆ》い、冠《かんむり》やネックレスといったアクセサリーを身にまとい、シースルーの下のボディはとても肉感的《にくかんてき》。美女を指《さ》して「観音《かんのん》さまのようだ」という言い方があるくらい、観音《かんのん》さまは美しい存在《そんざい》です。ローマ神話のビーナスを連想する人もあるでしょう。

でも、本当は仏《ほとけ》さまには性《せい》別《べつ》がありません。仏《ほとけ》さまはみな中性《ちゅうせい》。肉欲《にくよく》を超越《ちょうえつ》した存在《そんざい》だから、性《せい》がないのでしょう。

だから、よくよくお姿《すがた》を見れば、観音《かんのん》さまの仏像《ぶつぞう》は身体《からだ》はいかにも女性的《じょせいてき》なのに、鼻の下に八の字ヒゲをたくわえているものもあります。これは仏像《ぶつぞう》を作った人が、女性《じょせい》でもなく男性《だんせい》でもない仏《ほとけ》を象徴《しょうちょう》的《てき》に表わそうと考えたからでしょう。

また、あんまりセクシーに作りすぎると、よからぬ想像《そうぞう》をする人が出ると心配して、あえてヒゲを付《つ》けたとも考えられます。

お寺に来て、仏《ほとけ》さまを拝《おが》んでそんな不謹慎《ふきんしん》なことを考える人があるのかしら、と思うかもしれませんが、実際《じっさい》にそ

観音《かんのん》さまの持っているハスの花は母性《ぼせい》の象徴《しょうちょう》

ういう男がいたんですね。『日本霊異記《にほんりょういき》』や『今昔物語《こんじゃくものがたり》』といった本を読むと、そうした話が載《の》っています。今のようにポルノ情報《じょうほう》が氾濫《はんらん》していない時代ですから、そんなことがあっても不思議《ふしぎ》ではありません。

なぜ、観音《かんのん》さまは人気ナンバー・ワンなのか

仏《ほとけ》さまにはセックスはなく、みな中性《ちゅうせい》なのですが、そうは言っても、やはり観音《かんのん》さまは女性的《じょせいてき》です。どう見ても女性《じょせい》にしか見えません。

実際《じっさい》、観音《かんのん》さまはつねに蓮《れん》華《げ》、つまりハスの花の蕾《つぼみ》や水《みず》瓶《がめ》を持っておられますが、これは両方とも女性《じょせい》のシンボル、つまり母胎《ぼたい》や子宮《しきゅう》の象徴《しょうちょう》です。観音《かんのん》さまは母性《ぼせい》の象徴《しょうちょう》と言ってもいいでしょう。

私たちはみんなお母さんのお腹《なか》から生まれました。将来《しょうらい》、医学が進めばお父さんのお腹《なか》から生まれる人も出てくるかもしれませんが、今のところは違《ちが》います。

誰《だれ》もが観音《かんのん》さまに惹《ひ》かれるのは、観音《かんのん》さまが母性《ぼせい》の象徴《しょうちょう》だからでしょう。お母さんは特別《とくべつ》の存在《そんざい》です。いくつになっても、お母さんに甘《あま》えたいという気持ちはどこかに残《のこ》っています。

特《とく》に男性《だんせい》はそうですね。自分の奥《おく》さんや恋人《こいびと》に対しても、どこか母親的《ははおやてき》なものを求《もと》めています。恋愛中《れんあいちゅう》はしっかりした人だと思っていたのに、結《けっ》婚《こん》したら急に甘《あま》えん坊《ぼう》になって、まとわりついてくる男がいるでしょう。

若《わか》いときばかりじゃありません。定年退職《ていねんたいしょく》した夫《おっと》が、いい年をして女房《にょうぼう》に一日中まとわりついて困《こま》るという話もよく聞きます。「私はあなたの奥《おく》さんであって、お母さんじゃないわよ」と妻《つま》は言いたくなるのだけれども、やっぱりお母さんになってほしいと男は思うようです。

日本に仏教が入ってきたとき、観音《かんのん》さまに対する信仰《しんこう》が広まったというのも、結局《けっきょく》はそれが大きかったからでしょう。

観音《かんのん》さまは母そのものですから、仏教の教えはよく分からなくても、ありがたい感じがする。心が惹《ひ》かれる。だから、あちこちに観音《かんのん》さまをお祀《まつ》りするお寺ができて、そこにたくさんの信者《しんじゃ》が集まったのではないでしょうか。

菩薩《ぼさつ》が坐《すわ》らない理由とは

私は昭和《しょうわ》48年に出家《しゅつけ》し、京《きょう》都《と》に寂庵《じゃくあん》を結《むす》びましたが、そのとき私が持仏《じぶつ》としたのが、観音《かんのん》さまです。寂庵《じゃくあん》のご本尊《ほんぞん》は観音《かんのん》さまです。その後、私は岩手《いわて》県浄法寺《じょうぼうじ》町の天台寺住《てんだいじじゅう》職《しょく》になったのですが、この天《てん》台寺《だいじ》のご本尊《ほんぞん》も観音《かんのん》さまでした。

観音《かんのん》さまと一口に言っても、いろいろ種類《しゅるい》があるのですが、寂庵《じゃくあん》も天台寺《てんだいじ》も聖観音《しょうかんのん》をお祀《まつ》りしています。

聖観音《しょうかんのん》というのは、もっともポピュラーな観音《かんのん》です。左手にハスの花、蓮華《れんげ》を持っておられます。この他、観音像《かんのんぞう》に十一面観音《めんかんのん》、千手観音《せんじゅかんのん》、馬《ば》頭観音《とうかんのん》などの種類《しゅるい》があります。これらの名前をみなさんもお聞きになったことがあるでしょう。

なぜ、三千諸仏《しょぶつ》の中で私が観音《かんのん》さまを持仏《じぶつ》にしたのかといえば、それには理由があります。

昭和《しょうわ》40年、43歳《さい》のとき、私は『かの子撩乱《りょうらん》』という小説《しょうせつ》を書きました。これは岡本《おかもと》かの子という女性《じょせい》の伝記物語です。

日本霊異記◉平安初期《へいあんしょき》に作られた仏教説話集《せつわしゅう》。薬師寺《やくしじ》の僧《そう》・景戒《けいかい》の著《ちょ》。漢文《かんぶん》で書かれた日本最古《さいこ》の仏教説話集《せつわしゅう》である。

今昔物語◉平安《へいあん》時代末期《まつき》に作られた最大の説話集《せつわしゅう》。作者は諸説《しょせつ》ある。芥川龍之介《あくたがわりゅうのすけ》の『芋粥《いもがゆ》』など、短編小説《たんぺんしょうせつ》の題材《だいざい》として、さまざまな小説家《しょうせつか》によって取りあげられてきたことでも有名。

持仏◉「念持仏《ねんじぶつ》」の略《りゃく》。身近に安置《あんち》して、つねに礼拝《らいはい》する仏像《ぶつぞう》のこと。

次ページ・昭和63年、学長を務《つと》めていた敦賀《つるが》女子短大の入学式▶

昭和63
入学式

観音《かんのん》さまのフルネームは「観世音菩薩《かんぜおんぼさつ》」

かの子は先年亡《な》くなった画家・彫刻家《ちょうこくか》の岡本太郎《おかもとたろう》さんのお母さんですが、すぐれた歌《か》人《じん》で仏教研究家でした。晩年《ばんねん》には、素晴《すば》らしい小説《しょうせつ》も書いています。彼女《かのじょ》の夫《おっと》は近代漫《まん》画《が》の元祖《がんそ》と言われる岡本一平《おかもといっぺい》で、2人は熱烈《ねつれつ》な恋愛《れんあい》の末《すえ》に結婚《けっこん》しました。しかし、その人生はけっして順風満帆《じゅんぷうまんぱん》ではありませんでした。はたして彼女《かのじょ》の人生にどんなドラマがあったか——それを語りだしたらきりがありませんから、私の小説《しょうせつ》をどうぞお読みください。

私が観音《かんのん》さまを持仏《じぶつ》にしようと決めたのは、この岡本《おかもと》かの子も観音《かんのん》さまを信仰《しんこう》していたからです。

岡本かの子

といっても、最初《さいしょ》から私が観音《かんのん》さまを信心《しんじん》していたかといえば、そうではありません。むしろ、観音《かんのん》さまってよく分からないという感じのほうが強かった。

けれども、あの岡本《おかもと》かの子が信《しん》じたのだから、きっと観《かん》音《のん》さまはありがたい仏《ほとけ》さまなのだろう。それをもっと理解《りかい》したいと思って、あえて観音《かんのん》さまを選《えら》んだのです。

観音《かんのん》さまというのは、正式《せいしき》には「観世音菩薩《かんぜおんぼさつ》」と言います。先ほど話に出たお地蔵《じぞう》も、本名は地蔵菩薩《じぞうぼさつ》。菩薩《ぼさつ》というのは、如来《にょらい》と衆生《しゅじょう》の間に位置《いち》する仏《ほとけ》です。

如来《にょらい》の話は、前にもいたしましたね。

仏《ほとけ》の中でも最《もっと》も格《かく》が高いのが如来《にょらい》です。如来《にょらい》には釈迦如《しゃかにょ》来《らい》、阿弥陀如来《あみだにょらい》、薬師如来《やくしにょらい》などがありますが、人間はどう頑張《がんば》っても如来《にょらい》にはなれません。では、なぜお釈迦《しゃか》さまだけは如来《にょらい》になれたのかといえば、もともとお釈迦《しゃか》さまは仏《ほとけ》であったのが、私たちを救《すく》うために人間の姿《すがた》をして現《あら》われたのだとされています。だから、お釈迦《しゃか》さまだけは如来《にょらい》なのです。

それでは、私たち人間が修《しゅ》

右ページ・天台寺《てんだいじ》の本尊《ほんぞん》「聖観音立像《しょうかんのんりゅうぞう》」＝国指定重要文化財▶

与謝野晶子◉明治《めいじ》・大正期《たいしょうき》の女流歌人。1901年、処女歌集《しょじょかしゅう》『みだれ髪《がみ》』を出して世間の注目を集める。その翌年《よくねん》、歌人・与謝野鉄幹《よさのてつかん》と結婚《けっこん》。日露戦争《にちろせんそう》時には「君死《きみし》にたもうことなかれ」を発表、大きな反響《はんきょう》を呼《よ》んだ。女性《じょせい》運動、社会批判《ひはん》などでも活躍《かつやく》した。

行《ぎょう》をして悟《さと》りを開いたとしたら、何の仏《ほとけ》になるのか。それが菩薩《ぼさつ》なのです。

菩薩《ぼさつ》には大きく分けて二とおりあります。

一つは人間が修行《しゅぎょう》して菩薩《ぼさつ》になるという場合、もう一つは如来《にょらい》が菩薩《ぼさつ》の姿《すがた》になって私たちの目の前に現《あら》われるという場合です。如来《にょらい》の姿《すがた》のままでは、あまりにも威厳《いげん》がありすぎるので、人間の形になって現《あら》われるというわけです。

菩薩像《ぼさつぞう》といえば、たいてい立った姿《すがた》であるというのは、そのことと関係《かんけい》があります。菩薩《ぼさつ》は他の仏《ほとけ》さまのように横になったり、坐《すわ》ったりすることはありません。人間が困《こま》ったときにいつでも救《すく》いに行けるよう、文字どおり「スタンド・バイ」しているわけです。

観音《かんのん》さまはスーパー・ヒーロー？

さて、この観音《かんのん》さまのことを詳《くわ》しく記《しる》したお経《きょう》が『観音経《かんのんきょう》』です。

『観音経《かんのんきょう》』は、『法華経《ほけきょう》』というお経《きょう》の中の一部分です。『法華経《ほけきょう》』は天台宗《てんだいしゅう》や日蓮宗《にちれんしゅう》の根本経典《こんぽんきょうてん》ですが、その中に観音《かんのん》さまのことを記《しる》した一節《せつ》があって、それを『観音経《かんのんきょう》』と呼《よ》んでいるのです。

その『観音経《かんのんきょう》』の中には、観音《かんのん》さまがいかにありがたい仏《ほとけ》さまであるかが「これでもか、これでもか」と思うぐらい書かれています。

観音《かんのん》さまは人間が困《こま》っているときに助けてくださる仏《ほとけ》なのですが、その活躍《かつやく》たるや、まるでスーパーマンのようです。このお経《きょう》の冒頭《ぼうとう》をちょっと紹介《しょうかい》すれば、こんな感じです。

……観音《かんのん》さまのお名前を唱《とな》えれば、たとえ大火や大水に出会っても、焼《や》かれもしないし、溺《おぼ》れもしない。

……観音《かんのん》さまのお名前を唱《とな》えれば、もし刀で斬《き》り殺《ころ》されそうになっても、相手の刀が壊《こわ》れて、危機《きき》を脱《だつ》することができる。

……観音《かんのん》さまのお名前を唱《とな》えれば、たとえ大海で暴風雨《ぼうふうう》が起こって、恐《おそ》ろしい鬼《おに》の国に船が流れ着いたとしても、ただちに救《すく》いだしてくださる。

まるで漫画《まんが》やアニメのようでしょう。観音《かんのん》さまを信《しん》じ、その名を唱《とな》えれば、たちまち観音《かんのん》さまが現《あら》われて、あらゆる災難《さいなん》から逃《のが》れることができるというのです。

しかも観音《かんのん》さまは三十三化《け》身《しん》といって、どんな姿《すがた》にでもなれる。あるときは僧侶《そうりょ》、あるときは武士《ぶし》になり、またあるときには龍《りゅう》になる……昔、そんなヒーローものをテレビでやっていました。

これをそっくりそのまま信《しん》じろと言われても、どうもね。そんなに霊験《れいげん》あらたかならば、この世の中に飛行機事故《ひこうきじこ》など起こらないと思ってしまうの

が、普通《ふつう》でしょう。

観音《かんのん》を信仰《しんこう》していた岡本《おかもと》かの子は10代のころから和歌《わか》を詠《よ》んでいて、与謝野晶子《よさのあきこ》の弟子《でし》になったくらいの人です。のちに仏教に目覚《めざ》めてからは、猛烈《もうれつ》に仏教研究を行なって、日本一の女性《じょせい》研究者になりました。

頭で理解《りかい》しようとしていたら、信仰《しんこう》は分からない

それほどの人が、どうしてこんな子どもだましのようなお経《きょう》をありがたがるのだろうと、かつての私も思ったのです。

かの子は『観音経《かんのんきょう》を語る』という立派《りっぱ》な本を書いていますが、それを読んでもちっともありがたくない。あの岡本《おかもと》かの子が信《しん》じた観音《かんのん》さまだから、きっと何かがあるのだろうとは思って、小説《しょうせつ》を書いたときに仏教の勉強をしたのですが、当時の私にはとうとう理解《りかい》できませんでした。

信仰《しんこう》は〝体得《たいとく》〟するもの

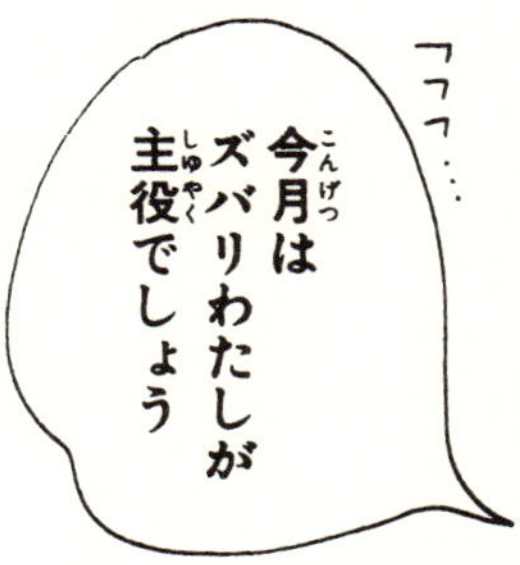

ところが、そんな気持ちが出家《しゅっけ》してから、がらっと変《か》わりました。ああ、本当に観音《かんのん》さまはおられるんだ、私たちを守ってくださるんだと素直《すなお》に思えるようになった。

それはなぜかと言うと……これが、実《じつ》はなかなか説明《せつめい》するのが大変《たいへん》です。「観音《かんのん》さまはおられる」としか言いようがないんですね。ここが信仰《しんこう》のやっかいなところです。

おそらくみなさんは、私が観音《かんのん》さまを信《しん》じていると言うと、きっとかつての私が岡本《おかもと》かの子に感じたのと同じように思うでしょう。

「どうして瀬戸内寂聴《せとうちじゃくちょう》は、あんな馬鹿《ばか》げた話を信《しん》じているんだろう？」なんて。

私が出家《しゅっけ》してようやく分かったのは、信仰《しんこう》は、頭でするものじゃないということでした。理屈《りくつ》に合っているとか、証拠《しょうこ》があるから信《しん》じるというのではない。身体《からだ》で感じるものなんです。理屈《りくつ》で分かったから信《しん》じられるというものではありません。

体得《たいとく》という言葉がありますが、信仰《しんこう》も体得《たいとく》するものです。言葉とか理屈《りくつ》で、つまり頭で理解《りかい》しようとしているかぎり、信仰《しんこう》とは言えません。かつての私が、岡本《おかもと》かの子の信仰《しんこう》が分からなかったのも、頭で理《り》解《かい》しようとしていたからなのです。

観音《かんのん》さまにしても同じです。観音《かんのん》さまがおられるのかどうかは、理屈《りくつ》では説明《せつめい》できません。でも、「おられるんだ」と身体《からだ》で感じられたから、私は信《しん》じているわけです。だから、言葉で説明《せつめい》しろと言われても、できません。

でも、そんなことを言っていたら話になりません。これで講義終了《こうぎしゅうりょう》になってしまいます。

だから、少しでもそのときの私の気分が分かってもらえ

るように、そのころのことを書いてみましょう。

前に書いたことと重《かさ》なりますが、私は昭和《しょうわ》48年11月14日に出家《しゅっけ》したわけですが、それまでの二十数年間を小説家《しょうせつか》として過《す》ごしてきました。

20年も小説《しょうせつ》を書いてきたわけですから、プロとして小説《しょうせつ》を書く技術《ぎじゅつ》、読者に喜《よろこ》んで読んでもらう小説《しょうせつ》を書く技術《ぎじゅつ》は身につけていました。書きたい題材《だいざい》もいろいろ持っていましたから、そのまま小説家《しょうせつか》を続《つづ》けていくことには何の問題もありませんでした。

「書けなくなったから尼《あま》さんになったんだろう」なんて言われましたが、そんなことはまったくなかったのです。

ところが、ある日を境《さかい》にちっとも小説《しょうせつ》を書くのが楽しくなくなってしまいました。むなしさを感じるようになったんです。

これはどうしたことだろう、と思いました。

むなしかろうが、楽しくなかろうが、それまでのように小説《しょうせつ》を書くことはできます。読者に満足《まんぞく》してもらうだけのテクニックを持っているわけですから、そのテクニックを使って、自分が前から書きたいと思っていたテーマで小説《しょうせつ》を書き続《つづ》けることはできます。また、それなりに読者も喜《よろこ》んでくれるかもしれません。

でも、自分が小説《しょうせつ》を書き始めたころはそうじゃなかった。小説《しょうせつ》を書くこと自体が喜《よろこ》びでしたし、自分が書いた小説《しょうせつ》を読者が喜《よろこ》んで読んでくれるのが楽しみだった。だからこそ、小説《しょうせつ》を書くことを最優先《さいゆうせん》して、家族を捨《す》てる決意もした。いい小説《しょうせつ》をいっぱい書いて、読者に読んでもらえることが自分の幸福だと思って20年以上経《た》ったら、その小説《しょうせつ》がちっとも楽しくなくなった。

じゃあ、小説《しょうせつ》を書くのを止《や》めればいいか。たしかに小説《しょうせつ》を書かなくても、食べていけるだけのものは持っています。すでに書いた小説《しょうせつ》も毎年、版《はん》を重《かさ》ねていますから、その印《いん》税《ぜい》もあります。名前も売れていましたから、小説《しょうせつ》を書かなくてもそれなりに忙《いそが》しく過《す》ごせたかもしれません。

でも、それでは何のための人生だったんだろう、ということです。

小説《しょうせつ》を書くのが自分の幸せだと思って過《す》ごしてきたのに、20年経《た》ったら書くことに喜《よろこ》びが湧《わ》かなくなったのでは、何のための人生だったのかということになります。

なぜ、人は神仏《しんぶつ》を信《しん》ずるのか

結局《けつきょく》、人生というのは、努《ど》力《りょく》とか計算だけではないんです。理屈《りくつ》ではないんです。私の場合でいえば、一所懸命《いつしよけんめい》、小説《しょうせつ》を書くことが幸福なんだと自分では思ってきたけれども、そうならなかった。どこかが違《ちが》ってきた。

でも、これは何も私にかぎった話ではありませんね。

たとえば商売をしていて、それまでは順調《じゅんちょう》に行ってお金も儲《もう》かっていたのに、いつの間にか下向きになっている。今までと同じように工夫《くふう》し、夜遅《よるおそ》くまで働《はたら》いているのに、商売がうまくいかない。理由を考えても、よく分からない。そういうことは、よくあります。

また恋愛《れんあい》でも、自分は前と変《か》わらないつもりなのに、相手の心がどんどん離《はな》れていって、別《べつ》の人のところに行ってしまう。そこで自分としては出来《でき》るかぎりの心遣《こころづか》いをするのだけれども、どうにもならない。

勉強もそうですね。毎日毎日、遅《おそ》くまで勉強して、模擬《もぎ》試験《しけん》でいい成績《せいせき》を取っていたのに、いざ本番となったら、どういうわけか問題が解《と》けなくて落ちてしまう。そんな話はけっして珍《めずら》しくありません。

これが仏教で言う「無常《むじょう》」です。

人間がいかに努力《どりょく》をしても、この世の中はつねに移《うつ》り動く。けっして同じではない。昨日《きのう》まではうまく行っていたことが、今日《きょう》になると突然《とつぜん》悪くなってしまう。どんなに頑張《がんば》ったところで、今日《きょう》が昨日《きのう》の続《つづ》きになることはないし、明日《あした》が今日《きょう》の続《つづ》きになることはない。それが無常《むじょう》です。

人間の命だって同じです。高い健康食品《けんこうしょくひん》を食べて、毎日、名医に診《み》てもらって健康《けんこう》に気をつけていても事故《じこ》で死ぬかもしれません。夜、寝《ね》ていたら、突然《とつぜん》、天井《てんじょう》を突《つ》き破《やぶ》って隕石《いんせき》が落ちてきて、それの下《した》敷《じ》きになって死ぬかもしれない。

これは笑《わら》いごとではありません。そんな話が毎日、新聞にいっぱい載《の》っているでしょう。「通《とお》り魔《ま》に刺《さ》されて殺《ころ》されたなんて、気《き》の毒《どく》になあ」と新聞を読んで思っても、まさか自分がそうなるとは思っていないでしょう。

でも、明日《あした》になったら、もうあなたは新聞が読める身体《からだ》でなくなっているかもしれない。「不幸《ふこう》な犠牲者《ぎせいしゃ》」と新聞に書かれているかもしれないんです。

西暦《せいれき》2000年を迎《むか》えて世間では「新ミレニアム」と言って騒《さわ》いでいます。ミレニアムなんて、キリスト教の暦《こよみ》なのですから、そう大騒《おおさわ》ぎするほどのものかとは思いますが、これから先、どれだけ文明が発《はつ》達《たつ》して人知《じんち》が進んだとしても、人生の無常《むじょう》は変《か》わりません。

どんなに医学が進んで、120歳《さい》、130歳《さい》まで生きられるようになっても、それは平均《へいきん》寿命《じゅみょう》の話であって、その人がいつ死ぬのかは誰《だれ》にも分からないのは同じです。人間の知《ち》性《せい》なんて、その程度《ていど》のものなのです。

●どんなに文明が進んでも、この世の無常《むじょう》だけは変《か》わらない

計画どおりに行かない。だからこそ、人生。

人間の努力《どりょく》や知恵《ちえ》には限界《げんかい》がある。どんなに頑張《がんば》っても、人生はどうにもならない。計画どおりにはならない……そう知ったときに、はじめて信《しん》

仰《こう》は生まれて来るのではないでしょうか。これは仏教にかぎらず、あらゆる信仰《しんこう》に当てはまることだと思います。

少なくとも私の場合は、そうでした。

私の父は徳島《とくしま》で神具《しんぐ》・仏具《ぶつぐ》商《しょう》をやっていました。私は仏《ぶつ》壇屋《だんや》の娘《むすめ》です。そうした家に生まれ、育ったのですから、小さなときから何かとお寺とは関係《かんけい》がありました。また、四国《しこく》は巡礼《じゅんれい》の地ですから、巡《じゅん》礼《れい》のお遍路《へんろ》さんも見慣《みな》れていました。それだけ信仰《しんこう》と縁《えん》のある環境《かんきょう》で育ったのに、神や仏《ほとけ》なんて全然信《ぜんぜんしん》じていませんでした。ことに仏教というと、何となく、古くさい、年寄《としよ》りの迷信《めいしん》のような気がしていました。

ところが、そんな私がいつしか気が付《つ》くと、観音《かんのん》さまに手を合わせるようになっていたのです。

岡本《おかもと》かの子の小説《しょうせつ》を書いたのがきっかけで、私は一体の観音像《かんのんぞう》を買いました。

といっても、拝《おが》むつもりで買ったのではありません。観《かん》音《のん》さまの姿《すがた》が美しかったので、部屋に飾《かざ》るのもいいかな、というぐらいの気分でした。だから人形を飾《かざ》るように観音《かんのん》さまも棚《たな》の上に置《お》いていたのです。

ところが、ある日、それを見た人が、

「せっかくの観音《かんのん》さまなんだから、お水とお香《こう》、花をあげたほうがいいですよ」

と教えてくださった。その人は信心《しんじん》深い人だったんです。

それもそうだなと思って、私は観音《かんのん》さまをきちんと祀《まつ》ることにしました。花を活《い》け、水を盃《さかずき》に入れて前に置《お》き、ときどきお香《こう》を焚《た》くようにしたのです。

すると、それまで何の信仰《しんこう》も持っていなかったのに、何となく手を合わせたくなってしまう。出かけるときにも、また家に戻《もど》ってきたときにも、手を合わせる習慣《しゅうかん》が出来《でき》てしまいました。

これは今から考えると、やはり自分の心の中に「人生は努力《どりょく》や才能《さいのう》だけじゃないな。別《べつ》のものがあるんだな」という気持ちが起こってきていたのだろうと思います。

それまでの私は、とにかく自分の努力《どりょく》と少しばかりの才《さい》能《のう》で、人生を切り開いてきたつもりでした。でも、50歳《さい》に近くなっていくうちに「そればかりではないかも」という気が、どこかに生まれてきたんだと、これは今になってみれば分かります。

だから、仏教のことも、観《かん》音《のん》さまのこともよく分からないけれども、観音《かんのん》さまに手を合わせようという気持ちが出てきた。これが出家《しゅっけ》につながっていったのでしょう。

謙虚《けんきょ》さを忘《わす》れた現代人《げんだいじん》

やがて私は出家《しゅっけ》して寂庵《じゃくあん》に移《うつ》り住むことになりました。そこで寂庵《じゃくあん》でも私は聖観音《しょうかんのん》さまをお祀《まつ》りしていたわけですが、それから14年経《た》った昭和《しょうわ》62年、岩手《いわて》県・浄法寺《じょうぼうじ》町にある天台寺《てんだいじ》の住職《じゅうしょく》になりました。すると、その天台寺《てんだいじ》の本尊《ほんぞん》も同じ聖観音《しょうかんのん》さまだった。

実《じつ》は、このとき私は岩手《いわて》県の山寺《やまでら》の住職《じゅうしょく》になんて、なりたくなかった。

ただでさえ京都《きょうと》と東京《とうきょう》の往《おう》復《ふく》で忙《いそが》しいのに、それに加《くわ》えて岩手《いわて》県の北の端《はし》にあるお寺の面倒《めんどう》まで見ていたら死んでしまいます。

しかも、この天台寺《てんだいじ》の住職《じゅうしょく》になった人で長生きした人はいない。みな、どういうわけか早死にしたり、病気になってしまうというのです。そん

観音《かんのん》さまの導《みちび》きで天台寺《てんだいじ》住職《じゅうしょく》に

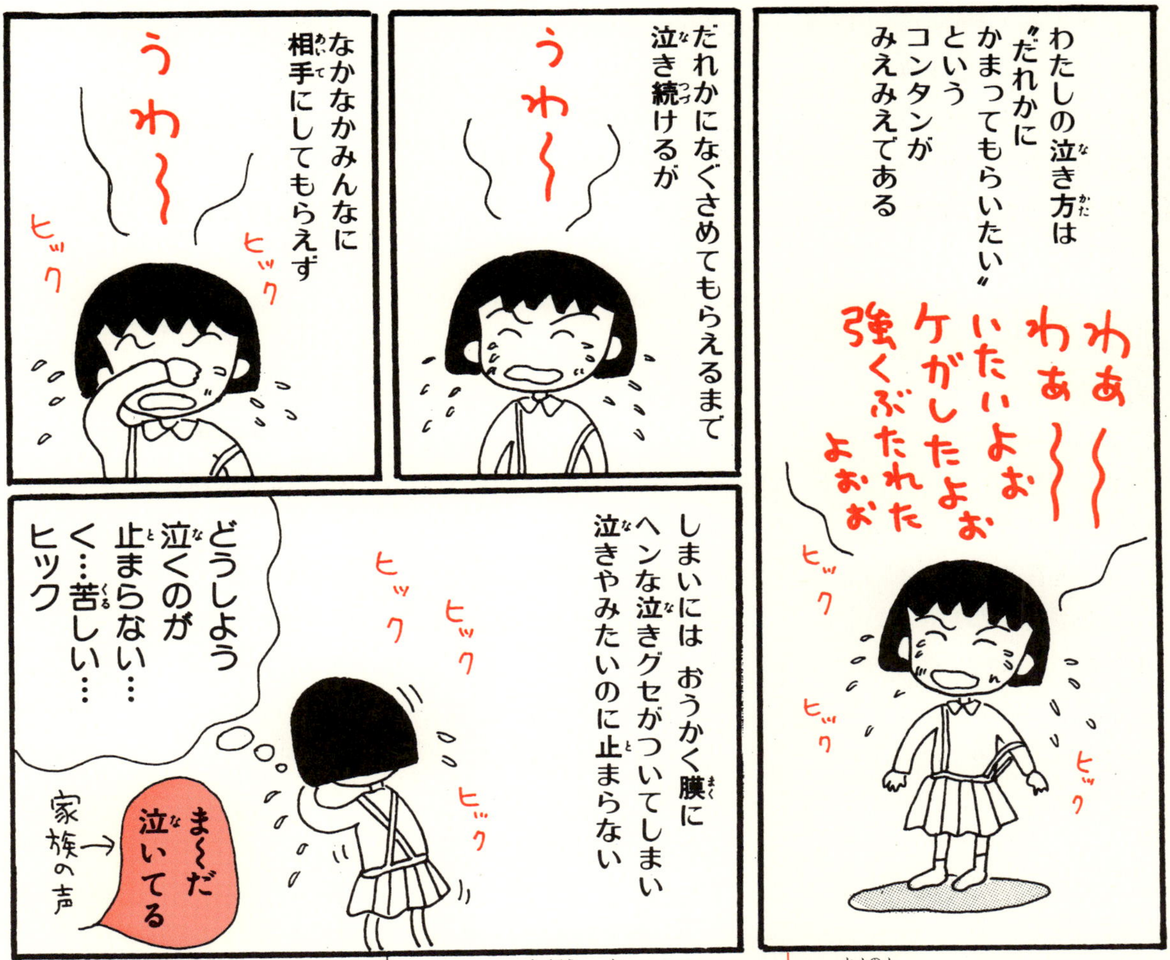

なお寺の住職《じゅうしょく》に誰《だれ》がなりたいと思うでしょう。

ところが、浄法寺《じょうぼうじ》町の町長さんと話しているうちに、びっくりすることがいくつも出てきたので、とうとうお受けすることにしたのです。

というのは、私を出家《しゅっけ》させてくださった今東光《こんとうこう》先生が、この天台寺《てんだいじ》の住職《じゅうしょく》をなさっていたことが分かったのです。今《こん》先生は晩年《ばんねん》、このお寺の復《ふっ》興《こう》に尽力《じんりょく》なさっていたのですが、その途中《とちゅう》で亡《な》くなられ、それ以来、天台寺《てんだいじ》は住職《じゅうしょく》がいなかったというではありませんか。

町長さんは、私が今《こん》先生の弟子《でし》だなんてちっとも知らずに私のところに来られたのですが、それを知ったら断《こと》わることなどできないでしょう。しかも、町長さんが訪《たず》ねてきたのは、私の得度記念日《とくどきねんび》に当たる11月14日だった。そしてさらに、その天台寺《てんだいじ》のご本尊《ほんぞん》が観音《かんのん》さまだった。

でも、これを今の私は偶然《ぐうぜん》だとは思わないんです。不思《ふし》議《ぎ》だとは思わない。やっぱり、そういうこともあるんだなと思う。

この世の中には人知《じんち》の及《およ》ばないものがある。私たちの狭《せま》い知識《ちしき》とか常識《じょうしき》とかでは理解《りかい》できないことが起きるんです。それはなぜかといえば、やっぱり「何か」があるからだと思うんです。

●現世《げんせ》のことは観音《かんのん》さま、来世《らいせ》のことは阿弥陀《あみだ》さま

その「何か」が、私の場合は観音《かんのん》さまというわけです。

観音《かんのん》さまがどこかで導《みちび》いておられるから、今の自分がある。出家《しゅっけ》したのも観音《かんのん》さまの導《みちび》きだし、天台寺《てんだいじ》の住職《じゅうしょく》になろうと思ったわけではないのに、天台寺《てんだいじ》の住職《じゅうしょく》になるのも観音《かんのん》さまに呼《よ》ばれたからでしょう。

人生は思いどおりにも、計画どおりにも行きません。どんなに準備万端《じゅんびばんたん》してあっても、かならず思わぬ失敗《しっぱい》をしたり、予想だにしないことが飛《と》び込《こ》んでくる。そうしたときに、運が悪いと言ったり、面倒《めんどう》くさいなと思うのではなく、もっと謙虚《けんきょ》になることが大事なんです。

現代人《げんだいじん》は、この謙虚《けんきょ》さを失っています。何でも金さえあれば、技術《ぎじゅつ》さえあれば、自分の思ったとおりに行く。でも、現実《げんじつ》はそんなふうにはいきません。

たとえば、先日起こった東《とう》海《かい》村の臨界事故《りんかいじこ》だって、そうです。

莫大《ばくだい》な予算をかけ、立派《りっぱ》な施設《しせつ》を作っていれば事故《じこ》なんて起きない、ましてや中性子《ちゅうせいし》が外にばらまかれることなんてありえないと関係者《かんけいしゃ》の誰《だれ》もが思っていた。

ところが、実際《じっさい》には恐《おそ》ろしい臨界事故《りんかいじこ》が起こった。そして中性子《ちゅうせいし》のシャワーを浴《あ》びて、１人の痛《いた》ましい死があった。これもまた私たち現代人《げんだいじん》が謙《けん》虚《きょ》さを忘《わす》れたために起こった事故《じこ》だと思います。

放射能《ほうしゃのう》なんて人間の思いどおりになると思っていたために、あんな事故《じこ》が起こったんです。

いくら賢《かしこ》くなっても、豊《ゆた》かになっても、人生は思いどおりにはいきません。

お金さえあれば幸せになれると日本人全体が思った結果が、あのバブルでした。土地は絶対《ぜったい》に下がらない、マンションや土地を買っておけば、かならず豊《ゆた》かになれると大騒《おおさわ》ぎしたあとに起こったのは何だったでしょう。今の長い不《ふ》況《きょう》もまた、日本人が謙虚《けんきょ》さを忘《わす》れたために生まれたものではないですか。人間の考えることなんて、たかが知れています。

世の中には私たち人間の力ではどうにもならない「何か」がある……そのことを忘《わす》れたために、今の私たちは不《ふ》幸《こう》になっているのではないでしょうか。

宇宙《うちゅう》と一体になる

人生はいくら計画を立てて、間違《まちが》いのないように努力《どりょく》していても思いどおりにならないときがあります。どんなに一《いっ》所懸命《しょけんめい》尽くしても、相手に心が通じないときがあります。自分一人の努力《どりょく》ではどうにもならないことが、世の中にはたくさんある。

でも、だからといって絶望《ぜつぼう》してはいけない。諦《あきら》めてはいけない。「どうかお助けください。力をお貸《か》しください」と観音《かんのん》さまにお祈《いの》りしなさいというのが、仏教の教えなんです。

観音《かんのん》さまは現世《げんせ》の私たちを救《すく》ってくださる仏《ほとけ》さまです。「商売が繁盛《はんじょう》するように」、「彼《かれ》がこっちを向いてくれますように」、「病気が治《なお》りますように」という、この世の幸せは観音《かんのん》さまにお願《ねが》いする。

この世、つまり現世《げんせ》を住居《じゅうきょ》としておられる仏《ほとけ》さまは釈迦《しゃか》如来《にょらい》と、この観世音菩薩《かんぜおんぼさつ》だけです。死んだあとのこと、つまり彼岸《ひがん》では阿弥陀《あみだ》さまが守ってくださいます。だから、天台宗《てんだいしゅう》では朝は南無観世音菩《なむかんぜおんぼ》薩《さつ》、夕方は南無阿弥陀仏《なむあみだぶつ》とお

祈《いの》りします。

観音《かんのん》さまの正式なお名前は観世音菩薩《かんぜおんぼさつ》です。ですから、観音《かんのん》さまにお祈《いの》りする場合には、南無観世音菩薩《なむかんぜおんぼさつ》と言います。

観世音菩薩《かんぜおんぼさつ》という名前は観音《かんのん》さまの名前を唱《とな》えたら、ただちに聞きつけてくださるということから来ています。観音《かんのん》というのは「音《おと》を観《み》る」、つまり私たちの願《ねが》いを聞き届《とど》けてくださるといった意味です。

観音《かんのん》さまは世界中のありとあらゆるところの音を聞いておられる。そして、どんな山奥《やまおく》でも、砂漠《さばく》の中でも私たちが「南無観世音《なむかんぜおん》、どうかお助けください」とお祈《いの》りすると、ちゃんと聞き届《とど》けてくださるのです。

でも、そこには条件《じょうけん》があります。「本当かなあ」と心の底《そこ》で疑《うたが》いながら、南無観世音《なむかんぜおん》と言ってもダメです。それでは観音《かんのん》さまには聞こえない。また、いい加減《かげん》に南無観世音《なむかんぜおん》とお願《ねが》いしてもいけません。朝、歯《は》を磨《みが》きながらモゴモゴお祈《いの》りするなんて、問題外。「一心《いっしん》に観音《かんのん》さまのお名前を唱《とな》えなさい」と『観音経《かんのんきょう》』は記《しる》しています。これを「一心《いっしん》称名《しょうみょう》」と言うこともあります。心の底《そこ》から、真心《まごころ》でお願《ねが》いしなさいというわけですね。

このごろはインターネットが大流行です。インターネットを使えば、世界中のどんな人にでも電子メールで連絡《れんらく》を取ることができる。なぜ、そんなことができるか、その仕組みは機械音痴《きかいおんち》の私には分からないけれども、ずいぶん便利《べんり》なものができたものです。

しかし、電子メールでアメリカの知り合いに連絡《れんらく》を取ろうと思っても、肝心《かんじん》のコンピュータがなければ話になりません。電子メールを送るには、コンピュータを用意して、それ用のソフトを買って、インターネットにつながなければならないというわけです。たしかに電子メールは便利《べんり》そうだけれども、それなりに手続《てつづ》きが必要《ひつよう》なのです。

観音《かんのん》さまにお願《ねが》いをするのも、それと似《に》ています。観音《かんのん》さまに「お助けください」というメッセージを送るには、条件《じょうけん》がある。

むやみに「助けて」と叫《さけ》べばいいというものではありません。私たちの声が観音《かんのん》さまに伝《つた》わるには、まず心を無《む》にしなければなりません。疑《うたが》いや理屈《りくつ》を捨《す》てて、心の底《そこ》からお願《ねが》いする。そうすると、私たちの心と観音《かんのん》さまの間のチャンネルがつながって、願《ねが》いが届《とど》く。

心を無《む》にすると、私たちはこの大宇宙《だいうちゅう》と一体になることができます。ふだんの私たちは、大宇宙《だいうちゅう》の中で、ひとりぼっちで生きています。宇宙《うちゅう》とつながっていない。でも、心を無《む》にして自分を捨《す》て去ると、大宇宙《だいうちゅう》につながることができるのです。そのとき、観音《かんのん》さまに呼《よ》びかけると、その声は距離《きょり》や場所とは関係《かんけい》なく、すぐに観音《かんのん》さまに届《とど》くというわけです。

「南無観世音菩薩《なむかんぜおんぼさつ》」の南無《なむ》とは、「あなたにお任《まか》せします」、「身も心も委《ゆだ》ねます」という意味です。心を無《む》にして観音《かんのん》さまにすべてお任《まか》せしますという心がまえが必要《ひつよう》です。

「祈《いの》る心」の不思議《ふしぎ》

「祈《いの》ったら願《ねが》いが叶《かな》えられるのなら、こんなに苦労《くろう》していない」と、考えるでしょう。私自身、出家《しゅっけ》するまでは、いや出家《しゅっけ》してからも、なかなか素直《すなお》に信《しん》じられませんでした。

でも、一心不乱《いっしんふらん》に心からお

酒井雄哉◉1926年生まれ。39歳《さい》のとき、断食《だんじき》の行者《ぎょうじゃ》に感動し、出家《しゅっけ》。1980年と87年の２回、千日回峰行《せんにちかいほうぎょう》を達成《たっせい》。こののち、東国行脚《とうごくあんぎゃ》、中国《ちゅうごく》・五台山巡《ごだいさんじゅん》礼《れい》、エジプト・シナイ山巡礼《じゅんれい》などを行なう。阿闍梨《あじゃり》は天台宗《てんだいしゅう》の僧《そう》の位《くらい》。

◉千日回峰行《せんにちかいほうぎょう》を知っていますか

祈《いの》りすれば、ほんとうに奇跡《きせき》が起こることもあるということを何度も経験しました。理《り》屈《くつ》や科学ではどうにも説明《せつめい》できない不思議《ふしぎ》なことが起きるのだということを何度も経験《けいけん》しました。

比叡山《ひえいざん》で千日回峰行《かいほうぎょう》を２度もなさった酒井雄哉大阿闍梨《さかいゆうさいだいあじゃり》という方がおられます。

千日回峰行《かいほうぎょう》というのは、文字どおり1000日にわたって山を巡《めぐ》るという修行《しゅぎょう》です。比叡《ひえい》山《ざん》を歩いて一周すると、およそ30キロ。もちろんその間には登り下りがあります。

私も出家《しゅっけ》した翌年《よくねん》、横川《よかわ》の行院《ぎょういん》で修行《しゅぎょう》したときに、１日歩いたことがありますが、それはそれは険《けわ》しい、大変《たいへん》な荒《あら》行《ぎょう》でした。その険《けわ》しい道を1000日にわたって歩くだけでも大変《たいへん》なのに、途中《とちゅう》には断食《だんじき》・断眠《だんみん》の修行《しゅぎょう》を９日間行ない、さらに最後《さいご》のころになると、比叡山《ひえいざん》だけではなく京都《きょうと》の町中を100キロ、100日間にわたって歩く。これを「大回《おおまわ》り」というのですが、私も大回《おおまわ》りに付《つ》いていったことがあります。

１日100キロをどうやって歩くのかと思ったら、もう歩くのではありません。飛《と》ぶんです。嘘《うそ》だと思うでしょう？　でも実際《じっさい》に酒井大阿闍梨《さかいだいあじゃり》の後ろを付《つ》いていったら、石段《いしだん》なんて１歩ピョーンと行くと、３段《だん》も５段《だん》も進んでしまう。飛《と》ぶとしか言いようがありません。

この大回《おおまわ》りのときにも、いろんな不思議《ふしぎ》な経験《けいけん》をしましたが、ここでは天台寺《てんだいじ》で起こったことをお話しします。

月に１回、私が天台寺《てんだいじ》で法《ほう》話《わ》をするたびにお菓子《かし》を持ってきてくださる二戸《にのへ》の町のお菓子屋《かしや》さんがいます。その奥《おく》さんが癌《がん》になって手術《しゅじゅつ》をすることになったのだけれども、治《なお》るかどうか分からない。

お菓子屋《かしや》のご主人《しゅじん》が私のところに来られて「女房《にょうぼう》なんて今までは、いて当たり前、働《はたら》いてくれて当たり前と思っていました。でも、あの女房《にょうぼう》がもし死んだら、私はもうどうしていいか分からない。自分も生きてはいけない」と男泣《おとこな》きに泣《な》かれます。

本当にお気の毒《どく》なことだけれども、私には何にもしてあげられません。そこで酒井大《さかいだい》阿闍梨《あじゃり》にお願《ねが》いしてみたらどうだろうと思ったのです。

酒井雄哉大阿闍梨《さかいゆうさいだいあじゃり》

ちょうど、このときたまたま酒井大阿闍梨《さかいだいあじゃり》が東北を行脚《あんぎゃ》なさっていて、私の天台寺《てんだいじ》に立ち寄《よ》ってくださることになっていました。阿闍梨《あじゃり》さんは2度も千日回峰行《かいほうぎょう》をなさっている立派《りっぱ》な方だから、その方にお加持《かじ》をしてもらったらいいかもしれないと思ったのです。

加持《かじ》というのは、お祈《いの》りということですが、修行《しゅぎょう》を積《つ》んだ行者《ぎょうじゃ》さんに祈《いの》ってもらい、病気を治《なお》してもらったり、願《ねが》いごとを仏《ほとけ》にお願《ねが》いしてもらったりすることも加持《かじ》と言います。

といっても、阿闍梨《あじゃり》さんが祈《いの》れば癌《がん》が治《なお》るとはきまりません。お菓子屋《かしや》さんの奥《おく》さんは3人のお医者さんに診《み》てもらっていました。3人のお医者さんが3人とも、手術《しゅじゅつ》をしても治《なお》るかどうか分からないと言っていました。

それで私は「手術《しゅじゅつ》がうまく行くように阿闍梨《あじゃり》さんにお祈《いの》りしていただきなさい」と勧《すす》めました。奥《おく》さん自身が阿闍梨《あじゃり》さんに加持《かじ》をしていただくのが一番いいのだけれども、入院中《にゅういんちゅう》の病人だからそれはできない。そこで、奥《おく》さんの寝巻《ねま》きを洗《あら》って持ってきてもらいました。

酒井大阿闍梨《さかいだいあじゃり》が天台寺《てんだいじ》にお越《こ》しになったとき、そのお菓子屋《かしや》さんは朝一番に天台寺《てんだいじ》に来て、奥《おく》さんの寝巻《ねま》きを持って、長い石段《いしだん》で酒井大阿闍梨《さかいだいあじゃり》の到着《とうちゃく》を待っていました。石段《いしだん》には、同じように阿闍梨《あじゃり》をお迎《むか》えする人たちがどんどん集まって、並《なら》んで坐《すわ》っています。

やがて大阿闍梨《だいあじゃり》が登ってこられ、石段《いしだん》の人たちに加持《かじ》をさずけてくださいます。あのお菓子屋《かしや》さんの順番《じゅんばん》になりました。説明《せつめい》はなくても女物《おんなもの》の寝巻《ねま》きを差《さ》し出せば、何の願《ねが》いかはすぐに分かります。阿闍梨《あじゃり》はお菓子屋《かしや》さんが頭の上に捧《ささ》げた寝巻《ねま》きに、丁寧《ていねい》に丁寧《ていねい》にお加持《かじ》をしてくださいました。

「奇跡《きせき》」は起こった

それから約1ヶ月、私は天台寺《てんだいじ》を離《はな》れて日本中を飛《と》び回っていました。あのお菓子屋《かしや》さんのご主人のことは気になっていましたが、連絡《れんらく》を取ることもできずにいました。

いろんな用事を済《す》ませて、ようやく天台寺《てんだいじ》に戻《もど》ってきたら、お菓子屋《かしや》さんが私のところに飛《と》んできました。

信《しん》じられない話だけれども、癌《がん》が消えたと言うんです。「治《なお》った」のではなくて、「消えた」のです。

あのお加持《かじ》のあと、奥《おく》さんはすぐに手術《しゅじゅつ》ということになりました。手術《しゅじゅつ》する前に、もう一度だけ癌《がん》のようすを調べようとお医者さんが検査《けんさ》したところ、あったはずの癌《がん》がどこにもないというんです。

「そんな馬鹿《ばか》な話はない。3人のお医者さんに診《み》てもらって、3人とも癌《がん》の診断《しんだん》だったのだ」と言ったのですが、どこにも癌《がん》が見あたらないから手術《しゅじゅつ》はできないという返事です。

そこでそのお菓子屋《かしや》さんは喜《よろこ》んだのかといえば、猛烈《もうれつ》に怒《おこ》ったというのです。

「癌《がん》なんかが消えるわけがない。こいつは藪医者《やぶいしゃ》に違《ちが》いない」と言って、他の病院で奥《おく》さんを診《み》てもらった。ところが、その病院でも、その次の病院でも「奥《おく》さんは癌《がん》ではありません」という診断《しんだん》だった。それを聞いて、ようやく納得《なっとく》したというんです。

この話を聞いて、私はつくづく「奇跡《きせき》は起きるんだなあ」と感動しました。

山田恵諦●1895年～1994年。14歳《さい》で比叡山《ひえいざん》に入る。1974年、第253代比叡山座主《ひえいざんざす》となる。仏教の普及《ふきゅう》に尽力《じんりょく》すると同時に、世界平和実現《じつげん》のために海外の宗教者《しゅうきょうしゃ》とも交流を行なった。座主《ざす》とは比叡山《ひえいざん》の管長《かんちょう》のこと。

●昭和《しょうわ》18年、沖縄《おきなわ》――奇跡《きせき》はそこで起こった

祈《いの》れば、かならず癌《がん》が治《なお》るというわけではありません。私ごときが祈《いの》ったところで、病気は治《なお》らないと思います。

先ほど、観音《かんのん》さまにお祈《いの》りするときには、心から、自分を無《む》にしてお願《ねが》いしないとダメだという話をしましたね。自分を無《む》にしたときに、はじめて観音《かんのん》さまとの波長があって、チャンネルが開かれる。この場合もそうだと思います。

お菓子屋《かしや》さんのご主人は、自分の奥《おく》さんのことを心から思い、自分はどうでもいいから奥《おく》さんを治《なお》してほしいと祈《いの》った。そして、その切《せつ》なる思いを酒井大阿闍梨《さかいだいあじゃり》という法力《ほうりき》を持った方が受け止めて、熱心《ねっしん》に祈《いの》ってくださった。このお二人の祈《いの》りの気持ちが合致《がっち》したからこそ、奇跡《きせき》は起こったのでしょうね。

観音《かんのん》さまにお祈《いの》りしたら病気が治《なお》ったという、いわゆる「霊験譚《れいげんたん》」は、昔からたくさんあります。正直言って、この出来事《できごと》があるまで、私はそうした話はみんな作り話か誇張《こちょう》だと思っていたんです。

だけれども、そういうことが本当に起きるんですね。とても大切なことを教えられた出来事《できごと》でした。

山田恵諦座主《やまだえたいざす》と

不眠不休《ふみんふきゅう》の読経《どきょう》

祈《いの》るということで、もう一つ思い出されるのが、先年、示寂《じじゃく》なさった天台宗《てんだいしゅう》の山田恵《やまだえ》諦座主《たいざす》のお話です。

出家《しゅっけ》して、京都《きょうと》の寂庵《じゃくあん》を開いてからも、私にはずいぶん迷《まよ》いがありました。というのは、寂庵《じゃくあん》には悩《なや》みを抱《かか》えた方がたくさん来られます。中には私に「自分のために祈《いの》ってください」とおっしゃられる人もいます。そうしたときに、私は求《もと》められるままにお祈《いの》りしているけれども、自分自身では本当に祈《いの》りが通じるのか自信《じしん》がない。自信《じしん》がないのに、お祈《いの》りしていていいのでしょうかとお座主《ざす》さまにお聞きしたのです。

そうしたら、お座主《ざす》さまが「実《じつ》は若《わか》いころは自分も疑《うたが》っていたけれども、本当に祈《いの》りが通じることがあるんですよ」

と、教えてくださった話があるのです。

それはお座主《ざす》さまご自身の体験《たいけん》です。

戦争中《せんそう》の昭和《しょうわ》18年頃、お座主《ざす》さまが沖縄《おきなわ》に行くことになりました。そのころのお座主《ざす》さまは50代のお坊《ぼう》さんです。沖縄《おきなわ》の信徒《しんと》から「どうか自分のやっている工場でご祈禱《きとう》してください」という依頼《いらい》があって、その祈禱《きとう》をするためにお座主《ざす》さまが行くことになっ

たのです。

しかし、当時は戦争《せんそう》中のことですから、沖縄《おきなわ》に行くのは命がけです。連合国《れんごうこく》の潜水艦《せんすいかん》や軍艦《ぐんかん》がうようよいるので、いつ撃沈《げきちん》されるか分かりません。しかし、幸いにして沖縄《おきなわ》に無事《ぶじ》に到着《とうちゃく》し、用を済《す》ませることができました。

ところが用が終わっても、なかなか本土に帰れない。というのも、船がたくさん撃沈《げきちん》されていますし、危険《きけん》だから船の便数《びんすう》も少なくなっている。そのため、何日も足止《あしど》めを食っていたのですが、ようやく船に乗れることになりました。

その船というのは、沖縄《おきなわ》の少年少女を本土に送るための便《びん》でした。男たちが兵隊《へいたい》に行っているので、本土は人手《ひとで》が足《た》らない。そこで沖縄《おきなわ》の若者《わかもの》たちを何百人も本土に送ることになった。その船にお座主《ざす》さまも同乗できることになったというわけです。

このことを知ったお座主《ざす》さまが思ったのは「自分の命はどうでもいいが、この若者《わかもの》たちをどうか無事《ぶじ》に送り届《とど》けたい」ということでした。船に乗るのは10代の若者《わかもの》たちです。将来《しょうらい》がある。その子たちの命を失わせるわけにはいかない——そこで出航《しゅっこう》までの何日かの間、『観音経《かんのんきょう》』を1000回あげて、仏《ほとけ》さまにお願《ねが》いしようと思ったのです。

『観音経《かんのんきょう》』というのは、１回読経《どきょう》するだけでも５分近くかかるお経《きょう》です。そのお経《きょう》を２日か３日で1000回もあげるというのですから、不眠不休《ふみんふきゅう》です。しかし、どうしても子どもたちを守りたいという一心で、出航《しゅっこう》までお経《きょう》をあげ続《つづ》けました。

「もう、自分としてはやるだけのことはした。あとは仏《ほとけ》さまにおまかせしよう」

と思って、その船に乗り込《こ》んだそうです。

「祈《いの》りは通じるんだ」

覚悟《かくご》を決めて、本土に戻《もど》る船に乗ってみたら、どうも行きとは様子《ようす》が違《ちが》う。沖縄《おきなわ》に行くときに乗った船は危険《きけん》をさけるために小さな島に寄港《きこう》していたから、時間もかかった。ところが、帰りの船はどこにも寄《よ》らずに、まっすぐ本土を目指《めざ》している。「変《へん》だなあ」と思っていたら、船長から「どうぞ船長室に来てください。お茶でも差《さ》し上げたい」と言ってきた。

船長に会う機会《きかい》ができたので、お座主《ざす》さまはさっそく自分の疑問《ぎもん》をぶつけてみたそうです。

「どうして、この船はどこにも立ち寄《よ》らないのですか？」

すると、船長がこう言ったというのです。

「たしかに沖縄航路《おきなわこうろ》では、危《き》険《けん》を避《さ》けるために小さな島に寄《よ》りながら船を進めることにしていました。しかし、それではあまりに時間がかかるし、また迂回《うかい》をしたところで危険《きけん》がなくなる保証《ほしょう》もありません。だから、今回は運を天に任《まか》せて最短《さいたん》ルートで行くことにしたのですが、今日《きょう》、お招《まね》きしたのはそのことではありません。海を見てごらんなさい。私はこれまでこのあたりの海を何百回渡《わた》ったか分かりませんが、これだけ海が穏《おだ》やかなことは一度もありませんでした。あんまりのどかで美しい航海《こうかい》なので、あなたにお茶を差《さ》し上げたくなったのです」

これを聞いてお座主《ざす》さまは、

「あ、これは観音《かんのん》さまのおかげだ」

と思われたというのです。

それまでのお座主《ざす》さまは私と同じように祈《いの》りや奇跡《きせき》をあんまり信《しん》じられなかった。でも、

●人生の苦難《くなん》には七つの種類《しゆるい》がある

その美しい海を見て、お座主《ざす》さまははじめて「一心不乱《いつしんふらん》に祈《いの》れば、奇跡《きせき》は起こるんだ」と実感することができたのだそうです。

はたして船は一度も危険《きけん》に遭遇《そうぐう》することなく、本土に到《とう》着《ちやく》することができました。最《さい》短距離《たんきより》で航海《こうかい》したのですから、とても早い時間に着いたそうです。もちろん、乗っていた子どもたちは船長の決意も、お座主《ざす》さまの祈《いの》りも知りません。自分たちがひょっとしたら海の藻屑《もくず》になっていたかもしれないことも知りません。窮屈《きゆうくつ》な船旅《ふなたび》を終えた子どもたちは、本土の土を踏《ふ》んで無邪《むじや》気《き》に、楽しそうに騒《さわ》いでいたそうです。

「だから寂聴《じやくちよう》さん、祈《いの》りは本当に通じるんだよ」

山田座主《やまだざす》が、私の目を見ながらこうおっしゃったことを今でもよく覚えています。

人生の七難《しちなん》

お座主《ざす》さまが不眠不休《ふみんふきゆう》で唱《とな》えたという『観音経《かんのんきよう》』は、観《かん》音《のん》さまがいかにありがたい力を持った仏《ほとけ》さまであるかが書かれたお経《きよう》です。そこには「観音《かんのん》さまは七難《しちなん》から人を守る」と記《しる》されています。人間が人生で受ける苦難《くなん》には、七つの種類《しゆるい》がある。それを七難《しちなん》と言うのです。

七難《しちなん》とは、火難《かなん》、水難《すいなん》、風《ふう》難《なん》、刀杖難《とうじようなん》、鬼難《きなん》、枷鎖《かさ》の難《なん》、怨賊《おんぞく》の難《なん》。この七つの難《なん》を受けたときに、観世音菩薩《かんぜおんぼさつ》のお名前を唱《とな》えると助けられ、難《なん》を逃《のが》れられるというわけです。

火難《かなん》というのは文字どおり、火事《かじ》のことですね。水難《すいなん》というのは、船が沈没《ちんぼつ》して溺《おぼ》れること。風難《ふうなん》は嵐《あらし》に遭《あ》って船が遭難《そうなん》することを指《さ》します。『観音経《かんのんきよう》』が作られた時代には、船旅《ふなたび》がとても危険《きけん》なものだったので水難《すいなん》や風難《ふうなん》をわざわざ取りあげたのでしょう。

刀杖難《とうじようなん》は、暴力《ぼうりよく》によって危《き》害《がい》を受けること。刀も杖《つえ》も武《ぶ》器《き》のことです。単《たん》に犯罪《はんざい》や暴《ぼう》力《りよく》だけでなく、戦争《せんそう》も含《ふく》まれます。

鬼難《きなん》というのは、鬼《おに》が襲《おそ》って来ること。『観音経《かんのんきよう》』には「船が遭難《そうなん》して鬼《おに》の国に流れ着いても、観音《かんのん》さまのお名前を唱《とな》えれば、たちどころに救《すく》ってくださる」と記《しる》されています。

枷鎖《かさ》の難《なん》というのは、無実《むじつ》の罪《つみ》で捕《と》らえられること。枷《か》鎖《さ》とは足かせと鎖《くさり》のことです。

最後《さいご》の怨賊《おんぞく》の難《なん》とは、盗賊《とうぞく》に襲《おそ》われることです。昔の旅は、とても危険《きけん》に満《み》ちたものでした。特《とく》にシルクロードのような砂漠《さばく》を商人が旅していると、馬賊《ばぞく》が現《あら》われて財産《ざいさん》はおろか、命までを奪《うば》ってしまう。そんなことがしょっちゅう起こっていた時代です。しかし、観音《かんのん》さまの名号《みようごう》を唱《とな》えれば、たとえ凶悪《きようあく》な盗賊《とうぞく》に襲《おそ》われても大丈夫《だいじようぶ》というわけです。

七難《しちなん》の話は『観音経《かんのんきよう》』の中に紹介《しようかい》されているわけですが、こうした話を文字どおり、額《がく》面《めん》どおり受け止めることを「事釈《じしやく》」と言います。先ほどのお座主《ざす》の話では、『観音経《かんのんきよう》』を唱《とな》えたら船が沈没《ちんぼつ》しなかったというわけですから、事釈《じしやく》の部類《ぶるい》に当てはまるでしょう。

しかし、観音《かんのん》さまに一心にお祈《いの》りすれば、七難《しちなん》から救《すく》われると言っても、私たちが普《ふ》通《つう》に暮《く》らしていたら、なかなかそんな事故《じこ》に巡《めぐ》り遭《あ》いません。

船が沈没《ちんぼつ》したり、家が火事になったり、あるいは無実《むじつ》の罪《つみ》で刑務所《けいむしよ》に入る……一人の人生を考えた場合、そうそう七難《しちなん》に遭遇《そうぐう》することはありません。もちろん、戦争《せんそう》が起きれば私たちは刀杖難《とうじょうなん》にさらされるわけですが、今のところ、日本に限《かぎ》って言えば、そんなことは起きそうにありません。

それでは、私たち一般人《いっぱんじん》と観音《かんのん》さまとはあんまり縁《えん》がないかと言えば、そうではありません。

火事や沈没《ちんぼつ》といった突発事《とっぱつじ》件《けん》は起きなくても、私たちの人生は苦難《くなん》の連続《れんぞく》です。七難《しちなん》をもっと広く解釈《かいしゃく》して苦難《くなん》ととらえれば、やはり観音《かんのん》さまにおすがりすることは一杯《いっぱい》あると考えることもできます。

理釈《りしゃく》と事釈《じしゃく》

このようにお経《きょう》の文句《もんく》を事《じ》釈《しゃく》で考えるのではなく、そこに書かれていることは一種《いっしゅ》の象徴《しょうちょう》であると考えるのが「理《り》釈《しゃく》」です。

たとえば火難《かなん》というのを理《り》釈《しゃく》で読み直せば、どういうことになるでしょう。

火というのは、前にも出てきましたが仏教では煩悩《ぼんのう》の象《しょう》徴《ちょう》です。

私たちは誰《だれ》でも心の中に煩《ぼん》悩《のう》の火を抱《かか》えています。他人が自分より幸福そうだと思ったり、あるいは自分の好《す》きな人が別《べつ》の人と恋愛《れんあい》していると知れば、心の中の煩悩《ぼんのう》は大火となって、私たちを焼《や》き尽《つ》くします。

心の中で煩悩《ぼんのう》の火が燃《も》えさかって、どうにも苦しくてしょうがないとき、観音《かんのん》さまに助けを求《もと》めなさいというのが、理釈《りしゃく》の考え方です。「南無観《なむかん》世音《ぜおん》、どうか私を助けてください」と一心にお願《ねが》いする。そうすれば心の中に不思議《ふしぎ》な力が湧《わ》いてきて、煩悩《ぼんのう》の火が静《しず》まってきますよというのが理釈《りしゃく》です。

人間というのは、お釈迦《しゃか》さまがおっしゃったとおり、心の中に無明《むみょう》を抱《かか》えています。だから、生きているかぎり煩《ぼん》悩《のう》からは離《はな》れられない。

私だって出家《しゅっけ》したから無明《むみょう》が消えたかといえば、そんなわけはありません。腹《はら》が立つことだってあるし、気の利《き》かない人に怒鳴《どな》ってやりたいと思うこともあります。でも、尼《あま》さんが怒鳴《どな》るわけにはいきません。だから、そういうときには心の中で「南無観世《なむかんぜ》音《おん》」と唱《とな》える。すると、ちょっとだけ——ちょっとだけというのが情《なさ》けないのだけれども——心が落ち着く。怒鳴《どな》らずに済《す》む。いい智慧《ちえ》が湧《わ》いてくる。これも観音《かんのん》さまのおかげです。

水難《すいなん》というのも、同じように解釈《かいしゃく》することができます。彼岸《ひがん》のところでも出てきましたが、水は欲望《よくぼう》の象徴《しょうちょう》です。人間はともすれば欲望《よくぼう》に溺《おぼ》れて、前後の見境《みさかい》がつかなくなります。こんな男と付《つ》き合っていたら、自分がダメになると分かっていても、なかなか離《はな》れられない。

そういうときには「南無観《なむかん》世音《ぜおん》、どうしたらいいでしょうか」と一心に念《ねん》じなさいということです。

風難《ふうなん》、刀杖難《とうじょうなん》、鬼難《きなん》なども同じように解釈《かいしゃく》できます。

私たちの人生は、けっして平穏《へいおん》ではありません。突然《とつぜん》、嵐《あらし》のように人生が翻弄《ほんろう》されることがあります。それが風難《ふうなん》ですね。船乗りは昔から「板《いた》子一枚《ごいちまい》下は地獄《じごく》」と言いましたが、私たちの人生だって一枚めくれば地獄《じごく》が待っているんです。

突然《とつぜん》、会社が潰《つぶ》れる、あるいはリストラ宣告《せんこく》を受ける。今の日本ではそんな話が珍《めずら》しくありません。まさに嵐《あらし》です。

そうしたとき、あわてて動きまわってもどうしようもない。かえって失敗《しっぱい》することのほうが多い。だから、まずは

◉人間は仏《ほとけ》にもなれるし、鬼《おに》にもなれる

心を落ち着けて「南無観世《なむかんぜ》音《おん》」と唱《とな》えなさいということ。人間の知恵《ちえ》はたかが知れています。自分一人で悩《なや》むのではなくて、観音《かんのん》さまのお智慧《ちえ》もお借《か》りしなさいということです。

刀杖難《とうじょうなん》は分かりやすいでしょう。何も刀や杖《つえ》だけが暴力《ぼうりょく》ではありません。言葉が人を傷《きず》つけるということもあります。

また刀杖難《とうじょうなん》を「心が理想と現実《げんじつ》に引き裂《さ》かれる状態《じょうたい》」と見る人もいます。心が刀でボロボロに切り裂《さ》かれた状態《じょうたい》ということです。

鬼難《きなん》というのも、本当の鬼《おに》が襲《おそ》ってくるというわけではありません。私たちの心の中には、鬼《おに》が巣《す》くっています。迷《まよ》い、慢心《まんしん》、妬《ねた》み、憎悪《ぞうお》……そんなマイナスの感情《かんじょう》を鬼《おに》と見ることもできるでしょう。

あるいは、インチキ宗教《しゅうきょう》や悪質商法《あくしつしょうほう》、あるいは商工《しょうこう》ローン、そうしたものを現代《げんだい》の鬼《おに》と考えてもいいでしょう。渡《わた》る世間《せけん》は鬼《おに》ばかりと言いますが、まさに私たちが暮《く》らしているこの世こそが鬼《おに》の国なのかもしれません。

心がけしだいで仏《ほとけ》にもなれるし、鬼《おに》にもなれる。それが人間です。

この世を生きていくのは大《たい》変《へん》です。だから観音《かんのん》さまにおすがりしなさいということなんです。

親が子どもに何を教えるべきか

枷鎖《かさ》の難《なん》、そして怨賊《おんぞく》の難《なん》も同じです。

枷鎖《かさ》の難《なん》というのは、心に足かせがかけられていて、自由に動けなくなる状態《じょうたい》と考えればいいでしょう。人間というのは、自由のように見えていて、けっして自由ではありません。世間体《せけんてい》や自分の地位《ちい》にとらわれてしまって、身動きできなくなっている人はたくさんいます。

たとえば教育問題だってそうですね。自分も若《わか》いころは勉強が苦手《にがて》だったくせに、わが子には「勉強しなさい、勉強しなさい」と押《お》しつける。子どもにとっては枷鎖《かさ》の難《なん》です。

「勉強しなさい」と言うお母さんも枷鎖《かさ》の難《なん》。「いい母親」というイメージに縛《しば》り付《つ》けられているからです。

子どもはまずおだてなきゃだめです。おだてると増長《ぞうちょう》すると言うけれども、おだて、ほめてやらないといい芽《め》は出てきません。

人間が生きて行くには、まず自信《じしん》が大切です。小さいころに、おだてて自分に自信《じしん》を持たせることが教育の第一歩なんです。

自信《じしん》を持たせることが大事なんだから、何も勉強をさせるばかりが能《のう》じゃない。絵が好《す》きな子なら、絵を描《か》かせる。そして、その絵を褒《ほ》めてやる。好《す》きなこと、自信《じしん》の持てることから始めないと子どもは伸《の》びません。

だいたい考えたって分かるじゃありませんか、自分の子どもなのですもの。勉強の才《さい》能《のう》なんて、そんなに期待するほうが無理《むり》というものです。

それなのに、このごろはやれ「お受験《じゅけん》」だのと言って、子どもを抑《おさ》えつけることばかりをしています。それも昔は中学受験《じゅけん》、高校受験《じゅけん》だったのが、今では幼稚園《ようちえん》から受験《じゅけん》です。これでは子どもも大変《たいへん》だし、親も苦しい。そのあげくに子どもから殺《ころ》されてしまうのでは、何のための教育かと言いたくなります。

親の役割《やくわり》は子どもに勉強を教えることではありません。

あなたの恋人《こいびと》、配偶者《はいぐうしゃ》は観音《かんのん》さまの化身《けしん》かもしれない

生きるということは、世の中に出て偉《えら》くなることではない。自分に与《あた》えられた才能《さいのう》でもって、他人を一人でも幸せにするのが生きることの目的《もくてき》なのだ――こうお子さんには教えてほしいと思います。

自分の持っている才能《さいのう》とは何も数学や英語《えいご》ばかりではありません。おいしいご飯《はん》を炊《た》くのも才能《さいのう》だし、安くていいものを売るのも立派《りっぱ》な才能《さいのう》。そして、その才能《さいのう》は自分のためにあるのではない。みんなを少しでも幸せにするためのものだよ――それこそが親が子どもに教えてやることではないでしょうか。

まず自分を縛《しば》り付《つ》けているものから自由になりなさい。それが枷鎖《かさ》の難《なん》を解《と》くということです。それには自分の力や知恵《ちえ》だけでは足《た》りないから、一心に観音《かんのん》さまにお願《ねが》いしなさいということなのです。

怨賊《おんぞく》の難《なん》というのは、もともとは旅行中に盗賊《とうぞく》に襲《おそ》われることを言いましたが、これは「人生は旅である」と考えれば分かりやすいと思います。

私たちは人生という旅をしています。その旅の途中《とちゅう》にはさまざまな難所《なんしょ》が待ち受けています。仏教で言う四苦八苦《しくはっく》、これらが「怨賊《おんぞく》」なのです。こうした賊《ぞく》を征伐《せいばつ》するには、自分一人の力では無理《むり》です。

だから、そんなときには一心に観音《かんのん》さまに祈《いの》る。念《ねん》ずればかならず応《こた》えてくださると信《しん》じて、「南無観世音《なむかんぜおん》」と唱《とな》えるのです。そうすれば、観《かん》音《のん》さまがきっと手助けしてくださるというのです。

三十三化身《けしん》

さて、私たちが一心に観音《かんのん》さまにお祈《いの》りしていると、観《かん》音《のん》さまはいろんな姿《すがた》に変身《へんしん》して助けにきてくださいます。これを観音《かんのん》さまの「三十三化《け》身《しん》」と言います。

三十三というのは、具体的《ぐたいてき》な数字ではありません。無限《むげん》ということです。どんな姿《すがた》にも変身《へんしん》できるということです。

たとえばあなたが病気になって救急車《きゅうきゅうしゃ》で病院に運ばれたとする。ひょっとしたら、あなたの手術《しゅじゅつ》を担当《たんとう》してくださったお医者さんは、実《じつ》は観音《かんのん》さまの化身《けしん》かもしれません。

入院したら、とても美人で優《やさ》しい看護婦《かんごふ》さんが担当《たんとう》で、親身《しんみ》になって世話《せわ》してくれたとします。その看護婦《かんごふ》さんもひょっとしたら観音《かんのん》さまの化《け》身《しん》かもしれない。だから、看《かん》護婦《ごふ》さんにセクハラなんてしちゃいけません。観音《かんのん》さまのお尻《しり》を触《さわ》ったら、罰《ばち》が当たりますよ。

そんな具合《ぐあい》に、観音《かんのん》さまはいつ、どこに現《あら》われるか分からない。どんな姿《すがた》をしているかも分かりません。仏像《ぶつぞう》の観《かん》音《のん》さまは素敵《すてき》な、美しい姿《すがた》ですが、そのままの形で現《あら》われるとはかぎりません。

ひょっとしたら自分の夫《おっと》が、恋人《こいびと》が観音《かんのん》さまかもしれない。どうしようもないグータラ亭《てい》主《しゅ》だと思っていたけれども、あなたを鍛《きた》えるために観音《かんのん》さまがダメオヤジに変身《へんしん》なさっているかもしれない。また、自分の子どもが観音《かんのん》さまの化《け》身《しん》かもしれません。

あるいは、憎《にく》らしいお姑《しゅうとめ》さんや上司《じょうし》が観音《かんのん》さまかもしれない。「あんなにイヤな奴《やつ》はない」と思っているけれども、それもあなたを鍛《きた》えるために観音《かんのん》さまが姿《すがた》を変《か》えているかもしれないのです。

どんな人に会っても、「この人はひょっとしたら観音《かんのん》さまかもしれない」と思ってみる。そうすれば、いい加減《かげん》な付《つ》き合い方はできないというものです。腹《はら》も立たないとい

感謝《かんしゃ》しながら生きていく

うものです。

どんな人でも拝《おが》むように、大事にお付《つ》き合いをする。これもまた大切な観音《かんのん》さまの智《ち》慧《え》とは言えないでしょうか。

人間は一人では生きられません。

病気になったらお医者さんの助けを借《か》り、家を建《た》てるときには大工《だいく》さんの助けを借《か》りなければ何もできません。

私たちは生きていくうえで、いろんな人の手を借《か》りなければなりません。

そのときに手を差しのべてくれる人はみな観音《かんのん》さまだと思って感謝《かんしゃ》しましょう。そうしたら、人生はもっと楽に生きられます。

もちろん、面と向かって「南無観世音《なむかんぜおん》」とお辞儀《じぎ》したら、相手がびっくりするかもしれません。だから、心の中で手を合わせましょう。そうやって感謝《かんしゃ》しながら生きていこうじゃありませんか。

右ページ・天台寺本堂《てんだいじほんどう》での勤行《ごんぎょう》▶

寺
補陀洛場
道光九年 立

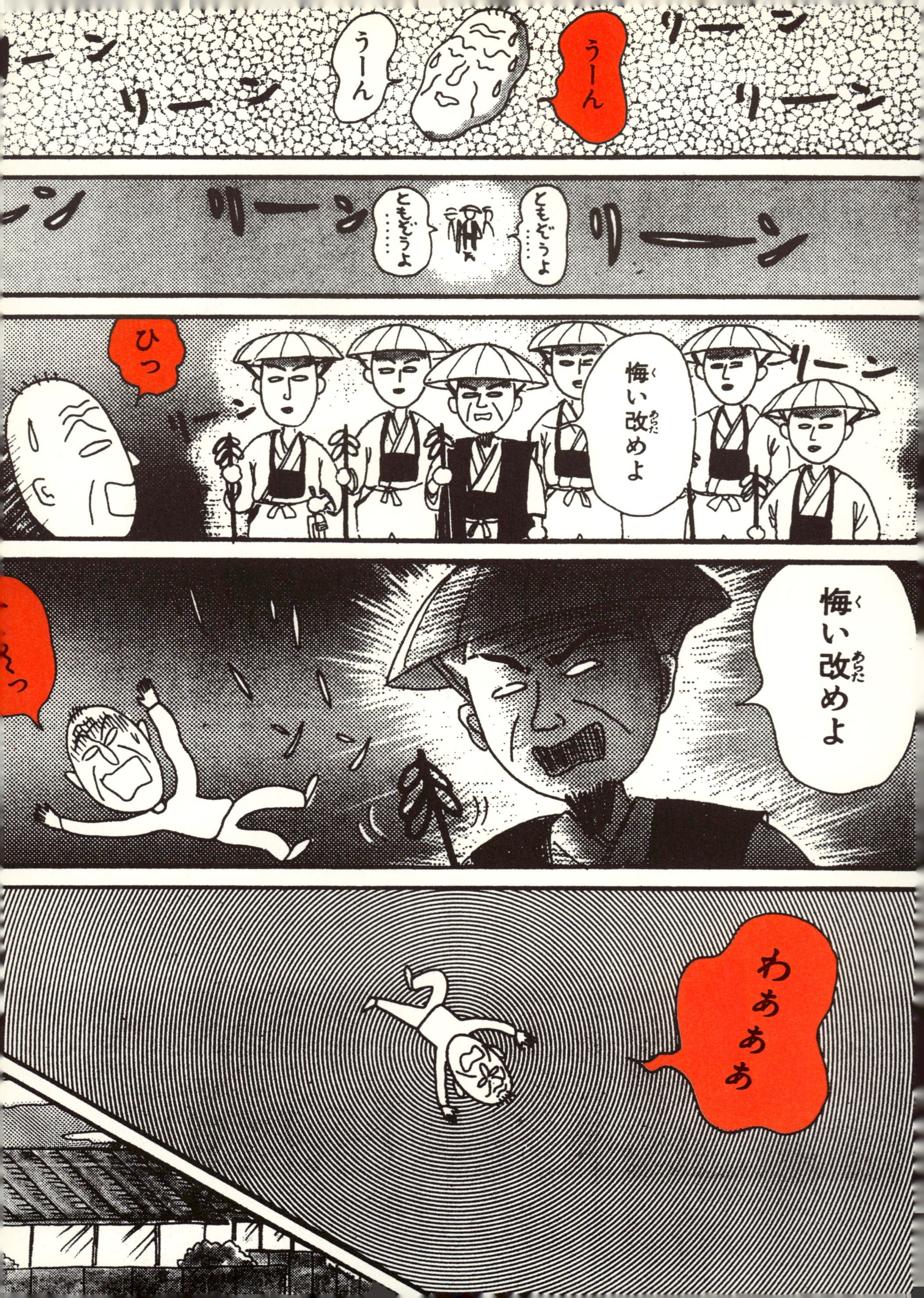
リーン
リーン
うーん
うーん
リーン
リーン
リーン
ともぞうよ……
ともぞうよ……
リーン
リーン
悔《く》い改《あらた》めよ
リーン
ひっ
悔《く》い改《あらた》めよ
わぁぁぁ

GLOBAL BUDDHISM STANDARD

六《ろくしょう》

巡礼《じゅんれい》が静《しず》かなブームになって、久《ひさ》しくなります。善男善女《ぜんなんぜんにょ》が白装束《しろしょうぞく》に身を固《かた》め、霊場巡《れいじょうめぐ》りをする姿《すがた》はテレビなどでよく見ますが、はたして巡礼《じゅんれい》には何の意味が、何の効用《こうよう》があるのでしょう。ポータラカの会を率《ひき》い、何度も巡礼《じゅんれい》の旅に出た寂聴師《じゃくちょうし》による「実感的巡礼論《じっかんてきじゅんれいろん》」です。

なぜ、人は巡礼をするか

中道《ちゅうどう》の思想《しそう》

前にお釈迦《しゃか》さまの生涯《しょうがい》について述《の》べたときに、「お釈迦《しゃか》さまが悟《さと》りを開いたのは、6年間の苦行《くぎょう》をやめてからだった」という話を紹介《しょうかい》したのを覚《おぼ》えていますか。

29歳《さい》のときに家庭《かてい》を捨《す》て出《しゅ》家《け》なさったお釈迦《しゃか》さまは、6年間もの間、辛《つら》い辛《つら》い修行《しゅぎょう》をするのですが、どうしても悟《さと》れない。これはひょっとしたら方法《ほうほう》そのものが間違《まちが》っているのではないかと思ったお釈《しゃ》迦《か》さまは苦行林《くぎょうりん》を出、ネーランジャラー川のほとりに行き、そこでスジャータという若《わか》い女が持ってきた乳粥《ちちがゆ》を食べて身体《からだ》を癒《い》やします。そして、その川で身体《からだ》をきれいに洗《あら》って菩提樹《ぼだいじゅ》の下で黙想《もくそう》してみたら、ついに四諦《したい》、つまり四つの真理を発見されたということでしたね。お釈迦《しゃか》さま35歳《さい》のときのことです。

さて、この物語から、みなさんの中には「仏教は苦行《くぎょう》を否定《ひてい》した宗教《しゅうきょう》だ」と思った人もあるかもしれません。お釈《しゃ》迦《か》さまは苦行《くぎょう》を6年も続《つづ》けたのに悟《さと》れず、それを止《や》めたとたんに悟《さと》ったわけですから、そう思うのは無理《むり》もありません。

でも、それは違《ちが》います。お釈迦《しゃか》さまはけっして苦行《くぎょう》はダメだとはおっしゃいませんでした。ただ、苦行《くぎょう》ばかりをやっていてはダメですよと教えておられた。

このことを「中道《ちゅうどう》の思想」と言います。

つまり、本当の悟《さと》りを得《え》ようと思ったら、苦行《くぎょう》ばかりをしていてはいけない。しかし、だからといって、それとは正反対に快楽《かいらく》にふけってばかりいても悟《さと》れるわけではない。その中間が大事なのだというわけです。どちらにも偏《かたよ》らない、中間の道を進みなさいというのです。それが中道《ちゅうどう》ということで、その具体的《ぐたいてき》な方法《ほうほう》として八正道《はっしょうどう》をお説《と》きになりました。

人間が悟《さと》りを開こうとするとき、ともすれば極端《きょくたん》な道に走ることがあります。身体《からだ》をいじめていじめぬく苦行《くぎょう》をする道と、ただただ楽をしていこうという道の二つですが、苦行《くぎょう》ばかりでも、また楽ばかりでもダメ。その二つのバランスを考えなさいということです。頭でっかちでも困《こま》るし、また行動オンリーでもいけないよという教えだと思ったら分かりやすいかもしれません。

仏教に限《かぎ》ったことではありませんが、あんまり根《こん》を詰《つ》めて考えすぎると人間はときとして間違《まちが》った判断《はんだん》をしてしまいます。やはり考えるのも大事だけれども外に出て、行動をすることも忘《わす》れてはいけません。逆《ぎゃく》もまた同じです。

私は小説《しょうせつ》を書くときには、かならずその物語の舞台《ぶたい》となった場所を訪《おとず》れるようにしていますが、そうして自分から動いてみると書斎《しょさい》で調べただけでは分からないことが見えてきます。

主人公の歩いた道を自分の足で歩いてみると、そこにはかならず発見があります。一見すると何もないような野原でも、そこを吹《ふ》く風、あるいは風にそよぐ葉音《はおと》が大事なこと、気が付《つ》かなかったことを語りかけてくれるような気がいたします。やはり身体《からだ》を動かすことはとても大切です。

歩くことは仏道修行《ぶつどうしゅぎょう》

昔から仏教者はよく歩きます。

お釈迦《しゃか》さま自身、35歳《さい》から80歳《さい》までインド中を歩きどお一遍●鎌倉《かまくら》時代の僧《そう》。最初《さいしよ》、天台《てんだい》に学び、のちに浄土信仰《じようどしんこう》に入る。36歳《さい》のとき、一遍《いつぺん》と名を改《あらた》め、「南無阿弥陀仏《なむあみだぶつ》」と記《しる》した札《ふだ》（算《さん》）を配《くば》る「賦算《ふさん》」を行なって、全国を行脚《あんぎや》した。念仏《ねんぶつ》の普及《ふきゆう》のためにすべてを捨《す》てたことから「捨聖《すてひじり》」、あるいは「遊行上人《ゆぎようしようにん》」と呼《よ》ばれた。
西行●平安《へいあん》後期の歌人。元《もと》は鳥羽上皇《とばじようこう》に仕《つか》える武士《ぶし》だったが、23歳《さい》のときに出家《しゆつけ》。高野山《こうやさん》や伊勢《いせ》を本拠《ほんきよ》に、全国を旅してすぐれた和歌を詠《よ》んだ。

しに歩かれた方ですが、日本でも高僧《こうそう》、名僧《めいそう》と呼《よ》ばれる人はみな、とてもよく歩きます。歩くことが仏道修行《ぶつどうしゆぎよう》そのものと言ってもいいくらいです。

たとえば、一遍上人《いつぺんしようにん》もそうですね。一遍上人《いつぺんしようにん》は鎌倉《かまくら》時代に時宗《じしゆう》を広めた方ですが、南《な》無阿弥陀仏《むあみだぶつ》の名号《みようごう》を書いた札《ふだ》を配《くば》り歩くために全国を行脚《あんぎや》しました。また一遍上人《いつぺんしようにん》の少し前には、西行法師《さいぎようほうし》がやはり日本全国を巡礼《じゆんれい》しています。

だから昔は、お坊《ぼう》さんといえば歩くものと相場《そうば》が決まっていました。今のお坊《ぼう》さんはどこに行くのでも車を使って楽をしようとしますが、歩くことも大事な修行《しゆぎよう》だったんです。

そうした歩くという行《ぎよう》を最《もつと》も過酷《かこく》な形で行なうのが、千日回峰行《かいほうぎよう》です。1000日もの間、比叡山《ひえいざん》の中を毎日30キロ以上歩くという修行《しゆぎよう》です。私は出家《しゆつけ》した翌年《よくねん》、横川《よかわ》の行院《ぎよういん》というところで修行《しゆぎよう》をしました。そのとき、その道を1回だけ歩いたことがありましたが、完全《かんぜん》にダウンしました。出家《しゆつけ》なんてするんじゃなかったと本当に思ったものです。

30キロなら簡単《かんたん》だと思う人もあるかもしれませんが、実際《じつさい》は山道ですからアップダウンがとても厳《きび》しい。その道を毎日、雪の日も雨の日も1000日歩く。まるで運動選手《うんどうせんしゆ》の合《がつ》宿《しゆく》みたいですが、これも仏教では重要《じゆうよう》な修行《しゆぎよう》です。

この千日回峰行《かいほうぎよう》では、最初《さいしよ》の700日は自利《じり》の行《ぎよう》。つまり、自分自身を鍛《きた》え、見つめ直すために行なうとされています。この700日が終わると今度は利他《りた》の行《ぎよう》。自分以外《いがい》のすべての人の幸せのために行なう。まさしく忘己利他《もうこりた》です。

残り300日の利他《りた》の期間中に行なうのが「大回《おおまわ》り」です。これはふだんの30キロに加《くわ》えて、さらに山を下って京都《きようと》市内を歩く。いえ、歩くというよりは、走ると言ったほうが正確《せいかく》でしょう。何しろ1日100キロの行程《こうてい》です。歩いていては間に合いません。

でも、大回《おおまわ》りは走るだけではダメなんです。というのは利他《りた》の行《ぎよう》だから。

京都《きようと》では千日回峰行《かいほうぎよう》の大回《おおまわ》りが行なわれると、その沿道《えんどう》に人がずらりと並《なら》んで、みんなが坐《すわ》ります。それはその行《ぎよう》者《じや》さんにお加持《かじ》をしてもらうため。だから、行者《ぎようじや》はそういう列の前に来ると、数珠《じゆず》で一人一人に加持《かじ》をしてあげなければいけない。

並《なら》んで坐《すわ》っている人たちは、たとえば病人がいる家の人はその病人の寝巻《ねま》きを差《さ》し出します。病人が来られないので寝巻《ねま》きで間に合わせるのです。あるいは小さな赤ちゃんがいるときには、丈夫《じようぶ》に育ちますようにといって、その赤ちゃんを差《さ》し出す。すると、行者《ぎようじや》さんがきちんと加持《かじ》をしてくださる。こういう素晴《すば》らしい習慣《しゆうかん》が昔から京都《きようと》の町には伝《つた》わっているのです。

「大回《おおまわ》り」同行記

その千日回峰行《かいほうぎよう》を2度もなさったのが、前回もお話に出た酒井雄哉大阿闍梨《さかいゆうさいだいあじやり》です。私は横川《よかわ》の行院《ぎよういん》では1日でダウンしたと言いましたが、途中《とちゆう》で止めたのではなくて、43人中、ビリで行院《ぎよういん》へたどりついたのです。ところが2ヶ月の行《ぎよう》の終わりに同じ行程《こうてい》を歩いたときは、何と7番目に行院《ぎよういん》へたどりつきました。それだけ身体《からだ》が鍛《きた》えられたのです。その経験《けいけん》から、やっぱり仏教者は歩かなければいけないと思って、阿闍梨《あじやり》さんの大回《おおまわ》りに2度もお供《とも》しました。

1回目の大回《おおまわ》りは昭和《しようわ》55年

次ページ・天台寺《てんだいじ》に詣《まい》った巡礼者《じゆんれいしや》たちと▶

岩手巡礼の会

岩手巡礼の会
岩手巡礼の会
岩手巡礼の会
岩手巡礼の会
岩手巡礼の会

数珠◉念珠《ねんじゅ》とも言う。本来は仏《ほとけ》や菩薩《ぼさつ》の名前を唱《とな》えたりするときに、その回数を数えるための仏具《ぶつぐ》であったが、仏《ほとけ》を拝《おが》んだり、念仏《ねんぶつ》を唱《とな》える際《さい》に用《もち》いる。珠《たま》の数は108個《こ》が基本《きほん》だが、形や扱《あつか》い方は宗派《しゅうは》によって異《こと》なる。

◉心臓破《しんぞうやぶ》りの坂

でした。

京都《きょうと》市内の大回《おおまわ》りの出発点は、比叡山《ひえいざん》の西の麓《ふもと》にある赤《せき》山神社《ざんじんじゃ》というところです。その赤山神社《せきざんじんじゃ》から出発して、東《ひがし》山《やま》の裾《すそ》をぐるりと回って昼頃《ひるごろ》に清水寺《きよみずでら》に到着《とうちゃく》します。そこで加持《かじ》をしたら、京都《きょうと》市内を回って、また赤山神社《せきざんじんじゃ》に戻《もど》ってくるというコースです。この間だけでも、ざっと50キロはあります。

その赤山神社《せきざんじんじゃ》を出発するときにも、まず加持《かじ》をしていただくんです。出発は朝の6時ですが、早朝にもかかわらず、お供《とも》をする人たちや、加持《かじ》をいただきたい人が神社の中にたくさん集まるのです。

私ももちろん、そうした中の一人だったわけですが、図々《ずうずう》しいから加持《かじ》を受ける最《さい》前列《ぜんれつ》で待《ま》っていた。すると、酒井大阿闍梨《さかいだいあじゃり》がサッサッと数《じゅ》珠《ず》で触《ふ》れながら加持《かじ》をしてくださる。

でも、そのときの私の心境《しんきょう》を正直に言えば、

「何だ、これ」

です。こんなものが効《き》くのかしらと生意気《なまいき》なことを思っていた。でも、表面は、もっともらしく頭を下げていました。

さて、加持《かじ》が終わるといよいよ出発です。私も酒井大阿《さかいだいあ》闍梨《じゃり》の後ろにくっついて行ったのだけれども、その速いこと速いこと。走るというよりは飛《と》ぶ、という感じです。ついていくほうとしては必死《ひっし》です。

ただ、助かるのは途中途中《とちゅうとちゅう》に人が並《なら》んでいますから、その人たちに加持《かじ》をなさるでしょう。だから、そのときだけ私たちは休める。できれば京《きょう》都《と》中の人に並《なら》んでもらいたいくらいの気持ちだけれども、そうもいきません。お加持《かじ》の列が終わると、そこからはまた飛《と》ぶように走るわけです。

大阿闍梨《だいあじゃり》の「心眼《しんがん》」

私は小柄《こがら》だから足が短いでしょう。だから、天狗《てんぐ》のような大阿闍梨《だいあじゃり》のあとについて行くのは、それこそ死にものぐるいです。それでも清水寺《きよみずでら》までは何とかなったのですが、清水《きよみず》に三年坂《さんねんざか》（産寧坂《さんねいざか》）というのがあります。清水寺《きよみずでら》に上がる石段《いしだん》の道です。両側《りょうがわ》に清《きよ》水焼《みずやき》のお店がずらりと並《なら》んでいます。

その三年坂《さんねんざか》の石段《いしだん》を阿闍梨《あじゃり》さんは3段《だん》、4段《だん》と一気に飛《と》びこえてピャーと駆《か》け上がるんです。こっちも同じようにしなければと思って、パッパッと駆《か》け上がった。

みなさん、三年坂《さんねんざか》に行く機《き》会《かい》があったら、ぜひチャレンジしてごらんなさい。あの坂を一気に駆《か》け上がるのがどれだけ辛《つら》いか。大げさではなく、本当に心臓《しんぞう》が破《やぶ》けやしないかと思ったほどです。

でも、それでも人が見ていますから、三年坂《さんねんざか》で倒《たお》れるわけにはいきません。「寂聴《じゃくちょう》ノックダウン」なんて、すぐ夕《ゆう》刊《かん》に書かれるでしょう。とにかく、そこは何とかクリアしたのだけれども、清水寺《きよみずでら》に入ってからも坂が続《つづ》く。それであの有名な「清水の舞台《きよみずのぶたい》」にたどりついたときには完全《かんぜん》に目が回って、腰《こし》が抜《ぬ》けてしまいました。

よく、漫画《まんが》を読むと目が回った人のようすを描《か》くのに、目の中に渦巻《うずま》きが描《か》いてありますね。そして、その周《まわ》りに星がいくつも飛《と》んでいます。あれは漫画《まんが》の表現《ひょうげん》だと思っていたら、リアリズムなのですね。清水の舞台《きよみずのぶたい》にたどりついたとたん、私は、漫画《まんが》と同じです。目の前が真《ま》っ白《しろ》になって、目が回って星がチカチカ

藁《わら》にでもすがりたい

している。どうにも動けなくなって、舞台《ぶたい》の隅《すみ》に坐《すわ》り込《こ》んでいました。

気が遠くなっていたら、誰《だれ》かが来て肩《かた》を押《お》すではありませんか。顔を上げたら、阿闍《あじゃ》梨《り》さんのお付《つ》きのお坊《ぼう》さんです。「阿闍梨《あじゃり》さんが『そこらへんで寂聴《じゃくちょう》さんがのびているはずだから、見てきてやれ』とおっしゃったので」と言うのです。

「阿闍梨《あじゃり》さんは前しか向いていないのに、どうして後ろの私のことが分かるんでしょう」と聞いたら、「心眼《しんがん》でしょう」と言うのです。

今考えても、これだけは分かりません。どうして私が目を回しているのが分かったのでしょう。飛《と》ぶように走っておられるのだから、私が後ろでうずくまっていることなど目に入るはずはない。ひょっとしたら、大阿闍梨《だいあじゃり》は後ろにも目があるのかもしれない。そう思ったほど不思議《ふしぎ》な出来《でき》事《ごと》でした。

赤山神社《せきざんじんじゃ》で加持《かじ》をする酒井雄哉大阿闍梨《さかいゆうさいだいあじゃり》。左列《ひだりれつ》一番奥が著者《ちょしゃ》

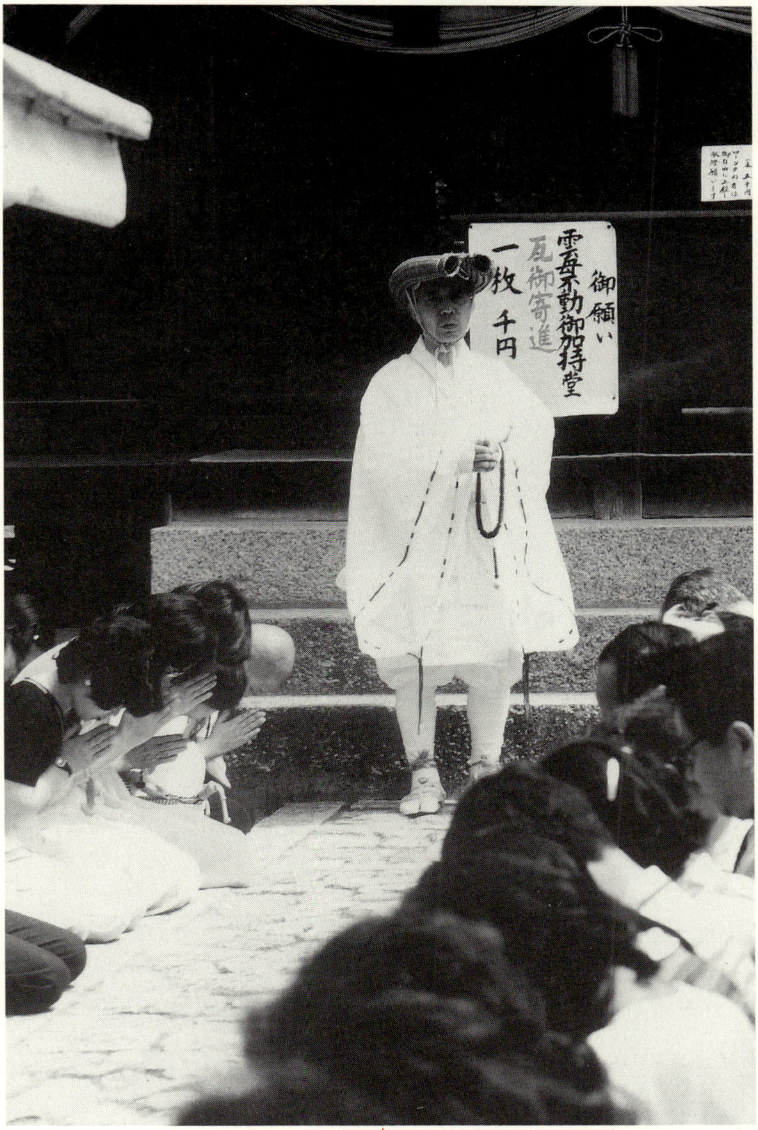

神通力《じんつうりき》とは何か

じっと舞台《ぶたい》の上でうずくまっていると、そのうち阿闍梨《あじゃり》さんが戻《もど》ってこられました。私にはどのくらい時間が経《た》ったのかも分かりません。しかし、阿闍梨《あじゃり》さんがみんなに加《か》持《じ》をなさっているので、私も這《は》うようにして、そこまで行きました。

このまま、清水《きよみず》でのびているわけにはいきません。なんとか、大回《おおまわ》りを続《つづ》けたい。スタート地点で加持《かじ》を受けたときには「こんなの効《き》くのかしら」なんて思っていましたが、こうなると藁《わら》にでもすがりたい心境《しんきょう》です。

「とにかくお助けください。お加持《かじ》をしてください」

という一心で頭を下げていましたら、阿闍梨《あじゃり》さんがこち

役行者◉７世紀末《せいきまつ》に大和《やまと》の葛城《かつらぎ》山で修行《しゅぎょう》したという呪術的宗教者《じゅじゅつてきしゅうきょうしゃ》。役小角《えんのおづぬ》とも。修験道《しゅげんどう》の祖《そ》と言われているが、その実像《じつぞう》は謎《なぞ》。
久米の仙人◉奈良《なら》時代の伝説的仙人《でんせつてきせんにん》。奈良《なら》の久米寺《くめでら》は久米《くめ》の仙人《せんにん》が建立《こんりゅう》したと言われている。

どんな人にも、仏《ほとけ》になる可能性《かのうせい》は秘《ひ》められている

らに来られて、とても丁寧《ていねい》に頭を数珠《じゅず》で撫《な》でてくださった。

すると、どうでしょう。それまで目の前が真《ま》っ白《しろ》になっていたのに、スーッと白い霧《きり》が消えて目が見えるようになったのです。土下座《どげざ》をしていますから、私は下を向いていたのですが、自分の坐《すわ》っている土の上の砂利《じゃり》が見えてきた。「あ、目が見えるようになった」と思ったら、また阿《あ》闍梨《じゃり》さんが数珠《じゅず》で頭を撫《な》でてくださる。すると、今度は地面の上を這《は》っている小さな蟻《あり》までが見えるようになったのです。

私のめまいが治《なお》ったことは阿闍梨《あじゃり》さんにも分かったのでしょう。次に阿闍梨《あじゃり》さんは小刀を取り出しました。

阿闍梨《あじゃり》さんのような修行者《しゅぎょうしゃ》はみんな小刀を持っているんです。自分の未熟《みじゅく》で千日回峰《かいほう》行《ぎょう》がもう続《つづ》けられないと思ったとき、自害《じがい》するためのものだと言います。阿闍梨《あじゃり》さんの持っておられるのは銘刀《めいとう》「関《せき》の孫六《まごろく》」です。

阿闍梨《あじゃり》さんはその小刀を抜《ぬ》くと、峰《みね》の部分で私をトントンと叩《たた》いてくださった。すると、今度は身体《からだ》がスーッと軽くなるではありませんか。思わず私は「ありがとうございました」と阿闍梨《あじゃり》さんを拝《おが》んでしまいました。心からありがたいと思ったのです。

昔から優《すぐ》れた行者《ぎょうじゃ》さんには神通力《じんつうりき》があると言われています。

たとえば、伝説上《でんせつじょう》の人物としては役行者《えんのぎょうじゃ》や久米《くめ》の仙人《せんにん》の話が有名です。

あるとき久米《くめ》の仙人《せんにん》が神通《じんつう》力《りき》を使って空を飛《と》んでいたら、下界《げかい》で若《わか》い娘《むすめ》が着物の裾《すそ》をまくって川で洗濯《せんたく》をしているのが見えた。久米《くめ》の仙人《せんにん》も男ですから、若《わか》い娘《むすめ》の素足《すあし》につい見とれてしまった。そうしたら、さしもの神通力《じんつうりき》もなくなって空から落ちたという話は、ご存《ぞん》じでしょう。

私はずっとそうした神通力《じんつうりき》なんて信じていませんでしたが、このときの阿闍梨《あじゃり》さんのお加持《かじ》で考えが変《か》わりました。施《ほどこ》す側《がわ》の心と受ける側《がわ》の気持ちがぴったり一致《いっち》したら、こういうことも起こるのでしょう。

私のように「効《き》くものか」と思っていたら、どんなにありがたいお加持《かじ》をしていただいてもダメなのです。それどころか、罰《ばち》が当たって途中《とちゅう》で目が回るというわけです。

「無垢《むく》な心」が奇跡《きせき》を産《う》む

結局《けつきょく》、神通力《じんつうりき》というのは宇《う》宙《ちゅう》に直結《ちょけつ》する、自分の無垢《むく》な力ではないでしょうか。人間の心はお釈迦《しゃか》さまのおっしゃるとおり無明《むみょう》なのだけれども、その無明《むみょう》の中にも、ほんのちょっとだけ無垢《むく》な部分がある。一心に、心の底《そこ》から祈《いの》るとその無垢《むく》な部分が宇宙《うちゅう》につながって不思議《ふしぎ》な力が出てくるのではないかと思います。

仏教ではそれを「悉有仏《しつうぶつ》性《しょう》」という言葉で表現《ひょうげん》します。どんなものにも仏性《ぶつしょう》、つまり仏《ほとけ》になれる可能性《かのうせい》がある。草や木、あるいは路傍《ろぼう》の石の中にも仏性《ぶつしょう》はあるし、また私たち自身の中にも仏性《ぶつしょう》があるということですね。

しかし、私たちは同時に煩《ぼん》悩《のう》も抱《かか》えているから、なかなか悟《さと》れません。でも、一心に祈《いの》り、心を無《む》にしたら、その仏性《ぶつしょう》が現《あら》われてくるということです。

超能力《ちょうのうりょく》とか、サイコ・パワーとか言うと、いかにもいかがわしく思えてしまいますが、神通力《じんつうりき》とは本来、不思議《ふしぎ》なことでも、特別《とくべつ》なことでもない。みんなの中にある力だと分か

●神通力《じんつうりき》とは宇宙《うちゅう》からのエネルギー

りました。

たとえば長年、連《つ》れ添《そ》った夫婦《ふうふ》なら、別《べつ》に言葉で言わなくても通じることがありますね。「おい、あれ」と主人《しゅじん》が言ったら、「ほいよ」と言って奥《おく》さんがタバコや灰皿《はいざら》を持ってくる。それも立派《りっぱ》な神通《じんつう》力《りき》じゃないでしょうか。

火事になったら、普段《ふだん》は大人《おとな》しいお嫁《よめ》さんが重いタンスを抱《かか》えて持ち出したという話も聞きますが、これも心が無《む》になったからできることですね。普通《ふつう》の精神状態《せいしんじょうたい》ではできないことが、心を無《む》にするとできるようになる。これは、その人の心が宇宙《うちゅう》につながって、その宇宙《うちゅう》からエネルギーをいただいたと考えたら分かるんじゃないでしょうか。

私たちにエネルギーを与《あた》えてくれる、その宇宙《うちゅう》の力をどう呼《よ》ぶか。私はそれは観音《かんのん》さまのお力、仏《ほとけ》さまの力だと思うのだけれども、キリスト教の人はゴッドだと思うわけですね。あるいは神道《しんとう》ならば神さまだと考える。宗教《しゅうきょう》によって考え方、呼《よ》び方は違《ちが》いますが、結局《けつきょく》は同じものを指《さ》しているのではないでしょうか。

結局《けつきょく》、行《ぎょう》も、そうした宇宙《うちゅう》のエネルギー、宇宙《うちゅう》の生命に触《ふ》れるために行なっているものでしょう。1日50キロも、100キロも野や山を駆《か》け回る。そんな常識外《じょうしきはず》れのことがなぜできるかといえば、行《ぎょう》の間は宇宙《うちゅう》のエネルギーと行者《ぎょうじゃ》のパワーが直結《ちょっけつ》してつながっているからではないでしょうか。

酒井大阿闍梨《さかいだいあじゃり》が回峰行《かいほうぎょう》を行なっているときには、1日に1200カロリーぐらいしか食

布教《ふきょう》のために、すべてを捨《す》てた一遍上人《いっぺんしょうにん》

べないのだそうです。1200カロリーなんて、ダイエット中の食事と同じです。ジャガイモとあったかいウドンを少々、それとゴマ和《あ》えのお豆《とう》腐《ふ》ぐらい。これだけの食事で何十キロも歩く。栄養学《えいようがく》の常《じょう》識《しき》から言ったら、いつ阿闍梨《あじゃり》さんは倒《たお》れてもおかしくない。だけれども、逆《ぎゃく》にピンピンしていて、顔色もピンク色で美しいし、肌《はだ》もすごくきれいでつやつやしています。

でも、酒井大阿闍梨《さかいだいあじゃり》がなさっているからと言って、あなたたちが真似《まね》はできません。肌《はだ》がきれいになる「千日回峰《かいほう》行《ぎょう》ダイエット」なんて、とんでもない。そんなことを普通《ふつう》の人がしたら、栄養失調《えいようしっちょう》になってしまいます。阿闍梨《あじゃり》さんは宇宙《うちゅう》のエネルギーと直結《ちょっけつ》しているから、そんなことが可《か》能《のう》になるのです。

なぜ、人は行《ぎょう》をするのか

私はその後、阿闍梨《あじゃり》さんと対談する機会《きかい》がありましたので、そのときに、

「なぜ、あんなきつい行《ぎょう》を、それも2回もおやりになったのですか」

とおたずねした。そうしたら、阿闍梨《あじゃり》さんはこうおっしゃいました。

「行者《ぎょうじゃ》というのは行《ぎょう》をしている時だけが行者《ぎょうじゃ》なんです」

つまり、行《ぎょう》をやめたとたんに普通《ふつう》の人に戻《もど》る。だから自分は一つの行《ぎょう》が終わったら、次の行《ぎょう》をすぐ始めるのだというのです。

酒井大阿闍梨《さかいだいあじゃり》のお加持《かじ》はとてもパワーがあって、よく効《き》きます。しかし、それは阿闍《あじゃ》梨《り》さん自身の超能力《ちょうのうりょく》というよりは、阿闍梨《あじゃり》さんを通じて宇《う》宙《ちゅう》の生命力が私たちに届《とど》いているからではないでしょうか。それが神通力《じんつうりき》の正体《しょうたい》ではないかと思います。そして、その神通力《じんつうりき》をいただくには、受け手のほうも心を無《む》にしなければならないということなのです。

人間は無《む》になると、神通力《じんつうりき》が出る——それで思い出すのが、一遍上人《いっぺんしょうにん》の話です。

一遍上人《いっぺんしょうにん》は遊行《ゆぎょう》といって、ボロボロの衣《ころも》を着て、裸足同《はだしどう》然《ぜん》の格好《かっこう》で全国を回られました。そして、「南無阿弥陀仏《なむあみだぶつ》」の六字《ろくじ》の名号《みょうごう》を一人でも多くの人に広めようとなさった。そして、布教《ふきょう》のために妻《つま》や子どもまでを捨《す》てたという方です。

その一遍上人《いっぺんしょうにん》はとてもみすぼらしい格好《かっこう》をしておられたのですが、気が付《つ》くとどんどん人がついてくるのです。その人たちは一遍上人《いっぺんしょうにん》の生き方に感動して、自分も家族や仕事を捨《す》てて、一遍上人《いっぺんしょうにん》と行動をともにしたいと思ったのです。

一遍上人《いっぺんしょうにん》の旅はけっして楽なものではありません。しかし、坊《ぼう》さんや尼《あま》さんになってでも一遍上人《いっぺんしょうにん》のそばにいたいと思う人がたくさん現《あら》われた。そうやって時宗《じしゅう》という集団《しゅうだん》ができるわけですが、これもまた一つの神通力《じんつうりき》でしょう。

一遍上人《いっぺんしょうにん》の場合は、空を飛《と》ぶわけでもないし、人の病気を治《なお》すわけでもない。でも、何にも言わなくても彼《かれ》の生き方に共感《きょうかん》して、行動をともにする人がそれだけ出てきたというのは、一種《いっしゅ》の神通力《じんつうりき》だと思うのです。

一遍《いっぺん》は南無阿弥陀仏《なむあみだぶつ》を広めるために、すべてを捨《す》てました。誰《だれ》の助けもない。家族も捨《す》てた。金も財産《ざいさん》もない。しかし、何もかも捨《す》てきったことで、宇宙《うちゅう》のエネルギーとつながったのではないでしょうか。

このときの大回《おおまわ》りではせっ

18年に一度の山岳修行《さんがくしゅぎょう》

かく阿闍梨《あじゃり》さんのお加持《かじ》をいただきながら、とうとう神泉《しんせん》苑《えん》というところで脱落《だつらく》しました。

しかし、それから6年後に行なわれた2回目の大回《おおまわ》りでは、ちゃんと最後《さいご》まで、しかも楽々ついていくことができた。われながら、これは不思《ふし》議《ぎ》でした。最後《さいご》に赤山神社《せきざんじんじゃ》に戻《もど》ってきて、阿闍梨《あじゃり》さんのお加持《かじ》を受けたら、ちゃんと覚《おぼ》えておられて、「今日《きょう》はよう最後《さいご》までついてきたな」と褒《ほ》められました。6年の間に多少は私も進歩して宇宙《うちゅう》の生命と一体になれたのかもしれません。

六郷満山《ろくごうまんざん》の回峰行《かいほうぎょう》

私も2回目には大回《おおまわ》りができたわけですが、これは本格《ほんかく》的《てき》な行とは言えません。しかしもう一度、そうした修行《しゅぎょう》に挑戦《ちょうせん》したことがあります。

昭和《しょうわ》54年、九州《きゅうしゅう》の国東《くにさき》半島の六郷満山《ろくごうまんざん》というところで、18年ぶりに山岳修行《さんがくしゅぎょう》が行なわれることになりました。国東《くにさき》半島をご存《ぞん》じですか。大分《おおいた》県の東端《とうたん》に、四国《しこく》に向かって拳《こぶし》を突《つ》きだしているような半島があります。ちょうど海上通《つう》行路《こうろ》の要衝《ようしょう》に当たるからでしょう、昔から仏教がさかんなところで、磨崖仏《まがいぶつ》といって自《し》然石《ぜんせき》に石仏《せきぶつ》を彫《ほ》ったものがあちこちにあることで有名です。

その国東《くにさき》半島の中に六郷満《ろくごうまん》山《ざん》という、これもまた古くから修行《しゅぎょう》の山として知られている場所があって、そこで18年ごとに回峰行《かいほうぎょう》が行なわれるのです。NHKから「行きませ

女人禁制《にょにんきんせい》の山に入る

んか」というお誘《さそ》いがありました。なにせ18年に一度のことですから、このチャンスを逃《のが》したりしたら次の回まで生きている保証《ほしょう》はありません。躊躇《ちゅうちょ》なく「行きます、行きます」と答えました。

それから大慌《おおあわ》てで、もののの本を読んだら、この六郷満山《ろくごうまんざん》の回峰行《かいほうぎょう》は１週間も続《つづ》く過酷《かこく》なもので、行者《ぎょうじゃ》はみな白い装束《しょうぞく》を着ると書いてある。

そこで、私は形から入るタイプなので、大急ぎで京都《きょうと》の法衣屋《ほういや》さんに行衣《ぎょうえ》を頼《たの》んだ。そうしたら、その法衣屋《ほういや》さんが「寂聴《じゃくちょう》さん、六郷満山《ろくごうまんざん》の行《ぎょう》は女人禁制《にょにんきんせい》だ。あなたが行けるわけがない」と言う。でも、私は「だってＮＨＫに誘《さそ》われたから行けるらしい」と言って無理に頼《たの》んだのです。

しかし、あとになって分かったのは、その法衣屋《ほういや》さんの言っていることのほうが正しかった。でも、そのときは「自分は行けるもんだ」と思いこんでいたのです。

そうしてようやく行衣《ぎょうえ》ができたので、私は六郷満山《ろくごうまんざん》に飛《と》ぶように行ったんです。すると向こうで待っていたＮＨＫの人が私の行者姿《ぎょうじゃすがた》を見て、ポカンとしている。

「どうしたんですか、その格《かっ》好《こう》？」

「だって、あなた言ったじゃない、六郷満山《ろくごうまんざん》の行《ぎょう》に行きませんかって」

結局《けっきょく》、ＮＨＫは最初《さいしょ》から私に、その行《ぎょう》を取材《しゅざい》させようと思っていたのですね。女の私が一緒《いっしょ》に歩けるはずもないから、途中途中《とちゅうとちゅう》でレポートしてほしいと考えていたわけです。ところが私がそそっかしいものだから、参加《さんか》できると思って白装束《しろしょうぞく》まで着て来たので大笑《おおわら》いになりました。今さら引き返すのも悔《くや》しいので「たとえ１日でも体験《たいけん》したい。でなければ帰らない」と言い張《は》っ

巡礼団《じゅんれいだん》を率《ひき》いて六郷満山巡礼《ろくごうまんざんじゅんれい》

錫杖◉僧侶《そうりょ》が持つ杖《つえ》の一種《いっしゅ》。杖《つえ》の上端《じょうたん》に金属製《きんぞくせい》の輪《わ》が付《つ》いていて、動かすごとに音が鳴るように出来《でき》ている。

護摩◉バラモン教で行なわれていた火の供犠《くぎ》が密教《みっきょう》に取り入れられたもの。不動明王《ふどうみょうおう》・愛染明王《あいぜんみょうおう》などを本尊《ほんぞん》とし、火中に五穀《ごこく》や五香《ごこう》を投じ、香油《こうゆ》を注《そそ》いで供養《くよう》し、願《ねが》いを達《たつ》しようとする。

六郷満山《ろくごうまんざん》の石仏《せきぶつ》と

ていたら、その行《ぎょう》に参加《さんか》していたお坊《ぼう》さんの中に、偶然《ぐうぜん》にも知り合いがいたんです。「本当は女人禁制《にょにんきんせい》だし、あなたみたいな人は１日も持ちそうにないけれども、参加《さんか》してごらんなさい」と言ってくださって、特例《とくれい》として参加《さんか》できることになりました。

大宇宙《だいうちゅう》との交信《こうしん》

こうして私は勇《いさ》みきって行《ぎょう》に参加《さんか》したわけですが、その行《ぎょう》たるや大変《たいへん》なものでした。

一緒《いっしょ》に行《ぎょう》をしたのは12〜３人でしたが、みんな屈強《くっきょう》な男性《だんせい》ばかりです。体力もあるし、歩幅《ほはば》も広い。そんな人たちについていくのだけでも死ぬ思いでしょう。しかも、途中《とちゅう》は難所《なんしょ》の連続《れんぞく》です。宇宙《うちゅう》の生命と一体になるどころではありません。

でも、やはり何事も体験《たいけん》です。１日だけでも実際《じっさい》に行《ぎょう》をしてみると、いろんな面白《おもしろ》い出来事《できごと》がありました。

六郷満山《ろくごうまんざん》の回峰行《かいほうぎょう》は１日50キロを踏破《とうは》します。行者《ぎょうじゃ》はさっきも言ったように、白装束《しろしょうぞく》で錫杖《しゃくじょう》をついて、大黒《だいこく》さんのような白い頭巾《ずきん》をかぶります。もちろん足は草鞋《わらじ》です。この格好《かっこう》をした行者《ぎょうじゃ》が一列になって里《さと》や山の中を歩くわけです。私はとうてい他の行者《ぎょうじゃ》さんほど速くは歩けませんから、列の最後《さいご》。その後ろに私が脱落《だつらく》しないように行者《ぎょうじゃ》さんが１人ついてくれました。

回峰行《かいほうぎょう》の最初《さいしょ》には、磨崖仏《まがいぶつ》の前で柴灯護摩《さいとうごま》という、大きな護摩《ごま》を焚《た》くのです。「無事《ぶじ》に峰入《みねい》りが終わりますように」とお祈《いの》りしてから出発します。このときには、報道陣《ほうどうじん》や地元の人がいっぱい見に来ていました。

ところが、その私に向かっ

印◉手印《しゅいん》とも。仏《ほとけ》や菩薩《ぼさつ》などの悟《さと》りの内容や働《はたら》きを、手指の組み合わせで象徴的《しょうちょうてき》に示《しめ》したもの。密教《みっきょう》では、行者《ぎょうじゃ》が印《いん》を結《むす》ぶことによって、仏《ほとけ》の力と一体になれるとされている。

不動明王◉もとはインドの山岳系俗神《さんがくけいぞくしん》の一種であったが、仏教に取り入れられて大日如来《だいにちにょらい》の使者となった。日本では「お不動《ふどう》さま」として親しまれている。

◉即身成仏《そくしんじょうぶつ》を目指《めざ》す密教《みっきょう》の教え

て、なぜか柴灯護摩《さいとうごま》の煙《けむり》が、全部来るんです。私がゴホゴホ咳《せ》き込《こ》んでいると、後ろから「かわいそうに、あの小僧《こぞう》さんが咳《せ》き込《こ》んでいるわ」という声が聞こえる。頭巾《ずきん》をかぶっているものだから女だとは分からない。しかも、一番小さいから小僧《こぞう》に見えたのでしょう。その私が他の行者《ぎょうじゃ》と一緒《いっしょ》に歩くのだから、それだけでも大変《たいへん》です。

歩くときには、一言《ひとこと》も発してはいけない。私語《しご》は厳禁《げんきん》。ただし真言《しんごん》だけは唱《とな》えていい。

真言《しんごん》は、サンスクリット語で「マントラ」と言います。一種《いっしゅ》の呪文《じゅもん》と言ったら分かりやすいでしょうか。この呪文《じゅもん》を唱《とな》えると、宇宙《うちゅう》の生命と一体になれるとされています。

みなさんは密教《みっきょう》と顕教《けんぎょう》という言葉を聞いたことがあるでしょう。仏教はいろんな分類《ぶんるい》ができるのですが、そのうちの大きな分類《ぶんるい》として、この2種類《しゅるい》があります。

顕教《けんぎょう》とは、私たちが普通《ふつう》に使う言葉でもって仏《ほとけ》さまの教えを理解《りかい》しようというものです。今まで私が仏教のお話をしてきましたが、これも普通《ふつう》の言葉でお釈迦《しゃか》さまの教えを伝《つた》えようとしているから、顕《けん》教《ぎょう》ということになります。

これに対して、密教《みっきょう》は、言葉や理屈《りくつ》を使わずに直接《ちょくせつ》に宇《う》宙《ちゅう》の生命と一体になることを目的《もくてき》にしています。

具体的《ぐたいてき》には「身《しん》、口《く》、意《い》」の三つの方法があって、これを三密《さんみつ》の加持《かじ》と称《しょう》します。手で印《いん》を結《むす》ぶことを身密《しんみつ》、口に真言《しんごん》（マントラ）を唱《とな》えることを口密《くみつ》、心に大日如来《だいにちにょらい》を想《そう》念《ねん》することを意密《いみつ》と言います。大日如来《だいにちにょらい》というのは、密教《みっきょう》の根本仏《こんぽんぶつ》と呼《よ》ばれる尊《とうと》い仏《ほとけ》さまで、宇宙《うちゅう》の生命の象徴《しょうちょう》とでも言うべき存在《そんざい》です。

密教《みっきょう》ではこの三密《さんみつ》を行《ぎょう》ずることこそが悟《さと》りへの道だと教えます。凡夫《ぼんぷ》であろうと、この三密加持《さんみつかじ》を行なえば、生きながらにして仏《ほとけ》になれる。つまり即身成仏《そくしんじょうぶつ》ができるというのです。

マントラは密教《みっきょう》の中でも、とても大切なものです。

この六郷満山《ろくごうまんざん》の回峰行《かいほうぎょう》では「ノーマク　サンマンダ　バサラダン　センダマカロシャナ　ソワタヤ　ウンタラカンマン」という不動明王《ふどうみょうおう》の真言《しんごん》を唱《とな》えるのですが、こうした真言《しんごん》には不思議《ふしぎ》な力があって、これを唱《とな》えることによって直接《ちょくせつ》、仏《ほとけ》さまとつながることができると言います。このマントラはもとはインドの言葉なのですが、それを翻訳《ほんやく》しては御利益《ごりやく》がありません。言葉自体に力があるので、翻訳《ほんやく》せずに唱《とな》えるわけです。

法螺貝《ほらがい》は、山岳修行《さんがくしゅぎょう》の聖《せい》なる楽器《がっき》

六郷満山巡礼《ろくごうまんざんじゅんれい》

行者《ぎょうじゃ》の呼吸法《こきゅうほう》

六郷満山《ろくごうまんざん》の話に戻《もど》れば、行《ぎょう》をしている間は私語厳禁《しごげんきん》。このマントラだけは唱《とな》えていいけれども、それもあんまり大きな声ではいけない。口の中でひとり唱《とな》えます。とにかく黙々《もくもく》と歩きなさいと言われます。

山道といっても、深く茂《しげ》った木や草を刀で伐《き》りひらきながら歩くわけですが、切った枝《えだ》がはねかえってくるので、すぐみんな顔が傷《きず》だらけになります。前に歩いたのが18年前のことですから、先達《せんだつ》って道に迷《まよ》って、とんでもないところに入りこんだりするのです。

そんな過酷《かこく》な山歩きですから、変《へん》な話、一度もトイレに行こうと思わない。水分は全部、汗《あせ》になって出てしまうからです。

では、のどが渇《かわ》くかといえば、あんまり苦しいから水を飲む気にもなれない。山道を出て、里《さと》の村に立ち寄《よ》ると地元の人がお接待《せったい》といってお茶や漬《つ》け物《もの》を出してくださる。ありがたいけれども、身体《からだ》が受け付《つ》けない。それくらい苦しい。

ずっと誰《だれ》も何も言わずに歩いているわけですが、ときどき立ち止まって法螺貝《ほらがい》を吹《ふ》く。法螺貝《ほらがい》は山岳修行《さんがくしゅぎょう》の世界では「法具《ほうぐ》」といって聖《せい》なる楽器《がっき》ですから、これは吹《ふ》いていい。法螺貝《ほらがい》の「ボーッ」という音がとても気持ちいいんです。あの音を聞くと、不思議《ふしぎ》に元

●なぜ、行者《ぎょうじゃ》は不動明王《ふどうみょうおう》のマントラを唱《とな》えるのか

気が出る。それを吹《ふ》く僧《そう》がしんがりで、つまり私の後ろにいる人でした。

　そうやって半日くらい歩いていましたら、突然《とつぜん》、前を歩いていた若《わか》いお坊《ぼう》さんがピューッという声をあげた。こっちも朦朧《もうろう》としているから空耳《そらみみ》かと思ったら、どうも違《ちが》う。無意識《むいしき》のうちに森進一《もりしんいち》の歌を歌っていたのです。朦朧《もうろう》としていたのは私だけじゃない。若《わか》いお坊《ぼう》さんまでもが、ちょっと変《へん》になって歌ってしまったわけです。きっと普段《ふだん》からカラオケが好《す》きだったのでしょう。苦しくて、いつの間にか口を衝《つ》いて出てしまったのです。

　それはさておき、このとき発見したのは歩いていてだんだん苦しくなってきたときに、マントラを唱《とな》えると本当に楽になるということ。

　というのは、「ノーマクサンマンダ　バサラダン　センダマカロシャナ　ソワタヤウンタラカンマン」というマントラを唱《とな》えると、自然《しぜん》に呼吸《こきゅう》が整ってくる。大きく息を吸《す》ってゆっくり吐《は》く。そしてまた大きく吸《す》う。これを繰《く》り返すと自然《しぜん》、腹式呼吸《ふくしきこきゅう》になって息が楽になってくる。

　真言《しんごん》にもいろんなものがあるのですが、行者《ぎょうじゃ》が不動明王《ふどうみょうおう》のマントラを唱《とな》えるというのは、これが一番、呼吸法《こきゅうほう》にかなっているからでしょう。息が上がってきたら、このマントラを低《ひく》く唱《とな》えると自然《しぜん》におさまってきます。真言《しんごん》は呪文《じゅもん》としての意味だけでなく、行者《ぎょうじゃ》の心身を正しくする効用《こうよう》があるのだと思います。

「秘法《ひほう》」の助けで最後《さいご》の山に

　こうして何とか脱落《だつらく》せずに歩いたわけですが、さすがに夕方近くなると、もう歩けない。「これ以上歩けません。もう帰ります」とギブアップです。

　そうしたら、先達《せんだつ》のお坊《ぼう》さんが「せっかく、ここまで歩いたんだ。残《のこ》りはもう少しだけだから、せめて今日《きょう》の分だけでも終わらせなさい」とおっしゃる。歩いているときは話してはダメだけれども、休憩《きゅうけい》中なら小声《こごえ》で話すぐらいはいいんです。

「あと、どのくらい残《のこ》っているんですか」と質問《しつもん》したら、「あの山の寺までです」と指を指《さ》す。見たら、3里《り》ぐらいの距離《きょり》。つまり10キロちょっと。「寺は山の上ですか、それとも麓《ふもと》ですか」と聞くと「下です」とおっしゃる。それならできるかもしれないと思って歩きました。

　無我夢中《むがむちゅう》で歩いていたら、日が暮《く》れたころに麓《ふもと》に着いた。ところが、行ってみたら寺は山の上にあるというのです。行者《ぎょうじゃ》が嘘《うそ》をついていいのでしょうか。

　でも、もういくら何でも歩けない。

「みなさんの偉《えら》さはすっかり分かりました。恐《おそ》れ入りました。どうかここで勘弁《かんべん》してください。さようなら」と言って逃《に》げようとしたら、「せっかくだから」とおっしゃる。

　たしかに、あともう少しのところで脱落《だつらく》するのは、私としても残念《ざんねん》です。でも、もういくら気力を振《ふ》り絞《しぼ》っても、山頂《さんちょう》までは歩けそうにない。私の履《は》いていた草鞋《わらじ》は、すでに午後2時頃《ごろ》には踵《かかと》がすり減《へ》って、なくなってしまっていました。替《か》えの草鞋《わらじ》を地元の人がくださったのですが、藁《わら》を叩《たた》いて柔《やわ》らかくしていないものだから、履《は》くと針《はり》の山みたいにチクチク痛《いた》い。それでしょうがなく踵《かかと》がなくなって、

前半分にすり減《へ》った草鞋《わらじ》で、ここまでついてきたのです。これ以上《いじょう》は歩けません。

すると、若《わか》いお坊《ぼう》さんがやってきて「寂聴《じゃくちょう》さん、私が押《お》してあげるから登りましょう」と言うんです。

どうやって押《お》すのかと思ったら、私の腰《こし》に後ろから手を当てる。といっても、直接《ちょくせつ》、手を触《ふ》れるのではなくて、10センチほど離《はな》しているのです。これが何の役に立つのだろうと思っていたら、「さあ歩いてください」と言うので歩いてみたら、どうでしょう。険《けわ》しい山道が軽く上がれるではありませんか。

「いったい、どんなまじないをしているの」

と思わず尋《たず》ねたら、

「何もしていません。黙《だま》って歩きなさい」

とおっしゃるので、そのまま押《お》されるように歩きました。

後で聞いたら、これは行者《ぎょうじゃ》だけが知っている秘法《ひほう》なのだそうです。前を歩いている人の半歩分の歩調《ほちょう》で歩く。そして、前を歩いている人の呼吸《こきゅう》に合わせる。私のように小柄《こがら》な人間の歩き方に合わせるのは大変《たいへん》だったと思いますが、そのおかげで私は軽々と山頂《さんちょう》まで登ることができたというわけですね。

山の上に着いたら、もうとっぷり日は暮《く》れていました。

その暗闇《くらやみ》の中で、法螺貝《ほらがい》に山の水を汲《く》んで飲ませてくださったのですが、その水のおいしかったこと。それまでは水なんて一滴《てき》も飲みたくないと思っていたのに、いくらでも飲める。これで生き返った気分がしました。

日常《にちじょう》から非日常《ひにちじょう》の時間へ

こうして私は六郷満山《ろくごうまんざん》の回《かい》峰行《ほうぎょう》を1日分だけ満行《まんぎょう》したわ

次ページ・国東《くにさき》の磨崖仏《まがいぶつ》の前で▶

札所◉巡礼者《じゅんれいしゃ》が参拝《さんぱい》するお寺のこと。参拝《さんぱい》の際《さい》に、札《ふだ》を納《おさ》めるので札所《ふだしょ》と呼《よ》ばれるようになった。かつてお札《ふだ》は建物《たてもの》の柱などに釘《くぎ》で打ち付《つ》けていた。
求道者◉神仏《しんぶつ》の教えを求《もと》めて、修行《しゅぎょう》する人のこと。

◉人間は日常《にちじょう》のしがらみの中で生きている

けです。とにかく50キロ、完《かん》全《ぜん》に歩いたのです。

こうした行《ぎょう》はたしかに苦しいけれども、けっして私は嫌《きら》いじゃない。むしろ、好《す》きなんです。

その理由は、一つに日常《にちじょう》を離《はな》れられるからですね。

人間というのは、日常《にちじょう》のしがらみの中で生きています。私は、そうしたしがらみに雁《がん》字搦《じがら》めにされている自分が嫌《いや》で出家《しゅっけ》したという面もあったのですが、出家《しゅっけ》してみればしたで、やはり徐々《じょじょ》にしがらみが増《ふ》えてきます。だから、もう一回出家《しゅっけ》しようかと思うぐらいです。

これを別《べつ》の言葉で表現《ひょうげん》すれば、日常《にちじょう》とは煩悩《ぼんのう》の世界だとも言えます。これに対して、山の中で修行《しゅぎょう》したりすることは、一時的《いちじてき》とはいえ煩悩《ぼんのう》から離《はな》れることでもある。それは非日常《ひにちじょう》の世界です。だから、昔から行者《ぎょうじゃ》たちは山岳修行《さんがくしゅぎょう》をし、悟《さと》りを開こうとしたのでしょう。

かといって、私のような物《もの》好《ず》きはともかく、普通《ふつう》の人はなかなか回峰行《かいほうぎょう》なんてできません。そもそもチャンスがなかなかないし、また年輩《ねんぱい》になれば１日に山を50キロも60キロも歩けるものではありません。

しかし、それでは普通《ふつう》の人にとって修行《しゅぎょう》は縁《えん》のないものかといえば、そうでもありません。巡礼《じゅんれい》というものがあります。

近年はちょっとした巡礼《じゅんれい》ブームです。

近畿《きんき》地方を中心とした西国《さいごく》三十三ヶ所巡《めぐ》り、あるいは四《し》国《こく》の八十八ヶ所霊場《れいじょう》が有名ですが、関東《かんとう》では秩父《ちちぶ》三十四ヶ所、坂東《ばんどう》三十三ヶ所の観音霊《かんのんれい》場巡《じょうめぐ》りも行なわれています。私が住職《じゅうしょく》を務《つと》めている岩手《いわて》の天台寺《てんだいじ》は「ぬかべ三十三ヶ所」という霊場巡《れいじょうめぐ》りの33番目の打上げの札所《ふだしょ》になっています。いずれも、今では観光《かんこう》バスを仕立《した》てたりして大がかりに巡礼《じゅんれい》が行なわれています。

私もポータラカの会という巡礼《じゅんれい》グループを作り、会員を率《ひき》いて、巡礼《じゅんれい》をしていましたが、そこにもたくさんの参加《さんか》者《しゃ》がありました。仕事を休んだり、家庭をほったらかしにしてでも巡礼《じゅんれい》をしたいという人が多かったのです。

巡礼《じゅんれい》というと、決められたお寺に参詣《さんけい》して、そこにお札《ふだ》を納《おさ》めていくものだと思われています。あるいは高僧《こうそう》や求《ぐ》道者《どうしゃ》が歩いた道をたどることに意義《いぎ》があるとされています。これはこれで間違《まちが》いではありませんが、日常《にちじょう》を離《はな》れて、非《ひ》日常《にちじょう》に入るというところがとても大事なのです。

巡礼《じゅんれい》することを遍路《へんろ》とも言いますが、この遍路《へんろ》は本来、「辺路《へんろ》」と書かれていました。辺境《へんきょう》の、けわしい土地を踏《ふ》み

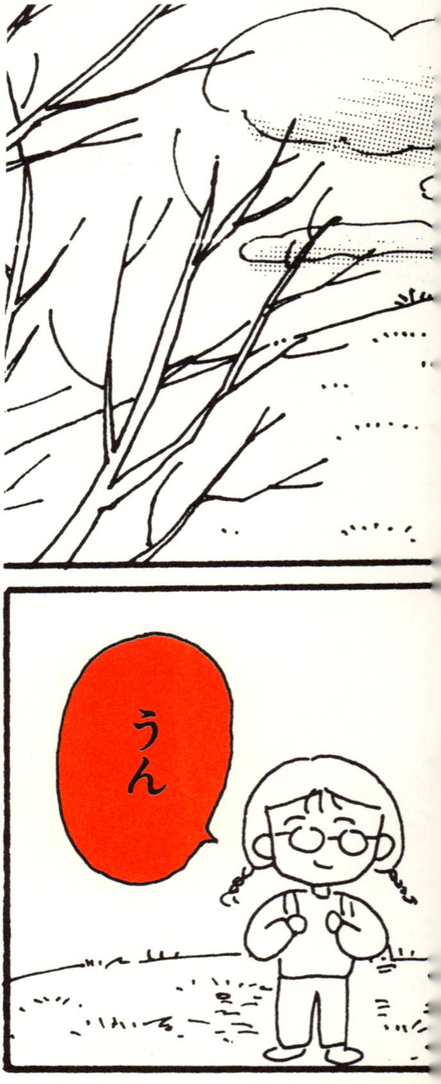

歩いて修行《しゅぎょう》することから、辺《へん》路《ろ》あるいは辺土《へんど》と言った。つまり、札所巡《ふだしょめぐ》りと山岳修行《さんがくしゅぎょう》はルーツが一緒《いっしょ》なのです。

今でこそ、日本中に舗装道《ほそうどう》路《ろ》が敷《し》き詰《つ》められ、どこもかしこも車で行けるようになりましたが、昔の巡礼《じゅんれい》はけっして楽ではありません。野越《のこ》え、山越《やまこ》えの道を歩いていたわけです。そうした命がけの旅に出ることによって、日常生活《にちじょうせいかつ》を離《はな》れ、生まれ変《か》わろうというのが巡礼《じゅんれい》のはじまりだったのです。

巡礼装束《じゅんれいしょうぞく》は、死に装束《しょうぞく》

巡礼《じゅんれい》が非日常《ひにちじょう》の世界に入る修行《しゅぎょう》の旅であることが、はっきり分かるのはその装束《しょうぞく》です。

この頃《ごろ》は、みなさん普通《ふつう》の洋服で巡礼《じゅんれい》をしていますが、昔の巡礼装束《じゅんれいしょうぞく》はみな白衣《びゃくえ》です。なぜ、白い衣《ころも》かと言えば、死に装束《しょうぞく》だからです。

人間は巡礼《じゅんれい》に行くことで生まれ変《か》わると言いましたが、生まれ変《か》わるためには、一度死ななければなりません。そ

弘法大師◉真言宗《しんごんしゅう》の開祖《かいそ》・空海《くうかい》のこと。空海《くうかい》は讃岐《さぬき》（香川《かがわ》県）に生まれ、若《わか》い頃《ころ》に阿波《あわ》（徳島《とくしま》県）、土佐《とさ》（高知《こうち》県）などで厳《きび》しい修行《しゅぎょう》をした。

卒塔婆◉サンスクリット語の「ストゥーパ」（塔《とう》）から来た言葉。本来は釈迦《しゃか》の遺骨《いこつ》（仏舎利《ぶつしゃり》）を祀《まつ》る塔《とう》のことだったが、日本では墓《はか》に立てる木の墓標《ぼひょう》を指《さ》すようになった。

◉巡礼者《じゅんれいしゃ》は観音《かんのん》さまと一緒《いっしょ》に歩く

こで巡礼者《じゅんれいしゃ》は、生きながらにして死んだ人間になるのです。だから、死人が着るのと同じ白衣《びゃくえ》を身にまといます。

　巡礼者《じゅんれいしゃ》が死に装束《しょうぞく》をするのには、もう一つの理由があります。それは、現実《げんじつ》に昔は巡礼《じゅんれい》の途中《とちゅう》で死んだ人が多かったから。病気やケガのために行《い》き倒《だお》れになった人も多かったし、また山賊《さんぞく》に襲《おそ》われて死ぬことも珍《めずら》しくありません。そこで、巡礼《じゅんれい》の途中《とちゅう》で死んだとしても、そのまま葬《ほうむ》れるように死に装束《しょうぞく》を着たというわけです。

　巡礼《じゅんれい》はかならず菅笠《すげがさ》をかぶるのですが、その菅笠《すげがさ》には「同行二人《どうぎょうににん》」と「迷故三界城《まようがゆえにさんがいはしろ》、悟故十方空《さとるがゆえにじっぽうはくう》、本来無東西《ほんらいとうざいなし》、何処有南北《いずくにかなんぼくあらん》」という二つの文《もん》句《く》を記《しる》します。

「同行二人《どうぎょうににん》」というのは、観《かん》音巡礼《のんじゅんれい》の場合、「観音《かんのん》さまとご一緒《いっしょ》に巡礼《じゅんれい》します」という意味です。四国《しこく》八十八ヶ所は弘法大師《こうぼうだいし》の足跡《そくせき》をたどる旅ですので、「お大師《だいし》さまと一緒《いっしょ》です」という意味です。

　それでは一方の「迷故三《まようがゆえにさん》界城《がいはしろ》、悟故十方空《さとるがゆえにじっぽうはくう》、本来無《ほんらいとう》東西《ざいなし》、何処有南北《いずくにかなんぼくあらん》」という文《もん》句《く》は何か。これは本来、葬式《そうしき》の時、お棺《かん》の蓋《ふた》に書く言葉です。四句偈《しくげ》と言います。

　もし、巡礼者《じゅんれいしゃ》が旅の途中《とちゅう》で死んだら、地元の人がその場所に穴《あな》を掘《ほ》って埋《う》める。そして、その土饅頭《どまんじゅう》の上に菅笠《すげがさ》を置《お》く。すると、それが棺桶《かんおけ》の蓋《ふた》になる。それで笠《かさ》に四句偈《しくげ》が書かれているというわけです。

　また、巡礼《じゅんれい》は金剛杖《こんごうづえ》という木の杖《つえ》を持ちますが、この杖《つえ》は実《じつ》はお墓《はか》に立てる卒塔婆《そとば》代わりなのです。

　金剛杖《こんごうづえ》には巡礼者《じゅんれいしゃ》の生国《しょうこく》と名前を書き込《こ》みます。もし死んだ場合、それを塚《つか》の上に差《さ》しておけば、誰が死んだか分かります。

　杖《つえ》の上部には「地水火風《ちすいかふう》空《くう》」の５文字が梵字《ぼんじ》で記《しる》されています。梵字《ぼんじ》というのは、インドのサンスクリット文字ですが、この５文字は卒塔婆《そとば》に書かれるべき文字なのです。ですから、この杖《つえ》を墓《はか》に立てれば、そのまま卒塔婆《そとば》になるというわけです。

　昔は巡礼《じゅんれい》といえば、決死の覚悟《かくご》で行なうものでした。

　そんなに大変《たいへん》な旅だったのに、昔からなぜ日本人は巡礼《じゅんれい》をしていたのか。それは辺境《へんきょう》の地を回る修行《しゅぎょう》によって、自分自身も生まれ変《か》わるし、仏《ほとけ》さまに願《がん》をかけることができると考えたからです。

　かつては若《わか》い男女が村の長《ちょう》老《ろう》に引き連《つ》れられて、巡礼《じゅんれい》を

する風習《ふうしゅう》がありました。一種《いっしゅ》の成人式《せいじんしき》のようなもので、大人《おとな》になる通過儀礼《つうかぎれい》とされました。厳《きび》しい巡礼《じゅんれい》をすることによって大人《おとな》に生まれ変《か》わろうという意味があったのでしょう。どんな目的《もくてき》にせよ、昔はやはり死ぬ覚悟《かくご》で巡礼《じゅんれい》をしていたのです。

ポータラカ

　しかし、死ぬ覚悟《かくご》で巡礼《じゅんれい》をしなさい、あるいは「いったんは死んだ身だ」と思って巡《じゅん》礼《れい》なさいと言っても、今の時代はなかなかそんなふうには思えません。自動車や列車ができて便利《べんり》になったのはたしかにありがたいけれども、命がけで修行《しゅぎょう》に出るということができないという点では、今

ポータラカに憧《あこが》れ、船出《ふなで》した僧侶《そうりょ》たち

の私たちはかえって不幸《ふこう》なのかもしれません。

私がかつて行なっていたポータラカの会でも、参加《さんか》人数が多いのでバスでの移動《いどう》が中心でした。バスであちこちのお寺を回って、ホテルに泊《と》まる。昔の巡礼《じゅんれい》とは大違《おおちが》いです。

だから、せめて気持ちだけは昔の人と同じように、これは修行《しゅぎょう》なんだと思ってほしいのです。決死の覚悟《かくご》を持てとは言わないけれども、それなりの心構《こころがま》えであってほしいと思うのですが、実際《じっさい》は子どもの修学旅行《しゅうがくりょこう》と同じです。喧嘩《けんか》したり、部屋割《へやわ》りに文句《もんく》を付《つ》けたり、大変《たいへん》な騒《さわ》ぎでした。

バスを2台も3台もしたてて行くのだから、部屋割《へやわ》りなんて希望《きぼう》どおりにいきません。ところが「あの人は嫌《いや》だ」とか「イビキをかくから別《べつ》の部屋にしてくれ」とか。なるべく希望《きぼう》どおりにしてあげたいと思うけれども、本当のことを言えば、イビキを我慢《がまん》するのも修行《しゅぎょう》のうちですよ。

ところで、このポータラカというのは、漢字で書くと「補陀落《ふだらく》」となります。これは観音《かんのん》さまのいらっしゃる浄《じょう》土《ど》の名前です。インドの南のほうに観音《かんのん》さまの世界があると、お経《きょう》にあります。巡礼《じゅんれい》は四国《しこく》八十八ヶ所こそ例外《れいがい》ですが、たいていは観音霊場巡《かんのんれいじょうめぐ》りですから、私は自分の巡礼《じゅんれい》の会にこの名前を付《つ》けました。

和歌山《わかやま》県南紀《なんき》の南端《なんたん》を走る紀勢線《きせいせん》の那智駅《なちえき》の海岸《かいがん》は、神《じん》武天皇《むてんのう》が上陸《じょうりく》した地と伝《つた》えられ、駅前《えきまえ》に浜の宮の森がある。「渚《なぎさ》の宮」とも呼《よ》ばれて、「神武天皇頓宮跡《じんむてんのうとんぐうあと》」の碑《ひ》が建っています。この浜の宮の隣《となり》に、補陀落山寺《ふだらくせんじ》がひっそりと建っています。

日本一の那智《なち》の滝《たき》のある青《せい》岸渡寺《がんとじ》（西国《さいごく》三十三観音巡礼《かんのんじゅんれい》の第一番札所《だいいちばんふだしょ》）への巡礼《じゅんれい》の人はひきも切らないけれど、その巡礼者《じゅんれいしゃ》も、この小さな荒《あ》れた寺へはほとんど立ち寄《よ》る人もありません。

寺伝《じでん》によると欽明天皇《きんめいてんのう》の30年（569）の創建《そうけん》ということだから、仏教が日本に渡《わた》って間もない頃《ころ》となり、古い歴史《れきし》を持つようです。しかし私がはじめて詣《まい》った時は御本尊《ごほんぞん》の千手観音《せんじゅかんのん》のお手も無惨《むざん》にたくさん折れて、足許《あしもと》につまれているというような荒廃《こうはい》ぶりでした。

私は青岸渡寺《せいがんとじ》へ行くたび、この寺に寄《よ》ります。この寺に私が惹《ひ》かれるのは、この寺の住職《じゅうしょく》が、小さな箱船《はこぶね》に乗り、2週間分くらいの食料をつみこんで、外から戸を閉め、その戸を釘《くぎ》で打ち付けて出られないようにして、この浜から海へ出発していく風習《ふうしゅう》があったからです。その僧《そう》は、この海の彼方《かなた》にインドの南端にあるという補陀落浄土《ふだらくじょうど》、つまり観音《かんのん》さまのいらっしゃるポータラカがあると信じ、南紀《なんき》の海から船出《ふなで》すれば黒潮《くろしお》に乗って、そこへたどりつけると信じたのです。つまり「捨身《しゃしん》行《ぎょう》」で、命がけでポータラカへ憧《あこが》れ、船出《ふなで》したのです。

最初《さいしょ》に思いつき決行した僧《そう》に感激《かんげき》した土地の人々は、盛《せい》大《だい》にその船を見送りました。その箱船《はこぶね》はやがて人々の視界《しかい》から見えなくなりました。たぶん、沖《おき》のどこかで沈没《ちんぼつ》したことでしょう。

次にその寺に入った住職《じゅうしょく》は人々から、あの僧は、いつ船《ふな》出《で》するのだろうと期待され、同じ形で船出《ふなで》して、行方不明《ゆくえふめい》になりました。

その行事を補陀落渡海《ふだらくとかい》と呼《よ》ぶようになりました。

この浜だけでなく、日本の太平洋岸《たいへいようがん》に面した寺の僧《そう》の間で、補陀落渡海《ふだらくとかい》が流行して、百数十人も決行した僧があっ

ダライ・ラマ◉チベットにおいて観音菩薩《かんのんぼさつ》の化身《けしん》の転生者《てんせいしゃ》と信じられている。17世紀以降《せいきいこう》、チベット王の俗称《ぞくしょう》ともなった。ダライは「大海」、ラマは「師僧《しそう》」の意味である。

チベット・ポタラ宮

たといいます。この寺の背後の山の背には、13人の補陀落《ふだらく》渡海僧《とかいそう》の墓《はか》が今も並《なら》んでいて、その事実を証明《しょうめい》しているのです。

中には、渡海するのがいやだけれど、みんなの期待の手前、しかたなく出発し、ひそかに船を抜け出す仕組みをしておいて、沖《おき》に出て逃げ出し、泳いで近くの島に渡《わた》り、こっそり江戸へ逃《に》げてしまった僧《そう》のいたことも伝《つた》えられています。

土地の人々は、渡海上人《とかいしょうにん》の捨身《しゃしん》の信仰《しんこう》を尊《とうと》んだのでしょう。

またチベットの中心の都ラサにはポタラ宮という見事な宮殿《きゅうでん》があります。これは本来ダライ・ラマの宮殿《きゅうでん》です。もちろん、ポタラとはポータラカからきた命名で、チベットは観音浄土《かんのんじょうど》と信《しん》じられていたのです。

今は中国領《ちゅうごくりょう》になっていて、ダライ・ラマはインドに亡命《ぼうめい》していて、お寺に残《のこ》っている僧侶《そうりょ》も、ただ番をしているだけで、仏教行事は禁《きん》じられています。

それでも人々は、ひそかに熱烈《ねつれつ》に観音信仰《かんのんしんこう》を保《たも》っていて、巡礼《じゅんれい》もあとを断《た》っていません。

10年間消えていた笑顔《えがお》

ポータラカの会を率《ひき》いて、私は何度も巡礼《じゅんれい》したのですが、いろいろ小さなトラブルはあっても、やはり巡礼《じゅんれい》には不思議《ふしぎ》な力があります。

みなそれぞれに悩《なや》みがあったり、悲しいことがあるから巡礼《じゅんれい》を思い立ったのでしょうが、最後《さいご》のころになるとみんな顔がにこやかになる。これはやはり非日常《ひにちじょう》の旅だからでしょう。

日常《にちじょう》の世界では、私たちは悩《なや》みや苦しみから離《はな》れることができません。

商売をしていれば、売れ行きのことで悩《なや》むし、お嫁《よめ》さんはお姑《しゅうとめ》さんのことで悩《なや》んでいる。そのお姑《しゅうとめ》さんも、嫁《よめ》の言ったことが癪《しゃく》に障《さわ》るとか、いろいろ悩《なや》んでいるわけです。そうした悩《なや》みの連続《れんぞく》が日常生活《にちじょうせいかつ》です。

ところが巡礼《じゅんれい》に行くと、それから離《はな》れることができる。長い距離《きょり》はバスに乗って移動《いどう》しますが、お寺に行けば参道《さんどう》は自分の足で歩く。知らない土地の、知らない山を歩いたり、知らないお寺で参拝《さんぱい》をする。これはまったくの非日常《ひにちじょう》です。

非日常《ひにちじょう》の空間と時間は、どこかで浄土《じょうど》につながっているのではないでしょうか。だから、そうした中を歩いていると、心が洗《あら》われるのです。悩《なや》みや悲しみも薄《うす》れてくるのです。

あるとき、巡礼《じゅんれい》に初《はじ》めて参《さん》加《か》した女性《じょせい》がいて、その人が巡礼《じゅんれい》の最後《さいご》になって私の手を握《にぎ》って、突然《とつぜん》泣《な》き出したんです。「どうしたの」と聞いたら「私は夫《おっと》に10年前に死なれてからこのかた、一日として笑《わら》ったことがない」と言うんです。10年もの間、ご主人のことを考えていたのですね。

ところが今回、友だちに勧《すす》められて、気が進まなかったけれども巡礼《じゅんれい》に来てみた。そうしたら、巡礼《じゅんれい》をしているうちに、一日ごとに心が和《なご》やかになってきた自分に気がついた。そして、いつの間にか巡《じゅん》礼《れい》の仲間《なかま》たちと大声で笑《わら》えるようになったというのです。

「10年間忘《わす》れていた笑《わら》いを思い出すことができました。ありがとうございます」

と言って、わんわん泣《な》くのです。

これもまた巡礼《じゅんれい》の功徳《くどく》でしょうね。

新しい自分に生まれ変《か》わる旅

また、こんな話もありました。

一番最初《さいしょ》にポータラカの会で巡礼《じゅんれい》をしたときに、かならずバスの一番後ろに坐《すわ》る女性《じょせい》がいたんです。若《わか》くて、きれいな奥《おく》さんですが、いつも泣《な》いている。

その理由をたずねたら、自分の息子《むすこ》がバイクに乗っていて事故《じこ》で即死《そくし》したのだそうです。15か16ぐらいの若《わか》いお子さんです。その子のことを考えると悲しくて仕方がないから巡礼《じゅんれい》に来たのだけれども、何かにつけて息子《むすこ》のことを思い出して涙《なみだ》が止まらないと言うのです。

「悲しいのは、苦しいのはあなただけじゃないのよ。この巡礼《じゅんれい》に来ている人の中にも、きっとあなたと同じように愛《あい》している人をなくした人がいるはずよ」と言って、慰《なぐさ》めたのだけれども、それでもシクシク泣《な》いている。

それが巡礼《じゅんれい》の初日《しょにち》だったのだけれども、3日ぐらいしたらバスの後ろのほうから「キャッキャッ」という笑《わら》い声がする。振《ふ》り返ってみたら、その奥《おく》さんだった。

「あなた、今笑《わら》えたわね、よかったね」と言ったら、「あ、本当だ。ありがとうございます」と自分でも驚《おどろ》いていました。

日常《にちじょう》、自分が苦しんでいること、悲しんでいることが全部忘《わす》れられる場所が巡礼《じゅんれい》です。自分の子どもを失った逆縁《ぎゃくえん》で悲しいと思っていても、巡礼《じゅんれい》に行くことでそれが忘《わす》れられる。巡礼《じゅんれい》によって新しい自分になれる。生まれ変《か》わることができる。それが巡礼《じゅんれい》のいいところです。

もちろん、巡礼《じゅんれい》から帰れば、また日常生活《にちじょうせいかつ》が待っています。でも、巡礼《じゅんれい》で生まれ変《か》わったから、新しい気持ちで暮《く》らしていけるんです。

今回は、何だか講義《こうぎ》というよりは雑談《ざつだん》の連続《れんぞく》のようになってしまいましたね。

でも、行《ぎょう》というのは実践《じっせん》ですから、理論《りろん》や理屈《りくつ》でなかなか語れません。だから、どうしてもこんな話になってしまいますが、ぜひ、あなたも機《き》会《かい》があったら、普通《ふつう》の観光旅行《かんこうりょこう》もいいけれども、一度、巡《じゅん》礼《れい》をしてみるのもいい経験《けいけん》です。

巡礼《じゅんれい》の装束《しょうぞく》 四国遍路《しこくへんろ》の場合

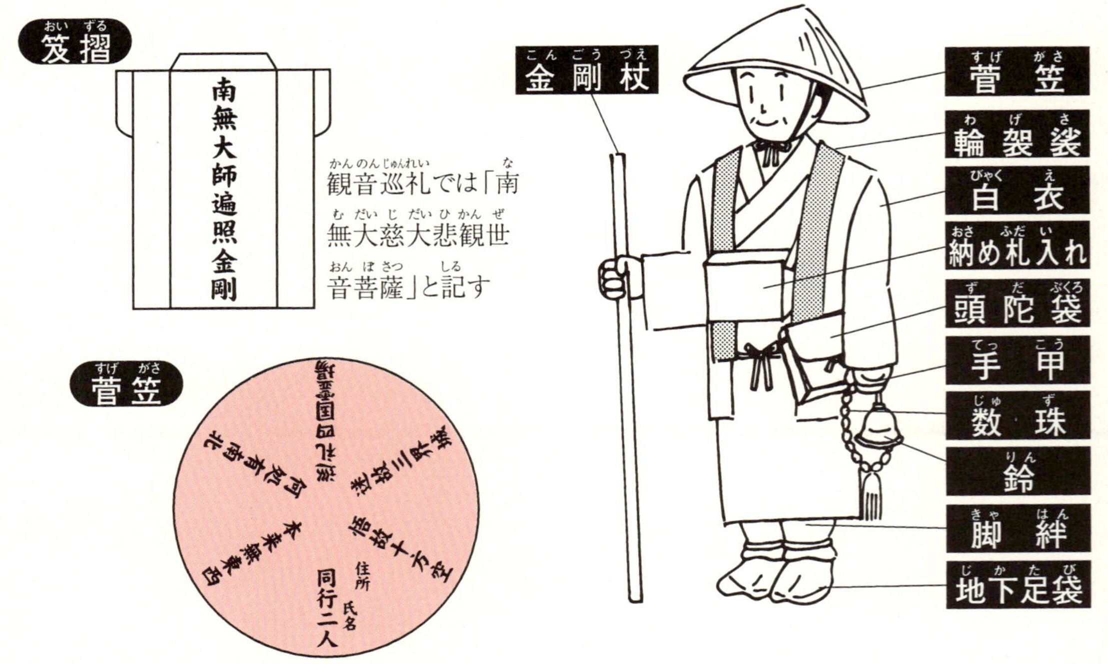

寂庵《じゃくあん》、著者《ちょしゃ》手彫《てぼ》りの仏《ほとけ》さま

じゃあね
まってくれ
まる子《こ》っ
わしゃ一生《いっしょう》の事《こと》だとは思ってなかったもんじゃやからつい……やわらかいだけの人生《じんせい》なんてまっぴらじゃ
「やわらかい」のほかに「おいしい」もつけたしてくれ

[第7章]

GLOBAL BUDDHISM STANDARD

七《ななしょう》

私たちが知っているお経《きょう》の中でも、最《もっと》も有名なものは何と言っても『般若心経《はんにゃしんぎょう》』でしょう。書店では、たくさんの『般若心経入門《はんにゃしんぎょうにゅうもん》』が売られています。わずか266文字の短いお経《きょう》が、どうしてこれほどまでに親しまれて、注目を集めるのでしょう。また、その中にはいったい、どんな教えが説《と》かれているのでしょうか。

「空」の世界 般若心経入門

コーラン◉イスラム教の聖典《せいてん》。開祖《かいそ》モハメッドが神から受けた啓示《けいじ》をアラビア文字で記《しる》したもの。

紙の発明◉紙は西暦《せいれき》105年、中国の蔡倫《さいりん》が発明したと言われている。日本に紙が伝《つた》わったのは7世紀初《せいきはじ》め、ヨーロッパに伝《つた》わったのはずっと下《くだ》って12世《せい》紀《き》とされる。

お釈迦《しゃか》さまの言葉を弟子がまとめて、最初《さいしょ》のお経《きょう》ができた

お経《きょう》とは教えの「縦糸《たていと》」

今回は、仏教のお経《きょう》について話をしましょう。

お経《きょう》は、仏教の聖典《せいてん》です。キリスト教の聖書《せいしょ》、イスラムのコーランに当たるのがお経《きょう》です。

お釈迦《しゃか》さまは80歳《さい》で亡《な》くなるまで何もご自分では書き残《のこ》しませんでした。ひたすら説《せっ》教《きょう》されただけです。

そこでお釈迦《しゃか》さまの没後《ぼつご》、弟子《でし》たちが1ヶ所に集まり、お釈迦《しゃか》さまからそれまでに聞いた教えをまとめることになりました。この集会を「結《けつ》集《じゅう》」と呼《よ》びます。

古代インドでは聖典《せいてん》はみんな口伝《くでん》で、暗唱《あんしょう》して記憶《きおく》しました。書く習慣《しゅうかん》はなかったのです。

最初《さいしょ》の結集《けつじゅう》はラージャグリハ（王舎城《おうしゃじょう》）郊外《こうがい》の七葉窟《ななようくつ》で500人の弟子《でし》が集まって起こったので、第一結集《だいいちけつじゅう》とも五百《ごひゃく》結集《けつじゅう》とも言われます。招集《しょうしゅう》し、主宰《しゅさい》したのはマハーカッサパ(麻訶迦葉《まかかしょう》)で、アーナンダが法《ほう》を、ウパーリが律《りつ》を受け持ったと言われます。

この集会では、弟子《でし》たちが一人一人立ち上がっては「私はこのように聞きました」と前置《まえお》きしてから、自分がお釈《しゃ》迦《か》さまから教えてもらったことを述《の》べて、それをみんなで暗唱しました。「私はこのように聞きました」という個所《かしょ》は、漢訳《かんやく》のお経《きょう》では「如是我《にょぜが》聞《もん》」と記《しる》されています。

この当時のインドには、紙はありません。紙が中国《ちゅうごく》で発明されたのはずっと後のことです。当然《とうぜん》、今のようなペンもインクもありません。

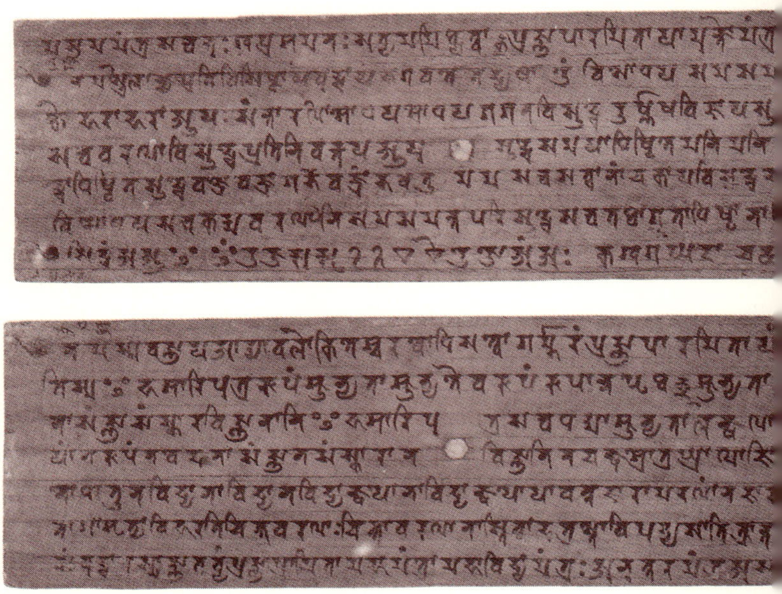

そこで覚《おぼ》えたことを記録《きろく》するのに使われたのが、「貝多《ばいた》羅葉《らよう》」と呼《よ》ばれる大きな葉っぱです。ツバキの葉に傷《きず》を付《つ》けると白い跡《あと》が残《のこ》りますね。貝多羅葉《ばいたらよう》に釘《くぎ》やとがった石で文字を書くと、その跡《あと》が白く乾《かわ》いて残《のこ》ります。針《はり》で葉に穴《あな》を開けて書いたという説《せつ》もありますが、いずれにせよ当時のインドでは葉っぱにお釈迦《しゃか》さまの教えを記録《きろく》していたのです。

お経《きょう》は、こうした葉っぱを綴《と》じ合わせて作られました。サンスクリット語では、これを「スートラ」と言います。スートラというのは、もともと糸とか線という意味です。そこから転じて、教えが綴《つづ》られたお経《きょう》のことをスートラと呼《よ》ぶようになったのです。

このスートラに漢字を当てて、中国《ちゅうごく》では「経《きょう》」と呼《よ》ぶようになりました。経《きょう》という文

仏性◉人間の中に備《そな》わっている、仏《ほとけ》になれる可能性《かのうせい》のこと。

◉なぜ、大乗経典《だいじょうきょうてん》の題名には「仏説《ぶっせつ》」の2文字が書いてあるのか

字も、本来は「縦糸《たていと》」という意味です。この言葉が日本に伝《つた》わって、私たちも仏教の聖典《せいてん》を「お経《きょう》」と呼《よ》ぶことになったわけです。

シルクロードを経《へ》て伝《つた》わった大乗経典《だいじょうきょうてん》

さて、お釈迦《しゃか》さまが亡《な》くなられてから約500年後に大乗《だいじょう》仏教（北伝《ほくでん》仏教）が成立《せいりつ》しました。このことは前にもお話ししました。

仏教では当初《とうしょ》、出家《しゅっけ》をとても重視《じゅうし》しました。お釈迦《しゃか》さま自身が出家《しゅっけ》して悟《さと》りを開いた方ですので、それに続《つづ》く者たちも出家《しゅっけ》をして、仏道修行《ぶつどうしゅぎょう》をしなければいけないという考えが主流だったわけです。

しかし、出家主義《しゅっけしゅぎ》はたしかに大事なのですが、そうはいっても誰《だれ》もが出家《しゅっけ》できるわけではありません。仏教に心は惹《ひ》かれていても、いろんな事《じ》情《じょう》で出家《しゅっけ》できない人がたくさんいます。また、世の中の人がみんな出家《しゅっけ》してしまったら、社会も経済《けいざい》もまったく動かなくなってしまいます。

在家《ざいけ》の仏教信者《しんじゃ》の集団が方々《ほうぼう》に生まれ、自分たちを「悟《さと》りを求《もと》める者」、菩薩《ぼさつ》と呼《よ》ぶようになりました。自分たちもすべて仏性《ぶっしょう》を持っていて、修行《しゅぎょう》したら菩薩《ぼさつ》になれるというわけです。そのうち自分たちの経典《きょうてん》を作りました。

貝多羅葉《ばいたらよう》に書かれた経《きょう》（東京国立博物館）

その運動の中心となったのが、西暦《せいれき》250年ごろに現《あら》われた大思想家・龍樹《りゅうじゅ》（ナーガールジュナ）です。龍樹《りゅうじゅ》はお釈《しゃ》迦《か》さま没後《ぼつご》500年経《た》って混乱《こんらん》した仏教を整理しました。

このとき、新たに作られたお経《きょう》のことを「大乗経典《だいじょうきょうてん》」と言います。龍樹《りゅうじゅ》などの優《すぐ》れた思想家たちが「もし、仏陀《ぶっだ》が今の時代に生きておられたら、きっとこんなことをおっしゃったはずだ」という信念《しんねん》で書いたものです。ですから、大《だい》乗経典《じょうきょうてん》のタイトルには「仏《ぶっ》説《せつ》」という言葉が付《つ》けられています。

現在《げんざい》の日本で読まれているお経《きょう》は、この大乗経典《だいじょうきょうてん》が主流です。大乗《だいじょう》仏教はインドからヒマラヤを越《こ》え、シルクロードの砂漠《さばく》を渡《わた》って中国《ちゅうごく》にもたらされました。しかし、最初《さいしょ》は教えだけが入って、お経《きょう》が伝《つた》わっていなかったので、中《ちゅう》国《ごく》の僧侶《そうりょ》たちは何としてでも、ありがたいお経《きょう》をインドから中国《ちゅうごく》に持ち帰りたいと考えたのです。

そこでたくさんの僧侶《そうりょ》が命がけでシルクロードを越《こ》え、インドに入りました。その中には、インドにたどり着くこ

次ページ・托鉢《たくはつ》の行《ぎょう》に出る著者《ちょしゃ》▶

破戒◉戒律《かいりつ》を破《やぶ》ること。
「大唐西域記」の日本語訳◉平凡社《へいぼんしゃ》・東洋文庫《とうようぶんこ》から『大唐西域記《だいとうさいいきき》』全《ぜん》３巻《かん》、小学館《しょうがくかん》・地球人ライブラリーから『西域記《さいいきき》』全《ぜん》１巻《かん》が刊行《かんこう》されている。

◉あまりにもドラマチックな鳩摩羅什《くまらじゅう》の生涯《しょうがい》

とさえできなかった僧《そう》もいました。また、インドにたどり着いたものの、中国《ちゅうごく》に戻《もど》る途《と》中《ちゅう》で力つきてしまった人もたくさんいたのです。

そうした無数《むすう》の求道僧《ぐどうそう》の努《ど》力《りょく》で、お経《きょう》は中国《ちゅうごく》に伝《つた》わり、そこからさらに朝鮮半島《ちょうせんはんとう》や海を渡《わた》って日本に伝《つた》わったのです。

三蔵法師《さんぞうほうし》は名翻訳家《めいほんやくか》

中国《ちゅうごく》にお経《きょう》を伝《つた》えた僧《そう》の中で、最《もっと》も有名な人は鳩摩羅什《くまらじゅう》と玄奘《げんじょう》の２人でしょう。

鳩摩羅什《くまらじゅう》というのは、中国《ちゅうごく》の六朝《りくちょう》時代、西暦《せいれき》４世紀《せいき》から５世紀《せいき》にかけて生きた人です。

この人は、中国人《ちゅうごくじん》ではありません。お父さんはインド人で、お母さんは中国《ちゅうごく》の西にあった亀茲国《きじこく》の王女でした。鳩《く》摩羅什《まらじゅう》のお母さんは仏教にとても憧《あこが》れていて、どうしてもインドに行きたいと考えていました。やがて、我慢《がまん》ができなくなって鳩摩羅什《くまらじゅう》を連《つ》れて、インドに行きます。

幼《おさな》い鳩摩羅什《くまらじゅう》にとって、シルクロードを渡《わた》り、ヒマラヤを越《こ》える旅はさぞや辛《つら》かったでしょうが、無事《ぶじ》にインドに到着《とうちゃく》し、そこで大乗《だいじょう》仏教を学んで立派《りっぱ》な僧侶《そうりょ》になりました。修行《しゅぎょう》を終えた彼《かれ》は、多数の仏《ぶっ》典《てん》を持って母国・亀茲《きじ》に帰ります。

ところが、それからしばらくして彼《かれ》の国は中国《ちゅうごく》から攻《せ》め滅《ほろ》ぼされてしまいます。しかし、すでに鳩摩羅什《くまらじゅう》が素晴《すば》らしい僧侶《そうりょ》であることは、敵方《てきがた》にも知られていたので、将《しょう》軍《ぐん》・呂光《りょこう》は彼《かれ》を殺《ころ》さずに自分のものにしようとしたのです。

そのころの鳩摩羅什《くまらじゅう》は30代半《なか》ばのとても立派《りっぱ》な僧《そう》で戒律《かいりつ》もよく守り、女などには目もくれなかった。ところが呂光《りょこう》は鳩摩羅什《くまらじゅう》と亀茲《きじ》国の王女を同室に閉じこめ、鳩摩羅什《くまらじゅう》を破戒《はかい》させてしまったのです。

鳩摩羅什《くまらじゅう》は妻《つま》とともに中国《ちゅうごく》の涼州《りょうしゅう》に連《つ》れて行かれます。その後、羅汁《らじゅう》は後秦《こうしん》の皇帝《こうてい》に長安《ちょうあん》に迎《むか》えられて優遇《ゆうぐう》され、そこで仏典《ぶってん》の翻訳《ほんやく》を命じられます。彼《かれ》がインドのお経《きょう》を漢《かん》訳《やく》してくれたおかげで、中国《ちゅうごく》仏教が成立《せいりつ》したと言っても間《ま》違《ちが》いではありません。羅什《らじゅう》は中国《ちゅうごく》の仏教、日本の仏教にとって、とても大きな貢献《こうけん》をした人なのです。

その鳩摩羅什《くまらじゅう》の時代から、さらに250年くらい経《た》って現《あら》われたのが玄奘《げんじょう》です。『西遊《さいゆう》記《き》』の主人公三蔵法師《さんぞうほうし》をご存《ぞん》じでしょう。孫悟空《そんごくう》、猪八戒《ちょはつかい》、沙悟浄《さごじょう》とともにインドに渡《わた》り、その途中《とちゅう》で妖怪《ようかい》や化《ば》け物《もの》たちを退治《たいじ》する物語は有名です。

この『西遊記《さいゆうき》』の主人公三蔵《さんぞう》法師《ほうし》のモデルになったのが、玄奘《げんじょう》です。

西暦《せいれき》７世紀初《せいきはじ》めに生まれた玄奘《げんじょう》は、26歳《さい》のころにインドに向けて旅立ちます。このころは唐王朝《とうおうちょう》の時代ですが、唐《とう》では国外への旅行がかたく禁《きん》じられていました。その禁制《きんせい》を破《やぶ》ってでも、彼《かれ》はインドに行き、本場の仏教を学ぼうとしたのです。

砂漠《さばく》や雪山を越《こ》え、ついに彼《かれ》はインドに着きます。地図もガイドもなしでシルクロードを歩いた玄奘《げんじょう》の旅が苦難《くなん》に満《み》ちたものであったことは言うまでもありません。のちに彼《かれ》はこのときの体験《たいけん》を『大唐《だいとう》西域記《さいいきき》』という本にまとめていますが、ここではそのことについて詳《くわ》しく触《ふ》れる時間がありません。日本語訳《やく》が出ていますから、興味《きょうみ》のある人は読んでみたらどうでしょう。

さて、こうしてインドに着いた玄奘《げんじょう》はナーランダ大学というところで仏教を学び、母国に戻《もど》ってきます。彼《かれ》が中国《ちゅうごく》に戻《もど》ってきたときには、すでに17年の歳月《さいげつ》が経《た》っていました。

国家の禁制《きんせい》を破《やぶ》ってインドに行ったわけですが、彼《かれ》が本場の仏教を学び、膨大《ぼうだい》な経典《きょうてん》を持ち帰ると皇帝《こうてい》は大いに喜《よろこ》び、彼《かれ》に「三蔵《さんぞう》」という位《くらい》を授《さず》けます。三蔵《さんぞう》というのは、仏教の教えに精通《せいつう》した人に与《あた》えられる最高《さいこう》の位《くらい》です。さらに玄奘《げんじょう》は皇帝《こうてい》から寺や弟子《でし》を与《あた》えられ、そこで仏典《ぶつてん》の翻訳《ほんやく》をするように命じられました。こうして玄奘《げんじょう》は、心おきなく仏典《ぶつてん》を漢訳《かんやく》することができたわけです。

玄奘《げんじょう》の訳《やく》は、最《もっと》も原典《げんてん》に忠《ちゅう》実《じつ》な訳《やく》として、とても尊重《そんちょう》されました。今、日本のお坊《ぼう》さんが使っている漢訳仏典《かんやくぶつてん》のほとんどは、この玄奘三蔵《げんじょうさんぞう》が訳《やく》したものです。

玄奘《げんじょう》

お経《きょう》には三つの功徳《くどく》がある

600万字を266字に

さて、こうしてインドから中国《ちゅうごく》を経《へ》て、日本に伝《つた》わったお経《きょう》の中で、最《もっと》も有名なもの、ポピュラーなお経《きょう》といえば、やはり『般若心経《はんにゃしんぎょう》』でしょう。『般若心経《はんにゃしんぎょう》』の正式な題名は『摩訶般若波羅蜜多心経《まかはんにゃはらみたしんぎょう》』と言います。場合によって、『摩訶般若波羅蜜多心経《まかはんにゃはらみたしんぎょう》』の前に「仏説《ぶつせつ》」の2文字を足《た》すことがあります。このことからも分かるように、『般若心《はんにゃしん》経《ぎょう》』は大乗《だいじょう》仏教のお経《きょう》です。

お経《きょう》には三つの功徳《くどく》があると言われます。お経《きょう》を写《うつ》すことを写経《しゃきょう》、持つことを持経《じきょう》、口で唱《とな》えることを誦経《ずきょう》と言うのですが、読んでも書いても、また持っているだけでも、ありがたい功徳《くどく》を受けることができる。これが三つの功徳《くどく》です。

しかし、読むだけでも御利《ごり》益《やく》があると言っても、あんまり長いと読むのも大変《たいへん》です。この点、『般若心経《はんにゃしんぎょう》』は、一《いつ》般《ぱん》に普及《ふきゅう》している玄奘訳《げんじょうやく》のものだと、本文266文字しかあ浄土三部経● 『観無量寿経《かんむりょうじゅきょう》』、『無量寿経《むりょうじゅきょう》』、『阿弥陀経《あみだきょう》』は浄土宗《じょうどしゅう》や浄土真宗《じょうどしんしゅう》の根本経典《こんぽんきょうてん》とされ、これら3つをあわせて「浄土三部経《じょうどさんぶきょう》」と呼《よ》ぶ。

● 宗派《しゅうは》の違《ちが》いにこだわりすぎる必要《ひつよう》はない

りません。

でも、『般若心経《はんにゃしんぎょう》』が尊《とうと》ばれるのは、それだけの理由ではありません。このお経《きょう》は600巻《かん》もある『大般若経《だいはんにゃきょう》』のエッセンスを集めたものだとされています。

『大般若経《だいはんにゃきょう》』は、600巻、およそ600万文字もあるというものですから、お坊《ぼう》さんだってなかなか読めません。『大《だい》般若経《はんにゃきょう》』を読経《どきょう》する際《さい》も、全部を読んでいたら大変《たいへん》なので各巻《かくかん》の冒頭《ぼうとう》だけを読んで済《す》ませる習慣《しゅうかん》があるくらいです。そんな立派《りっぱ》なお経《きょう》のエッセンスが、わずか266文字に凝縮《ぎょうしゅく》されている。『般若心経《はんにゃしんぎょう》』に大乗《だいじょう》仏教の真髄《しんずい》が含《ふく》まれているといっても過言《かごん》ではありません。

「花の経《きょう》」

そんなわけですから、『般《はん》若心経《にゃしんぎょう》』はどんな宗派《しゅうは》の人が写経《しゃきょう》をしても、また読経《どきょう》をしてもかまいません。

浄土真宗《じょうどしんしゅう》は専修念仏《せんじゅねんぶつ》といって、「南無阿弥陀仏《なむあみだぶつ》」の名号《みょうごう》を何よりも重視《じゅうし》しますから、法要《ほうよう》などで『般若心経《はんにゃしんぎょう》』をあげたりしませんが、一般《いっぱん》の信《しん》

者《じゃ》の人が読経《どきょう》したり、写経《しゃきょう》したりする分には何の問題もありません。また、禅宗《ぜんしゅう》でもあげます。神社であげてもいい。「花の経《きょう》」と呼《よ》ばれるのは、そのためです。

仏教には「所依《しょえ》の経典《きょうてん》」という言葉があります。これは教えの中心となる、よりどころのお経《きょう》ということです。

天台宗《てんだいしゅう》の場合は『法華経《ほけきょう》』が所依《しょえ》の経典《きょうてん》です。『法華経《ほけきょう》』を中心に据《す》えているのは天台《てんだい》ばかりではありません。日蓮宗《にちれんしゅう》も『法華経《ほけきょう》』を中心に据《す》えているのは、みなさんもご承知《しょうち》のとおりです。浄土宗《じょうどしゅう》や真宗《しんしゅう》だと、浄土三部経《じょうどさんぶきょう》と呼《よ》ばれる三つのお経《きょう》。禅宗《ぜんしゅう》の場合は、ひたすら座禅《ざぜん》をしなさいという教えですから、特《とく》に所依《しょえ》の経典《きょうてん》はありません。

そんなぐあいで、宗派《しゅうは》ごとにお経《きょう》の扱《あつか》いは違《ちが》うわけですが、所依《しょえ》の経典《きょうてん》じゃないから無視《むし》するとか、否定《ひてい》するということはありません。お経《きょう》はお釈迦《しゃか》さまの教えなのだから、何宗《なにしゅう》でも大事であることは変《か》わりません。ただ、一番大切にするのは何かということなのですね。

だから「うちは禅宗《ぜんしゅう》だから『般若心経《はんにゃしんぎょう》』はどうも」とか、「阿弥陀《あみだ》さまを信《しん》じているから、『観音経《かんのんきょう》』をあげるとよくないのでは」と心配することはありません。在家《ざいけ》の場合、何も気にする必要《ひつよう》はないのです。

ついでに言っておけば、よく私のところに来る相談で、「私の実家《じっか》は○○宗《しゅう》で、嫁《とつ》ぎ先は××宗《しゅう》。宗派《しゅうは》が違《ちが》うけれども、一緒《いっしょ》の仏壇《ぶつだん》に位牌《いはい》を並《なら》べてもいいか」といった質問《しつもん》が来ます。嫁《とつ》ぎ先のお舅《しゅうと》、お姑《しゅうとめ》さんもさることながら、自分の実《じつ》の祖父母《そふぼ》、両親も毎朝供養《くよう》してあげたい。でも、宗旨《しゅうし》が違《ちが》うというわけです。

これも気にすることはないと私は思います。

亡《な》くなった方はみんな仏《ほとけ》さまなんですから、そんなことは気になさらないはず。宗派《しゅうは》がいろいろと分かれているのはあくまでも現世《げんせ》の都合《つごう》であって、浄土《じょうど》におられる仏《ほとけ》さま

厳島神社◉広島《ひろしま》県宮島《みやじま》にある平家《へいけ》ゆかりの神社。西暦《せいれき》6世紀《せいき》に創建《そうけん》されたと伝《つた》えられる。海上交通安全、技芸《ぎげい》の神として信仰《しんこう》されてきた。先年、世界《せかい》遺産《いさん》に指定された。

写経の会◉寂庵《じゃくあん》では毎月１日に写経《しゃきょう》の会を行なっていて、誰《だれ》でも参加《さんか》できる。詳細《しょうさい》は巻末《かんまつ》228ページを参照《さんしょう》。

「平家納経《へいけのうきょう》」が私たちに教えるものとは

とは関係《かんけい》のない話です。だから、一緒《いっしょ》に『般若心経《はんにゃしんぎょう》』をあげても仏《ほとけ》さまはけっして気にすることはないと思います。

お経《きょう》の「功徳《くどく》」とは

ところで、さっきお経《きょう》は読んでも、また写経《しゃきょう》しても功徳《くどく》があるという話をいたしました。しかし、その功徳《くどく》というのは、特効薬《とっこうやく》のように飲めばすぐに効《き》くというものではありません。

たしかに写経《しゃきょう》をする際《さい》には、最後《さいご》に「願文《がんもん》」といって、願《ねが》いごとを書きます。寂庵《じゃくあん》に納《おさ》められた写経《しゃきょう》を拝見《はいけん》すると、家内安全《かないあんぜん》、病気平癒《びょうきへいゆ》、心願成就《しんがんじょうじゅ》、あるいは素敵《すてき》な恋人《こいびと》と出会えますようにとか、子どもが授《さず》かりますようにといった言葉が書かれています。

寂庵《じゃくあん》で写経《しゃきょう》をしている人のお顔を見ていると、その中にはずいぶん深刻《しんこく》そうな人も多いんです。いろんな辛《つら》い思いを抱《かか》えて、わざわざ嵯峨野《さがの》までお越《こ》しになって、自分の悩《なや》みがどうか解決《かいけつ》されるようにと、それこそ、すがるような思いで写経《しゃきょう》をなさっているのだということがよく分かります。

でも、お経《きょう》の功徳《くどく》というのは、残念《ざんねん》ながら、それほど分かりやすい、インスタントなものではありません。写経《しゃきょう》をすれば、すぐに病気が治《なお》るというものではないんです。100巻《かん》、1000巻《かん》と写経《しゃきょう》をすれば、願《がん》がかなうという保証《ほしょう》はありません。

平安《へいあん》時代には写経《しゃきょう》がずいぶん盛《さか》んで、権力者《けんりょくしゃ》たちはしきりに写経《しゃきょう》をして、それを寺社に奉納《ほうのう》したものです。その中でも最《もっと》も有名なものの一つが、「平家納経《へいけのうきょう》」と呼《よ》ばれるものです。

平家納経《へいけのうきょう》とは、文字どおり平清盛《たいらのきよもり》が平家《へいけ》一族の繁栄《はんえい》を願《ねが》って作らせたもの。『法華経《ほけきょう》』や『阿弥陀経《あみだきょう》』、『般若心経《はんにゃしんぎょう》』などを本職の写経師《しゃきょうし》に書かせ、それを美しく装飾《そうしょく》して平家《へいけ》ゆかりの厳島《いつくしま》神社に納《おさ》めました。これは今日に伝《つた》わって、美術品《びじゅつひん》として高い評価《ひょうか》を受けています。

しかし、それだけの手間と費用《ひよう》をかけて、ありがたいお経《きょう》を奉納《ほうのう》した平家《へいけ》の末路《まつろ》はどうだったでしょう。「平家納経《へいけのうきょう》」を奉納《ほうのう》して21年後の寿永《じゅえい》4年（1185）、壇《だん》ノ浦《うら》で平家《へいけ》は源氏《げんじ》に滅《ほろ》ぼされてしまいました。

このことで分かるように、写経《しゃきょう》や読経《どきょう》をすれば、かならず現世《げんせ》の幸福が約束《やくそく》されるというものではありません。

もし写経《しゃきょう》した分だけ御利益《ごりやく》が返ってくるのであれば、それは仏《ほとけ》さまが私たちと取引しているということになってしまいます。写経《しゃきょう》100巻《かん》なら癌《がん》が治《なお》り、読経《どきょう》1000巻《かん》なら金持ちになれる——これでは写経《しゃきょう》や読経《どきょう》は「幸せへのクーポン券《けん》」ではありませんか。そんな安っぽいことを仏《ほとけ》さまがなさるわけがありませんし、また見返りを期待して写経《しゃきょう》をしたり、お経《きょう》を唱《とな》えるのでは本当の信仰《しんこう》とは言えないでしょう。

心の炎《ほのお》を静《しず》める

それでは、お経《きょう》の功徳《くどく》なんて存在《そんざい》しないのでしょうか。

ないとは言えません。

寂庵《じゃくあん》では月に１回、「写経《しゃきょう》の会」を行なっています。写経《しゃきょう》するのは『般若心経《はんにゃしんぎょう》』で、50ほどの経机《きょうづくえ》を並《なら》べ、それぞれが願《ねが》いをこめて写経《しゃきょう》をしていきます。私が寂庵《じゃくあん》で行なっている行事の中で、一番、よかったと思っているのは、この写経会《しゃきょうかい》です。

なぜ、そう思うのかといえ

平家納経《へいけのうきょう》（厳島神社蔵）

それでもやはり、写経《しゃきょう》には「功徳《くどく》」がある

ば、写経《しゃきょう》をやっているみなさんの顔がどんどんよくなっていくのが分かるから。暗かった表情《ひょうじょう》が明るくなり、顔に険《けん》があったのが取れてきて、みんな少しずつ和《なご》やかになってくる。写経《しゃきょう》をするのは一月《ひとつき》に1回だけですが、それだけでも心が静《しず》まって、いい顔になってくるんです。

　また、しょっちゅう会に出ていれば、写経《しゃきょう》友だちもできてきます。お互《たが》いに自分の悩《なや》みを打ち明ければ、悩《なや》んでいるのは自分だけではないということも分かってくる。

　中には自分のお子さんや恋人《こいびと》を事故《じこ》で失ったとか、突然《とつぜん》、癌《がん》の宣告《せんこく》を受けたという人もいます。でも、そうした苦しみは世界で自分だけが背負《せお》っているのではない。他にも同じような苦しみに耐《た》えている人がいるのだと分かるだけでも人間は楽になれるんです。心の中に燃《も》えていた煩悩《ぼんのう》の火が、少し静《しず》まるのだと思います。

　写経《しゃきょう》は特効薬《とっこうやく》のようにすぐ効《き》くものではないけれども、日常生活《にちじょうせいかつ》から離《はな》れて、お経《きょう》を書き写《うつ》しているうちに、知らず知らずのうちに心の煩悩《ぼんのう》の火がおさまっていくのです。そして、気がついたら火が消えていたということもあるかもしれない。

　また、そうして心が静《しず》まれば、智慧《ちえ》が授《さず》かります。今の苦しみからどうやって抜《ぬ》け出せばいいのか、それを正しく判断《はんだん》することができるようになる。勇気《ゆうき》も出てきます。

　写経《しゃきょう》の功徳《くどく》とはそういうものでしょう。

　だから、写経《しゃきょう》というのはけっして形式ではありません。

　さっきの平家《へいけ》の話ではないけれども、高い筆《ふで》や硯《すずり》を買って、上等な紙に書くばかりが写経《しゃきょう》ではない。鉛筆《えんぴつ》でノートに書いても、立派《りっぱ》な写経《しゃきょう》です。もちろん、字が上手《じょうず》である必要《ひつよう》もありません。寂庵《じゃくあん》に納《おさ》められた写経《しゃきょう》の中には、小さな子どもがひらがなだけで書いた『般若心経《はんにゃしんぎょう》』もあります。

　また、家事や仕事で忙《いそが》しければ、毎日1行、いや5～6字だけ書くというのでもいいのです。

　一番大事なのは、真心《まごころ》をこめること。もちろん、昔から伝《つた》わっている写経《しゃきょう》の形式を知っておくことも大切です。しかし、形式にあまりとらわれすぎて、心が失われてはつまりません。

『痛快《つうかい》！般若心経《はんにゃしんぎょう》』

　この『般若心経《はんにゃしんぎょう》』とは、いったい何を説《と》いたお経《きょう》でしょう。

『般若心経《はんにゃしんぎょう》』は先ほども述《の》べたように、600巻《かん》の『大般若経《だいはんにゃきょう》』のエッセンスを取り入れたものです。エッセンスとい

寂聴　般若心経◉中央公論新社《ちゅうおうこうろんしんしゃ》より刊行《かんこう》されている。

ガンジー◉インドの思想家《しそうか》、政治指導者《せいじしどうしゃ》。イギリスに留学《りゅうがく》し、弁護士《べんごし》となったが、人種差別《じんしゅさべつ》の反対、インドの独立《どくりつ》に生涯《しょうがい》を捧《ささ》げた。ガンジーの「非暴《ひぼう》力抵抗運動《りょくていこううんどう》」は世界に大きな影響《えいきょう》を与《あた》えた。1948年、暗殺《あんさつ》される。

◉『般若心経《はんにゃしんぎょう》』の正式タイトルは『摩訶般若波羅蜜多心経《まかはんにゃはらみったしんぎょう》』

うと、なにか簡単《かんたん》そうに思えるかもしれません。しかし、考えてごらんなさい。600巻《かん》、600万《まん》文字を費《つい》やして述《の》べたことを266文字に凝縮《ぎょうしゅく》したのですから、そこにはたくさんの教えが詰《つ》まっているのです。

実際《じっさい》、この『般若心経《はんにゃしんぎょう》』の解釈《かいしゃく》については、昔から高僧《こうそう》、名僧《めいそう》と呼《よ》ばれる人たちがたくさんの本を書いてきました。現代《げんだい》でも本屋に行けば、たくさんの『般若心経《はんにゃしんぎょう》』に関《かん》する本が並《なら》んでいます。私自身、『寂聴《じゃくちょう》　般若心経《はんにゃしんぎょう》』という本を出しています。

わずか266文字でも、その内容を解《と》き明かすには丸々《まるまる》1冊《さつ》の本が必要《ひつよう》になるのです。そのお経《きょう》を1回の講義《こうぎ》で説明《せつめい》するのはスペースシャトルの運転を1週間でマスターするようなものです。本当なら、別《べつ》に『痛快《つうかい》！般若心経《はんにゃしんぎょう》』という本を作れるくらいのことですが、その基本《きほん》の部分だけでも説明《せつめい》したいと思います。

この説明《せつめい》を聞いて、もっと詳《くわ》しく知りたいと思った方は、ぜひ私が書いた『般若心経《はんにゃしんぎょう》』の本を読んでみてください。そこに、私なりの解釈《かいしゃく》による『般若心経《はんにゃしんぎょう》』の教えが書かれています。

大いなる智慧《ちえ》の書《しょ》

まずは題名から始めましょう。『般若心経《はんにゃしんぎょう》』の正式な題は**『摩訶般若波羅蜜多心経《まかはんにゃはらみったしんぎょう》』**です。

みなさんはタイトルなんて、ただの目印《めじるし》、記号だと思っているかもしれませんが、お経《きょう》にかぎらず題名はとても大事です。タイトルは、その作品の内容《ないよう》やテーマを象徴《しょうちょう》するものだから、いいかげんに付《つ》けるわけにはいきません。お経《きょう》も同じです。

『摩訶般若波羅蜜多心経《まかはんにゃはらみったしんぎょう》』の摩訶《まか》とは、サンスクリット語の「マハー」で、「偉大《いだい》なる」という意味。英語《えいご》の「グレート great」だと思えばいいでしょう。

インドにはマハラジャという王さまがいますね。マハラジャとは「マハーなラジャ」、つまり「偉大《いだい》な王さま」「大王」という意味です。インド独立《どくりつ》運動のガンジーは「マハトマ」という愛称《あいしょう》で呼《よ》ばれていましたが、これは「偉大《いだい》なる魂《たましい》」という意味です。

「摩訶般若《まかはんにゃ》」の般若《はんにゃ》とはパーリ語の「パンニャー」の音訳《おんやく》で、智慧《ちえ》を意味します。パーリ語とは古代インドの俗語《ぞくご》です。サンスクリット語で「智慧《ちえ》」はプラジュナーです。

智慧《ちえ》といっても、学校で勉強する知識《ちしき》とは違《ちが》います。仏教で智慧《ちえ》と言った場合、物事を正しく認識《にんしき》し、正しく判断《はんだん》する力のことを指《さ》します。表面的《ひょうめんてき》な知識《ちしき》ではなく、本質的《ほんしつてき》なものが智慧なのです。「摩訶般若《まかはんにゃ》」で、偉大《いだい》なる智慧《ちえ》という意味になります。

波羅蜜多《はらみった》もインドの言葉「パーラミター」に漢字を当てたものです。六波羅蜜《ろくはらみつ》のところでも言いましたが、「パーラ」とは「向こう岸」、「ミター」は「渡《わた》る」。つまり、パーラミター、波羅蜜多《はらみった》とは「向こう岸に渡《わた》る」ということです。

それでは、この向こう岸とは何のことでしょう？　もうご存じですね。「彼岸《ひがん》」、すなわち浄土《じょうど》のことです。私たちの暮《く》らしている「こちら側《がわ》の岸」、「此岸《しがん》」は苦しみに満《み》ちた世界です。私たちは誰《だれ》でも、苦しみに満《み》ちた現世《げんせ》から、苦しみのない彼岸《ひがん》に渡《わた》りたいと願《ねが》っています。でも、彼岸《ひがん》と此岸《しがん》の間には、煩悩《ぼんのう》や欲望《よくぼう》の大河《たいが》があって私たちはなかなか渡《わた》ることができない。

六波羅蜜《ろくはらみつ》を覚《おぼ》えていますか?

その大河《たいが》を渡《わた》るために必要《ひつよう》なチケット、パスポートが「六波羅蜜《ろくはらみつ》」です。布施《ふせ》、持《じ》戒《かい》、忍辱《にんにく》、精進《しょうじん》、禅定《ぜんじょう》、智慧《ちえ》……彼岸《ひがん》に渡《わた》りたければ、この六つの行《ぎょう》を行ないなさいという教えです。

布施《ふせ》とは、惜《お》しみなくプレゼントをすることです。プレゼントはお金や品物である必《ひつ》要《よう》はありません。優《やさ》しい言葉でもいいし、笑顔《えがお》でもいい。見返りを期待せず、周《まわ》りの人たちにプレゼントしなさいというのが布施《ふせ》です。

持戒《じかい》は、してはいけない戒《かい》律《りつ》を守ること。殺《ころ》したり、盗《ぬす》んだり、嘘《うそ》をついたり、不倫《ふりん》をしてはいけない。「悪いことはせずに、いいことをしよう」ということ。これは簡単《かんたん》なようだけれども、なかなかできない。でも、それに向けて努力《どりょく》をしようというわけです。

忍辱《にんにく》とは、堪《た》え忍《しの》ぶことですね。この世の中には辛《つら》いことばかりだけれども、ヤケを起こさずに我慢《がまん》しなさいということ。そして精進《しょうじん》は努力《どりょく》を続《つづ》けるということ。

禅定《ぜんじょう》は心を穏《おだ》やかに、静《しず》かにすること。私たちの心は煩《ぼん》悩《のう》の炎《ほのお》、欲望《よくぼう》の洪水《こうずい》に満《み》ちているけれども、その荒《あ》れ狂《くる》う心を静《しず》めなければなりません。そのために写経《しゃきょう》をしたり、座《ざ》禅《ぜん》を組みましょうというわけですね。

こうした布施《ふせ》、持戒《じかい》、忍辱《にんにく》、精進《しょうじん》、禅定《ぜんじょう》の行《ぎょう》をすると、智《ち》慧《え》が授《さず》かります。心が穏《おだ》やかになれば、正しく物事を見ることができるようになるし、的確《てきかく》な判断《はんだん》ができるようになる。これが智慧《ちえ》です。

そこで話を戻《もど》せば、「摩訶《まか》般若波羅蜜多《はんにゃはらみった》」とは「彼岸《ひがん》に

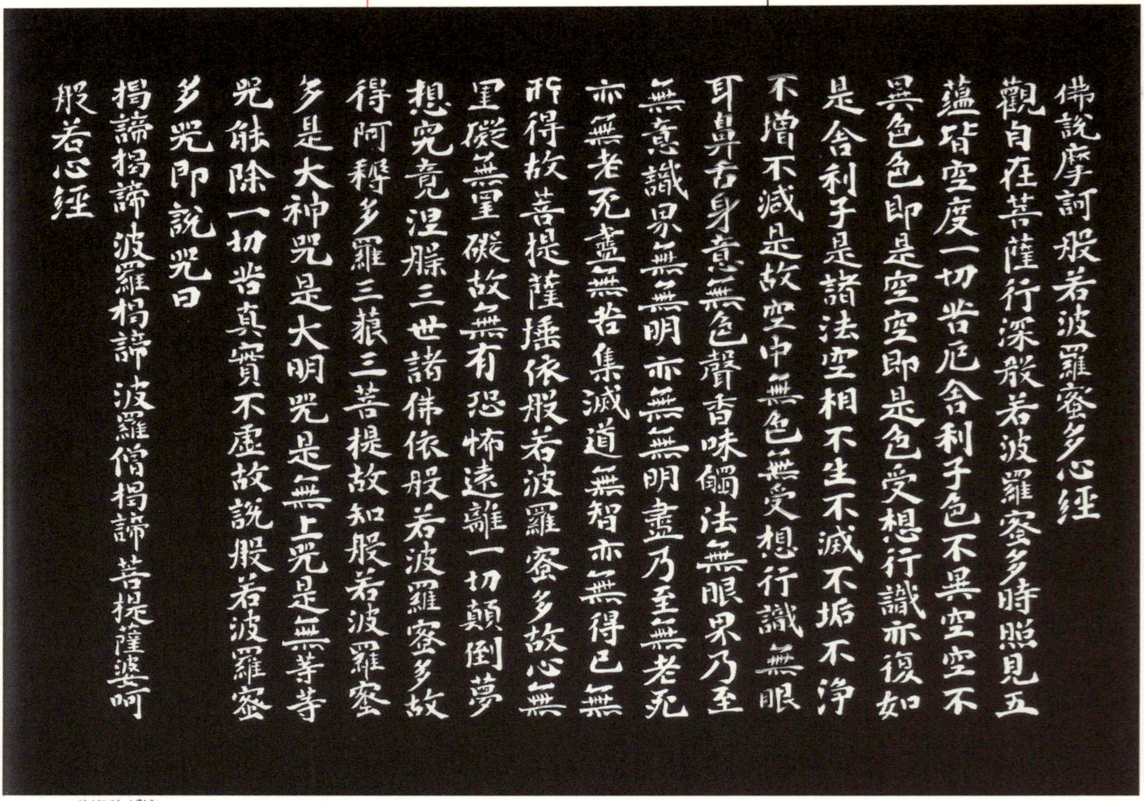
佛説摩訶般若波羅蜜多心経
觀自在菩薩行深般若波羅蜜多時照見五
蘊皆空度一切苦厄舎利子色不異空空不
異色色即是空空即是色受想行識亦復如
是舎利子是諸法空相不生不滅不垢不浄
不増不減是故空中無色無受想行識無眼
耳鼻舌身意無色聲香味觸法無眼界乃至
無意識界無無明亦無無明盡乃至無老死
亦無老死盡無苦集滅道無智亦無得以無
所得故菩提薩埵依般若波羅蜜多故心無
罣礙無罣礙故無有恐怖遠離一切顛倒夢
想究竟涅槃三世諸佛依般若波羅蜜多故
得阿耨多羅三藐三菩提故知般若波羅蜜
多是大神呪是大明呪是無上呪是無等等
呪能除一切苦真實不虚故説般若波羅蜜
多呪即説呪曰
掲諦掲諦 波羅掲諦 波羅僧掲諦 菩提薩婆訶
般若心経
切り絵『般若心経《はんにゃしんぎょう》』(作・田村武一郎)

渡《わた》るための偉大《いだい》なる智慧《ちえ》」のこと。その大切な智慧《ちえ》を記《しる》したお経《きょう》だから、「心経《しんぎょう》」という名前が付《つ》けられました。心経《しんぎょう》の「心」とは、心臓《しんぞう》の心、中心の心。一番大切なお経《きょう》だから「心経《しんぎょう》」なのです。

「空《くう》」——般若心経《はんにゃしんぎょう》のメイン・テーマ

本文に入りましょう。

まず最初《さいしょ》に「**観自在菩薩《かんじざいぼさつ》 行深般若波羅蜜多時《ぎょうじんはんにゃはらみったじ》　照見五蘊皆空《しょうけんごうんかいくう》　度一切苦厄《どいっさいくやく》**」の四句《く》を取りあげます。

この部分は、実《じつ》はこの『般若心経《はんにゃしんぎょう》』の主文とも言うべきところです。言ってみれば「メイン・テーマ」のようなものです。

ベートーベンの交響曲《こうきょうきょく》「運命《うんめい》」の冒頭《ぼうとう》は、かの有名な「ジャジャジャジャーン」という旋律《せんりつ》ですが、これが「運命《うんめい》」のメイン・テーマですね。専門家《せんもんか》によれば、これは運命の扉《とびら》を叩《たた》く音を表わしているそうですが、「運命《うんめい》」は以後、この旋律《せんりつ》がさまざまに変化《へんか》して現《あら》われてきます。それと同じ役割《やくわり》だと思ってくだされば いいでしょう。起承転結《きしょうてんけつ》でいえば、「起《き》」に当たる部分です。

さて、その内容《ないよう》ですが、まず日本語訳《やく》を先に言います。

「観世音菩薩《かんぜおんぼさつ》が般若波羅蜜多《はんにゃはらみった》を深《ふか》く行《ぎょう》じたとき、五蘊《ごうん》は皆《みな》、空《くう》なりと照見《しょうけん》され、一切《いっさい》の苦しみや災厄《さいやく》をお救《すく》いになった」というのが、大ざっぱな意味です。

この玄奘訳《げんじょうやく》では「観自在菩薩《かんじざいぼさつ》」となっていますが、これは観世音菩薩《かんぜおんぼさつ》と同じです。つまり、観音《かんのん》さまのこと。観音《かんのん》さまはすでに菩薩《ぼさつ》になっておられるわけですが、その仏《ほとけ》さまでも六波羅蜜《ろくはらみつ》の修行《しゅぎょう》をなさるのです。

その六波羅蜜《ろくはらみつ》の行《ぎょう》を行なったところ、観音《かんのん》さまには「五蘊《ごうん》は皆《みな》、空《くう》なり」ということが分かったと書かれています。「照見《しょうけん》」というのは、はっきり認識《にんしき》するということです。

では、観音《かんのん》さまが認識《にんしき》された「五蘊《ごうん》は皆《みな》、空《くう》なり」とは何でしょうか。

四苦八苦《しくはっく》の「五蘊盛苦《ごうんじょうく》」のところで、五蘊《ごうん》の説明《せつめい》をしたのですが、もう一度説明《せつめい》しましょう。

簡単《かんたん》に言えば、五蘊《ごうん》とは私たち人間を作っている五つの要素《ようそ》のことです。サンスクリット語で言うと、「パンチャ・スカンダー」。パンチヤは「五」、スカンダーは「あつまり」。つまり、私たち人間は五つのものが集まって出来《でき》ているということ。

その五つとは色《しき》、受《じゅ》、想《そう》、行《ぎょう》、識《しき》。

私たちは普通《ふつう》、「心と体」というふうに人間を分けますが、この場合、「色《しき》」が身体《からだ》、残る「受《じゅ》、想《そう》、行《ぎょう》、識《しき》」が心の働《はたら》きです。

色《しき》は、よく誤解《ごかい》されるのですが、色気《いろけ》のことではありません。仏教で「色《しき》」と言う場合、肉体とか物質《ぶっしつ》のことです。もっと意味を広げてこの世界で起きている現象《げんしょう》を「色《しき》」と呼《よ》ぶ場合もあります。

私たち人間は肉体を持った存在《そんざい》で、物質《ぶっしつ》で出来《でき》ています。だから、五蘊《ごうん》の筆頭《ひっとう》には「色《しき》」が入ります。

でも、人間は肉体だけではありません。人間には心もあります。

しかし、一口に心と言っても、その働《はたら》きはさまざまですね。

たとえば、明るいとか暑いとか感じるのも心の働《はたら》きですし、またさらに進んで「風が吹《ふ》いて気持ちがいい」という感想を持つのも心、そして

物質《ぶっしつ》も心も実体がない

「何々をしたい」という意志《いし》を持つのも心。これを仏教では順《じゅん》に、「受《じゅ》」「想《そう》」「行《ぎょう》」と呼《よ》びます。

最後《さいご》の「識《しき》」は、認識《にんしき》ということ。心の基本的《きほんてき》な働《はたら》きが結《むす》びついて、いろんなことを考えたり、認識《にんしき》することが「識《しき》」です。いわゆる精神活《せいしんかつ》動《どう》が、この「識《しき》」です。

この「受《じゅ》、想《そう》、行《ぎょう》、識《しき》」の区別《くべつ》は、ちょっとややこしい印象《いんしょう》があるかもしれません。だから、みなさんには、この四つ全体で、心や精神《せいしん》のことを意味しているのだと思っていただければ充分《じゅうぶん》です。

この世は心が作りだしたもの

話を戻《もど》せば、観音《かんのん》さまは六《ろく》波羅蜜《はらみつ》の行《ぎょう》をなさった結果《けつか》、「五蘊《ごうん》は皆《みな》、空《くう》」、すなわち肉体も精神《せいしん》もみな空《くう》であるということを認識《にんしき》したと記《しる》されています。

これはいったいどういうことでしょう。

実《じつ》は、この「空《くう》」こそが『般若心経《はんにゃしんぎょう》』中、最《もっと》も重要《じゅうよう》なキーワードなのです。

私たちは、この世界には最《さい》初《しょ》から物質《ぶっしつ》があると何となく考えています。机《つくえ》は机《つくえ》として存在《そんざい》し、コップはコップとして存在《そんざい》している。それを私たち人間が目で見たり、触《さわ》ったりしていると思っています。

「でも、本当は違《ちが》うのではないか」というのが仏教の考え方です。まず物質《ぶっしつ》が存在《そんざい》して、それを私たちが認識《にんしき》しているのではなく、それとは逆《ぎゃく》に、私たちが「ある」と感じるから、物質《ぶっしつ》が存在《そんざい》しているのではないかというのが、仏教の哲学《てつがく》なのです。

みなさんは、何かに熱中《ねつちゅう》しているときに周《まわ》りの音が聞こえなくなった体験《たいけん》をお持ちでしょう。すぐ近くを救急車《きゅうきゅうしゃ》がサイレンを鳴《な》らして通ったけれども、テレビ・ゲームに夢《む》中《ちゅう》で気がつかなかったとか、あるいは自分の家でボーイフレンドと夢中《むちゅう》でキスをしていたら、家族が帰ってきたのも気付《きづ》かなかったとか、そんな体験《たいけん》は誰《だれ》だって一つや二つあるのではないでしょうか。

私の場合、小説《しょうせつ》を書いているとそんなことがしょっちゅうあります。原稿《げんこう》を書いているとき、ノドが渇《かわ》いたなあと思って、「お茶を持ってきて」と声をあげるとスタッフが「さっき持って行きましたよ」と言う。見れば坐《すわ》っている横に、ちゃんとお盆《ぼん》と湯呑《ゆの》みがある。夢中《むちゅう》になって書いているから、お茶を持って来ても気がつかない。ハッと気がつくと、目の前にお湯呑《ゆの》みがあって、もう冷《さ》めていたということがよくあります。

このとき、私が気がつくまでは湯呑《ゆの》みは存在《そんざい》していなかったのと同じだし、またお茶を運んでくれた人も存在《そんざい》しなかったと同然《どうぜん》です。執筆《しっぴつ》に夢《む》中《ちゅう》になっているとき、私の前に存在《そんざい》しているのは原稿用紙《げんこうようし》とペンだけで、他のものは存《そん》在《ざい》していない。つまり、物質《ぶっしつ》は心の働《はたら》きが産《う》みだしているものだと考えることができます。私たちの心が感じているから、この世界は存在《そんざい》しているというわけですね。

この考えをさらに広げていくと、どうなるでしょう。

仏教ではこの世は苦に満《み》ちていると考えます。四苦八苦《しくはっく》、人生は苦の連続《れんぞく》です。

でも、その苦しみは最初《さいしょ》から存在《そんざい》していたわけではありません。私たちの心が苦しい、辛《つら》いと感じるから、苦がある。心の働《はたら》きが苦しみを作っているのですね。

自分の家には車がないけれ

がんじがらめの心が不幸《ふこう》を産《う》み出している

ども、隣《となり》の家には新車がある。うちはどうして貧乏《びんぼう》なのだろうと悩《なや》むのは、そもそも隣《となり》の家の駐車場《ちょうしゃじょう》に新しい外車が置《お》かれているのを見たからですね。もし、その車を見ていなければ、悩《なや》みは存在《そんざい》していなかったわけです。心の働《はたら》き、さっき説明《せつめい》した「受《じゅ》、想《そう》、行《ぎょう》、識《しき》」が苦を作っていたわけで

す。

　ということは、無心《むしん》になれば、この世の中には物質《ぶっしつ》もなくなるし、また煩悩《ぼんのう》が作り出す苦しみもなくなるというわけです。

「とらわれない心」

　このように、私たちの世界はすべて心が、煩悩《ぼんのう》を持った心が作り出したものだけれども、では、その心は存在《そんざい》するのでしょうか。

　さっき「無心《むしん》」という言葉が出てきました。無心《むしん》というのは「心がない」ということですね。つまり、心もまたつねに存在《そんざい》するわけではない。心には実体がないということです。

　心もなければ物質《ぶっしつ》もない——観音《かんのん》さまが六波羅蜜《ろくはらみつ》を行なっているときに発見なさったのは、このことなのです。「五蘊《ごうん》は皆《みな》、空《くう》なり」、つまり物質《ぶっしつ》も心もすべて存在《そんざい》しない。人生の苦しみさえも空《くう》である。これが仏教の「空《くう》」の思想です。

　ここまで来れば、もう残《のこ》る「度一切苦厄《どいっさいくやく》」の意味も分かるでしょう。

　物質《ぶっしつ》や心がなければ、苦しみもなくなるし、災厄《さいやく》も存在《そんざい》しない。その真実を発見されたので、観音《かんのん》さまは人間をあらゆる苦しみから救《すく》い上げてくださった、ということです。「度《ど》」とは救《すく》うということです。よく日常会話《にちじょうかいわ》で「あいつは度《ど》しがたい奴《やつ》だ」と言うことがありますが、これは「救《すく》いがたい奴《やつ》だ」という意味ですね。この「度《ど》す」は仏教用語から来た言葉です。

　私たち人間は、生きているかぎり苦しみや悲しみから離《はな》れることはできません。しかし、その苦しみや悲しみは心が産《う》みだしたものであり、さらにその心さえも存在《そんざい》しないとすれば、私たちは苦しみから解《と》き放《はな》たれることにならないでしょうか。生きていくことが、ずっと楽にならないでしょうか。

　苦しいと思う心を解放《かいほう》し、バラバラにしてしまえば、苦は消滅《しょうめつ》してしまいます。私たちは救《すく》われるのです。

　仏教における、「空《くう》」や「無《む》」は数字のゼロとはちょっと違《ちが》います。すべてが幻想《げんそう》だから、人生はむなしいなどと言っているのではありません。そうではなくて、何ものにもとらわれない心を持ちなさい、真《しん》に自由な心になりなさいというのが「空《くう》」の教えです。

　私たち人間は、本能《ほんのう》に縛《しば》られている獣《けもの》とは違《ちが》って、自由な心、自由な意志《いし》を持っていると思われています。でも、それは違《ちが》う。

　普段《ふだん》は気がついていないけれども、私たちはいろんなものに縛《しば》られています。日常的《にちじょうてき》なことで言えば、男はこうでなきゃならないとか、妻《つま》はかくあるべしというイメージに縛《しば》られている。あるいは、自

動車やマイホームを持っていないと格好《かっこう》悪いというイメージに縛《しば》られている。でも、そんなイメージなんて、すべて幻《まぼろし》なのです。

また、もっと本質的《ほんしつてき》なことで言えば、人間は煩悩《ぼんのう》に縛《しば》り付《つ》けられています。本当は相手のことが好《す》きならば、相手の幸せを願《ねが》うべきなのに、なかなかそうは思えない。相手が自分のことを見つめてくれないと不幸《ふこう》な気持ちになる。それは心の中の煩悩《ぼんのう》が、そう思わせているからです。

人間の心や意志《いし》というのは、けっして自由ではない。煩悩《ぼんのう》に縛《しば》られ、がんじがらめにされているのです。それが不幸《ふこう》の根本《こんぽん》です。

でも、そういった不幸《ふこう》や悲しみもすべて空《くう》なのです。人間の苦しみは、みんな心が産《う》みだした幻《まぼろし》のようなもの。そして、その心もまた空《くう》なのです。

心が作り出した幻《まぼろし》にとらわれずに、もっと自由な心を持ちなさい——それが『般若心経《はんにゃしんぎょう》』の教えなのです。

心のとらわれがなくなれば、私たちは真《しん》の自由を得ることができます。苦も災難《さいなん》もない人生を送れるということですね。ニヒリズムの思想などではありません。

これが『般若心経《はんにゃしんぎょう》』の教えの、最《もっと》も中心的《ちゅうしんてき》な部分、メイン・テーマなのです。

色即是空《しきそくぜくう》

さて、この「観自在菩薩《かんじざいぼさつ》……」の四句《く》が終わると、次はがらりと舞台《ぶたい》が変《か》わります。これからは、観音《かんのん》さま自身が「五蘊《ごうん》は皆《みな》、空《くう》なり」という発見について、私たちに詳《くわ》しくお語りになるのです。

「舎利子《しゃりし》　色不異空《しきふいくう》　空不異色《くうふいしき》　色即是空《しきそくぜくう》　空即是色《くうそくぜしき》　受想行識《じゅそうぎょうしき》　亦復如是《やくぶにょぜ》」

最初《さいしょ》に出てくる「舎利子《しゃりし》」という3文字は、お釈迦《しゃか》さまの弟子《でし》の名前です。舎利子《しゃりし》とは、シャーリプトラ（舎利弗《しゃりほつ》）といって、お釈迦《しゃか》さまの十大弟子《でし》の一人です。弟子《でし》の中でも智慧《ちえ》第一という評判《ひょうばん》の人です。

その舎利子《しゃりし》に向かって、観音《かんのん》さまが「シャーリプトラよ」と呼《よ》びかけるのです。これから大事な話をするから、お聞きなさいというわけですが、この場合、観音《かんのん》さまはシャーリプトラだけに話しかけているわけではありません。人類《じんるい》すべてに対して、観音《かんのん》さまの教えを説《と》いているのです。シャーリプトラは、さしずめ卒業生総代《そつぎょうせいそうだい》です。人類《じんるい》の代表として登場しているというわけですね。

さて、その話とは「色不異空《しきふいくう》　空不異色《くうふいしき》　色即是空《しきそくぜくう》　空即是色《くうそくぜしき》　受想行識《じゅそうぎょうしき》　亦復如是《やくぶにょぜ》」。これは、先ほどの観音《かんのん》さまが発見された真理を、別《べつ》の言葉で言い換《か》えているのです。

日本語に直せば、「色《しき》は空《くう》と異《こと》ならない。空《くう》は色《しき》と異《こと》ならない。色《しき》はすなわち空《くう》であり、空《くう》はすなわち色《しき》である。受想行識《じゅそうぎょうしき》もまた同じだ」ということ。

私たちは「物質《ぶっしつ》は存在《そんざい》する」と思っているけれども、実《じつ》はそれは空《くう》であって、存在《そんざい》しない。私たちの心が認識《にんしき》するから、物質《ぶっしつ》が存在《そんざい》しているに過《す》ぎないのです。これが「色不異空《しきふいくう》」、つまり「色《しき》は存在《そんざい》しないと同様《どうよう》である」ということ。

逆《ぎゃく》に、私たちの心が無心《むしん》であれば、物質《ぶっしつ》は存在《そんざい》しないも同然《どうぜん》です。何かに熱中《ねっちゅう》しているときに、周《まわ》りには何も存在《そんざい》しないように思えます。だが、精神集中《せいしんしゅうちゅう》が終われば、すぐに

何度言っても分からない。そこが凡夫《ぼんぷ》の悲しいところ

世界は元に戻《もど》ります。何も見えなかったのが、見えるようになります。なかったはずの湯呑《ゆの》みが、突然《とつぜん》に目の前に現《あら》われてくるわけです。これが「空不異色《くうふいしき》」ということです。

次の「色即是空《しきそくぜくう》　空即是色《くうそくぜしき》」は、有名な言葉ですね。仏教の表看板《おもてかんばん》のようになっています。

これは前の「色不異空《しきふいくう》　空不異色《くうふいしき》」を別《べつ》の表現《ひょうげん》に置《お》き換《か》えたものだと考えておけばいいでしょう。単純《たんじゅん》な言い換《か》えではなく、もっと深い意味がこめられているのだと見る解釈《かいしゃく》もありますが、「大事なことだから、観音《かんのん》さまが繰《く》り返して説《と》かれているのだ」と思えば、それで結構《けっこう》です。

次の「受想行識《じゅそうぎょうしき》　亦復如是《やくぶにょぜ》」は、先ほどの「五蘊《ごうん》は皆《みな》、空《くう》なり」と関係《かんけい》があります。

この世の中は、物質《ぶっしつ》と精神《せいしん》に分けられます。仏教の言い方では、「色《しき》」と「受《じゅ》、想《そう》、行《ぎょう》、識《しき》」ですね。

「色不異空《しきふいくう》　空不異色《くうふいしき》　色即是空《しきそくぜくう》　空即是色《くうそくぜしき》」のところで、物質《ぶっしつ》＝色《しき》は空《くう》であると観音《かんのん》さまは説《と》きましたが、物質《ぶっしつ》だけではない、精神《せいしん》、つまり「受《じゅ》、想《そう》、行《ぎょう》、識《しき》」もまた空《くう》だとおっしゃっているわけです。苦しみは心が作り出すものだけれども、その心もまた空《くう》であるということですね。「亦復如是《やくぶにょぜ》」の「亦《やく》」は「また」ということ。「受想行識《じゅそうぎょうしき》もまた同じ」、つまり、心もまた空《くう》であるという意味ですね。

きれいもない、汚《きたな》いもない

次は「**舎利子《しゃりし》　是諸法空相《ぜしょほうくうそう》　不生不滅《ふしょうふめつ》　不垢不浄《ふくふじょう》　不増不減《ふぞうふげん》**」です。ふたたび、「シャーリプトラよ」と観音《かんのん》さまは呼《よ》びかけます。以下は「この諸々《もろもろ》の法《ほう》は空相《くうそう》である。生《しょう》ぜず滅《ほろ》びず、けがれてもいないし、清《きよ》らかでもない。増《ふ》えもしないし、減《へ》りもしない」ということです。

これもまた、先ほどの話の繰《く》り返しです。私たち人間は凡夫《ぼんぷ》ですから、大事なことは何度でも聞かなければ分からない。そう観音《かんのん》さまは思って、丁寧《ていねい》に繰《く》り返し説明《せつめい》してくださっているわけです。でも、これだけ口が酸《す》っぱくなるほど説明《せつめい》しても、あまりよく分からない。悲しいかな、これが凡夫《ぼんぷ》です。

ここで観音《かんのん》さまがおっしゃっているのは、「この世の法《ほう》、すなわち現象《げんしょう》や物質《ぶっしつ》はすべて空《くう》であって、心の働《はたら》きによって起こるのである。心の働《はたら》きがなければ、何もないのと同じである。最初《さいしょ》からないのだから、物質《ぶっしつ》や現象《げんしょう》は生《しょう》じもしなければ、滅《ほろ》びもしない」ということですね。「生滅《しょうめつ》という現象《げんしょう》そのものが存在《そんざい》しない」と読むこともできるでしょう。

この次の「不垢不浄《ふくふじょう》　不増不減《ふぞうふげん》――汚《きたな》くもなく、きれいでもない。増《ふ》えもせず、減《へ》りもしない」は、ちょっとむずかしい。謎々《なぞなぞ》みたいに見えるかもしれません。

でも、これは心の働《はたら》きに置《お》き換《か》えて考えれば、分かると思います。

きれいだと思うのも、汚《きたな》いと感じるのも、すべては心の働《はたら》きですね。

ウンチは汚《きたな》い。これは常識《じょうしき》のように思えるけれども、赤ちゃんを産《う》んだお母さんにとっては赤ちゃんのウンチは平気です。汚《きたな》いとは思わない。赤ちゃんにとってウンチは健康《けんこう》のバロメーターですから、おむつを開くたびにお母さんは「あら、今日《きょう》はいいウンチね」とか「ちょっと下《くだ》っているわ」と平気で見ることができるし、匂《にお》いを嗅《か》ぐのも平気

●六根《ろっこん》とは心の働《はたら》き。六境《ろっきょう》は六根《ろっこん》が作りだした感覚《かんかく》のこと

です。

愛《あい》する人が血《ち》を吐《は》いてノドを詰《つ》まらせたので、それを口で吸《す》ったという人を知っています。きれいだとか汚《きたな》いというのは、すべて心が作り出した、あやふやなものなんです。

増《ふ》えるとか減《へ》るというのも同じこと。

愛情が増《ふ》えたとか減《へ》ったと言って、みんな悩《なや》んでいるけれども、それは自分がそう思って見ているだけのこと。心が煩悩《ぼんのう》にとらわれているから、減《へ》ったり増《ふ》えたりしているように見えるのです。とらわれを捨《す》て、渇愛《かつあい》から離《はな》れて、相手がどれだけ愛《あい》してくれているかなんて気にせず、自分の愛情《あいじょう》をどんどん相手にプレゼントすれば、増《ふ》えたの減《へ》ったので悩《なや》むことはありません。

『般若心経《はんにゃしんぎょう》』は、世の中はすべて空《くう》であるのだから、心のとらわれを捨《す》てなさいという教えです。ここも、そのことを繰《く》り返し述べているのです。

「空《くう》の世界」は「無限《むげん》の世界」

**「是故空中無色《ぜこくうちゅうむしき》　無受想行識《むじゅそうぎょうしき》
無眼耳鼻舌身意《むげんにびぜつしんに》　無色声香味《むしきしょうこうみ》
触法《そくほう》　無眼界乃至無意識界《むげんかいないしむいしきかい》」**、これは「このゆえに空《くう》の中に色《しき》はなく、受想行識《じゅそうぎょうしき》もない。眼耳鼻舌身意《げんにびぜつしんい》もなく、色声香《しきしょうこう》味触法《みそくほう》もない。眼界《げんかい》から意識《いしき》界《かい》もない」という意味です。

これもまた、先ほどの話の繰《く》り返しです。

この世は空《くう》であって、色《しき》(物質《ぶっしつ》・肉体)もなければ、受想行識《じゅそうぎょうしき》(心の働《はたら》き)もない――「是故空中無色《ぜこくうちゅうむしき》　無受想行識《むじゅそう》《ぎょうしき》」の部分は前の話の繰《く》り返しなのですが、今度はその次に「眼耳鼻舌身意《げんにびぜつしんい》もなく、色声香味触法《しきしょうこうみそくほう》もない。眼界《げんかい》から意識界《いしきかい》もない」と続《つづ》きます。

これは人間の認識《にんしき》や意識《いしき》の作用のことを指《さ》しています。

前の話と重《かさ》なりますが、物質《ぶっしつ》世界が存在《そんざい》するのは私たちの心が働《はたら》いて、それを認識《にんしき》するからです。コップがコップとして存在《そんざい》するのは、私たちが「コップがそこにある」と見て、それを認識《にんしき》するからだと話しましたね。

これが「色即是空《しきそくぜくう》」です。物質《ぶっしつ》や現象《げんしょう》は、それを感じる心があるから存在《そんざい》する。心がなければ存在《そんざい》しない。だから、色《しき》(物質《ぶっしつ》、現象《げんしょう》)は空《くう》なのだというわけです。

しかし、空《くう》なのは色《しき》だけではありません。それを感じる心も空《くう》なのです。物質《ぶっしつ》と同じように心そのものも実体がないというわけですね。

そして心に実体がなければ、心の働《はたら》きも当然のことながら実体がないということになる。空《くう》です。それを、ここで言っています。

「眼耳鼻舌身意《げんにびぜつしんい》」は、別名《べつめい》「六根《ろっこん》」と言います。心の作用のことです。私たちは外界の現象《げんしょう》や物体を眼《め》で見たり、耳で聴《き》いたり、鼻で嗅《か》いだり、舌《した》で味わったり、身体で触《さわ》ったりします。これが「眼耳鼻《げんにび》舌身《ぜつしん》」。最後《さいご》の「意《い》」というのは、心の中で思慮《しりょ》を働《はたら》かせることを指《さ》します。この六根《ろっこん》こそが心の働《はたら》きということになるでしょう。

次の「色声香味触法《しきしょうこうみそくほう》」は、この六根《ろっこん》が働《はたら》いた結果《けつか》、起きる感覚《かんかく》です。眼《め》で見るのが色《しき》、耳《みみ》で聴くのが声《しょう》、鼻で嗅《か》ぐのが香《こう》、舌《した》で感じるのが味《み》、身体《からだ》で感じるのが触《そく》、意識《いしき》の働《はたら》きで生まれるのが法《ほう》。法《ほう》とは、思想のことです。これらの六つを、六根《ろっこん》に対して「六境《ろっきょう》」と言います。

「眼界《げんかい》ないし意識界《いしきかい》」というのは、六根《ろっこん》が六境《ろっきょう》を感じて認識《にんしき》する行為《こうい》を意味します。乃至《ないし》というのは「から」という意味。つまり、「眼界《げんかい》から意《い》

識界《しきかい》まで」ということですね。これを六識《ろくしき》と言います。六識《ろくしき》は「見《けん》・聞《もん》・嗅《きゅう》・味《み》・触《そく》・知《ち》」です。

以上の六根《ろっこん》、六境《ろっきょう》、六識《ろくしき》の対応関係《たいおうかんけい》を書けば、次のとおりになります。

六根《ろっこん》　眼耳鼻舌身意《げんにびぜつしんい》
｜｜｜｜｜｜
六境《ろっきょう》　色声香味触法《しきしょうこうみそくほう》
｜｜｜｜｜｜
六識《ろくしき》　見聞嗅味触知《けんもんきゅうみそくち》
（眼界乃至意識界《げんかいないしいしきかい》）

この六根《ろっこん》、六境《ろっきょう》、六識《ろくしき》を合わせて「十八界」と言います。この世の現象《げんしょう》のすべては、五《ご》蘊《うん》と十八界が網《あみ》の目のように絡《から》み合って存在《そんざい》しているのです。しかし、それを認識《にんしき》する心がなければ、すべて存在《そんざい》しないのと同然《どうぜん》です。

そのことを「空《くう》の中に色《しき》はなく、受想行識《じゅそうぎょうしき》もない。眼耳《げんに》鼻舌身意《びぜつしんい》もなく、色声香味触《しきしょうこうみそく》法《ほう》もない。眼界《げんかい》から意識界《いしきかい》もない」と表わしています。

ただし、ここで言う「ない」＝無《む》というのは、数字のゼロとは違《ちが》います。無《む》も空《くう》と同じで、「とらわれない心」のことです。感覚《かんかく》作用が生み出す、さまざまな認識《にんしき》や思想にとらわれてはいけない。真《しん》の自由を持ちなさいという教えです。そうすれば、無限《むげん》の可能性《かのうせい》を得《え》ることができるというのです。「空《くう》」や「無《む》」の世界は、けっして死の世界ではありません。それとはまったく正反対《せいはんたい》の、無尽蔵《むじんぞう》で豊《ゆた》かな世界なのです。

無明《むみょう》をなくせば、苦もなくなる

さて、次は「**無無明《むむみょう》　亦無《やくむ》無明尽《むみょうじん》　乃至無老死《ないしむろうし》　亦無老《やくむろう》死尽《しじん》**」です。

これまでは「色即是空《しきそくぜくう》　空《くう》即是色《そくぜしき》」を、さまざまな表現《ひょうげん》で言い換《か》えて説明《せつめい》してきました。私たちの暮《く》らしている世界は、すべて心が産《う》みだしたものである。だが、その心さえも空《くう》であるということを何度も強調してきたわけですが、ここからはその思想をさらに広げて、観音《かんのん》さまは説明《せつめい》なさいます。

それはどういうことかといえば、物質《ぶっしつ》も現象《げんしょう》も、そして心も空《くう》であることが分かれば、人間の苦をなくすことができるという教えです。

前にお釈迦《しゃか》さまの悟《さと》りの話で、「十二因縁《いんねん》」という話をしましたね。

お釈迦《しゃか》さまは、この世の中はすべて因果関係《いんがかんけい》で動いているということを発見なさいました。どんな現象《げんしょう》でも、それが起きるには原因《げんいん》と条件《じょうけん》がなければならない。その原因《げんいん》が「因《いん》」であり、条件《じょうけん》が「縁《えん》」であり、結果《けっか》が「果《か》」です。

たとえば氷ができるには、原因《げんいん》となる水が存在《そんざい》しなければなりません。そして、それに寒さという条件《じょうけん》が加《くわ》わって、はじめて氷ができるわけです。この場合、水は因《いん》であり、寒さが縁《えん》であり、氷が果《か》になります。

水から氷ができるというのは物理現象《ぶつりげんしょう》ですが、お釈迦《しゃか》さまはこの新発見を人生に応用《おうよう》しました。

私たちの人生は苦に満《み》ちています。お釈迦《しゃか》さまはその苦しみをもたらす原因《げんいん》はどこにあるのだろうと探究《たんきゅう》なさいました。その結果《けっか》、分かったのが「十二因縁《いんねん》」の成り立ちです。

十二因縁《いんねん》とは、

一、無明《むみょう》
二、行《ぎょう》
三、識《しき》
四、名色《みょうしき》
五、六入《ろくにゅう》

六、触《そく》
七、受《じゅ》
八、愛《あい》
九、取《しゅ》
十、有《う》
十一、生《しょう》
十二、老死《ろうし》
です。

これを人間の恋愛《れんあい》を例《れい》にとって説明《せつめい》しましょう。

太郎《たろう》さんという男がいます。太郎《たろう》の心は迷《まよ》いや煩悩《ぼんのう》に満《み》ちています。これが無明《むみょう》です。そこに花子《はなこ》さんという若《わか》い女《じょ》性《せい》が現《あら》われます。太郎《たろう》と花子《はなこ》は言葉を交《か》わします。これが行《ぎょう》です。太郎《たろう》は花子《はなこ》さんの顔を見て「若《わか》いな、チャーミングだな」と思いました。これが識《しき》です。次の名色《みょうしき》は、太郎《たろう》さんの心を動かした花子《はなこ》さんとの関係《かんけい》や精神《せいしん》を指《さ》します。

太郎《たろう》さんは花子《はなこ》さんを六つの感覚器官《かんかくきかん》（六入《ろくにゅう》）で感じ、彼女《かのじょ》と接触《せっしょく》したくなります。これが触《そく》です。手を握《にぎ》ったり、抱《だ》き合うとそこに愛《あい》が生まれます。しかし、その愛《あい》は渇愛《かつあい》ですから、太郎《たろう》は花子《はなこ》に執着《しゅうちゃく》し、彼女《かのじょ》を独占《どくせん》したくなる。これが取《しゅ》です。

思いがかなって、ようやく太郎《たろう》は花子《はなこ》を自分のものにします。つまり、結婚《けっこん》です。言ってみれば、太郎《たろう》は花子《はなこ》を所有したことになるわけで、これが有《う》なのです。

結婚《けっこん》し、彼女《かのじょ》とセックスをすれば、子どもが生まれる。これが生《しょう》ですね。しかし、その生まれた赤ちゃんはいつか老《お》い、死ぬ運命にあります。これが最後《さいご》の「老死《ろうし》」です、

このように、すべての人間の苦は、もとをただせば、すべて心の無明《むみょう》が産みだしたものなのだというのが、お釈迦《しゃか》さまの発見でした。最後《さいご》の老《ろう》死《し》は、単《たん》に老化《ろうか》や死だけを意味しません。苦の代表として、老死《ろうし》があげられているのです。

しかし、この十二因縁《いんねん》の発見によって、お釈迦《しゃか》さまは苦をなくす方法も見つけたのです。すなわち、苦を消滅《しょうめつ》させようと思えば、その根本《こんぽん》である無明《むみょう》をなくしてしまえばいい。原因《げんいん》を断《た》ち切ってしまえば、結果《けっか》は生まれません。きわめて合理的《ごうりてき》な考え方です。

このことを述《の》べているのが「無無明《むむみょう》　亦無無明尽《やくむむみょうじん》　乃至《ないし》　無老死《むろうし》　亦無老死尽《やくむろうしじん》」です。

これは「無明《むみょう》がなければ、また無明《むみょう》をなくし尽《つ》くし、ないし老死《ろうし》がなければ、また老《ろう》死《し》をなくし尽《つ》くす」と読みます。無明《むみょう》をなくしてしまえば、老死《ろうし》、すなわち苦もなくなる——これこそがお釈迦《しゃか》さまの説《と》いた「縁起《えんぎ》の法《ほう》」と呼《よ》ばれる真理です。

ちなみに従来《じゅうらい》の解釈《かいしゃく》では、「無明《むみょう》もなく、また無明《むみょう》の尽《つ》きることなし」と読んでいます。しかし、私は「無明《むみょう》がなければ、無明《むみょう》をなくし尽《つ》くし」と読んだほうが納得《なっとく》できると思います。

知識《ちしき》にこだわるな、自由になろう！

さて、これに続《つづ》くのが「**無《む》苦集滅道《くしゅうめつどう》　無智亦無得《むちやくむとく》　以無《いむ》所得故《しょとつこ》**」です。

これは先ほどの「無明《むみょう》がなくなれば、苦もない」に続《つづ》く部分で、無明《むみょう》がなくなれば「苦集滅道《くしゅうめつどう》もなくなり、智《ち》もなく得《とく》もない。何も得《え》るところがない」ということを述《の》べています。

最初《さいしょ》の「苦集滅道《くしゅうめつどう》もない」というのは、四諦《したい》のことを指《さ》しています。

前にも説明《せつめい》しましたが、お釈迦《しゃか》さまは菩提樹《ぼだいじゅ》の下で悟《さと》ったときに、この世の四つの真理を発見なさいました。それが「四諦《したい》」です。四諦《したい》は「苦《く》諦《たい》、集諦《じったい》、滅諦《めったい》、道諦《どうたい》」の四

つをまとめた言い方です。

苦諦《くたい》とは「この世は苦しみである」という真理、集諦《じったい》とは「苦は無明《むみょう》から起きる」という真理です。つまり、集諦《じったい》とは「十二因縁《いんねん》」のことですね。

その次の滅諦《めつたい》とは「苦を滅《ほろ》ぼすには無明《むみょう》をなくせ」という真理、そして道諦《どうたい》とは「悟《さと》りに至《いた》るための真理」を意味します。

最後《さいご》の道諦《どうたい》とは、八正道《はっしょうどう》のことです。悟《さと》りを開くには、八つの正しい行ないをしなさいというのが、お釈迦《しゃか》さまの教えでした。正見《しょうけん》、正思《しょうし》、正《しょう》語《ご》、正業《しょうぎょう》、正命《しょうみょう》、正精進《しょうしょうじん》、正《しょう》念《ねん》、正定《しょうじょう》……この八つを行なえば、無明《むみょう》は消え、苦もなくなり、悟《さと》りに至《いた》る。これがお釈迦《しゃか》さまの説《と》いた八正道《はっしょうどう》です。

ところが『般若心経《はんにゃしんぎょう》』では、そのお釈迦《しゃか》さまの発見した苦《く》集滅道《しゅうめつどう》の四諦《したい》すらないと記《しる》します。いったい、これはどうしたことでしょう。また、そのあとには「智慧《ちえ》もなく、得《とく》もない」とあります。いくら空《くう》だからといって、この世の真理も智慧《ちえ》もないし、智慧《ちえ》を得《え》ても得《とく》はないとまで言われたら困《こま》ってしまいます。

でも、これは次のように考えると分かるのです。

前から繰《く》り返しているように、『般若心経《はんにゃしんぎょう》』の教えは「こだわりを捨《す》てろ」ということでした。私たちが生きているかぎり苦しむのは、心にこだわりがあるからです。イメージや既成観念《きせいかんねん》にとらわれているから、苦しむのです。

四諦《したい》や八正道《はっしょうどう》はたしかにお釈迦《しゃか》さまの発見した大切な真理です。しかし、その大切な教えも、受け手である私たちが、それにコチンコチンに縛《しば》られていたら、かえって害《がい》があります。観念的になってしまいます。宗教《しゅうきょう》は本来、人間を自由にするためにあるはずなのに、教えのために不自由《ふじゆう》になっているのでは本末転倒《ほんまつてんとう》です。

四諦《したい》、八正道《はっしょうどう》はもちろん仏教の基本《きほん》であり、根本《こんぽん》ですから知っておいたほうがいい。でも、それにあまりとらわれてはいけない。人に会ったら正見《しょうけん》、話すときには正語《しょうご》、そんなふうに思い詰《つ》めていたら、かえって辛《つら》くなってしまいます。だから、一度知ったうえで、それからも解放《かいほう》されなさい……そのことが、ここに書かれているのだと思います。

智《ち》もなく、また得《とく》もなくというのも、同じです。本当に心が自由になったら、智慧《ちえ》は智慧《ちえ》と意識《いしき》されなくなる。空気のようになるのです。得《とく》だとか、損《そん》だとかもなくなります。心が真に自由ということは、何も持っていないのと同じことだというわけです。

だから、ここで私の『般若《はんにゃ》心経《しんぎょう》』講義《こうぎ》を受けて、分かったと思っても何の意味もないし、むずかしい言葉の意味を全部覚《おぼ》えたといって自慢《じまん》できない、そういうことです。これは学校の勉強と同じですね。年号や化学式を丸暗記《まるあんき》しても、それは勉強とは言いません。生半可《なまはんか》な知識《ちしき》はかえって身《み》の毒《どく》になります。

今日の講義《こうぎ》も、覚《おぼ》える必要《ひつよう》はありません。多少、分からないところがあっても気にしない。ただ一つ、「とらわれるな」、これだけを覚《おぼ》えてくれればいい。ここが一番、肝《かん》心《じん》なところです。どう、少しは安心したでしょう？

恐怖《きょうふ》のない心

「菩提薩埵《ぼだいさった》　依般若波羅蜜多《えはんにゃはらみった》
故《こ》　心無罣礙《しんむけいげ》　無罣礙故《むけいげこ》　無《む》
有恐怖《うくふ》　遠離一切顛倒夢想《おんりいっさいてんどうむそう》
究竟涅槃《くきょうねはん》」

菩薩《ぼさつ》は如来《にょらい》と凡夫《ぼんぷ》との架《か》け橋《はし》

さて、ここは「菩提薩埵《ぼだいさつた》は般若波羅蜜多《はんにゃはらみった》に依《よ》るがゆえに心に罣礙《けいげ》なく、罣礙《けいげ》なきがゆえに　恐怖《くふ》あることなし　一《いっ》切《さい》の顚倒夢想《てんどうむそう》を遠離《おんり》して涅槃《ねはん》を究竟《くきょう》す」と読みますが、何のことだか、さっぱり分からないでしょう。

まず、菩提薩埵《ぼだいさつた》が出てきましたが、これは菩薩《ぼさつ》のことです。菩薩《ぼさつ》はサンスクリット語でボーディサットヴァと言います。それを漢字に当てはめると菩提薩埵《ぼだいさつた》となります。菩《ぼ》提《だい》とは悟《さと》りの世界、薩埵《さつた》は衆《しゅ》生《じょう》の世界、私たちの生きているこの世のことです。

悟《さと》りと衆生《しゅじょう》をともに持つというのは、言い換《か》えれば、理想の徳《とく》を持つ如来《にょらい》と、迷《まよ》い多い凡夫《ぼんぷ》の中間に位置《いち》するということです。菩薩《ぼさつ》というのは、如来《にょらい》と凡夫《ぼんぷ》との架《か》け橋《はし》になってくださる存在《そんざい》なのです。如《にょ》来《らい》が私たちを救《すく》うとき、人間に近い形に変身《へんしん》する。それが菩薩《ぼさつ》だとも言われます。

菩薩《ぼさつ》は人間に近いので、凡《ぼん》夫《ぷ》の私たちが悟《さと》れば菩薩《ぼさつ》になるとも考えられています。六《ろく》波羅蜜《はらみつ》の行《ぎょう》を別名《べつめい》「菩薩行《ぼさつぎょう》」というのも、そのためです。

その六波羅蜜《ろくはらみつ》の行《ぎょう》で、最《もっと》も重要《じゅうよう》なのが最後《さいご》の「智慧《ちえ》」です。六波羅蜜《ろくはらみつ》では布施《ふせ》、持戒《じかい》、忍辱《にんにく》、精進《しょうじん》、禅定《ぜんじょう》の五つをすれば、智慧《ちえ》を得《え》ることができます。つまり、智慧《ちえ》こそが六《ろく》波羅蜜《はらみつ》の最終ゴールであるわけです。

智慧《ちえ》のことを、パーリ語でパンニャー、「般若《はんにゃ》」と言うことは、『般若心経《はんにゃしんぎょう》』の題名の説明《せつめい》のところでいたしました。

さて、こうした基礎知識《きそちしき》を踏《ふ》まえて、本文を読んでみましょう。

「菩薩《ぼさつ》も般若波羅蜜《はんにゃはらみつ》に依《よ》るがゆえに、心に罣礙《けいげ》なく」

六波羅蜜《ろくはらみつ》を行なって菩薩《ぼさつ》になり、智慧《ちえ》＝般若《はんにゃ》を得《え》ると心はきわめて自由になるということです。

罣礙《けいげ》というのは「さまたげ」の意味。心をさまたげるものがなくなるから、自由自《じゆうじ》在《ざい》になる。

心が自由自在《じゆうじざい》になれば、怖《こわ》いものはありません。私たちは心に煩悩《ぼんのう》を持っているから、いつも悩《なや》みごとを抱《かか》えています。心配が絶《た》えません。でも、心が自由になれば、もう恐《おそ》れるものはない。自分のメンツにこだわることもないし、他人が自分をどう思っていようと気にならない。それが「恐《く》怖《ふ》あることなし」です。

悟《さと》りとは、まさに「何物をも恐《おそ》れない、自由自在《じゆうじざい》の境《きょう》地《ち》」を指《さ》すのではないでしょうか。

『観音経《かんのんきょう》』には、観音《かんのん》さまは「無畏《むい》を以《もっ》て衆生《しゅじょう》を施《ほどこ》す」とあります。

無畏《むい》とは、恐怖《きょうふ》をなくさせてくれるということです。観《かん》音《のん》さまは恐怖《きょうふ》をなくしてくださる仏《ほとけ》なので、「施無畏者《せむいしゃ》」とも「施無畏《せむい》」とも言われます。

観音《かんのん》さまの仏像《ぶつぞう》を見ると、片手《かたて》を肩《かた》のあたりまで上げて、5本の指を伸《の》ばして、手のひらを外に向けています。これを施無畏印《せむいいん》と呼《よ》びます。同時に反対の手は膝《ひざ》のあたりに下げて指を伸《の》ばし、手のひらを外に向けています。これを「施無畏与願印《せむいよがんいん》」、あるいは「施満願印《せまんがんいん》」と言います。この印《いん》は観音像《かんのんぞう》以外の仏像《ぶつぞう》にもよく見られるものです。

さて、その次は「無罣礙故《むけいげこ》遠離《おんり》一切《いっさい》顚倒夢想《てんどうむそう》　究竟《くきょう》涅《ね》槃《はん》」です。

「いっさいの顚倒夢想《てんどうむそう》を遠離《おんり》する」と言うと、なにやらむずかしそうです。でも、言っていることはきわめて分かりやすい話です。

この世の中は「顛倒夢想《てんどうむそう》」に満《み》ちている

観音菩薩立像《かんのんぼさつりゅうぞう》（薬師寺・国宝）

顛倒《てんどう》というのは、ひっくり返るということ。つまり顛倒《てんどう》夢想《むそう》とは、「あべこべの、さかさまの妄想《もうそう》」ということです。

私たち凡夫《ぼんぷ》は、心に煩悩《ぼんのう》を抱《かか》えているから世の中を正しく見ることができません。才《さい》能《のう》もないのに天才だと思ったり、本当の優《やさ》しさを持っていないのに自分には思いやりがあると思ったり、好《す》かれてもいないのに好《す》かれていると思ったり……世の中は顛倒夢想《てんどうむそう》で一杯《いっぱい》です。

しかし、真の智慧《ちえ》を持ち、心が自由になれば、物事をありのままに見ることができる。それがお釈迦《しゃか》さまのおっしゃった「正見《しょうけん》」です。

「遠離《おんり》」というのは、遠ざけるという意味。間違《まちが》った物の見方を遠ざけられるという意味ですね。

心が自由になり、物事を正しく見ることができる――その境地《きょうち》を仏教では「涅槃《ねはん》」と言います。サンスクリット語ではニルヴァーナ。

涅槃《ねはん》というと、人間が死んだ状態《じょうたい》のことを言うと思われていますが、そうではありません。心に何の恐怖《きょうふ》もない、悟《さと》りの境地《きょうち》に入ったことを涅《ね》槃《はん》と言います。

「涅槃《ねはん》を究竟《くきょう》す」とは、究極《きゅうきょく》の涅槃《ねはん》、つまり平安の世界に入るという意味です。心が自由になるというのは、平安な心を得《え》るということなのです。

なぜ仏《ほとけ》さまは無数《むすう》におられるのか

あなたの心にもダイヤの原石《げんせき》が

さあ、ここまで来たら、あともう少しです。

「三世諸仏《さんぜしよぶつ》　依般若波羅蜜多《えはんにゃはらみった》故《こ》　得阿耨多羅三藐三菩提《とくあのくたらさんみゃくさんぼだい》」

仏教では「一切衆生悉有仏性《いっさいしゅじょうしつうぶっしょう》」という考え方をします。すべての人には仏《ほとけ》になる可能《かのう》性《せい》、仏性《ぶっしょう》がある。太郎《たろう》さんは悟《さと》れるけれども、花子《はなこ》さんはいくら努力《どりょく》してもダメということではありません。どんな人も、心の中に無明《むみょう》を抱《かか》えているけれども、同時に仏性《ぶっしょう》を持っているのです。

ですから、仏《ほとけ》さまもお釈迦《しゃか》さまだけではない。阿弥陀如来《あみだにょらい》もおられれば、薬師如来《やくしにょらい》も、観音菩薩《かんのんぼさつ》も、地蔵菩薩《じぞうぼさつ》もといったぐあいに、無数に仏《ほとけ》がいるのだと考えます。ここがキリスト教の一神教《いっしんきょう》と仏教の多《た》神教《しんきょう》の大きな違《ちが》いです。

仏教では、いつの時代にも、どんな場所にも仏《ほとけ》さまがおられると考えます。私たち衆生《しゅじょう》のいるところには、かならず仏《ほとけ》さまがいて、私たちを救《すく》ってくださるというわけです。

「三世諸仏《さんぜしよぶつ》」とは、そのことを示《しめ》した言葉です。過去《かこ》、現《げん》在《ざい》、未来《みらい》の三世《さんぜ》、つまり限《かぎ》りない過去《かこ》から限《かぎ》りない未来《みらい》に至《いた》るまで、ありとあらゆるところに仏《ほとけ》さまがいて、その仏《ほとけ》さまはみな般若《はんにゃ》、すなわち智《ち》慧《え》を持っておられる。『般若《はんにゃ》心経《しんぎょう》』の冒頭《ぼうとう》に、「観自在菩《かんじざいぼ》薩《さつ》　行深般若波羅蜜多時《ぎょうじんはんにゃはらみったじ》」とありました。観音《かんのん》さまもまた般若《はんにゃ》の智慧《ちえ》を磨《みが》いて、「一切《いっさい》は空《くう》なり」という真理を発見されたのです。

さて『般若心経《はんにゃしんぎょう》』では、「あらゆる仏《ほとけ》は般若《はんにゃ》の智慧《ちえ》を持っているがゆえに、阿耨多《あのくた》羅三藐三菩提《らさんみゃくさんぼだい》を得《え》たまえり」と書かれています。

この阿耨多羅三藐三菩提《あのくたらさんみゃくさんぼだい》というのは、サンスクリット語の「アヌッタラー・サミャクサンボーディ」に漢字を当てたものです。

阿耨多羅《あのくたら》とは「最上《さいじょう》・最《さい》高《こう》」、三藐《さんみゃく》は「正しい」という意味です。そして、三菩提《さんぼだい》は「すべての智慧《ちえ》の集まり」の意味です。仏《ほとけ》の悟《さと》りは最高《さいこう》に優《すぐ》れていて、かぎりなく正しく普遍《ふへん》のものであるということです。それを阿耨多羅三《あのくたらさん》藐三菩提《みゃくさんぼだい》と称《しょう》するわけです。

結局《けつきょく》、ここまでの部分は、どんな時代であろうが、どんな場所に生きていようが、人間は誰《だれ》でも正しい悟《さと》りを得《え》て、仏《ほとけ》になれると言っているのです。それには、観音菩薩《かんのんぼさつ》が発見なさった「一切《いっさい》は空《くう》なり」、つまり「とらわれない心」を持ちなさいということです。

あなたの中には磨《みが》かれていない宝石《ほうせき》が隠《かく》されています。それが仏性《ぶっしょう》です。一所懸命《いっしょけんめい》に六《ろく》波羅蜜《はらみつ》を行なえば、その宝石《ほうせき》はきっと輝《かがや》くというわけです。それを仏《ほとけ》さまが保証《ほしょう》してくださっているのです。

呪《マントラ》とは「宇宙語《うちゅうご》」である

ここまでのところが『般若《はんにゃ》心経《しんぎょう》』の教えを述べたところ、つまり説明《せつめい》の部分です。ここから先は「呪《じゅ》」、すなわちマントラに関《かか》わる部分です。

マントラのことは前章でお話ししましたね。真言《しんごん》、あるいは陀羅尼《だらに》とも言って、宇宙《うちゅう》の生命に直接《ちょくせつ》呼《よ》びかけるための特別《とくべつ》のまじないです。私流の言い方をすれば、「宇宙《うちゅう》の生命にだけ通じる宇宙語《うちゅうご》」。

私たちが宇宙《うちゅう》の生命と交流するには、普通《ふつう》は一心にお祈《いの》りをします。自分を忘《わす》れ、無《む》心《しん》に祈《いの》っていると、宇宙《うちゅう》の生命と波長が合って、祈《いの》りが届《とど》くわけです。マントラはそれ

なぜ、密教《みっきょう》の修行中《しゅぎょうちゅう》は髭剃《ひげそ》りがご法度《はっと》なのか

とは違《ちが》って、直接《ちょくせつ》、宇宙《うちゅう》の生命に話しかける特別《とくべつ》な言葉です。宇宙《うちゅう》の生命に通じればいいから、訳《やく》す必要《ひつよう》がないし、訳《やく》してもあまり意味がない。如来《にょらい》の言葉だと言われています。

こうした真言《しんごん》を重んじるのが密教《みっきょう》です。密教《みっきょう》では、言葉による理解《りかい》、頭脳《ずのう》による理解《りかい》はあまり重視《じゅうし》しない。それよりも加持祈禱《かじきとう》をする。口でマントラを唱《とな》えたり、あるいは手で印《いん》を結《むす》んだり、心に仏《ほとけ》さまを想像《そうぞう》したりすることで、仏《ほとけ》さまの力を呼《よ》び寄《よ》せ、自分自身も仏《ほとけ》になろうとするわけです。

この密教《みっきょう》を行なっているのが、高野山《こうやさん》の真言宗《しんごんしゅう》、そして私の帰依《きえ》した天台宗《てんだいしゅう》です。

真言宗《しんごんしゅう》は平安《へいあん》時代の空海《くうかい》(弘法大師《こうぼうだいし》)が中国《ちゅうごく》の恵果《けいか》というお坊《ぼう》さんから密教《みっきょう》を習って帰ってきたことから始まります。真言宗《しんごんしゅう》は密教《みっきょう》だけを行ないます。

これに対して、天台宗《てんだいしゅう》には密教《みっきょう》だけでなくて、顕教《けんぎょう》もあります。顕教《けんぎょう》というのは、つまり理解《りかい》によって悟《さと》りに近づこうという教えですね。

もともと天台宗《てんだいしゅう》を開いた伝教大師《でんぎょうだいし》最澄《さいちょう》は、平安《へいあん》時代に中《ちゅう》国《ごく》に留学《りゅうがく》して顕教《けんぎょう》を学ばれました。そのついでに、ちょっと密教《みっきょう》も勉強したという程度《ていど》だったのですが、日本に戻《もど》ってくると、時《とき》の桓武天皇《かんむてんのう》が病気だったので、密教《みっきょう》で加持祈《かじき》禱《とう》をしてくれと頼《たの》まれたのです。しかたがないので、最澄《さいちょう》は密教《みっきょう》で加持祈禱《かじきとう》をしていた。

そこに戻《もど》ってきたのが、空《くう》海《かい》です。空海《くうかい》は最初《さいしょ》から密教《みっきょう》を学ぶつもりで留学《りゅうがく》して、中《ちゅう》国《ごく》で最高《さいこう》の密教《みっきょう》の先生に習います。ですから、日本に密教《みっきょう》を伝えたのは最澄《さいちょう》のほうが先だったけれども、空海《くうかい》のほうがずっと詳《くわ》しかった。

そこで最澄《さいちょう》は、帰国してき

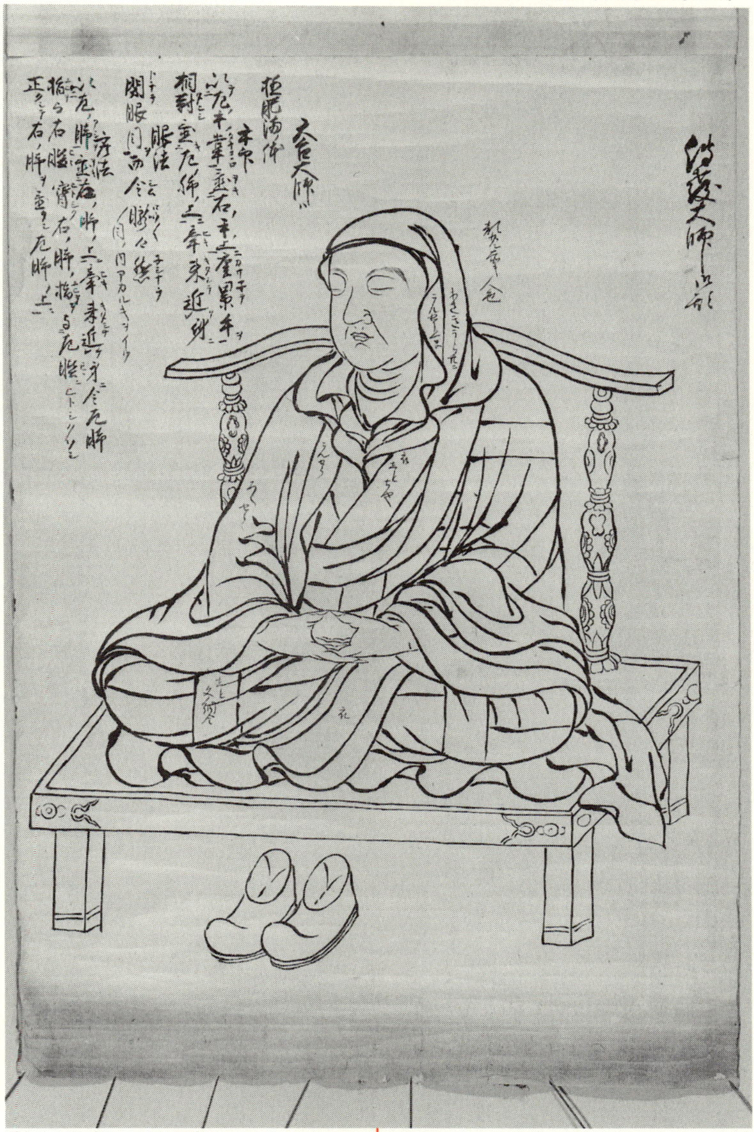

伝教大師《でんぎょうだいし》・最澄《さいちょう》(東京国立博物館)

東寺◉正式には「教王護国寺《きょうおうごこくじ》」。通称《つうしょう》「弘法《こうぼう》さん」。京都《きょうと》市南《みなみ》区にある真言宗東寺派《しんごんしゅうとうじは》の総本山《そうほんざん》である。

た空海《くうかい》に手をついて弟子《でし》入りするのです。最澄《さいちょう》は、天皇《てんのう》から信頼《しんらい》を受けているほどの高《こう》僧《そう》で、世間的《せけんてき》に見れば空海《くうかい》よりずっと位《くらい》が上です。しかし「私よりあなたのほうが密教《みっきょう》をよくご存《ぞん》じだから、どうか弟子《でし》にしてください」とお願《ねが》いした。ここが最澄《さいちょう》の立派《りっぱ》なところです。

こうして最澄《さいちょう》は空海《くうかい》から密《みつ》教《きょう》を学ぶのですが、やはりそれだけでは充分《じゅうぶん》とは言えない。そこで自分はもう一度留学《りゅうがく》するわけにもいかないので、弟《で》子《し》たちを次々と中国《ちゅうごく》に送って密教《みっきょう》を学ばせました。こうして天台宗《てんだいしゅう》は顕密《けんみつ》両方を扱《あつか》う宗《しゅう》派《は》になったわけです。

ちなみに天台宗《てんだいしゅう》の密教《みっきょう》は「台密《たいみつ》」、真言宗《しんごんしゅう》は「東密《とうみつ》」と言います。真言宗《しんごんしゅう》は東寺《とうじ》で興《おこ》ったので、こう呼《よ》びます。台《たい》密《みつ》も東密《とうみつ》も、ともに密教《みっきょう》ですから内容《ないよう》はほとんど同じです。多少、そのやり方が違《ちが》うと理《り》解《かい》しておけばいいでしょう。

私も出家《しゅっけ》した直後、横川《よかわ》の行院《ぎょういん》で顕密《けんみつ》の両方を学びました。前半はお釈迦《しゃか》さまの教えやお経《きょう》の意味、経《きょう》のあげ方を習いました。これが顕教《けんぎょう》です。後半は密教《みっきょう》でした。

密教《みっきょう》では「即身成仏《そくしんじょうぶつ》」といって、自分の身体《からだ》が仏《ほとけ》さまになるという信仰《しんこう》があるので、修行中《しゅぎょうちゅう》は自分の肉体は仏《ほとけ》だから刃物《はもの》を当ててはいけないと教わります。だから、髭《ひげ》も剃《そ》れないし、頭も剃《そ》れない。爪《つめ》も切ってはいけない。私は髭《ひげ》がないからいいですが、一緒《いっしょ》に修行《しゅぎょう》していた男性《だんせい》たちは髪《かみ》はボウボウ、髭《ひげ》モジャです。その格好《かっこう》で護摩《ごま》を焚《た》く。

護摩《ごま》というのは、ボウボウと火を燃《も》やして、そこに五穀《ごこく》を投げ入れる。そうして仏《ほとけ》さまの力を呼《よ》び寄《よ》せるわけですが、その油とススで顔は真っ黒になる、手も、伸《の》びた爪《つめ》も黒くなる。それはそれはすごい姿《すがた》になってしまう。

でも、その頃《ころ》になると、みんなの顔が引き締《し》まって、目が澄《す》んでいい顔になるんです。自分の顔は鏡《かがみ》がないから見ることができないけれど、行《ぎょう》院《いん》に入りたては「お寺のぼんぼん」だった男の子たちの眼《め》が澄《す》んできて、いかにも行者《ぎょうじゃ》といった雰囲気《ふんいき》になったのを見て、密教《みっきょう》もやはり素晴《すば》らしいなあと思ったものです。

最上最高《さいじょうさいこう》のマントラ

さて、そこで『般若心経《はんにゃしんぎょう》』に戻《もど》りましょう。ここからは、それまでの顕教《けんぎょう》の説明《せつめい》から、突然《とつぜん》、密教《みっきょう》の世界に入っていきます。『般若心経《はんにゃしんぎょう》』は顕教《けんぎょう》のお寺でも密教《みっきょう》のお寺でも用《もち》いられるのは、このためでしょう。

「**故知般若波羅蜜多《こちはんにゃはらみった》　是大神《ぜだいじん》呪《しゅ》　是大明呪《ぜだいみょうしゅ》　是無上呪《ぜむじょうしゅ》　是《ぜ》無等等呪《むとうどうしゅ》**」——ゆえに知る、般若波羅蜜多《はんにゃはらみった》はこれ大神呪《だいじんしゅ》、これ大明呪《だいみょうしゅ》、これ無上呪《むじょうしゅ》　これ無等等呪《むとうどうしゅ》。何だか、分かったような分からないような話ですね。

大神呪《だいじんしゅ》、大明呪《だいみょうしゅ》、無上呪《むじょうしゅ》というのは、マントラの種類《しゅるい》を指《さ》しています。

『法華経《ほけきょう》』では、人間を三つの位《くらい》に分けます。声聞《しょうもん》、縁覚《えんがく》、菩薩《ぼさつ》の三つです。

声聞《しょうもん》とは人の話を聞いて理《り》解《かい》しようとする人のこと。縁《えん》覚《がく》というのは、先生に習わず、独学《どくがく》で本を読んだり、研究して理解《りかい》しようとする人のことです。菩薩《ぼさつ》のことはもう何度も出ていますから、分かりますね。菩薩道《ぼさつどう》、つまり六波羅《ろくはら》蜜《みつ》を一所懸命《いっしょけんめい》行なったら人間は菩薩《ぼさつ》になれる。

私たちはたいてい、声聞《しょうもん》、縁覚《えんがく》どまりですね。人の話を半分も聞かないで「ああ、分

右ページ・天台寺晋山式《てんだいじしんざんしき》での魔除《まよ》けの護摩《ごま》▶

マントラは訳《やく》したら、効力《こうりょく》が失われる

かった。もう分かった」と言ったり、本を斜《なな》め読みして分かった気分になる。

ちょっとむずかしい話をすれば、『法華経《ほけきょう》』では三開顕《さんかいけん》一《いっ》と言って、声聞《しょうもん》、縁覚《えんがく》、菩《ぼ》薩《さつ》の三種《さんしゅ》の人間の上に、唯一《ゆいいつ》無二《むに》の仏《ほとけ》の世界があると考えます。これを一仏乗《いちぶつじょう》と言います。乗《じょう》というのは、乗り物のことです。

大神呪《だいじんしゅ》、大明呪《だいみょうしゅ》、無上呪《むじょうしゅ》は、この人間の三つの分類《ぶんるい》に対応《たいおう》するマントラのこと。つまり、
大神呪《だいじんしゅ》とは声聞《しょうもん》の唱《とな》える呪《しゅ》、
大明呪《だいみょうしゅ》とは縁覚《えんがく》の唱《とな》える呪《しゅ》、
無上呪《むじょうしゅ》とは菩薩《ぼさつ》の唱《とな》える呪《しゅ》。

四番目の無等等呪《むとうどうしゅ》というのは、「この上ない、比《くら》べるものがない最上《さいじょう》の呪《しゅ》」という意味。

つまり、『般若心経《はんにゃしんぎょう》』は、声聞《しょうもん》だろうが、縁覚《えんがく》だろうが、菩薩《ぼさつ》だろうが、誰《だれ》が唱《とな》えても功徳《くどく》がある陀羅尼《だらに》、マントラであるというわけです。

では、このマントラを唱《とな》えるとどんな効果《こうか》があるのか。それが次に書かれています。

「能除一切苦《のうじょいっさいく》　真実不虚《しんじつふこ》」

これは「よく一切《いっさい》の苦《く》を除《のぞ》き、真実《しんじつ》は虚《こ》ならざるがゆえ」と読むことができるでしょう。つまり、マントラを唱《とな》えると、すべての苦が取り除《のぞ》かれる。なぜかというと、そこに書かれていることこそが真実《しんじつ》であって、ひとつの嘘《うそ》（＝虚《こ》）もないからだというのです。

そんなに効力《こうりょく》のあるマントラとは、いったいどんなものなのか。そのベールが次で明かされます。

「故説般若波羅蜜多呪《こせつはんにゃはらみったしゅ》　即説《そくせつ》呪曰《しゅわつ》」——ゆえに般若波羅蜜《はんにゃはらみつ》多《た》の呪《しゅ》を説《と》く、すなわち呪《しゅ》を説《と》いていわく、という意味です。さあ、これからマントラを教えてやろう、ということです。

顕教《けんぎょう》と密教《みっきょう》はコインの両面

ところで、なぜ、顕教《けんぎょう》の教えと密教《みっきょう》のマントラが『般若《はんにゃ》心経《しんぎょう》』の中では一緒《いっしょ》になっているのでしょうか。

それについて弘法大師《こうぼうだいし》（空《くう》海《かい》）は、次のようなことを書き記《しる》しています。

「もともと、如来《にょらい》の説法《せっぽう》には2種類《しゅるい》があった。それが顕教《けんぎょう》と密教《みっきょう》である。如来《にょらい》は、顕教《けんぎょう》で悟《さと》りを得《え》る人には言葉を尽《つ》くして語り、密教《みっきょう》で悟《さと》りを得《え》る人には陀羅尼《だらに》（マントラ）を説《と》いた」

人を見て法《ほう》を説《と》くというのは、お釈迦《しゃか》さまのことを表わした言葉ですが、密教《みっきょう》も顕教《けんぎょう》も本来、一つのものであるということでしょう。

さらに弘法大師《こうぼうだいし》は、
「密教《みっきょう》と顕教《けんぎょう》はかけ離《はな》れているように見えるが、そうではない。普通《ふつう》の人が見れば、雑《ざっ》草《そう》にしか見えない草であっても、医者には薬草であることが分かるように、顕教《けんぎょう》と思われているお経《きょう》の中にも密教《みっきょう》の教えを読みとる人もいる。一つのお経《きょう》の中にも、浅《あさ》い教え、深い教えが幾重《いくえ》にも重《かさ》なりあっている」

とも書いています。弘法大《こうぼうだい》師《し》の考えにしたがえば、『般《はん》若心経《にゃしんぎょう》』の中にマントラ（陀《だ》羅尼《らに》）が書かれていても何の不思議《ふしぎ》もないということがよく分かります。顕教《けんぎょう》も密教《みっきょう》も人間の都合《つごう》で付《つ》けた分類《ぶんるい》で、仏《ほとけ》の教えには変《か》わりがないからです。

往《い》け往《い》け　彼《か》の岸へ

さて、いよいよ『般若心《はんにゃしん》経《ぎょう》』はグランドフィナーレに入ります。

「羯諦羯諦《ぎゃていぎゃてい》　波羅羯諦《はらぎゃてい》　波羅《はら》

僧羯諦《そうぎゃてい》　菩提薩婆訶《ぼじそわか》」

これはサンスクリット語では「ガテー　ガテー　パーラガテー　パーラサンガテー　ボーディ　スヴァーハー」となります。

これはマントラだから、訳《やく》してはいけない。訳《やく》すとマントラの力がなくなってしまうとされています。

でも、人間というのは、ダメと言われればなおさら知りたい。隠《かく》されると開けてみたくなる。

だから、この部分は昔からいろんな訳《やく》がなされていますが、私なりに訳《やく》すと次のようになります。これを紹介《しょうかい》して、今回の講義《こうぎ》を終えることにいたしましょう。意味はみなさんご自身で、それぞれに考えてみてください。

「往《い》け往《い》け　彼《か》の岸へ　いざともに渡《わた》らん　幸いなるかな」

阿耨多羅三藐三菩提

寂
庵

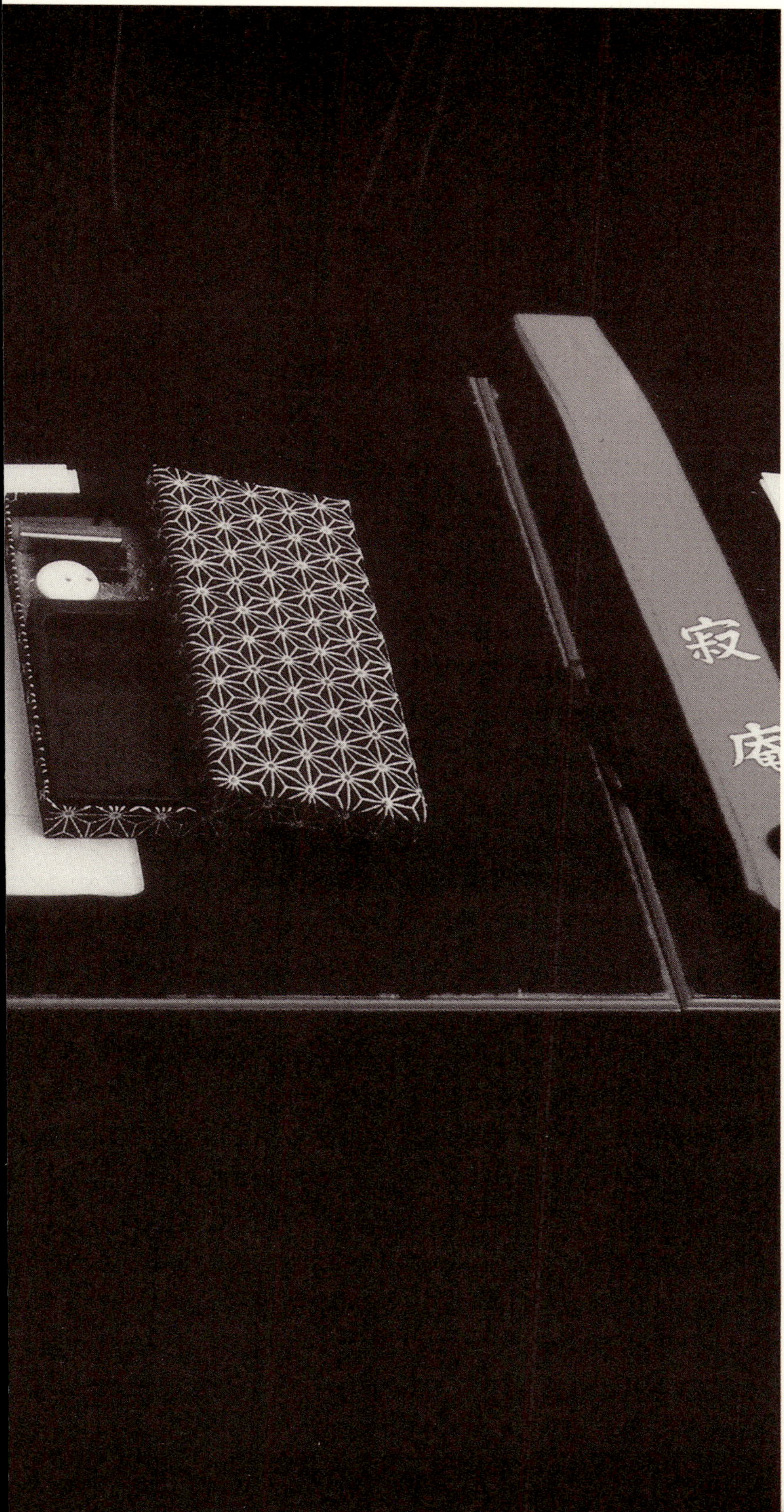

写経の手引き

煩悩《ぼんのう》に心がかき乱《みだ》されたとき、写経《しゃきょう》をすると心が静《しず》まります。物事の判断《はんだん》に困《こま》ったとき、悲しみや苦しみで心がふさがれたとき、写経《しゃきょう》をしてみるといいでしょう。写経《しゃきょう》をむずかしく考えることはありません。お経《きょう》の意味が分からなくてもいいし、また、立派《りっぱ》な道具にこだわる必要《ひつよう》もありません。まず、始めてみることが何よりも大切です。

一、用具

写経《しゃきょう》に最低限必要《さいていげんひつよう》なものは、墨《すみ》、硯《すずり》、筆、用紙、そして手本です。『般若心経《はんにゃしんぎょう》』の手本は本書に添付《てんぷ》されていますから、それをお使いください。墨《すみ》、硯《すずり》、筆、手本などは書道用品店やデパートなどで販売《はんばい》されていますが、ことさらに高価《こうか》なものは必要《ひつよう》ありません。お店の人と相談して決めてください。筆は写経《しゃきょう》用、細字《ほそじ》用のものを選《えら》ぶといいでしょう。また初心者《しょしんしゃ》の場合、写経《しゃきょう》用紙は手本の上に重《かさ》ねて、なぞることができるものを選《えら》んでください。

二、心身《しんしん》を清《きよ》め、墨《すみ》をする

きちんとした写経会《しやきようかい》では、香《こう》を焚《た》き、丁字香《ちようじこう》を口に含《ふく》んだりしますが、自宅《じたく》での写経《しやきよう》ならば、手を洗《あら》い、口を水ですすぐだけで充分《じゆうぶん》です。もし、仏壇《ぶつだん》があるならば、お灯明《とうみよう》をあげ、お線香《せんこう》を立てましょう。部屋や机《つくえ》の上を整理し、道具を用意したら、まず静座《せいざ》し、深呼吸《しんこきゆう》をして、心を落ち着かせます。ゆっくり、静《しず》かに墨《すみ》をすりましょう。

三、写経観念文《しやきようかんねんもん》を読む

合掌《がつしよう》をし、以下《いか》の写経観念《しやきようかんねん》文《もん》を読みます。「今から写経《しやきよう》をさせていただきます」と仏《ほとけ》さまにご挨拶《あいさつ》するのです。

写経観念文《しやきようかんねんもん》

水《みず》は是《こ》れ大悲慈潤《だいひじにん》の智水《ちすい》。墨《すみ》は又楞厳禅定《またりようごんぜんじよう》の石墨《せきぼく》。定墨《じようぼく》と恵水和合《えすいわごう》して実相法心《じつそうほうしん》の文《もん》字《じ》を書写《しよしや》す。此《こ》の文字《もんじ》は三世《さんぜ》諸仏《しよぶつ》、甚深《じんじん》の秘蔵三身如来真《ひぞうさんじんによらいしん》実《じつ》の正体《しようたい》にして、禅定智慧《ぜんじようちえ》の法門《ほうもん》、自行化他《じぎようけた》の功徳《くどく》、悉《ことごと》く皆具足《みなぐそく》す。是《ここ》を以《もつ》て此《こ》の経《きよう》の文字《もんじ》は、十界色身《じつかいしきしん》を現《げん》じ、類《るい》に随《したが》て説法利生《せつぽうりしよう》す。是故《このゆえ》に我《われ》今《いま》、此《こ》の経《きよう》を書写《しよしや》し奉《たてまつ》る。此《こ》の功徳善根《くどくぜんこん》に依《よ》って弟子《でし》と法《ほう》界《かい》の衆生《しゆじよう》と、無始《むし》より已来《このかた》、三業六根《さんごうろつこん》に作《つく》る所《ところ》の、一切《いつさい》の罪障《ざいしよう》、皆《みな》悉《ことごと》く消滅《しようめつ》し、臨終《りんじゆう》正念《しようねん》にして、極楽《ごくらく》に往生《おうじよう》し、見仏聞法《けんぶつもんぽう》して、無生忍《むしようにん》を證《しよう》せんことを。

四、写経《しやきよう》をする

慣《な》れてくれば、手本を横に置《お》いて写《うつ》す「臨書《りんしよ》」を試《こころ》みてみるといいでしょうが、最初《さいしよ》のうちは写経《しやきよう》の手本の上に写《しや》経《きよう》用紙を重《かさ》ねて写《うつ》すといいでしょう。文字の上手下手《じようずへた》は関係《かんけい》ありません。ひたすら無心《むしん》に写《うつ》すことが大事なのです。

五、校正

本文を書写《しよしや》し終えたら、写《うつ》し間違《まちが》えがないかを見直します。たとえ誤《あやま》りがあっても用紙は捨《す》てず、以下《いか》の方法で校正すれば何の問題もありません。写経《しやきよう》の途中《とちゆう》で誤《あやま》りに気づいた場合も同じです。

（１）**誤字《ごじ》** 間違《まちが》った字の横に黒点（●）を打ち、その行

（１）誤字《ごじ》

般若般・羅蜜多故

波

（２）脱字《だつじ》

般若・羅蜜多故波・

（３）衍字《えんじ》

般若若・波羅蜜多

故

（4）脱行《だつぎょう》

観自在菩薩行深般
異色色即是空空即
蘊皆空度一切苦厄

（5）衍行《えんぎょう》

蘊皆空度一切苦厄
蘊皆空度一切苦厄
異色色即是空空即

の上下どちらかの欄外《らんがい》に正しい字を記入する。

（2）脱字《だつじ》　文字を書き落とした場合、その箇所《かしょ》（字と字の間）に黒点を打ち、その行の下に抜《ぬ》けた字を書く。その字の右側《みぎがわ》にも黒点を打つ。

（3）衍字《えんじ》　誤《あやま》って同じ文字を重《かさ》ねて書いた場合、重複《ちょうふく》した文字の右に黒点を打つ。その行からあふれてしまった文字は、その行の下に記入する。

（4）脱行《だつぎょう》　1行まるごと書き忘《わす》れた場合、抜《ぬ》けた行を書き（写経《しゃきょう》途中《とちゅう》に気づいた場合は、次の行。すでに書き終わっていたら最後《さいご》の行の後ろ）、その行の上に黒点を打つ。その行が入るべき箇所《かしょ》（行と行の間）にも黒点を打つ。

（5）衍行《えんぎょう》　同じ行を重《かさ》ねて書いた場合、その行の上に黒点を打つ。

六、願文《がんもん》を記《しる》す

経文《きょうもん》を書き終えたあとに、必要《ひつよう》に応《おう》じて願《ねが》いごとを書きます。「為家内安全《かないあんぜん》」「為病気《びょうき》平癒《へいゆ》」「為学業増進《がくぎょうぞうしん》」など、願《ねが》いの言葉の上に「為《ため》」の字を書きます。それで為書《ためがき》とも言います。願《ねが》いごとは「何々を何々してください」という普通《ふつう》の文章でもかまいません。願文《がんもん》のあとに、写経《しゃきょう》をした年月日、住所、氏名《しめい》を書きます。

七、納経《のうきょう》

あなたが書いた写経《しゃきょう》は、機《き》会《かい》を見つけてお寺に奉納《ほうのう》しましょう。自分の檀那寺《だんなでら》、札所《ふだしょ》の納経所《のうきょうじょ》など、基本的《きほんてき》にはどこの寺でも受け付《つ》けてくださるはずです。ただし、回向料《えこうりょう》がかかる場合があります。

〈編集部《へんしゅうぶ》より〉本書の読者にかぎり、写経《しゃきょう》なさった『般若《はんにゃ》心経《しんぎょう》』を編集部《へんしゅうぶ》にお送りくだされば、毎年1回、岩手《いわて》県・天台寺《てんだいじ》に奉納《ほうのう》し、寂聴《じゃくちょう》師《し》に回《え》向《こう》していただきます（ただし、受付《うけつけ》は平成《へいせい》15年12月末日到《まつじつとう》着分まで。編集部《へんしゅうぶ》までの送料《そうりょう》は各自《かくじ》ご負担《ふたん》ください）。

宛先《あてさき》　〒101-0051
千代田区神田神保町2-17-10
集英社インターナショナル
写経奉納係

ただいまー
今日《きょう》のきもだめしに行くよ
今日の夕方《ゆうがた》きもだめしに行くよ
まあ 夕方《ゆうがた》から外《そと》で遊《あそ》ぶなんてあぶないよ よしなさい
大丈夫《だいじょうぶ》だよ わたしのほかに男子《だんし》7人《にん》もいるんだから 大野君《おおのくん》や杉山君《すぎやまくん》もいるんだよ
でも心配《しんぱい》ねェ……
うらめしや…
もう その気になってる……
じいちゃん……
まる子《こ》… おまえさん きもだめしに行くんだってね…
あそこのお寺《てら》は本当《ほんとう》に ユーレイが出るって知らないようじゃな
ヒーッ ヒッヒッヒ
うそでしょ うそでしょ ねェ ねェねェ
うっ うそじゃすまん
…まる子《こ》よ なんという迫力《はくりょく》じゃ… 大《おお》きく育《そだ》つた…
あせり〜〜 孫《まご》の成《せい》長《ちょう》 よろこばし

[第8章]

八《はっしょう》

死後の世界の大研究

人間にとって、死ほど恐《おそ》ろしいものはありません。死を目前にすると、どれほどの人格者《じんかくしゃ》であっても取《と》り乱《みだ》すという話はよく聞きます。しかし、そうは言っても私たちは死から逃《のが》れることはできません。いったい、人は死んだらどうなるのでしょうか。地獄《じごく》や極楽《ごくらく》というのは、本当に存在《そんざい》するのでしょうか。誰《だれ》もが気になる、死についての大研究です。

●明日《あした》は誰《だれ》にも分からない。だから、今日《きょう》を楽しもう

人生最大《さいだい》の謎《なぞ》

さて、今回はみなさんが最《もっと》も気にしていること、知りたいと思っていることについてお話をしたいと思います。

それは死について、です。

仏教には、定命《じょうみょう》という言葉があります。

人間の寿命《じゅみょう》は、赤ちゃんとして生まれた時点で定《さだ》まっていて変《か》えることができません。たとえ高価《こうか》な栄養剤《えいようざい》を飲んでいても、いろんな若返《わかがえ》りの注射《ちゅうしゃ》をしても人の命は延《の》ばすことはできない。「私は○×という秘密《ひみつ》の薬を飲んでいるから、80歳《さい》になっても、こんなに元気です」と言っている人がよくいますが、それも怪《あや》しいものです。その薬を飲まなかったとしても、その人は元気に長生きしていたのかもしれない。高い薬だから効《き》いていると思いたいだけなのです。

寿命《じゅみょう》は、人間には測《はか》りがたい、予測《よそく》しがたいもの。どんなに生前、立派《りっぱ》な人であっても、また人から愛《あい》されていても早死にする場合もあるし、逆《ぎゃく》に、世間から悪人として後ろ指をさされている人が長生きすることもある。年端《としは》のいかない幼《おさな》い子どもが残虐《ざんぎゃく》な事《じ》件《けん》に巻《ま》き込《こ》まれて、殺《ころ》されることもあります。人間の私たちから見れば、こんなに理不《りふ》尽《じん》なことはないと思うのだけれども、それが現実《げんじつ》です。

あなたたちの中には、若《わか》くして恋人《こいびと》や配偶者《はいぐうしゃ》を失った人もあるかもしれません。「あんなに素敵《すてき》な人がなぜ早死にして、なぜ、隣《となり》の亭主《ていしゅ》のようなロクデナシが生きているのかしら」と思ったりもするでしょう。でも、それは誰《だれ》にも説明《せつめい》が付《つ》かない。

あなたたち自身だって、いつ死ぬか分かりません。

今日《きょう》は元気でも、明日《あした》には事故《じこ》で死ぬかもしれない。

だから明日《あした》のことで思い悩《なや》まない。今日《きょう》のうちにできることは、今日《きょう》してしまいましょう。いいお魚をもらったけれども、今日《きょう》はがまんして明日《あした》食べようと思わない。今日《きょう》食べてしまう。それでいいんです。

あるいは、どうしても好《す》きな人に思いが伝《つた》えられない。でも、明日《あした》になったらあなたは死んでしまっているかもしれない。だったら、振《ふ》られてもかまわないから今日《きょう》のうちに告白《こくはく》してしまったほうがいい。くよくよしているうちに、人生は終わってしまいます。

毒矢《どくや》のたとえ

死というのは、誰《だれ》にも分からない。ましてや、死後の世界がどうなっているかなどというのは、誰《だれ》にも分かりません。

お釈迦《しゃか》さまの弟子《でし》にマールンクヤ（摩羅迦《まらか》）という男がおりました。この人は言ってみれば「なぜなぜ坊《ぼう》や」。いつでも心の中に疑問《ぎもん》があって、それをお釈迦《しゃか》さまに尋《たず》ねないと気が済《す》まない。

それで彼《かれ》はお釈迦《しゃか》さまにいつも質問《しつもん》をしていました。

たとえば「この宇宙《うちゅう》は無限《むげん》なのでしょうか、それとも有《ゆう》限《げん》なのですか」とか、「霊魂《れいこん》と肉体は同一なのですか、別《べつ》の物なのですか」とか、「はたして死後の世界はあるのでしょうか」といった疑問《ぎもん》です。マールンクヤというのは、こうした哲学《てつがく》めいたことを考えるのが好《す》きだったのです。

これに対して、お釈迦《しゃか》さまは何もお答えにならなかった。あんまりお釈迦《しゃか》さまが自分の質問《しつもん》に答えてくださらないので、マールンクヤはとうとう

我慢《がまん》できなくなって、ある日、「お釈迦《しゃか》さま、今日《きょう》という今日《きょう》は私の質問《しつもん》に答えてください。はたして死後の世界はあるのですか？　もし、今日《きょう》もご返事がなければ私は弟子《でし》を止《や》めさせていただきます」

と言ったそうです。お釈迦《しゃか》さまを脅迫《きょうはく》したのですから、この人もいい度胸《どきょう》をしています。

そうしたら、お釈迦《しゃか》さまはこうお答えになったそうです。

「マールンクヤよ、それでは逆《ぎゃく》にお前に聞きたいことがある。もし、ここに毒矢《どくや》で射《い》られた男がいるとしよう。まわりにいた人たちがあわてて医者を呼《よ》んでくれた。そうしたら、医者に向かって、毒矢《どくや》で射《い》られた男が『そんな治療《ちりょう》をする前に、まず俺《おれ》を射《い》た男を捜《さが》してくれ。そして、その男が使った弓《ゆみ》がどんな形で、何の材料《ざいりょう》で作られているかを調べてほしい。また、毒《どく》の種類《しゅるい》もぜひ調べてもらいたい。その答えが出ないうちは治療《ちりょう》してくれては困《こま》る』と言い出したとしよう。お前は、この男のことをどう思うかね？」

「決まっているじゃありませんか、そいつは大馬鹿者《おおばかもの》ですよ。そんなことを調べているうちに毒《どく》が身体《からだ》に回って死んでしまいます」

「マールンクヤよ、お前が私に尋《たず》ねているのは、まさにそれと同じではないのか？」

こう言われて、マールンクヤは絶句《ぜっく》してしまいました。

「なあ、マールンクヤよ。お前の言うとおり、大事なのは毒《どく》の正体《しょうたい》がどんなものであるかを知ることではない。まず毒矢《どくや》を抜《ぬ》いて、苦しみを取り除《のぞ》くことのほうが先決というものだ。お前も、死後の世界などという問題にこだわっている場合ではあるまい。それよりも大事なのは、今の苦しみをどうやって克服《こくふく》すべきかということだ。今すべきことをせずに、いくら考えても分からないことを考えるのはやめなさい」

未知《みち》への旅

このお釈迦《しゃか》さまとマールンクヤの会話は「毒矢《どくや》のたとえ」として、とても有名なものです。

このエピソードにあるとおり、お釈迦《しゃか》さまは生前、けっして死後の世界や霊魂《れいこん》の存在《そんざい》などという問題についてお語りになられませんでした。マールンクヤだけではなく、いろんな人がこのことを尋《たず》ねたのですが、いっさいお答えになりませんでした。

これを「釈迦《しゃか》の無記《むき》」と言います。無記《むき》というのは、ノーコメントという意味です。

よく日常会話《にちじょうかいわ》で「有無《うむ》を言わせず」という表現《ひょうげん》を使いますが、これは実《じつ》はお釈迦《しゃか》さまの言葉から出た言い回しなのです。

お釈迦《しゃか》さまは死後の世界があるかどうかという議論《ぎろん》をまったくしなかった。そんな空《くう》疎《そ》な議論《ぎろん》を持ちかけてくる者がいたら、それこそ「有無《うむ》を言わさず」ピシャリとしりぞけたというわけです。

死後の世界があるのかないのか、霊魂《れいこん》は実在《じつざい》するのかしないのか……こんなことはお釈迦《しゃか》さまだって分からない。ましてや私たちがいくら考えても分かるはずはありません。

分からないことはいくら考えても分からないのだから、そんなことは考えずに、まず今の人生をしっかり考えようというのが仏教の基本《きほん》です。死後の世界がどうなっているかは、死ねば誰《だれ》でも分かること。だから生きている間はひたすら今、どうやって生きる森田たま◉1894年～1970年。18歳《さい》のとき、札幌《さっぽろ》から上京し、小説家《しょうせつか》となるが、結婚後《けっこんご》は筆《ふで》を断《た》つ。1933年、随筆家《ずいひつか》として再出発《さいしゅっぱつ》。1962年、参議院議《さんぎいんぎ》員《いん》となる。著書《ちょしょ》にエッセイ『もめん随筆《ずいひつ》』、自伝小説《じでんしょうせつ》『石狩少女《いしかりしょうじょ》』などがある。

パーキンソン病◉神経伝達物質《しんけいでんたつぶっしつ》のドーパミン不足《ぶそく》で起きる病気。筋肉《きんにく》の硬直《こうちょく》や全身の動作減少《どうさげんしょう》などが特徴《とくちょう》。さまざまな治療法《ちりょうほう》が開発されているものの、今のところ難病《なんびょう》に指定されている。

べきかを考えなさいというわけです。

しかし、そうは言っても、やはり気になるのが人間です。考えるなと言われても、気になります。

私の知人に森田《もりた》たまさんという随筆家《ずいひつか》がおられました。この方が亡《な》くなったあとで遺《ゆい》言《ごん》が出てきた。その遺言《ゆいごん》に「これから私は未知《みち》の旅に出かけます。どんなに楽しい旅をしているか、皆《みな》さんにお伝《つた》えすることができないのは残《ざん》念《ねん》です」と書いてありました。

これはとても素敵《すてき》な言葉ですね。死というのは、本当に未知《みち》の世界への旅行。でも、森田《もりた》たまさんのように、それが楽しみだという人はまれで、普通《ふつう》の人は怖《こわ》くてしかたがない。

生きている間に私たちがする旅は、たとえ未知《みち》の土地であっても想像《そうぞう》がつきます。水は高いところから低《ひく》いところに流れるだろうし、お日《ひ》さまは東から登って西に沈《しず》む。ましてや今の時代は、どんな秘《ひ》境《きょう》であってもガイドブックがあるし、地図もある。衛星携《えいせいけい》帯電話《たいでんわ》を使えば、南極大陸《なんきょくたいりく》の氷の上でも、エベレストの頂《ちょう》上《じょう》からだって友だちに電話ができるそうです。

死後の世界の旅は違《ちが》いますね。

地図もガイドブックもないし、ましてや電話も通じない。添乗員《てんじょういん》がそばについてくれるわけでもありません。独《ひと》りぼっちで三途《さんず》の川《かわ》を渡《わた》りなさいと言われれば、誰《だれ》だって心配でなりません。死にたくない、死ぬのは怖《こわ》いと思うのは当然《とうぜん》です。

人は死ねば仏《ほとけ》になる

でも、ご安心なさい。死後の世界はそれほど怖《こわ》くはありません。まだ死んだことのない私ですが、それは保証《ほしょう》します。

お釈迦《しゃか》さまのおっしゃったように人間は心の中に無明《むみょう》がありますから、生きている間、私たちは苦から離《はな》れることができません。人生は苦しみ、悲しみの連続《れんぞく》。でも、死ねば私たちの心から無明《むみょう》は消えるのですから、その無明《むみょう》が産《う》みだした苦もなくなるのです。

その証拠《しょうこ》に、亡《な》くなった人のお顔を見ると、みなさん穏《おだ》やかな顔をなさっています。生前には陰険《いんけん》な、いやらしい顔をしていた人でも、亡《な》くなって一晩《ひとばん》も経《た》つと「仏顔《ほとけがお》」になるものです。生きている間は、病気で苦しんだり、いろんな悩《なや》みで苦しんでいても、死ねば痛《いた》みや苦しみから離《はな》れることができる。だから、あんなに穏《おだ》やかな顔になるのでしょう。

だから残された人たちは心配することはない。みんな、浄土《じょうど》に渡《わた》っておられます。浄《じょう》土《ど》におられる阿弥陀《あみだ》さまがきっと亡《な》くなった方を彼岸《ひがん》に導《みちび》いてくださっている、そう思ってください。

私のところにも、身内《みうち》の人を亡《な》くした、愛《あい》する人を亡《な》くしたといって泣《な》いて来られる方はたくさんいます。

たとえば、自分のご主人がパーキンソン病を３年間患《わずら》って、とうとう亡《な》くなった。パーキンソン病の看護《かんご》というのは、とても大変《たいへん》なのだそうですね。そのご主人というのは、大会社の社長でとても立派《りっぱ》な方だったのですが、病気と老《ろう》人《じん》ボケが重《かさ》なって、晩年《ばんねん》はとても短気でわがままになった。それで看病《かんびょう》の間に、つい大声で怒鳴《どな》ったこともあったそうなのです。

ボケというのは、叱《しか》っちゃいけないんです。ボケた人に

何度《なんど》も何度《なんど》も殺《ころ》される地獄《じごく》の責《せ》め苦《く》

は優《やさ》しくしてあげなくてはいけない。ご本人は子どもに戻《もど》っているのだから、悪意はないのです。

　でも、そうは分かっていても、なかなか優《やさ》しくできない。それでついその奥《おく》さんも「何で、そんなことをするのよ」ってご主人を叱《しか》ってしまったというんです。その気持ちはよく分かります。

　でも、そのご主人が亡《な》くなったら、そのことが悔《く》やまれてならない。「どうして、私は病人に向かって、あんな邪険《じゃけん》な言葉を吐《は》いてしまったのか。どうして優《やさ》しくできなかったのだろう」と後悔《こうかい》して仕方がない。夜も寝《ね》られなくなって、ノイローゼ気味《ぎみ》ですとおっしゃるわけです。

「亡《な》くなった人はみんな仏《ほとけ》さまになっているのだから心配しなくてもいいんです。あなたが今、真剣《しんけん》に悔《く》やんでいるのは、仏《ほとけ》さまになったご主人はお見通しだし、許《ゆる》しておられます。だから、悔《く》やむのはおよしなさい。そんなことで悩《なや》むのではなく、これからは仏《ほとけ》さまの菩提《ぼだい》を弔《とむら》って、仏前《ぶつぜん》で『般若心経《はんにゃしんぎょう》』をあげるなり、写経《しゃきょう》をするなりしておあげなさい」

　これはけっして、おためごかしの慰《なぐさ》めで言ったのではありません。亡《な》くなった方はみんな仏《ほとけ》さまになっておられます。そして、あとに残った私たちのことを全部許《ゆる》してくださっている。だから、私たちが過度《かど》に心配することはないんです。

これが地獄《じごく》だ！

　死ねば人間はみな浄土《じょうど》に行けると言うと、みなさんの中には「でも、仏教では地獄《じごく》があると教えているじゃないか」と思う方もあるでしょう。

　たしかに、そのとおりですね。

　地獄《じごく》という考え方はキリスト教にもありますが、仏教の場合、一口に地獄《じごく》と言っても、大きく分けて８種類《しゅるい》があります。等活地獄《とうかつじごく》、黒縄地獄《こくじょうじごく》、衆合地獄《しゅごうじごく》、叫喚地獄《きょうかんじごく》、大叫喚地獄《だいきょうかんじごく》、焦熱地獄《しょうねつじごく》、大焦熱地獄《だいしょうねつじごく》、阿鼻地獄《あびじごく》がそれです。

　等活《とうかつ》地獄に落とされた罪人《ざいにん》は、おたがいに殺《ころ》し合いを繰《く》り広げるのですが、たとえそこで勝ったとしても、今度は地獄《じごく》の鬼《おに》に殺《ころ》されます。殺《ころ》されたら、それで終わりかといえば、違《ちが》います。何度でも生き返って、同じ責《せ》め苦《く》が繰《く》り返されるというわけです。

　また、黒縄地獄《こくじょうじごく》では罪人《ざいにん》は生きたままで身体《からだ》を鋸引《のこび》きされます。身体《からだ》は升目《ますめ》に切《き》り刻《きざ》まれるのですが、それが終わるともう一度生き返り、同じことが何度も繰《く》り返されると言います。

　叫喚地獄《きょうかんじごく》、大叫喚地獄《だいきょうかんじごく》ではドロドロに熱《ねつ》した銅《どう》が口の中にそそぎ込《こ》まれたり、あるいは嘘《うそ》をついた罪人《ざいにん》は舌《した》を何度も引き抜《ぬ》かれます。焦熱地獄《しょうねつじごく》、大焦熱地獄《だいしょうねつじごく》は炎熱責《えんねつぜ》め。地獄《じごく》の業火《ごうか》が罪人《ざいにん》たちを焼《や》き尽くします。

　阿鼻地獄《あびじごく》は地獄《じごく》の中でも最《もっと》も恐《おそ》ろしいところ。別名《べつめい》、無間地獄《むけんじごく》とも言って、そこに落ちた罪人《ざいにん》は一瞬《いっしゅん》たりとも休みを与《あた》えられず、地獄《じごく》の鬼《おに》の責《せ》めを受け続《つづ》けるのです。

　なんとも恐《おそ》ろしい地獄《じごく》の光景《こうけい》ですが、実《じつ》は地獄《じごく》はそれだけではありません。さらに副《ふく》地獄《じごく》というのがあって、そこでは糞尿《ふんにょう》の泥沼《どろぬま》でウジ虫に食われたり、あるいは剣《けん》の上を歩かされたり、煮《に》えたぎったお湯の中に投げ込《こ》まれたりすると記《しる》されてます。

　こうした地獄《じごく》の入り口には三途《さんず》の川《かわ》が流れています。

三途《さんず》の川《かわ》には二人の老人が待っている

三途《さんず》の川《かわ》の「三途《さんず》」というのは、地獄道《じごくどう》、畜生道《ちくしょうどう》、餓鬼《がき》道《どう》への三つの道という意味です。死んだ人が三途《さんず》の川《かわ》に行くと、そこには奪衣婆《だつえば》、懸衣《けんえ》翁《おう》という老人《ろうじん》がいて、そこで死者の服をはがすのです。

その衣服《いふく》を木の枝《えだ》にかけると、その枝《えだ》のしなり具合《ぐあい》で生前に犯《おか》した罪《つみ》の重さが分かる。そして、最《もっと》も罪《つみ》が重い人は地《じ》獄《ごく》行き、その次の人は餓鬼道《がきどう》に落とされます。

餓鬼道《がきどう》に落とされると、つねに欲望《よくぼう》に身もだえしながらも、けっしてそれが満足《まんぞく》されない苦しみに遭《あ》うことになります。それよりも罪《つみ》が軽ければ畜生道《ちくしょうどう》に行き、ケダモノに生まれ変《か》わるのだと言うわけです。

これが仏教で語られている地獄《じごく》の物語です。

なぜ、地獄《じごく》物語は生まれたのか

でも、こんな話を信《しん》じろと言われても、みなさんは信《しん》じられますか。幼稚園児《ようちえんじ》や小学生ならば「悪いことをしたら、地獄《じごく》に落とされるよ」と言えば、信《しん》じるかもしれない。いえ、このごろの子どもはませていますから、幼稚園児《ようちえんじ》だって信《しん》じるかどうか。

地獄《じごく》なんて私は存在《そんざい》しないと思います。死ねば、みんな極楽《ごくらく》に行けるんです。

では、なぜ仏教では地獄《じごく》を説《と》いたのか。

私の考えですが、これはお釈迦《しゃか》さまがお生まれになったインドに階級制度《かいきゅうせいど》があったた

めだと思います。

ご存《ぞん》じのとおり、昔《むかし》のインドには厳《きび》しい階級制度《かいきゅうせいど》があって、違《ちが》う階級《かいきゅう》の人間は結婚《けっこん》もできないし、仕事だって自由に選《えら》べなかった。そういう社会では、地獄《じごく》を説《と》くことが必《ひつ》要《よう》だったのでしょう。

当時のインドの階級《かいきゅう》は大きく分けて、司祭階級《しさいかいきゅう》のバラモン、王侯《おうこう》・武士階級《ぶしかいきゅう》のクシャトリヤ、庶民《しょみん》のヴァイシャ、奴隷民《どれいみん》のシュードラの四つですが、バラモンやクシャトリヤの人たちは、自分たちが生

地獄極楽図《じごくごくらくず》（河鍋暁斎作・東京国立博物館）

生きながらにして、人間は地獄《じごく》の苦しみを味わっている

まれながらにしての特権階級《とっけんかいきゅう》だと思っていました。

　そんな状況《じょうきょう》で仏教を広めるには「生きている間には高貴《こうき》であっても、死んだら地獄《じごく》に落ちるかもしれない」という脅《おど》しが必要《ひつよう》だったのでしょう。

　また、貧《まず》しい人たちに対しては、「今はそれこそ地獄《じごく》のような生活かもしれないが、死んだら、王侯貴族《おうこうきぞく》のような生活が浄土《じょうど》で送れるのだよ」と説《と》いたのでしょう。

『阿弥陀経《あみだきょう》』によれば、極楽《ごくらく》浄土《じょうど》の世界では、宮殿《きゅうでん》はもとより川や池、樹木《じゅもく》までが宝石《ほうせき》で出来《でき》ていると言います。また、池には大きな大きな蓮《はす》の花が咲《さ》いていて、それが青や黄色、赤、白と輝《かがや》いているとあります。

　今の私たちから見れば、にわか成金《なりきん》の庭園みたいで、ちっともありがたいと思えないですが、この当時の貧《まず》しい人たちにとっては、このように説《と》いたほうが極楽《ごくらく》のありがたさが分かったのでしょう。

　前にも言ったように、お釈《しゃ》迦《か》さまはけっして階級差別《かいきゅうさべつ》をお認《みと》めになりませんでした。いかに生まれが貧《まず》しく、社会《しゃかい》的《てき》に差別《さべつ》を受けている人であっても、少しも区別《くべつ》することなく、仏法《ぶっぽう》をお説《と》きになりました。

　人の価値《かち》は生まれや身分で決まるのではない。その人が生きている間に、どれだけ正しい行ないをしたか、どれだけ他人に優《やさ》しくできたかが大事なのだということです。そこがお釈迦《しゃか》さまの思想の実《じつ》に画期的《かっきてき》だったところです。仏教以外の宗教《しゅうきょう》もたいてい身分《みぶん》差別《さべつ》を認《みと》めませんが、仏教はその点、とても徹底的《てっていてき》なのです。地獄《じごく》という考えが生まれたのも、そうした背景《はいけい》があったからでしょう。

　しかし、こうした地獄《じごく》の思想が今や用なしになったかと言えば、そうとも言えません。

　というのは、仏典《ぶってん》に書かれた地獄《じごく》は私たちの心の中にあるからです。

　私たちが他人を嫉妬《しっと》したりするとき、心の中は炎《ほのお》で焼《や》き尽《つ》くされます。その痛《いた》みはけっして途絶《とだ》えることはありません。言ってみれば、これが地獄《じごく》の苦しみであり、死ななくても私たちは地獄《じごく》に生きていると考えるべきなのです。

　死ねばみんな極楽《ごくらく》に行けるというのも、私たちは生きながらにして地獄《じごく》に暮《く》らしているからだと考えることができるでしょう。生きていること自体が苦しみなのに、なぜ死んでも地獄《じごく》に行く必要《ひつよう》があるでしょう。それではあまりに救《すく》いがなさすぎます。やはり死ねば、誰《だれ》もが極楽《ごくらく》に行けると考えたいではありませんか。

葬式不要論者《そうしきふようろんじゃ》だったお釈《しゃ》迦《か》さま

　ところで、先ほどお釈迦《しゃか》さまの「毒矢《どくや》のたとえ」をご紹《しょう》介《かい》しました。

　お釈迦《しゃか》さまは「まだ体験《たいけん》してもいない死のことを考えわずらうな。今、生きていることのほうを大事にしろ」と教えました。日本では「葬式《そうしき》仏教」と言われるくらいで、お坊《ぼう》さんの仕事といえば葬式《そうしき》と法事《ほうじ》ぐらいだと思われていますが、本来、仏教は「生の教え」であって、死後のことにはさほど重きをおいていませんでした。今、われわれが生きている間に、どうやって幸福になるか、いかに生きるかということを研究して、そして教えてくれるのが仏教なんです。

　だから、お釈迦《しゃか》さまはけっして「葬式《そうしき》は派手《はで》にしろ」とか「墓《はか》は大きいほうがいい」

賀茂川◉京都《きょうと》市内を流れる川。高野《たかの》川との合流点より下流では「鴨川《かもがわ》」と書かれる。
曹洞宗◉中国《ちゅうごく》で生まれた宗派《しゅうは》の一つだが、日本の道元《どうげん》は同宗の如浄《にょじょう》に学び、開悟《かいご》。帰国した道元《どうげん》は福井《ふくい》に永平寺《えいへいじ》を開き、ここを根本道場《こんぽんどうじょう》とした。曹洞《そうとう》宗《しゅう》では只管打坐《しかんたざ》（脇目《わきめ》をふらず、ひたすらに坐《すわ》る）を強調する。

なんて、一言《ひとこと》もおっしゃらなかった。亡《な》くなった方の供養《くよう》も大事だが、それよりも生きている自分のことを大切にしなさいというわけです。

お釈迦《しゃか》さまが80歳《さい》で亡《な》くなる直前に、弟子《でし》どもが「亡《な》くなられたら、ご遺骸《いがい》をいかがいたしましょう」と相談してきたときにも、

「そんなことは心配するな。お前たちは自分の修行《しゅぎょう》のことだけを考えておれ。私の葬儀《そうぎ》については在家《ざいけ》の信者《しんじゃ》たちが供養《くよう》してくれるはずだから、それに任《まか》せておけ」

と、おっしゃいました。

現実《げんじつ》にはお釈迦《しゃか》さまの遺体《いたい》が火葬《かそう》されると、仏教を信仰《しんこう》していた王たちが遺骨《いこつ》——仏《ぶっ》舎利《しゃり》と言います——を八つに分け、それをストゥーパ（卒《そ》塔婆《とうば》）という塔《とう》に祀《まつ》りました。つまり、「死んだあとは、お前たち自身と仏法《ぶっぽう》だけを頼《たよ》りにせよ」とおっしゃった遺言《ゆいごん》はかならずしも守られなかったわけですが、お釈迦《しゃか》さまご自身は葬式《そうしき》なんてどうでもいいと思っていたのです。

また、お釈迦《しゃか》さまは出家者《しゅっけしゃ》が在家信者《ざいけしんじゃ》のための葬儀《そうぎ》に加《くわ》わることすら禁《きん》じました。例《れい》外《がい》は、出家者《しゅっけしゃ》の両親が死んだときで、それ以外《いがい》は修行《しゅぎょう》のさまたげにもなるので、出てもいけないと教えているのです。

このお釈迦《しゃか》さまの考えは、日本の仏教者たちにも脈々《みゃくみゃく》と伝《つた》わっています。

たとえば、天台宗《てんだいしゅう》の開祖《かいそ》・最澄《さいちょう》は「私の供養《くよう》のために、仏像《ぶつぞう》を作ることはない。写経《しゃきょう》をすることもない。私の遺志《いし》だけを継《つ》いでくれればよい」と言って亡《な》くなっています。また、浄土真宗《じょうどしんしゅう》の開祖《かいそ》である親鸞《しんらん》は「私の遺体《いたい》は賀茂川《かもがわ》の魚に与《あた》えよ」と言っています。葬式《そうしき》などすることはないということです。

曹洞宗《そうとうしゅう》の開祖《かいそ》だった道元《どうげん》も、お釈迦《しゃか》さまの教えに忠実《ちゅうじつ》で「死者の追善法要《ついぜんほうよう》などは、在《ざい》家《け》の人がやることである。僧《そう》侶《りょ》のやることではない」と教えています。父母の恩《おん》を思うのは大事だけれども、それと形式的《けいしきてき》な葬式《そうしき》は関係《かんけい》ないというわけです。

良寛◉江戸《えど》後期の名僧《めいそう》。諸国行脚《しょこくあんぎゃ》ののち、郷里《きょうり》の越後《えちご》（新潟県《にいがたけん》）に庵《いおり》を結《むす》び、そこで何ものにもとらわれない生活を送った。すぐれた和歌《わか》や漢詩《かんし》、書を遺《のこ》した。

◉なぜ、日本仏教にはたくさんの宗派《しゅうは》があるのだろう

さらに時宗《じしゅう》を開いた一遍《いっぺん》は遺言《ゆいごん》で自分の葬儀《そうぎ》について、こう述《の》べています。

「葬礼《そうれい》を改《あらた》まって行なう必要《ひつよう》などない。私の遺骸《いがい》など野にうち捨《す》てて、ケダモノに施《ほどこ》してやれ。ただし、在家《ざいけ》の信者《しんじゃ》が弔《とむら》いをしたいというのであれば、させておけ」

本来、仏教は生きている人の苦をなくし、楽を与《あた》える——これを「抜苦与楽《ばっくよらく》」と言います——ための教えです。もちろん、亡《な》くなった人に対して供養《くよう》をしたいという気持ちまでを否定《ひてい》するものではありません。しかし、あくまでも生きている人たちが主であったわけです。

なぜ、葬式《そうしき》仏教になったのか

こんなわけですから、お釈《しゃ》迦《か》さまはもとより、仏教の高《こう》僧《そう》たちもみな「葬式《そうしき》や法事《ほうじ》のような形式的儀式《けいしきてきぎしき》なんて要《い》らない」と言っていたのです。

そんな仏教がどうして、今のような葬式専門《そうしきせんもん》の仏教になったのでしょうか。

その最大《さいだい》の原因《げんいん》は、江戸《えど》時代に檀家制度《だんかせいど》が出来《でき》たからでしょう。江戸幕府《えどばくふ》はキリシタン禁令《きんれい》を口実《こうじつ》に「宗門改《しゅうもんあらた》め」といって、庶民《しょみん》がかならずどこかのお寺の門徒《もんと》にならなければならないとしました。その人がどこのお寺の檀家《だんか》なのかは人別帳《にんべつちょう》に載《の》せられ、それが一種《いっしゅ》の戸籍《こせき》になったのです。

この結果《けっか》、江戸《えど》時代になると仏教は本来の姿《すがた》を失いました。布教《ふきょう》の努力《どりょく》をしなくても、みなが仏教徒《ぶつきょうと》になってくれるのですから、教えを広める必《ひつ》要《よう》はありません。そこで、いつしかお寺は信仰《しんこう》のための「サンガ」ではなく、葬祭場《そうさいじょう》になってしまったのです。

もともと日本というのは、世界でも仏教が熱心《ねっしん》に行なわれていた国だったと言えます。たとえば日本では「十三宗《しゅう》五十六派《ぱ》」と言われるほど、さまざまな宗派《しゅうは》が開かれています。宗派《しゅうは》というのは日本独特《どくとく》のものと言ってもいいほどです。

たとえば、韓国《かんこく》などは曹渓《そうけい》宗《しゅう》が圧倒的《あっとうてき》に強いし、また中《ちゅう》国《ごく》もそれほど多くの宗派《しゅうは》はありません。なぜ、日本の場合、これほどたくさんの宗派《しゅうは》、しかもそれぞれに特色《とくしょく》ある宗派《しゅうは》が生まれたかといえば、やはり「どうすれば、この世の苦から抜《ぬ》けられるか」を仏教者たちが必死《ひっし》になって模索《もさく》し、そこで得《え》た教えを広めようとしたからだと思います。

ところが、その熱気《ねっき》と情熱《じょうねつ》が江戸《えど》時代になると、急速に薄《うす》れていきます。もちろん、江戸《えど》時代にも良寛《りょうかん》さんなど、立派《りっぱ》なお坊《ぼう》さんはおられたし、仏法《ぶっぽう》の普及《ふきゅう》に熱心《ねっしん》だった宗派《しゅうは》も少なくありません。

ですが、やはり総《そう》じて言えば、「自由競争《じゆうきょうそう》」がなくなったために江戸《えど》時代に仏教は堕《だ》落《らく》してしまいました。檀家《だんか》の葬式《そうしき》と法事《ほうじ》だけしかしない住《じゅう》職《しょく》であっても、お寺から檀家《だんか》が逃《に》げることはないのですから、当然《とうぜん》すぎるほど当然《とうぜん》の結《けつ》果《か》です。

もちろん明治《めいじ》になって、この檀家制度《だんかせいど》は廃止《はいし》されたわけですが、残念《ざんねん》なことに今なお「葬式《そうしき》仏教」が続《つづ》いているのです。

本当なら、お寺は「いかに生きるべきか」を伝《つた》えるべき場所であるはずなのに、亡《な》くなった方にお経《きょう》をあげるだけの場所だと思われています。生きて、今、悩《なや》みを抱《かか》えている人にこそお寺に来てほしいのに、人が集まるのは葬式《そうしき》のときだけ。仏教は亡《な》くなった人を弔《とむら》うための宗教《しゅうきょう》だと思わ

れています。

戒名《かいみょう》とクリスチャン・ネーム

実際《じっさい》、私のところに来る相談も、その多くは葬儀《そうぎ》や供養《くよう》に関《かん》するものです。

中で多いのは、戒名《かいみょう》、お墓《はか》、仏壇《ぶつだん》の話です。

戒名《かいみょう》にせよ、仏壇《ぶつだん》にせよ、本来は亡《な》くなった方に対する思いがまず大事であって、それが立派《りっぱ》だとか、お金がかかっているとかは関係《かんけい》ありません。

戒名《かいみょう》は、亡《な》くなった方に付《つ》ける名前だと思われていますが、これは大きな誤解《ごかい》です。本来の戒名《かいみょう》は、仏教に帰依《きえ》した人に対して与《あた》えられる法名《ほうみょう》です。この戒名《かいみょう》の習慣《しゅうかん》はインドにはありません。中国《ちゅうごく》で生まれたものだと言われています。

戒名《かいみょう》という呼《よ》び名は、出家《しゅっけ》する際《さい》に行なわれる「受戒《じゅかい》」にちなんでいます。

出家《しゅっけ》をし、今後は仏教の戒《かい》律《りつ》を守りますということを誓《ちか》った人の名前だから、戒名《かいみょう》と呼《よ》ぶのです。私の「寂聴《じゃくちょう》」は、もちろん戒名《かいみょう》。

それでは、なぜ亡《な》くなった人に戒名《かいみょう》を付《つ》けて葬式《そうしき》をするのかといえば、死んだ人をあの世に送るには、まず仏教に帰依《きえ》してもらわなければなりません。仏《ほとけ》さまのお弟子《でし》にならなければ、お寺で葬儀《そうぎ》をすることはできない。本来ならば、生前に戒律《かいりつ》を受け、戒名《かいみょう》をもらっていなければいけないのだけれども、間に合わなかったから、お葬式《そうしき》の際《さい》に戒《かい》名《みょう》を与《あた》えるわけです。つまりお葬式《そうしき》というのは、出家《しゅっけ》の儀《ぎ》式《しき》、つまり得度式《とくどしき》でもあるのです。

私の郷里《きょうり》は徳島《とくしま》ですが、私の子どものころには亡《な》くなった人の頭を剃《そ》りました。女の人でも頭を剃《そ》ってからお弔《とむら》いをしました。つまり、頭を剃《そ》ることで、この死者は出家《しゅっけ》したと表わしたのです。

そもそも、戒名《かいみょう》というのは自分は仏教の信仰者《しんこうしゃ》、出家《しゅっけ》した仏《ほとけ》さまの弟子《でし》であるという証拠《しょうこ》にいただくものなのです。

このことからも分かるように、戒名《かいみょう》は本来、生きているうちにもらっておくべきもの。

といっても、何も私のように出家《しゅっけ》する必要《ひつよう》はありません。「在家出家《ざいけしゅっけ》」と言って、在家《ざいけ》信者《しんじゃ》のままで戒《かい》を受け、戒名《かいみょう》をもらうのが本来の姿《すがた》です。

　つまり、戒名《かいみょう》はキリスト教のクリスチャン・ネームと同じようなもの。キリスト教では洗礼《せんれい》を受けるとクリスチャン・ネームをもらいます。それと変《か》わりません。

　在家出家《ざいけしゅっけ》は、それほど大変《たいへん》なことではありません。もちろん、本当の出家《しゅっけ》と同じように戒律《かいりつ》を授《さず》けられます。殺《ころ》すな、盗《ぬす》みをするな、邪淫《じゃいん》に溺《おぼ》れるな、嘘《うそ》をつくな、酒を飲むな……これらの戒《かい》を守ることを誓《ちか》うのが受戒《じゅかい》です。

　むずかしそうに思えますが、戒《かい》は守れなくてもいいんです。「また寂聴《じゃくちょう》は大胆《だいたん》なことを言う」と思われるかもしれません。しかし、もともとお釈迦《しゃか》さまは人間は弱い生き物だと知っていて、あえて戒律《かいりつ》を与《あた》えられたのです。

　完全《かんぜん》に守れないだろうが、守る努力《どりょく》をしなさい。その努力《どりょく》が肝心《かんじん》だよというわけです。だから、ときに嘘《うそ》をついても仕方がない。ただし、嘘《うそ》をついたら、すぐに「仏《ほとけ》さま、ごめんなさい」と懺悔《さんげ》する。それが大事なのです。

　実際《じっさい》、在家出家《ざいけしゅっけ》をしたら分かりますが、お釈迦《しゃか》さまの弟《で》子《し》になって、戒律《かいりつ》を守ると誓《ちか》った以上《いじょう》、人間はそんなに悪いことはできないものです。もちろん、人間だから嘘《うそ》は多少つくこともあるでしょう。しかし、それほどひどい嘘《うそ》はさすがにつけません。自然《しぜん》と身が修《おさ》まるものなのです。

在家出家《ざいけしゅっけ》のすすめ

　ですから、私はみなさんには在家出家《ざいけしゅっけ》をおすすめしています。

「戒名《かいみょう》なんて要《い》らない。俗名《ぞくみょう》で葬式《そうしき》をしてもらってもいいじゃないか」という意見がありますが、無宗教《むしゅうきょう》ならそれでいいでしょう。

　しかし、もしあなたに信仰《しんこう》心《しん》があって、仏式《ぶつしき》で葬儀《そうぎ》をあげてもらいたいなら、やはり戒名《かいみょう》はあったほうがいい。

　在家出家《ざいけしゅっけ》の何よりのいいところは、さほどお金がかからない点です。

　葬儀《そうぎ》のときに戒名《かいみょう》をいただくとなると、どうしても高くつきます。お寺の側《がわ》にしてみれば、戒名料《かいみょうりょう》はいい収入源《しゅうにゅうげん》だから、たくさんもらいたいと思うし、また遺族《いぞく》のほうも変《へん》な見栄《みえ》があるので、少しでも立派《りっぱ》な戒名《かいみょう》のほうがいいと思うもの。親の葬式《そうしき》は子どもがしますから、子どもが檀那寺《だんなでら》の和尚《おしょう》さんに「戒名料《かいみょうりょう》をまけてください」とか「月賦《げっぷ》になりませんか」と言いにくいでしょう。

　これが自分で生前に在家出家《ざいけしゅっけ》しておけば、いただいた戒名《かいみょう》があんまりヘンだったら、「もう少し見た目にいい字にしてください」とか、「少しまけてくれませんか」と言えます。そんなことが言えるほど、普段《ふだん》からお寺に行って和尚《おしょう》さんと親しく付《つ》き合っておくほうがいいのです。近頃《ちかごろ》はむやみに戒名《かいみょう》にお金がかかってしまうわけですが、これはどう考えても葬儀《そうぎ》の健全《けんぜん》な姿《すがた》とは言えません。

　在家出家《ざいけしゅっけ》なら自分の懐《ふところ》から出します。自分が出せる範囲《はんい》でお布施《ふせ》をすればいいのです。それで文句《もんく》を言うようなお坊《ぼう》さんは、本当の僧侶《そうりょ》とは言えません。前もって戒名《かいみょう》をいただいていれば、きっとお子さんたちも安心なさると思います。

　もし、あなたが在家出家《ざいけしゅっけ》をして、生前に戒名《かいみょう》をもらって

檀那寺◉檀那《だんな》とはサンスクリット語の「施《ほどこ》し」「布施《ふせ》」を意味するダーナから来た言葉。転じて、寺院《じいん》や僧侶《そうりょ》に布施《ふせ》をするパトロンを指《さ》すようになり、檀那《だんな》、旦那《だんな》と書かれるようになった。檀那寺《だんなでら》は、その檀那《だんな》が布施《ふせ》をするお寺のことで、死後の菩提《ぼだい》を弔《とむら》ってもらうことから菩提寺《ぼだいじ》とも呼《よ》ばれる。

おきたいというのであれば、自分の家がお世話になっているお寺、つまり檀那寺《だんなでら》にお願《ねが》いするのが一番です。

実際《じっさい》に死んだときには、そのお寺で葬儀《そうぎ》をあげるわけですから、別《べつ》のお寺、ことに宗《しゅう》派《は》の違《ちが》うところで戒名《かいみょう》をもらうのは避《さ》けたほうがいいでしょう。

お願《ねが》いすれば、どこでも喜《よろこ》んでしてくれるはずです。

もちろん私も頼《たの》まれれば得《と》度式《どしき》もいたしますし、戒名《かいみょう》を無料《むりょう》で付《つ》けてあげています。何しろ私は文学者なのですから、それはいい戒名《かいみょう》を付《つ》ける自信《じしん》はあります。

しかし、その場合、かならず「あなたの家がお世話になっているお寺はないの」とお聞きしています。もし檀那寺《だんなでら》があって、死後もその寺で供《く》養《よう》してもらうつもりなら、やはりそのお寺にお願《ねが》いしたほうがいいからです。

戒名《かいみょう》の文法《ぶんぽう》

ここで簡単《かんたん》に「戒名講座《かいみょうこうざ》」をいたしましょう。

戒名《かいみょう》というのは「寂聴《じゃくちょう》」のように普通《ふつう》、2文字です。

ところが、現実《げんじつ》には「○○

三島由紀夫◉小説家《しょうせつか》、劇作家《げきさっか》。1925年〜70年。『花ざかりの森』、『仮面《かめん》の告白《こくはく》』などで戦後文学《せんごぶんがく》の旗手《きしゅ》として注目された。昭和30年代から政治《せいじ》に傾斜《けいしゃ》。1970年、自ら結成《けっせい》した「盾《たて》の会《かい》」メンバーと自衛隊市ヶ谷駐屯地《じえいたいいちがやちゅうとんち》に侵入《しんにゅう》、総決起《そうけっき》をうながしたが果《は》たせず自決《じけつ》した。

◉浄土真宗《じょうどしんしゅう》の法名《ほうみょう》は「釈《しゃく》○○」「釈尼《しゃくに》○○」

院《いん》××△△居士《こじ》」といった戒《かい》名《みょう》をよく見かけるでしょう。

文字数の多い、長い戒名《かいみょう》ほど立派《りっぱ》だと思われていますが、本来の戒名《かいみょう》というのは居士《こじ》の前についている△△の２文字だけなのです。

では、他の部分は何かといえば、○○院《いん》（院殿《いんでん》）というのは、院号《いんごう》、院殿号《いんでんごう》と呼《よ》ばれるものです。戒名《かいみょう》を付《つ》ける場合、この院号《いんごう》や院殿号《いんでんごう》が付《つ》いた立派《りっぱ》な戒名《かいみょう》がほしいと言う人が多いのですが、本来、院《いん》号《ごう》は高貴《こうき》な人や信仰篤《しんこうあつ》かった人、ことに院殿号《いんでんごう》は皇室《こうしつ》や大《だい》名《みょう》などにしか付《つ》けなかったものです。

院殿《いんでん》という名前のごとく、生前に何々院《いん》といったお堂《どう》をお寺に寄進《きしん》したり、何々殿《でん》という建物《たてもの》を建《た》て、そこで出家《しゅっけ》生活《せいかつ》を送れるくらいの財力《ざいりょく》を持った人に与《あた》えられていたものです。ですから、院殿号《いんでんごう》や院号《いんごう》を在家《ざいけ》の信者《しんじゃ》が付《つ》けること自体おかしなことなのに、いつの間にかお金で売買されるようになりました。こんな変《へん》な話はありません。

その院殿号《いんでんごう》の下、戒名《かいみょう》の上に付《つ》いている××の２文字は、「道号《どうごう》」と言います。

道号《どうごう》は仏道《ぶつどう》を修《おさ》めた人に与《あた》えられる称号《しょうごう》とされていますが、一般的《いっぱんてき》に、その人の職業《しょくぎょう》や趣味《しゅみ》などを象徴《しょうちょう》する文字を入れる場合が多いようです。

たとえば、三島由紀夫《みしまゆきお》の戒《かい》名《みょう》は「彰武院文鑑公威居士《しょうぶいんぶんかんこういこじ》」ですので、道号《どうごう》は文鑑《ぶんかん》。「文《ぶん》」という文字で小説家《しょうせつか》だったことを示《しめ》しているわけです。ちなみに三島《みしま》の本名《ほんみょう》は平岡公威《ひらおかきみたけ》で、戒名《かいみょう》はそれをそのまま使って「公威《こうい》」としています。

一方、戒名《かいみょう》の下に付《つ》ける「居士《こじ》」などの文字を位号《いごう》と言います。これは、一種《いつしゅ》の呼《よ》び名のようなもので、日常生《にちじょうせい》活《かつ》なら「〜さま」「〜殿《どの》」に当たるところだと思えばいいでしょう。普通《ふつう》なら男性《だんせい》には「信士《しんじ》」、女性《じょせい》なら「信女《しんにょ》」、特《とく》に信心《しんじん》深い人に対しては「居士《こじ》」「大姉《だいし》」を付《つ》けます。15歳《さい》以下の子どもの場合は、「童子《どうじ》」とか「孩子《がいじ》」などと付《つ》けるのです。

本当の意味で言えば、戒名《かいみょう》は「△△信士《しんじ》」「△△信女《しんにょ》」で充分《じゅうぶん》なのです。

実際《じっさい》、浄土真宗《じょうどしんしゅう》の場合、「釈《しゃく》○○」、「釈尼《しゃくに》○○」という法名《ほうみょう》です。真宗《しんしゅう》の場合、出《しゅっ》家《け》をしても戒《かい》を授《さず》けないので、「法名《ほうみょう》」と呼《よ》びます。これは長々しい戒名《かいみょう》に慣《な》れた者の眼《め》から見れば、とても気持ちがいいものです。

実際《じっさい》の戒名《かいみょう》の付《つ》け方は、宗《しゅう》旨《し》ごとに違《ちが》います。ここまで説明《せつめい》したのは、あくまでも一《いっ》般論《ぱんろん》と心得《こころえ》ておいてください。

たとえば浄土宗《じょうどしゅう》の場合、「誉号《よごう》」がよく使われます。○○院《いん》△誉《よ》××居士《こじ》では「△誉《よ》」の部分が誉号《よごう》です。また日蓮宗《にちれんしゅう》の場合、開祖《かいそ》にちなんで戒名《かいみょう》に「日《にち》」、「妙《みょう》」の字を使うことが多いというように、宗旨《しゅうし》ごとで付《つ》け方《かた》も違《ちが》ってきます。

しかしどんな宗派《しゅうは》にせよ、本来、戒名《かいみょう》は信仰《しんこう》の証《あかし》であることに変《か》わりありません。お金を積んでいい戒名《かいみょう》、立派《りっぱ》な戒名《かいみょう》を手に入れようという現《げん》在《ざい》の風潮《ふうちょう》は、信仰《しんこう》の本来の姿《すがた》とは言えません。

本当の供養《くよう》とは

戒名《かいみょう》と並《なら》んで、みなさんからよく質問《しつもん》を受けるのはお墓《はか》の問題です。

今の日本、ことに都会ではお墓《はか》一つ建《た》てるのも、たいへんなお金がかかります。これもまた、お寺が墓地《ぼち》を収入源《しゅうにゅうげん》にするようになってから起きた問題です。

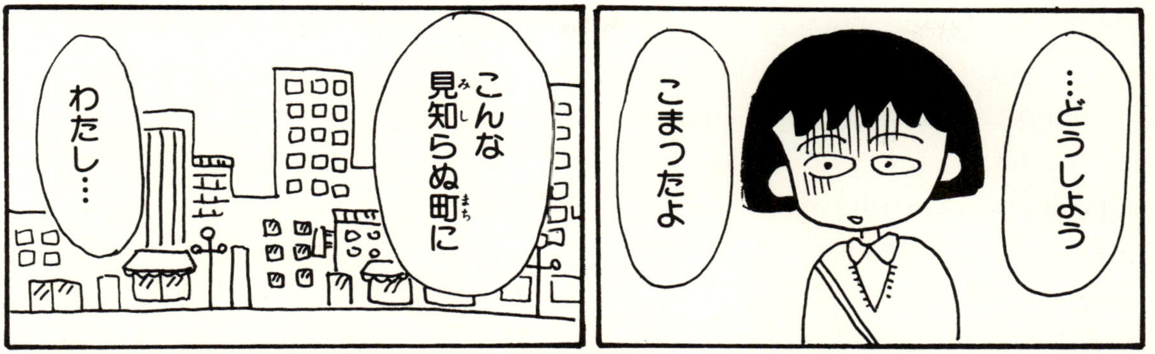

●「墓石《ぼせき》が欠《か》けると不幸《ふこう》が起こる」はウソ

新聞の折《お》り込《こ》みチラシなどにしょっちゅう墓地《ぼち》の広告《こうこく》が入っています。お寺が墓地《ぼち》をどしどし造成《ぞうせい》し、高く売りつけては金儲《かねもう》けをするのが今では一般的《いっぱんてき》になっています。永代供養料《えいたいくようりょう》が安いように見えても、実《じつ》は石屋さんと組んでいて、その墓石代《はかいしだい》のリベートでさらに儲《もう》ける。そんなお寺もあると聞きます。

また、悪徳占い《あくとくうらな》い師《し》などが石屋さんと組んで、「あなたの家のお墓《はか》は欠《か》けています」と言って脅《おど》かすという話も少なくありません。墓石《はかいし》が欠《か》けているとご先祖《せんぞ》は成仏《じょうぶつ》できないし、家に不幸《ふこう》が起きる。だから、造《つく》り替《か》えなさいというわけです。

もちろん、これは真《ま》っ赤《か》な嘘《うそ》。墓石《はかいし》が欠《か》けているというのは、それだけ一族が長く続《つづ》いたという証拠《しょうこ》です。表面に刻《きざ》まれた文字が風雪で薄《うす》れ、お墓《はか》が苔《こけ》むしているのは、むしろ喜《よろこ》ぶべきことです。お墓《はか》は自動車と違《ちが》うのですから、しょっちゅう買《か》い換《か》えたり、造《つく》り替《か》えたりする必要《ひつよう》なんてありません。

そもそも立派《りっぱ》なお墓《はか》なんて必要《ひつよう》なのだろうかと思います。自分たちは狭《せま》いマンションに住んでいるのに、何坪《なんつぼ》もの墓《ぼ》地《ち》を手に入れて、そこに豪奢《ごうしゃ》な墓石《はかいし》を建《た》てるというのは、どこかおかしくはないでしょうか。

第一、考えてごらんなさい。

人の魂《たましい》は死後《しご》49日目に成仏《じょうぶつ》する

どんな人間でもかならず死ぬ。その人たちに、かりに1坪《つぼ》ずつの墓《はか》を建《た》てたとしたら、狭《せま》い日本の国土はたちまち墓《はか》で一杯《いっぱい》になってしまいます。お墓《はか》のために生きている人間の住む場所がなくなるのでは、本末転倒《ほんまつてんとう》もいいところです。

これはやはり、原点に戻《もど》って考えるべきではないでしょうか。

ご先祖《せんぞ》の霊《れい》、つまり祖霊《それい》を祀《まつ》るのはたしかに大切なことです。しかし、それは形式ではありません。お墓《はか》が大きいから祖先《そせん》思いだとか、墓《はか》が新品だから親孝行《おやこうこう》というわけでもない。

生きている私たちが死者を忘《わす》れず、懐《なつ》かしむことこそが本当の供養《くよう》でしょう。お墓《はか》を建《た》てたから、これで供養《くよう》は終わりだと思うことのほうが問題です。たとえお墓《はか》がなくても、亡《な》くなった人のことを思い出し、心から供養《くよう》してあげるほうがずっといいのです。

人間は忘《わす》れる動物である

でも、そうは言っても人間は忘《わす》れる動物です。

前に「日《ひ》にち薬《ぐすり》」の話をしました。愛《あい》する人に先立たれた直後は、この身が引き裂《さ》かれそうな悲しみを味わっていても、月日が経《た》つと、その悲しみが少しずつ癒《い》やされていく。それを京都《きょうと》では「日《ひ》にち薬《ぐすり》」と言います。人間は忘《わす》れることができるから、悲しみに押《お》しつぶされずに生きていける。

そういう意味では、忘《わす》れるというのはありがたいことだけれども、一方で人間は大事なこと、大切な教訓《きょうくん》をもつい忘《わす》れてしまう。やはり忘却《ぼうきゃく》とは、人間の業《ごう》なのでしょう。

悲しみを忘《わす》れるだけではなく、自分を愛《あい》してくれた人がいたことすら忘《わす》れてしまうのが人間です。そこで、仏教では一周忌《しゅうき》、三回忌《かいき》、七回忌《かいき》、あるいは十三回忌《かいき》と法要《ほうよう》を定《さだ》めているのです。

ちなみに、ここで法事《ほうじ》のことも触《ふ》れておきましょう。

死後の法要《ほうよう》はまず初七日《しょなのか》から始まります。その後、七七日《なななぬか》（四十九日《しじゅうくにち》）まで七日《なのか》ごとに行なうとされています。ただし、実際《じっさい》には初七日《しょなのか》と五七日《いつなぬか》（35日目）、七七日《なななぬか》は行なうものの、二七日《ふたなぬか》（14日目）、三七日《みなぬか》（21日目）、四七日《よなぬか》（28日目）、六七日《むなぬか》は身内《みうち》だけで行なうことが多いようです。

なぜ49日間は1週間ごとに行なうかといえば、人が亡《な》くなってから49日の間は、魂《たましい》が次の世、つまり浄土《じょうど》に生まれ変《か》わるまでの暫定期間《ざんていきかん》だと思われているからです。そこで1週間ごとに供養《くよう》を行ない、死者の冥福《めいふく》を祈《いの》るのです。これはインドから伝《つた》わった思想で、この時期を「中有《ちゅうう》」あるいは「中陰《ちゅういん》」と言います。49日目で「満中陰《まんちゅういん》」になると、死者の魂《たましい》は無事《ぶじ》、成仏《じょうぶつ》したと考えます。

この四十九日《しじゅうくにち》が終わると、次は百カ日法要《ほうよう》です。昔は盛大《せいだい》に行なっていたものですが、最近《さいきん》ではこれも身内《みうち》で済《す》ませるようです。

その後はいわゆる「年忌法要《ねんきほうよう》」です。一周忌《しゅうき》（死から満《まん》1年目）、三回忌《かいき》（満《まん》2年目）、七回忌《かいき》（満《まん》6年目）、十三回《かい》

はたして日本中《にほんじゅう》に何人《なんにん》いるであろうか…

忌《き》（満《まん》12年目）、三十三回忌《かいき》（満《まん》32年目）……五十回忌《かいき》、百回忌《かいき》を行なうところもあるようですが、普通《ふつう》は三十三回《かい》忌《き》で終わりです。

もちろん、この年以外《いがい》に法《ほう》要《よう》をしてはいけないということではありません。しかし、普通《ふつう》の人の場合、月日が経《た》つにつれ、故人《こじん》のことを忘《わす》れてしまいます。そこでせめて、このくらいは法要《ほうよう》をして、思い出しなさいということから生まれた知恵《ちえ》なのでしょう。

あなたは散骨《さんこつ》を知っていますか

これは何度でも繰《く》り返したいのですが、故人《こじん》を弔《とむら》うときに最《もっと》も大事なことは、その人を供養《くよう》したいという気持ち、その人に対する感謝《かんしゃ》の気持ちです。お墓《はか》や仏壇《ぶつだん》が立派《りっぱ》であるとか、そうでないとかは二の次です。

そもそも日本のお墓《はか》の歴史《れきし》を調べてみると、今のように誰《だれ》もが墓地《ぼち》に墓石《はかいし》を置《お》いて弔《とむら》うのは、江戸《えど》時代以降《いこう》のことです。それまでの庶民《しよみん》は、土に亡骸《なきがら》を埋《う》め、それを動物が荒《あ》らさないよう、その上に石を乗せただけで終わりでした。立派《りっぱ》な墓石《はかいし》がなければ、罰《ばち》が当たるというのなら、その時代に日本は滅《ほろ》びていたはずです。

だから、極論《きよくろん》に聞こえるかもしれませんが、私は墓石《はかいし》などなくてもいいと思います。火葬《かそう》した骨《ほね》を粉《こな》にして、木の下に撒《ま》くというのでもいい。その木が毎年、春になって花を付《つ》ける。その花を見ながら故人《こじん》を偲《しの》ぶのでも構《かま》わないと思います。お骨《こつ》の中には、いろんな物質《ぶつしつ》が含《ふく》まれていますから、花もきれいに咲《さ》くのではないでしょうか。亡《な》くなった人が、美しい花になって戻《もど》ってきたと思えば、心が癒《い》やされるではありませんか。

最近《さいきん》は、新しい葬儀《そうぎ》の形として、散骨《さんこつ》（自由葬《じゆうそう》）が注目を集めています。海外では遺《い》骨《こつ》を粉《こな》にして、それを海や山に撒《ま》くということが以前《いぜん》から行なわれていました。有名な人でいえば、駐日《ちゅうにち》アメリカ大使を務《つと》めたライシャワーさんも、そうして葬《ほうむ》られています。

日本では法規制《ほうきせい》があったために、長く散骨《さんこつ》は許《ゆる》されませんでした。しかし平成３年になって市民団体《しみんだんたい》の活動が実《みの》り、「節度《せつど》をもって」行なうならば散骨《さんこつ》も認《みと》められるようになっています。

「節度《せつど》をもって」という条件《じょうけん》付《つ》きですから、遺骨《いこつ》をお寺に納《おさ》めるのが面倒《めんどう》だから、海に投げるというのではもちろんダメです。それなりに葬儀《そうぎ》の形を整えて、供養《くよう》の気持ちをこめていなければいけません。

また、山や森で行なう場合には所有者の許諾《きょだく》が必要《ひつよう》です。

船上からの散骨《さんこつ》

最近《さいきん》では、葬儀社《そうぎしや》でも散骨《さんこつ》に対応《たいおう》しているところがあるようですから、もし興味《きょうみ》があれば問い合わせればいいでしょう。

亡《な》くなった方はみな浄土《じょうど》に行って、仏《ほとけ》さまになります。ですから、理屈《りくつ》から言えば、墓《はか》に骨《ほね》はあっても魂《たましい》は浄土《じょうど》にあるわけです。だったら何のためのお墓《はか》なのかといえば、結局《けつきょく》、残《のこ》された人たちのためのものだとも言えます。

それならば、何も昔ながらのお墓《はか》の形にこだわることもありません。亡《な》くなった人を思い出すためのモニュメントであると考えるなら、もっと柔軟《じゅうなん》に考えることもできます。海外の墓地《ぼち》に行くと、いろんな形の墓石《はかいし》があります。文学者のお墓《はか》は本を開いた形に彫《ほ》った大理石《だいりせき》であったり、また写真入りの墓石《はかいし》というのもある。奇《き》をてらえばいいわけではありませんが、要《よう》は心がこもっていれば、それでいいのではないでしょうか。

「寂聴《じゃくちょう》と眠《ねむ》りませんか」

最近《さいきん》、お墓《はか》をめぐる相談で多いのは、奥《おく》さんがご主人と一緒《いつしょ》の墓《はか》に入りたくないという話です。いわゆる「家庭内《かていない》離婚《りこん》」で、同じ家に暮《く》らしているけれども、気持ちはとっくの昔に離《はな》れている。そんな夫婦《ふうふ》なのに、なぜ同じお墓《はか》に入って、名前を墓石《はかいし》に並《なら》んで刻《きざ》まれなければならないのか。

この気持ちは本当によく分かります。いいとか悪いとか道徳論議《どうとくろんぎ》をしても仕方がありません。気持ちが離《はな》れているのは、その人にとって動かしがたい事実ですし、愛《あい》していないご主人と一緒《いつしよ》に葬《ほうむ》られたくない気持ちは切実《せつじつ》なんです。

それなのに日本の墓《はか》は「何々家《け》之《の》墓《はか》」として、一族が一緒《いつしよ》に葬《ほうむ》られることが前提《ぜんてい》になっています。海外だと個《こ》人個人《じんこじん》になっているから、こんな問題は起きません。でも、日本の場合、土地が限《かぎ》られているので、個人墓《こじんぼ》をみなが作ったらそれこそ日本中墓《はか》だらけになってしまいますね。これも大きな問題です。

また、もう一つ大きな問題は、今の日本には身よりのない女性《じよせい》がたくさんおられます。戦争《せんそう》で夫《おっと》を亡《な》くした、あるいは息子《むすこ》を亡《な》くした。または戦《せん》争《そう》のために結婚《けつこん》のチャンスを失って、ずっと一人で暮《く》らしてきた。そんな女性《じよせい》たちにとって、最大《さいだい》の心配は自分が死んでも、お墓《はか》を守ってくれる人がいないということです。子どもや頼《たよ》るべき親類《しんるい》がいないから、死んでも死にきれないと言うのです。

お墓《はか》なんて要《い》らないという考え方も一方にはあるわけですが、それとは反対に、独《ひと》りぼっちのままでお墓《はか》に入りたくないという気持ちもある。これもまた事実です。

事情《じじょう》があって、婚家《こんか》の墓《はか》に入りたくない、あるいは身寄《みよ》藤原定家◉鎌倉《かまくら》時代の大歌人。新古今和歌集《しんこきんわかしゅう》の撰者《せんじゃ》として知られる。晩年《ばんねん》は古典研究《こてんけんきゅう》に没頭《ぼっとう》、のちの歌道に大きな影響《えいきょう》を与《あた》えた。

用意しました◉詳《くわ》しくは天台寺《てんだいじ》にお問い合わせください（巻末《かんまつ》230ページ参照《さんしょう》）

天台寺《てんだいじ》の霊園《れいえん》

りがなくて拝《おが》んでくれる人がいないという女性《じょせい》たちのために、京都《きょうと》・嵯峨野《さがの》の常寂光寺《じょうじゃくこうじ》で住職《じゅうしょく》をしておられる長尾憲《ながおけん》彰《しょう》さんが平成《へいせい》元年に納骨堂《のうこつどう》を作りました。常寂光寺《じょうじゃくこうじ》は、藤《ふじ》原定家《わらのていか》も住んでいたという古い、立派《りっぱ》なお寺です。その納《のう》骨堂《こつどう》ができたときに私も招《まね》かれて行ってきました。

すると、私くらいの年輩《ねんぱい》の女性《じょせい》たちがみな泣《な》いているのです。「ようやく安心して死ねます」というのです。

その納骨堂《のうこつどう》は、井戸《いど》のように穴《あな》を掘《ほ》って、そこに誰《だれ》のお骨《こつ》でも一緒《いつしょ》に入れるのです。「そんなお墓《はか》では、ちょっと」と思う人もあるかもしれないけれども、その人たちにとっては、いくら立派《りっぱ》なお墓《はか》でも誰《だれ》も来ないのでは寂《さび》しい。みんなと一緒《いつしょ》に眠《ねむ》れるのだから嬉《うれ》しいと言って泣《な》いているのです。

この納骨堂《のうこつどう》での出来事《できごと》がとても印象的《いんしょうてき》だったので、私も岩手《いわて》・天台寺《てんだいじ》に墓地《ぼち》を作りました。

「寂聴《じゃくちょう》と一緒《いつしょ》に眠《ねむ》りましょう」というのが、そのキャッチコピーです。私も死ねば、その墓地《ぼち》に入ります。一人じゃない、みんな一緒《いつしょ》に葬《ほうむ》られれば、寂《さび》しくなんかない。だから、墓石《はかいし》もみんな同じ大きさ、同じ形です。なかなかスマートな形です。天台寺《てんだいじ》は天《てん》台宗《だいしゅう》のお寺だけれども、宗派《しゅうは》は問いません。

もちろん、それで儲《もう》けようなんて思っていません。周囲《しゅうい》の人たちは「もっと高い永代《えいたい》供養料《くようりょう》でもいいじゃないか」なんて言うのだけれども、そんなのは絶対《ぜったい》にダメ。お寺が墓地《ぼち》で儲《もう》けようなんて思ったらいけません。

雛段《ひなだん》のように山の斜面《しゃめん》に段々《だんだん》になって、西方浄土《さいほうじょうど》に向いています。土地付き、石つきで45万円。永代供養《えいたいくよう》の時は10万円プラスです。こんな安い墓《はか》はないだろうと思っています。墓《はか》の表面には好きな言葉を彫《ほ》ります。200区画《くかく》分を用意しました。

線香《せんこう》の本数には意味《いみ》がある

なぜ、仏壇《ぶつだん》に線香《せんこう》とロウソクを立てるのか

供養《くよう》にからむ問題で、お墓《はか》と並《なら》んでよく質問《しつもん》されるのは仏壇《ぶつだん》のことです。

仏壇《ぶつだん》は家庭における信仰《しんこう》の中心です。ご本尊《ほんぞん》をお祀《まつ》りし、また先祖《せんぞ》の位牌《いはい》を置《お》いて、仏《ほとけ》さまにお祈《いの》りをする場所として仏壇《ぶつだん》があります。朝夕に仏《ぶつ》壇《だん》に向かい、お経《きょう》をあげたり、先祖《せんぞ》のご冥福《めいふく》を祈《いの》る。それによって心を静《しず》めるというのが仏壇《ぶつだん》を祀《まつ》る目的《もくてき》です。

ですから、仏壇《ぶつだん》の大小や値《ね》段《だん》は関係《かんけい》ありません。大事なのはやはり心なんです。マンションなどで暮《く》らしていると、スペースの関係上《かんけいじょう》、どうしても大きな仏壇《ぶつだん》は置《お》けません。小さな仏壇《ぶつだん》では、罰《ばち》が当たるのではないかと心配する人も多いのですが、それはまったく違《ちが》います。

最近《さいきん》は洋風建築《ようふうけんちく》の中に置《お》いても違和感《いわかん》のない家具調仏壇《かぐちょうぶつだん》や、あるいは現代風《げんだいふう》の斬新《ざんしん》なデザインのものも出ています。自分の好《この》みで選《えら》んでも、問題はありません。気にいったものがないとか、お金がないというのであれば、日曜大工《にちようだいく》で木箱《きばこ》に扉《とびら》を付《つ》け、それを仏壇《ぶつだん》として使ってもいいんです。

仏壇《ぶつだん》を置《お》く場所にしても、あまり気にする必要《ひつよう》はありません。

仏壇《ぶつだん》の置《お》き方《かた》は南向き、西向き、あるいは本山《ほんざん》を背《せ》にして置《お》くなど、宗派《しゅうは》によって置《お》き方《かた》が異《こと》なります。その決まりにしたがうに越《こ》したことはありません。しかし、仏壇《ぶつだん》のために窓《まど》をふさいだりするのは、本末転倒《ほんまつてんとう》です。故人《こじん》の霊《れい》だって、あなたたちがそこまで生活を犠牲《ぎせい》にすることは望《のぞ》んでいないと思います。私自身の考えを言えば、北向きでなければ、どちら向きだって構《かま》わないと思います。

しかし、だからといって、何をしてもいいというわけでもありません。仏壇《ぶつだん》には自分が信心《しんじん》している仏《ほとけ》さまや先祖《せんぞ》を祀《まつ》っているわけですから、それなりの礼儀《れいぎ》は守るべきでしょう。

具体的《ぐたいてき》には、お花や水（お茶）、仏飯《ぶつぱん》を供《そな》え、お香《こう》を焚《た》き、ロウソクに火を灯《とも》すというのが、それです。この五つは「五供《ごく》」といって、仏《ほとけ》さまやご先祖《せんぞ》さまもノドが渇《かわ》くだろう、お腹《なか》がお空《す》きになるに違《ちが》いないと思って、供《そな》えるものなのです。灯明《とうみょう》は仏《ほとけ》の智慧《ちえ》と救《すく》いを表わすとされます。

また、お線香《せんこう》はその場を清《きよ》め、また自分の心の中も清《きよ》めるためのものです。また、人間は食物を食べるけれども、仏《ほとけ》さまになるとお香《こう》しか食べない——これを「香食《こうじき》」と言います——からお線香《せんこう》をあげるのだという説《せつ》もあります。

なお、線香《せんこう》を立てる本数ですが、死者のために立てるのであれば1本、2本なら、そのうちの1本は死者に話しかけるためのものだとされます。3本立てると、そのうちの1本は懺悔《さんげ》のためと言います。

お花は菊《きく》か蓮《はす》の花がいいと言われますが、これもあまり気にすることはありません。仏《ほとけ》さまが喜《よろこ》びそうな季節《きせつ》の花で結構《けつこう》です。それも別《べつ》に花束《はなたば》である必要《ひつよう》はありません。1本か2本、おしゃれに活《い》けてみるのもいいものです。

礼拝《らいはい》のしかたですが、これはもちろん宗派《しゅうは》によって異《こと》なります。ご自分の檀那寺《だんなでら》で教えてもらうのが一番です。

切《せつ》に生きる

ここまで戒名《かいみょう》、お墓《はか》、仏壇《ぶつだん》の話をしてきたわけですが、

それぞれの意味が分かって面《おも》白《しろ》かったのではありませんか。みなさんにとって、お葬式《そうしき》とか法事《ほうじ》というのは、ただの形式としか思えなかったでしょうが、それなりの意味や目的《もくてき》があるわけです。それがいつの間にか忘《わす》れられたところに、今の仏教の問題点もあるわけですね。

しかし、繰《く》り返し強調しますが、葬儀《そうぎ》や法要《ほうよう》はお釈迦《しやか》さまがお説《と》きになった仏法《ぶつぽう》の本《ほん》筋《すじ》ではありません。お釈迦《しやか》さまの教えは、あくまでも「どう生きるか」なのです。

死んだのちのことを今から心配したりしても意味がない。人間の寿命《じゆみよう》は誰《だれ》にも分からないのだから、今、この瞬間《しゆんかん》を一所懸命《いつしよけんめい》に生きなさいということ。いつ死んでも悔《く》いが残《のこ》らないような人生を送りなさいというのが、仏教の教えなのです。

私の好《す》きな言葉は「切《せつ》に生きる」です。

中国の曹洞宗《そうとうしゆう》の祖師《そし》・洞山《どうざん》和尚《かしよう》に対して、ある僧《そう》が問いました。

死後のことは死んでから考えても遅《おそ》くない

「今日《きょう》はどんな説明《せつめい》もいりません。一言《ひとこと》で答えてください。いかなるか、これ清浄法身《しょうじょうほっしん》」

清浄法身《しょうじょうほっしん》とは、生きた仏《ほとけ》ということです。つまり、どうすれば悟《さと》りを開くことができるのか、という質問《しつもん》なのです。

これに対して、和尚《かしょう》はこう答えました。

「われ、常《つね》に、ここにおいて切《せつ》なり」

切《せつ》とは切っても切れないこと、つまり今、自分がしていることに没頭《ぼっとう》しきることです。切実《せつじつ》の切《せつ》、大切の切《せつ》です。

食べるときも、切《せつ》に食べる。眠《ねむ》るときには切《せつ》に眠《ねむ》る。愛《あい》するにも切《せつ》、学ぶにも切《せつ》であれと言いたかったのでしょう。

死後のことを思いわずらうな。今、生きているこの一瞬《いっしゅん》を切《せつ》に生きれば、それでいいじゃないか、ということです。そうすれば、死を恐《おそ》れることもない。やがて来るかもしれない別離《べつり》におびえることもない。浄土《じょうど》に行けるか、地獄《じごく》行きなのかも心配する必要《ひつよう》もない。いつ心臓《しんぞう》が止まっても、悔《く》いることはない。

私もまた、切《せつ》に生きたいし、そのように死にたいと思っています。明日《あした》のことを考えず、この一瞬一瞬《いっしゅんいっしゅん》を切《せつ》に生きる。それができれば最高《さいこう》の人生ではないでしょうか。

そして、できうることならば、生きている間に、少しでも愛《あい》する人たちに何かをプレゼントしたい。少しでも人のために尽《つ》くすことができれば、それこそが生きる幸せではないかと思うのです。

もし、そんな人生が送れたとしたら、たとえ死んで地獄《じごく》に落とされたとしても、けっして私は文句《もんく》を言いません。

もちろん、浄土《じょうど》に行けるに越《こ》したことはないけれども、そんなことより、今の人生を、あとどれだけ時間が残《のこ》されているか分からない人生を、切《せつ》に生きることのほうが、ずっと大事ではないかと思います。

次ページ・寂庵《じゃくあん》の仏さま▶

あー ばっかだなー 石原《いしはら》のやつ
泣《な》いて やんのーー
みんな がまんしてる
泣《な》くと とまらなく なるから
みんな 「ウッ」って 力《ちから》いれて がまんしてる
たのしい 4年生を
ぐっ…
どうも ありがとう …

終《しゅうしょう》

天台寺より

寂聴師《じゃくちょうし》は京都《きょうと》・嵯峨野《さがの》の寂庵庵主《じゃくあんあんじゅ》であるばかりではなく、岩手《いわて》県浄法寺《じょうぼうじ》町の古刹《こさつ》・天台寺《てんだいじ》で住職《じゅうしょく》を務《つと》めています。みちのくの遅《おそ》い桜《さくら》が満開《まんかい》になるころ、天台寺《てんだいじ》では春の大祭《たいさい》が行なわれます。たくさんの老若男女《ろうにゃくなんにょ》が集まる青空の下、寂《じゃく》聴住職《ちょうじゅうしょく》の法話《ほうわ》が始まりました。

先生のお別れ会します
きょうもみんなとあそんでください
では最後に先生のことばです
先生おねがいします

奉納
南無

奉納
南無観世音大菩薩

修験道◉日本古来の山岳宗教《さんがくしゅうきょう》と密教《みっきょう》、道教《どうきょう》などが融合《ゆうごう》して誕生《たんじょう》した実践的宗教《じっせんてきしゅうきょう》。修験道《しゅげんどう》の行者《ぎょうじゃ》のことを山伏《やまぶし》と言う。修験道《しゅげんどう》の開祖《かいそ》は役行者《えんのぎょうじゃ》（128ページ注釈参照）と伝えられている。

◉晋山《しんざん》とは住職《じゅうしょく》になって寺に入ること

――この「寂聴仏教塾《じゃくちょうぶつきょうじゅく》」もいよいよ閉講《へいこう》。そこで最終回《さいしゅうかい》は趣向《しゅこう》を変《か》えて「野外講義《やがいこうぎ》」と参《まい》りましょう。寂聴師《じゃくちょうし》が住職《じゅうしょく》を務《つと》める岩手《いわて》県・天台寺《てんだいじ》では4月から11月までの各月《かくげつ》・第1日曜日に青空法話《ほうわ》が行なわれていますが、その紙上実況《じっきょう》中継《ちゅうけい》をお送りいたします。

やさしく面白《おもしろ》い法話《ほうわ》の中に、仏教の真髄《しんずい》が織《お》り込《こ》まれています。これまでの講義《こうぎ》の「総《そう》まとめ」としてお聞きください。

桂泉観世音《けいせんかんぜおん》の御山《おんやま》

みなさま、ようこそお越《こ》しくださいました。どうもありがとうございます。

今日《きょう》は雨も上がって、本当によかった。

昨日《きのう》から全国的《ぜんこくてき》に雨がずっと降《ふ》っていて、天気予報《てんきよほう》によれば今日《きょう》も雨となっておりました。でも、私は絶対《ぜったい》に大丈夫《だいじょうぶ》だと思っていました。

なぜかといえば、私には「てるてる坊主《ぼうず》」というニックネームがついていて、天気を呼《よ》ぶ力がある。今朝《けさ》、私がエイ、エイ、エイと雨空に念《ねん》を送ったら、ほら、こうして見事《みごと》に晴れたでしょう。

私は昨日《きのう》、京都《きょうと》から新幹線《しんかんせん》に乗ってきましたが、もう京都《きょうと》では花は終わっています。しかし、岩手《いわて》県の最《もっと》も北の浄法寺《じょうぼうじ》町に近づくにつれて、花が増《ふ》えてまいりました。春を二度体験《たいけん》できるので、とっても嬉《うれ》しくなります。みなさんのまわりも花がきれいでしょう。

私は13年前の今日《きょう》、5月5日にこの天台寺《てんだいじ》に晋山《しんざん》いたしました。晋山《しんざん》というのは、住職《じゅうしょく》になってお寺に入ることを申します。

ここの住職《じゅうしょく》になるとき、私はこのお寺のことを何も知りませんでした。浄法寺《じょうぼうじ》の町長さんと教育部長さんがいきなりお見えになって、「町を挙《あ》げてお待ち申し上げていました」と言うものですから、おだてに乗りやすい私は住職《じゅうしょく》を引き受けることにいたしました。

ところが来てみたら、どうでしょう。境内《けいだい》は荒《あ》れ放題《ほうだい》、お賽銭箱《さいせんばこ》には木の葉だけしか入っていません。そのくらい、さびれていました。

それに「お待ちしております」と言っていたはずなのに、町の人たちは「変《へん》な尼《あま》さんが京都《きょうと》から来た」と言って噂《うわさ》している。「賽銭泥棒《さいせんどろぼう》かもしれん」ですって。私は、こちらの言葉は分かりませんが、どういうわけか悪口だけはすぐに分かる。

なぜ、こんなに天台寺《てんだいじ》がさびれていたかといえば、昭和《しょうわ》28年に、そのときの住職《じゅうしょく》が町の土建屋《どけんや》にだまされて500本の立派《りっぱ》な立派《りっぱ》な杉《すぎ》の木、樹齢《じゅれい》1000年もする大木です。それを切ってしまったからです。それで罰《ばち》が当たって、お参《まい》りに来る人が絶《た》えてしまいました。

このお寺は大変《たいへん》に歴史《れきし》の古い名刹《めいさつ》で、奈良《なら》時代からありました。そして、この山を地元の人たちはとても大事にして、「御山《おんやま》」と尊敬《そんけい》していたんです。

この山は霊山《れいざん》で、聖《せい》なるものがおられると昔から信《しん》じられていました。修験道《しゅげんどう》の行者《ぎょうじゃ》たちが、この山で修行《しゅぎょう》をすると大変《たいへん》な霊力《れいりょく》が付《つ》くと言われて、修行場《しゅぎょうじょう》にされていた、尊《とうと》い山でした。その霊山《れいざん》に天台《てんだい》寺《じ》は出来《でき》たのですから、昔からとても尊《とうと》ばれていたし、お参《まい》りにくる人も多くて栄《さか》えていました。

天台寺《てんだいじ》のご本尊《ほんぞん》は、桂泉観《けいせんかん》世音《ぜおん》という聖観音《しょうかんのん》さまです。

◀前4ページ・天台寺《てんだいじ》の春の大祭《たいさい》

阿闍世王◉古代インド・マガダ国の王。若《わか》い頃《ころ》、父王を殺《ころ》し、母を幽閉《ゆうへい》して王になったが、釈迦《しゃか》の教えに出会って入信《にゅうしん》。仏教の保護者《ほごしゃ》になった。

桂泉《けいせん》とは、桂《かつら》の泉《いずみ》と書きます。この御山《おんやま》には桂《かつら》の木がたくさんあります。そして、その桂《かつら》の木の下からは泉《いずみ》が湧《わ》いています。そこで、桂《かつら》の木を削《けず》って観音《かんのん》さまを作って、それに「桂《かつら》の泉《いずみ》の観音《かんのん》さま」というお名前をつけたというわけです。

このご本尊《ほんぞん》は国の重要文化《じゅうようぶんか》財《ざい》に指定されておりますので、本堂《ほんどう》には置《お》けません。裏手《うらて》の収納庫《しゅうのうこ》に大切にお祀《まつ》りしていますが、今日《きょう》は特別《とくべつ》な日ですので開放して、みなさんに拝《おが》んでいただけるようにしています。まだ拝《おが》んでいない方は、ぜひ拝《おが》んで帰ってくださいね。

貧者《ひんじゃ》の一灯《いっとう》

この観音《かんのん》さまをお祀《まつ》りしていた天台寺《てんだいじ》は昔、「ぬかべ三十三ヶ所」という観音巡礼《かんのんじゅんれい》の詣《まい》り納《おさ》めの33番目の札所《ふだしょ》として栄えておりました。江戸《えど》時代はたいへんなにぎわいで、たくさんの参詣者《さんけいしゃ》がありました。

なぜ、そんなことが分かるかといえば、ここの本堂《ほんどう》には漆塗《うるしぬ》りの立派《りっぱ》な厨子《ずし》があります。厨子《ずし》というのは、仏像《ぶつぞう》を収《おさ》める箱のこと。この浄法寺《じょうぼうじ》のあたりは昔から日本一の漆《うるし》の産地《さんち》です。だから、浄法寺《じょうぼうじ》の人たちが使うお椀《わん》も、みないい漆《うるし》を使っています。このお寺の厨子《ずし》も、とても立派《りっぱ》な漆塗《うるしぬ》りです。

その厨子《ずし》の扉《とびら》を見ると、まるで蚊絣《かがすり》のような白い傷《きず》が一《いっ》杯《ぱい》付《つ》いてます。これは江戸《えど》時代の人たちがお賽銭《さいせん》を投げた跡《あと》なんです。江戸《えど》時代のお金は今と違《ちが》って、とても重い。その重いお賽銭《さいせん》をパアーンと投げるものですから、仏《ほとけ》さまを収《おさ》めた厨子《ずし》に傷《きず》が付《つ》く。あんまりたくさんの人が投げるものだから、蚊絣《かがすり》のようになってしまった。それくらい多くの参詣者《さんけいしゃ》があったということです。

それが今ではどうでしょう。みなさんがお賽銭《さいせん》を入れるときには、一所懸命《いっしょけんめい》お財布《さいふ》の中をのぞき込《こ》んで、一番軽いアルミのコインを投げておられます。1円、5円、せいぜい10円硬貨《こうか》です。それでは、やはり御利益《ごりやく》は望《のぞ》めません。

というのは、もちろん嘘《うそ》。仏《ほとけ》さまはけっしてお賽銭《さいせん》の多寡《たか》で御利益《ごりやく》をお決めになるわけではありません。

仏教には「貧者《ひんじゃ》の一灯《いっとう》」という言葉があります。

◉お賽銭《さいせん》の額《がく》は関係《かんけい》ない。要《よう》は真心《まごころ》

お釈迦《しゃか》さまのいらっしゃった昔のインドの話です。阿闍《あじゃ》世王《せおう》の招待《しょうたい》を受けたお釈迦《しゃか》さまが、夜になって宮殿《きゅうでん》から竹《ちく》林精舎《りんしょうじゃ》に帰るとき、王さまは幾千《いくせん》の灯籠《とうろう》をともして道を照《て》らしましたが、このとき、貧《まず》しい1人の老婆《ろうば》も一灯《いっとう》を供養《くよう》しました。やがて朝になり、王さまの灯明《とうみょう》はすべて消えてしまったのに、老婆《ろうば》の一灯《いっとう》だけがいつまでも消えなかったのです。『阿闍世王受決経《あじゃせおうじゅけつきょう》』というお経《きょう》にある話です。供《く》養《よう》は、金持ちが虚栄《きょえい》のためにするたくさんの寄進《きしん》より、貧《まず》しい者の、心からの、わずかの捧《ささ》げ物のほうが尊《とうと》いという教えです。この話は「貧女《ひんじょ》の一灯《いっとう》」とも言われて伝《つた》わっています。

お金持ちが大金を出すよりも、貧《まず》しい中からお賽銭《さいせん》を出すほうがずっと尊《とうと》いとお釈迦《しゃか》さまはお教えになりました。

でも、ここから拝見《はいけん》すると、みなさんとてもお金持ちのお顔をしていらっしゃる。自分はお金持ちだと思っている人は、どうぞご遠慮《えんりょ》なく、1万《まん》円札《えんさつ》でも5000円札《さつ》でもお入れください。それを期待して、私はお話ししているのでございます。

親切《しんせつ》に見返りを求めてはいけない

他人のために祈《いの》る

ここでお参《まい》りの仕方、仏《ほとけ》さまの拝《おが》み方《かた》をお話ししましょう。仏《ほとけ》さまを拝《おが》んで、お願《ねが》い事をするときには、かならず「どこそこの誰《だれ》でございます」と言わなければなりません。そうしないと、いくら仏《ほとけ》さまでも、こんなに大勢《おおぜい》の人が来ているのですもの、誰《だれ》の願《ねが》いなのか分からなくなってしまいます。「うちのお爺《じい》ちゃんがぽっくり死ねますように」と拝《おが》んだら、間違《まちが》ってお婆《ばあ》ちゃんが死んでしまうかもしれない。だから、絶対《ぜったい》にご自分の名前を言ってから、「今日《きょう》のお願《ねが》いはこうでございます」と言うこと。

自分の名前をちゃんと言えば、もう「うちの亭主《ていしゆ》が女を作ってちっとも帰ってこない。悔《くや》しくてしかたがないから、相手の女がバナナの皮にすべって頭を打って死にますように」なんて、なかなか言えなくなるでしょう。隣《となり》の人に聞こえたら、恥《はずか》しいでしょう。

ということは、仏《ほとけ》さまにお願《ねが》いする以上は、やはり人に聞かれてもいいようなことを声に出してお祈《いの》りしましょう。

そして、自分のことをお願《ねが》いするよりも、他人の幸せをお願《ねが》いする。このほうが、ずっと仏《ほとけ》さまも聞いてくれるのです。

今の日本が駄目《だめ》になってしまったのは、「これだけお金を出したんだから、これくらいは返ってくるだろう」というさもしい精神《せいしん》が蔓延《まんえん》したからです。

人に親切にするのでも、かならず見返りを期待する。それも、できれば利子《りしっ》が付いて戻《もど》ってくれたら嬉《うれ》しい。人を愛《あい》するのでも、自分がこれだけ愛《あい》しているのだから、相手はその何倍も愛《あい》してくれるだろうと期待してしまう。

もちろん、そんな都合《つごう》のいいことは世の中にはありません。だから、いつも期待していると、いつも期待は裏切《うらぎ》られて腹《はら》が立つ。その繰《く》り返しで駄目《だめ》になってしまうんです。

どんなことでも、人にしてさしあげたことは戻《もど》ってこないと思わないといけません。お金を貸《か》すときでも、もう返ってこないと思っていないと、いつまで経《た》っても「まだ返さない、まだ返さない」という怒《いか》りばかりが残《のこ》って、そのまま死ぬしかありません。

そんな不愉快《ふゆかい》な気分になるくらいなら、最初《さいしょ》から「このお金は戻《もど》ってこない」という覚悟《かくご》を持つことです。それができなければ、最初《さいしょ》から貸《か》さないほうがいい。

人から借金《しゃっきん》を頼《たの》まれたら、自分の出せる範囲内《はんいない》のお金を融通《ゆうずう》してあげる。「このお金はあげるから、どうか立ち直ってください」と言うほうが、ずっと潔《いさぎよ》いというものです。

仏《ほとけ》さまや神さまにお願《ねが》いするときには、その気持ちがとても大事です。これだけのことをしたのだから、それなりの見返りをくださいと思ってはいけません。仏《ほとけ》さまは黙《だま》って聞いておられて、けっして返事はなさらない。まして、「私の願《ねが》いは叶《かな》うでしょうか」なんて聞いても、絶対《ぜったい》に返事は返ってきません。

だから、「願《ねが》いを叶《かな》えたかったら、これだけのお布施《ふせ》を出せ。先にお金を出したほうが効《き》き目《め》があらたかだ」というのはインチキ宗教《しゅうきょう》です。そんな仏《ほとけ》さまや神さまはおられません。たくさんお金を使わせる宗教《しゅうきょう》はまずインチキだと思って間違《まちが》いありません。私みたいに欲《ほ》しくても黙《だま》っているのが正しいんです。

春の大祭《たいさい》にて

仏《ほとけ》さまは私たちのお願《ねが》いにはけっして返事をしてくださいませんが、何でも聞いていらっしゃる。あなたの願《ねが》いもちゃんと聞いておられます。

その証拠《しようこ》に、仏像《ぶつぞう》を見てごらんなさい。とても耳が大きいでしょう。耳が顎《あご》のあたりまで垂《た》れていますね。それはなぜかといえば、昔から人間はいろんなことを仏《ほとけ》さまにお願《ねが》いしていました。貧乏《びんぼう》で困《こま》っていますとか、病人が多くて困《こま》りますとか、みな泣《な》きながら仏《ほとけ》さまにお願《ねが》いしていました。人間というのは、誰《だれ》かに悩《なや》みをうち明けると胸《むね》が軽くなって、すっとします。だから、仏《ほとけ》さまのところに行って自分の悩《なや》みをうち明ける。そうすると、仏《ほとけ》さまが聞いてくださるので、それだけでも救《すく》われた気持ちになるのです。

そこで仏像《ぶつぞう》を彫《ほ》る人たちが、仏《ほとけ》さまがたくさんの願《ねが》いを聞いてくださるようにと、耳をだんだん大きくしていった……これは私の想像《そうぞう》ですから、本当か嘘《うそ》かは分かりません。でも、たぶんこれが正解《せいかい》だと思います。お子さんから「なぜ仏《ほとけ》さまの耳は大きいの」と聞かれたら、「私たちのお願《ねが》いをたくさん聞いてくださるためよ」と答えてあげてください。

花祭りには、なぜ甘茶《あまちや》をかけるのか

今日《きよう》、5月5日は天台寺《てんだいじ》の春の大祭《たいさい》ですが、いっしょに花祭りのお祝《いわ》いをしています。

普通《ふつう》、お釈迦《しやか》さまの誕生日《たんじよう び》、つまり花祭りは4月8日ですが、4月だと、このあたりでは花がまだ咲《さ》いていません。だから一月遅《ひとつきおく》らせて、5月の誕生仏◉母・マーヤーの右脇《みぎわき》から生まれ、七歩進んで「天上天下唯我独尊《てんじょうてんげゆいがどくそん》」と唱《とな》えたとされる釈迦誕生《しゃかたんじょう》の姿《すがた》を表わした仏像《ぶつぞう》。

◉お釈迦《しゃか》さまが誕生《たんじょう》したとき、空から甘露《かんろ》が降《ふ》ってきた

今日《きょう》、天台寺《てんだいじ》では花祭りをしているわけです。ごらんのように、花で飾《かざ》られた花御堂《はなみどう》のたらいの中に誕生仏《たんじょうぶつ》がいらっしゃいますから、ぜひみなさんお参《まい》りしてください。

甘茶《あまちゃ》のご用意もしています。飲んでみれば分かりますが、天台寺《てんだいじ》の甘茶《あまちゃ》はとってもおいしい。紅茶《こうちゃ》よりもずっと甘《あま》くておいしい。というのも、この甘茶《あまちゃ》はこの近くの九戸産《くのへさん》のもの。九戸《くのへ》の甘茶《あまちゃ》は、日本で一番おいしいんです。

どうぞ遠慮《えんりょ》なさらずにたくさん召《め》し上がれ。お子さんにもあげてください。このお茶はとても甘《あま》いけれども、砂糖《さとう》や甘味料《かんみりょう》はいっさい入っておりません。甘茶《あまちゃ》の葉だけの甘味《かんみ》です。

なぜ花祭りに誕生仏《たんじょうぶつ》、お釈迦《しゃか》さまのお生まれになった姿《すがた》を写《うつ》したその像《ぞう》に甘茶《あまちゃ》をかけるかをお話しします。

今からおよそ2500年前にお釈迦《しゃか》さまはインドの北の方にあるネパールにお生まれになりました。

仏伝《ぶつでん》というお釈迦《しゃか》さまの伝記《でんき》によれば、お釈迦《しゃか》さまはヒマラヤの麓《ふもと》にある、ネパールのタラーイ地方にお生まれになりました。そこに釈迦《しゃか》族という勇敢《ゆうかん》な人々がいて、小さな国を作っていました。その国の首都《しゅと》はカピラヴァットゥと言い、王さまはスッドーダナと言いました。漢訳《かんやく》では浄《じょう》飯王《ばんおう》と言います。王妃《おうひ》はマーヤー（摩耶夫人《まやぶにん》）でした。

お釈迦《しゃか》さまは国王の跡継《あとつ》ぎとして、とても大事に育てられたのですが、「自分だけが幸せではどうしようもない。世界中の人が心から幸せにならなくてはいけない」とお考えになって、美しいヤソーダラーというお妃《きさき》が、かわいい男の赤ちゃんを産《う》んだあとで、ひじょうに幸せな家庭を捨《す》て、王子という身分を捨《す》てて、王宮《おうきゅう》を抜《ぬ》け出したのです。つまり蒸発亭主《じょうはつていしゅ》第1号はお釈迦《しゃか》さま。そののちに悟《さと》りを開いて、仏教を始められたのです。

そのお釈迦《しゃか》さまがお生まれになったとき、天の神さまが喜《よろこ》んで花がたくさん空から降《ふ》ってきた。そして甘露《かんろ》、つまり甘《あま》い雨がたくさん降《ふ》ってきた。こう、仏伝《ぶつでん》に記《しる》されています。

ですから、それを記念《きねん》して、花祭りにはお釈迦《しゃか》さまの誕生《たんじょう》仏《ぶつ》を収《おさ》めた御堂《みどう》を花で飾《かざ》り、甘露《かんろ》になぞらえた甘茶《あまちゃ》をおかけするという風習《ふうしゅう》ができました。

命の大切さを説《と》いたお釈《しゃ》迦《か》さま

ところで、生まれたばかりのお釈迦《しゃか》さまは「天上天下唯《てんじょうてんげゆい》我独尊《がどくそん》」とおっしゃったと言われております。これを直訳《ちょくやく》すれば「天にも地にも自分だけが偉《えら》い」ということです。

しかし、お釈迦《しゃか》さまほど偉《えら》い方が、「自分が一番尊《とうと》い」とおっしゃったとはとうてい思えません。

そこで私なりにいろいろ考えてみましたら、この言葉は「天にも地にも、自分という命はただ一つしかない。かけがえのない尊《とうと》い命だ」という意味ではないだろうかと思ったのです。

お釈迦《しゃか》さまがその生涯《しょうがい》をかけておっしゃったのは「人間の命はひじょうに大切だ」ということです。大切な人生だから、一所懸命《いっしょけんめい》生きなさいとお釈迦《しゃか》さまはおっしゃいました。それが仏教の教えの中で、もっとも重要《じゅうよう》なことです。

ところがこのごろの日本は、すぐに人殺《ひとごろ》しをします。子どもが親を殺《ころ》したり、友だちを殺《ころ》す、そんな怖《こわ》いことがしょ

っちゅう起きています。それは、人の命はいちばん大切なもの、かけがえのないものであるという教育が家でも学校でも行なわれていないからです。小さな子どものうちから、それをうんと教えていなければいけません。暴力《ぼうりょく》は何の解《かい》決《けつ》にもならないことを教えるべきです。

命を大切にしていないのは、日本ばかりではありません。アメリカでも子どもが学校で銃《じゅう》を乱射《らんしゃ》するという事件《じけん》が起きています。また、世界の方々《ほうぼう》で戦争《せんそう》の絶《た》え間《ま》はなく、多くの人々が殺《ころ》されています。それぞれ平和のためだと言っていますが、いくら爆弾《ばくだん》を落としても、結局《けつきょく》、何の解決《かいけつ》にもなりません。力では平和はやってきません。

仏教では、絶対《ぜつたい》に人を殺《ころ》すなと教えます。

命はとても大切なものです。自分の命が、かけがえのない大切なもののように、人の命もかけがえのないものだから、自分だけの幸せを求《もと》めるのではなく、人にどうやって尽《つ》くすかを考えなさいとお釈迦《しゃか》さまはおっしゃいました。

たとえば、今日《きょう》、天台寺《てんだいじ》におよそ１万人《まんにん》の方が来られます。とてもありがたいことです。でも、世の中には天台寺《てんだいじ》に来たいけれども来られない人がいっぱいおられます。

今はとても不景気《ふけいき》ですから、急にお父ちゃんの会社が潰《つぶ》れてしまって、天台寺《てんだいじ》にお参《まい》りどころじゃないという人もいます。また、家に寝《ね》たきりの病人がいて、その看護《かんご》をしなければならないから、家を空《あ》けられないという人もいます。自分自身が病気やけがで動けないという人もあるでしょう。いろんな事情《じじょう》があって、今日《きょう》、天台寺《てんだいじ》に来られなかった方が大勢《おおぜい》いらっしゃるのです。

その点、みなさんは天台寺《てんだいじ》にこうやってお越《こ》しになられた。天台寺《てんだいじ》までの旅費《りょひ》もあるし、「行ってもいいよ」と言ってくれる、理解《りかい》のある家族がいる。そして、天台寺《てんだいじ》まで登ってくる体力もある。みなさんは、とっても恵《めぐ》まれているんです。

今、こうして天台寺《てんだいじ》にいるのはとても幸せなことなのだと、ぜひ感謝《かんしゃ》してください。そして、来られない人たちのために自分に何ができるか考えてください。自分が幸せでよかったと思っているだけではいけません。

現代の子育てに最《もっと》も欠《か》けているものとは

もし、ご近所にお姑《しゅうとめ》の看病《かんびょう》をしなければならない奥《おく》さんがいたら、「たまには私がおばあちゃんを見てあげるから、外へ行ってらっしゃい」と言ってください。そうすれば、その奥《おく》さんはきっとリフレッシュするだろうし、また天台《てんだい》寺《じ》から帰ってきたら、お姑《しゅうとめ》さんに親切な気持ちになれるはずです。奥《おく》さんだけでなくて、お姑《しゅうとめ》さんも幸せになる。

昔の日本には、そうした美《び》風《ふう》がありました。お隣《となり》さんに病人があればすぐ駆《か》けつけるし、火事になれば、寝具《しんぐ》や着物を持っていってあげるのが普通《ふつう》でした。今は、お隣《となり》さんが困《こま》っていようと、何をしていようと、自分だけが幸せであればいい。これはひじょうに情《なさ》けないことです。

仏教には、首飾《くびかざ》りを身につけたら、それを身につけられない人のことを考えなさいという教えがあります。みなさんは流行の素敵《すてき》な洋服を着ていらっしゃいます。鏡《かがみ》の前に立って「まあ、なんてよく似《に》合うんだろう」とうっとりするのも結構《けつこう》ですが、世の中にはお化粧《けしょう》するゆとりも、イヤリングやネックレスを着《つ》けるゆとりのない人もいることを乙武さん◉乙武洋匡氏《おとたけひろただし》（1976年生まれ）。先天性四肢切断《せんてんせいししせつだん》でありながら、普通《ふつう》の小中学校、都立高校を経《へ》て早稲田大学《わせだだいがく》に入学した氏《し》の自伝《じでん》『五体不満《ごたいふまん》足《ぞく》』は1999年の大ベストセラーになった。

かならず思い出してください。

マイナスをプラスに変《か》える

お釈迦《しゃか》さまが城《しろ》を出て、家族を捨《す》てて修行《しゅぎょう》に入られたのは「自分だけが幸せであってはならない」と思ったからですが、そのお釈迦《しゃか》さまには若《わか》い、きれいなお嫁《よめ》さんがおられました。また自分の跡継《あとつ》ぎとなる男の子もできました。もちろん王子ですから、生活に何不自由《なにふじゆう》ありません。しかし、世の中には貧乏《びんぼう》な人がいる。食べる物すらない人もいる。病気をしている人もいる。そういう姿《すがた》を見てお釈迦《しゃか》さまは自分だけが幸せになってもしょうがないと思われた。みんなが幸せになるにはどうしたらいいかを一所懸命《いっしょけんめい》お考えになった。そこから仏教が始まります。

ですから、困《こま》っている人、悩《なや》んでいる人、悲しんでいる人に会ったら、できるだけ親切に慰《なぐさ》めてください。そこからすべてが始まります。私たちひとりひとりが仲良《なかよ》くしていく以外《いがい》に、この世を平和にする方法《ほうほう》なんかありません。暴力《ぼうりょく》で相手を抑《おさ》えつけようなんてことでは、絶対《ぜったい》に平和はやってこないんです。

乙武洋匡氏《おとたけひろただ》

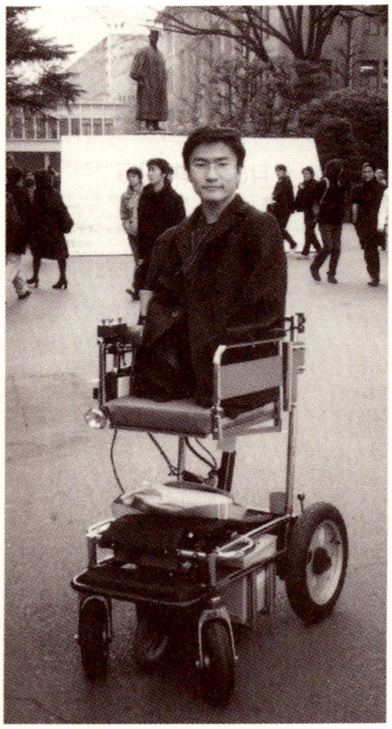

ごく最近のことですが、乙武《おとたけ》さんという青年が京都《きょうと》の寂庵《じゃくあん》に来てくださいました。みなさんご存《ぞん》じですか。『五体《ごたい》不満足《ふまんぞく》』という本を書かれた方です。乙武《おとたけ》さんは生まれたときから両手両足がありませんでした。乙武《おとたけ》さんのお母さんは本当にびっくりなすったでしょうね。

普通《ふつう》なら、そんな身体《からだ》に生まれてきたら、ご本人もご両親も苦しまれるでしょう。ものの見方だって、暗くなっても不思議《ふしぎ》はないし、運命をうらんでも不思議《ふしぎ》はありません。

ところが、この青年は実《じつ》に明るくって、ちっともそのことをマイナスに感じておられない。彼《かれ》が言うには「自分は身体《からだ》が不自由《ふじゆう》だけれども、不幸《ふこう》ではありません」。もちろん手も足もないのですから、ものを食べるのだって大変《たいへん》です。一緒《いっしょ》にお菓子《かし》を食べましたが、とてもご苦労《くろう》なさっていました。でも、ご本人は「不自由《ふじゆう》だけれども不幸《ふこう》じゃない」とおっしゃる。この考え方はとても素晴《すば》らしいと思いました。

もちろん、乙武《おとたけ》さんのご両親も立派《りっぱ》なんですよ。普通《ふつう》、自分の子どもがそんなハンディキャップを背負《せお》っていたら、子どもがかわいそうで、そういう子どもたちのための学校に行かせようと思うでしょう。ところが、このご両親は乙武《おとたけ》さんを普通《ふつう》の学校に通わせる。「うちの子も他の子と同じように教えてください」と頼《たの》んだら、先生も立派《りっぱ》な人で、特別扱《とくべつあつか》いしない。こういうご両親や先生のおかげで、乙武《おとたけ》さんは両手両足がなくても普通《ふつう》に学校を卒業《そつぎょう》して大学に進学された。

もちろん、いいことばかりではありません。小さいころには友だちと喧嘩《けんか》したら、もちろん負けてしまう。でも、彼《かれ》はそこで弱音《よわね》を吐《は》かない。殴《なぐ》ったり蹴飛《けと》ばしたりするかわりに、相手に噛《か》みつくんです。そうすると相手のほうが泣《な》き出したという話もあります。

乙武《おとたけ》さんといろいろ話をして、最後《さいご》に「これからどうなさりたいの」とお聞きしました。すると「自分のような不《ふ》自由《じゆう》な人たちが生きていける場所を、自分の力で、自分の身体《からだ》で開拓《かいたく》して作りたい」とおっしゃるんです。

私は乙武《おとたけ》さんの話を聞いてすっかり感動してしまいました。私たちは手があって足があることを当たり前だと思っています。そして、摑《つか》む手のない人の不自由《ふじゆう》を、歩く足のない人の不自由《ふじゆう》を普段《ふだん》考えたりもしないし、自分には手も足もあって幸福なのだと思いもしません。

乙武《おとたけ》さんほどではないにしても、みなさんの中にも他人と比《くら》べたらマイナスの部分があるでしょう。人知れず、そういう悩《なや》みを抱《かか》えておられる方もきっと多いと思います。でも、不自由《ふじゆう》なのは、マイナスを持っているのは自分だけではないと考えてください。そして、乙武《おとたけ》さんのようにマイナスに負けず、それどころかマイナスをプラスに変《か》えて生きている人がいるのだと思ってください。

さっき、「今日《きょう》雨が上がったのは私がエイッとやったから」と申しましたでしょう。でも、本当はハラハラしているんです。また雨が降《ふ》ったらどうしようと気が気じゃない。でも、ハラハラするのも楽しいじゃありませんか。天気がよくないのもいいじゃありませんか。

もし、これがカンカン照《で》りだったら「日に焼《や》けるわ」なんて思って、みなさん心配でしょう。でも、今日《きよう》はこんな天気だから、日に焼《や》けません。「あのときは、いつ雨が降《ふ》るか心配だったわ」なんて思い出ができるかもしれない。天気が悪いのも、けっして悪いことばかりじゃありませんね。

「和顔施《わがんせ》」の教え

自分が恵《めぐ》まれている、幸せだと考える。そして不自由《ふじゆう》なのは自分だけではないと考える。これが実《じつ》は仏教の考え方です。むずかしい理屈《りくつ》は何もありません。そして、自分よりも弱い人、自分よりも不幸《ふこう》な人を見たら、優《やさ》しくする。これを仏教では慈悲《じひ》の心と言います。

優《やさ》しくすると言っても、具《ぐ》体的《たいてき》にどうやったらいいのか。いちばん簡単《かんたん》で、今日《きょう》からでもできるのは、人に会ったらニコッとすることです。これを仏教では「和顔施《わがんせ》」と申します。

私の母は小さいころから私に「人に会ったらにっこりしなさい」と教えました。意味が分からなかったので、「どうしてにっこりするの」と聞いたら、「にっこりしたら、どんな不器量《ぶきりよう》でもかわいく見える」と言うんです。私が不《ぶ》器量《きりよう》なのは、母に似《に》たせいなのに。

もちろん、私はかわいく見られたいものですから、人に会うたびににっこりすることにしました。それは癖《くせ》になりまして、今でも人に会うとついにっこりしてしまいます。

ところが、尼《あま》さんになって分かったのですが、人《ひと》さまに会ったらにっこりせよという教えが仏教にあるんです。それを和顔施《わがんせ》と言います。和《わ》は「和《なご》やか」、顔施《がんせ》とは「顔《かお》を施《ほどこ》す」という意味です。つまり、にっこりした顔を人にプレゼントするということです。単《たん》に顔施《がんせ》と言う場合もあります。この言葉をぜひ今日《きょう》は覚《おぼ》えて帰ってください。

たとえば、お姑《しゅうとめ》さんがいつでも機嫌《きげん》が悪くて、苦虫《にがむし》をかみつぶしたようにしている。そのとき、お嫁《よめ》さんは毎朝「おはようございます。今日《きょう》はいい天気ですね」とにっこり挨拶《あいさつ》する。最初《さいしょ》のうちは姑《しゅうとめ》はフンと言って、そっぽを向くかもしれない。そこで「コン畜生《ちくしょう》」と思っても、次の日もにっこり挨拶《あいさつ》する。そうやって何度も言われていると、ついお義母《かあ》さんもつられてにっこりするときがある。そうすればしめたもので、そこから仲良《なかよ》くなることができます。

また、近頃《ちかごろ》はお嫁《よめ》さんのほうが威張《いば》っていて、お姑《しゅうとめ》さんのほうがヘイコラしている家庭も多いようです。お姑《しゅうとめ》さんが「今日《きょう》は何のおかずにするの」とやさしく聞いても、知らん顔。「あっち行け」と言わんばかりの顔をしている。そこで腹《はら》を立てるのではなくて、何度もにっこりしていれば、そのうち相手もつられて笑《わら》うようになります。

もともと嫁《よめ》と姑《しゅうとめ》なんて赤の他人なんですから、最初《さいしょ》から仲良《なかよ》くするなんて無理《むり》な話です。でも考えてごらんなさい。あの嫁《よめ》だって、あなたの馬鹿《ばか》息子《むすこ》が選《えら》んだ人。だから、嫁《よめ》を恨《うら》むなら、まず馬鹿息子《ばかむすこ》を恨《うら》まなければならない。そもそも、その馬鹿息子《ばかむすこ》を産《う》んだのは誰《だれ》だったか。そう考えれば、お嫁《よめ》さんを少しは許《ゆる》せるようになるでしょう。

お嫁《よめ》さんにしても同じことです。この姑《しゅうとめ》がいなければ、自分の愛《あい》する夫《おっと》はいなかった。その因果《いんが》を考えれば、お姑《しゅうとめ》さんを大事にしなければと思うわけです。最初《さいしょ》から嫁《よめ》と姑《しゅうとめ》が仲良《なかよ》くするのは無理《むり》だけれども、その成《な》り立ちを考えれば、お互《たが》いが許《ゆる》せるようになるんです。

許《ゆる》すということ、これが仏教の極意《ごくい》です。

人を恨《うら》んでいたら、自分の心も悪くなります。心が悪くなれば、やはり器量《きりょう》が悪くなります。もともと悪かった器《き》量《りょう》がさらに悪くなります。だから、少しでも器量《きりょう》をよくしたければ、人を見たらニッコリ微笑《ほほえ》むのが一番です。高い化粧品《けしょうひん》を買うのもけっこうですが、温《あたた》かい心、優《やさ》しい心を持ってください。

人と人との「縁《えん》」を考える

ご主人にしても同じです。

この地球には数え切れないほどの男と女がいる。その中でたった一人と巡《めぐ》りあって恋《こい》人《びと》になったり、夫婦《ふうふ》になったりするのだから、やはりそこには縁《えん》があるんです。深い縁《えん》があったから、一緒《いっしょ》になった。だから、その縁《えん》を大切にして、夫《おっと》を粗末《そまつ》にしないほうがいいと思います。

それに今の夫《おっと》ではだめだと思って男を替《か》えていくと、だんだんに悪くなっていくものです。これは不思議《ふしぎ》とそうなる。私の経験《けいけん》から言いまして、それは間違《まちが》いありません。私は20年くらい前は「嫌《いや》になれば、さっさと離婚《りこん》しなさい」と言っていました。でも、文《もん》句《く》はあっても、やはり今のご主人で辛抱《しんぼう》して、大切にしてあげる。そっちのほうが、結《けつ》局《きょく》はいいようです。

そもそも男というのは弱いものです。女のほうがずっと強い。ご主人に先立《さきだ》たれた奥《おく》さんを見てご覧《らん》なさい。最初《さいしょ》のころはめそめそしていても、あっという間に元気になる。若返《わかがえ》るでしょう。ヨーロッパ旅行をしたり、韓国《かんこく》旅行をしている未亡人《みぼうじん》が日本に一杯《いつぱい》います。

これに比《くら》べて、男のほうはかわいそう。奥《おく》さんが亡《な》くなると、ショボショボして見るも哀《あわ》れになります。いい奥《おく》さんを持ってらした方のほうが、よけいそうなります。

ですから、まだご主人がおられるなら、絶対《ぜつたい》にご主人を見送って、その後に死ぬようにしないとかわいそうです。あなたたちは放《ほう》っておいても、すぐ元気になるんだから。男の人は威張《いば》っていますが、大したことはないのです。女に比《くら》べたら心は弱い。男のほうがずっと心がデリケートで傷《きず》つきやすい動物ですよ。そう思って、今夜から大事にしてあげてください。

死ぬのは怖《こわ》くない

それにしても今日《きよう》は遠いところから本当にたくさんの方がいらしてくださってありがとうございました。この中で、自分が一番遠くから来たと思う人、手を挙《あ》げてください。

どこ？　大阪《おおさか》！（歓声）そ

れは遠いわね。あなたは？　えっアメリカ！（ふたたび歓声）それは本当にありがとう、あとで記念品《きねんひん》を差《さ》し上げます。

じゃあ、この中で自分が一番年上だと思う人！

何歳《なんさい》？　82歳《さい》？　お元気ですねえ（拍手）。あなたにも記念品《きねんひん》を差し上げるから、受け取ってお帰りくださいね。

まあ、記念品《きねんひん》がもらえると思ったら、とたんに手が挙《あ》がるのね。おいくつ？　86歳！　この方、86歳《さい》ですって。みなさん拍手《はくしゅ》してください。よかったですね、お元気で。どうか100歳《さい》まで生きてください。そのころには私は死んでいると思うけれども。

もう死ぬのは、あまり怖《こわ》くありませんよね。この世の中もつまらないことばかりだから、あの世のほうが面白《おもしろ》いかもしれません。

これまで行ったことのない所に行くわけですから、どんな面白《おもしろ》いことが待っているかもしれない。だから、定命《じょうみょう》が来たら、くよくよせずにさっさと死ぬのが一番。長生きしたいからといって、人《ひと》さまから臓器《ぞうき》をもらったりしてジタバタすることもありません。

死ぬのは怖《こわ》いと言いますが、この地球上には何百億人《おくにん》の人がいて、毎日何千人、何万人《まんにん》と死んでいます。昔は三途《さんず》の川《かわ》を渡《わた》し船《ぶね》で渡《わた》っていましたが、これだけ人が多くなり、１日の死人が多くなると、とても渡《わた》し船《ぶね》では間に合わない。一度にフェリーでパアッと渡《わた》るしかありません。だから、みんなで一緒《いっしょ》にフェリーに乗って、にぎやかに極楽《ごくらく》ツアーをいたしましょう。

死んだらどうなるとよく聞かれますけれども、残念《ざんねん》ながら私は一度も死んだことがありません。いくら小説家《しょうせつか》でも想像《そうぞう》できません。しかし、いろんな本を読んでみると、あの世はこの世と大した違《ちが》いはないようです。死ぬのは、襖《ふすま》を開けて隣《となり》の部屋に行くようなものだそうです。だから、そんなに心配することはありません。

それから、よく「10年前に死んだ夫《おっと》に、あの世で会えるでしょうか」と聞かれますが、これも取《と》り越《こ》し苦労《ぐろう》です。死ねば魂《たましい》だけになって、形はなくなります。だから、たとえ10年前に死に別《わか》れた恋人《こいびと》でも、パッと分かる。老《ふ》けたりなんかしないから、かえって間違《まちが》いがない。だから、あなたの昔死んだご主人はパッとあなたの所にまっすぐに飛《と》んでくる。お隣《となり》のお嫁《よめ》さんのところに行くことはありません。見てきたわけではありませんが、これは確《たし》かだろうと思います。

もし、ご心配なら、私が先に死んだら何とかしてみなさんに「極楽《ごくらく》はあるわよ」とお教えします。足の裏《うら》をこちょこちょとくすぐるのはどうでしょう。あるいは足の親指《おやゆび》を引《ひ》っ張《ぱ》るとか。何か方法を考えておきますから、私が先に死んだらかならずお知らせします。

私は絶対《ぜったい》にあの世があると信《しん》じています。そして、あの世があると考えるのが、宗教《しゅうきょう》なんです。あの世がないと思えば宗教《しゅうきょう》は要《い》りません。

今を生ききる

あの世があるのか、ないのか、それは死んでみればすぐに分かります。だから、今から心配する必要《ひつよう》はありません。どんな人間でもかならず死ぬし、死ねばあの世があるかどうかは分かります。

だから、そんなことを考えて時間を無駄《むだ》にするのではなく、今、この現在《げんざい》を切《せつ》に生きる、一所懸命《いつしよけんめい》に生きる。これが一番いい生き方です。

今日《きよう》はせっかくみなさん天《てん》台寺《だいじ》にいらしたのだから、今、この時間を楽しんで帰ってください。

天台寺《てんだいじ》はいつでもありますが、春の大祭は今日《きよう》しかありません。ですから、私の話だけを聴《き》いて帰るのではなく、おいしい甘茶《あまちや》も飲んで、新緑《しんりよく》を楽しんで、素晴《すば》らしいお祭りも見物して、それがいい思い出になることをお祈《いの》り申し上げます。そして来月も、再《さ》来月《らいげつ》もどうかお誘《さそ》いあわせておいでくださるようお願《ねが》いいたします。

お寺というのは、たくさんの人がお参《まい》りに来てくださることで発展《はつてん》いたします。私が13年前に来たときにはさびれていたお寺がこんなに見事《みごと》に復興《ふつこう》したのは、みなさんのおかげです。そして、みなさんがこうやって来てくださるのは、ひとえに桂泉観世音《けいせんかんぜおん》さまのお力です。

桂泉観世音《けいせんかんぜおん》さまというのは、ひじょうにお力が強い仏《ほとけ》さまです。ですから、その力にあやかられるよう今後も天台寺《てんだいじ》に来てくださるようお願《ねが》いいたします。

『般若心経《はんにやしんぎよう》』のあげ方

それでは最後《さいご》に、みんなで『般若心経《はんにやしんぎよう》』をあげましょう。

お経《きよう》をはじめてあげるという方のために簡単《かんたん》に説明《せつめい》しましょう。

お経《きよう》はどんなお経《きよう》でも、最《さい》初《しよ》に「開経偈《かいきようげ》」というものを唱《とな》えます。「偈《げ》」というのは詩、ポエジーの意味です。これから仏《ほとけ》さまにお経《きよう》を読みますというあいさつだと思ってください。それが「無上甚深《むじようじんじん》微妙法《みみようほう》……」の句《く》です。

これを唱《とな》えたら、次にお経《きよう》の題名『摩訶般若波羅蜜多心《まかはんにやはらみつたしん》経《ぎよう》』を唱《とな》えて、本文に入ります。そして、お経《きよう》を唱《とな》え終わったら最後《さいご》に「回向文《えこうもん》」をあげます。「願《ねが》わくば此《こ》の功徳《くどく》を以《もつ》て　普《あまね》く一切《いつさい》に及《およ》ぼし　我《われ》らと衆生《しゆじよう》と　皆共《みなとも》に仏道《ぶつどう》を成《じよう》ぜんことを」です。

回向文《えこうもん》はお経《きよう》の功徳《くどく》が自分だけではなく、他のみんなにも及《およ》びますようにという祈《いの》りの言葉です。お経《きよう》は自分の幸せのためだけであげるのではありません。みんなが幸せになるようにお祈《いの》りする。それが大切です。回向文《えこうもん》は漢文《かんぶん》のままあげるところも多いのだけれども、私はみなさんに意味を分かっていただきたいので、みなさんと一緒《いつしよ》のときは読《よ》み下《くだ》し文を使っています。

それではみなさん、ご一緒《いつしよ》に『般若心経《はんにやしんぎよう》』をあげましょう。読み間違《まちが》ってもいいから、大きな声であげましょう。

「開経偈《かいきようげ》」
無上甚深微妙法《むじようじんじんみみようほう》
百千万劫難遭遇《ひやくせんまんごうなんそうぐう》
我今見聞得受持《がこんけんもんとくじゆじ》
願解如来真実義《がんげによらいしんじつぎ》

『仏説摩訶般若波羅蜜多心《ぶつせつまかはんにやはらみつたしん》経《ぎよう》』
観自在菩薩《かんじざいぼさつ》　行深般若波羅蜜《ぎようじんはんにやはらみつ》
多時《たじ》　照見五蘊皆空《しようけんごうんかいくう》　度一切《どいつさい》
苦厄《くやく》　舎利子《しやりし》　色不異空《しきふいくう》　空《くう》
不異色《ふいしき》　色即是空《しきそくぜくう》　空即是色《くうそくぜしき》
受想行識《じゆそうぎようしき》　亦復如是《やくぶによぜ》　舎利子《しやりし》
是諸法空相《ぜしよほうくうそう》　不生不滅《ふしようふめつ》　不垢《ふく》
不浄《ふじよう》　不増不減《ふぞうふげん》　是故空中無《ぜこくうちゆうむ》
色《しき》　無受想行識《むじゆそうぎようしき》　無眼耳鼻舌《むげんにびぜつ》
身意《しんに》　無色声香味触法《むしきしようこうみそくほう》　無眼《むげん》
界乃至無意識界《かいないしむいしきかい》　無無明《むむみよう》　亦《やく》
無無明尽《むむみようじん》　乃至無老死《ないしむろうし》　亦無《やくむ》
老死尽《ろうしじん》　無苦集滅道《むくしゆうめつどう》　無智亦《むちやく》
無得《むとく》　以無所得故《いむしよとくこ》　菩提薩埵《ぼだいさつた》
依般若波羅蜜多故《えはんにやはらみつたこ》　心無罣礙《しんむけいげ》
無罣礙故《むけいげこ》　無有恐怖《むうくふ》　遠離一《おんりいつ》
切顛倒夢想《さいてんどうむそう》　究竟涅槃《くきようねはん》　三世《さんぜ》
諸仏《しよぶつ》　依般若波羅蜜多故《えはんにやはらみつたこ》　得《とく》

阿耨多羅三藐三菩提《あのくたらさんみゃくさんぼだい》　故知般《こちはん》
若波羅蜜多《にゃはらみつた》　是大神呪《ぜだいじんしゅ》　是大《ぜだい》
明呪《みょうしゅ》　是無上呪《ぜむじょうしゅ》　是無等等呪《ぜむとうどうしゅ》
能除一切苦《のうじょいっさいく》　真実不虚《しんじつふこ》　故説《こせつ》
般若波羅蜜多呪《はんにゃはらみつたしゅ》　即説呪曰《そくせつしゅわつ》
羯諦羯諦《ぎゃていぎゃてい》　波羅羯諦《はらぎゃてい》　波羅僧《はらそう》
羯諦《ぎゃてい》　菩提薩婆訶《ぼじそわか》
般若心経《はんにゃしんぎょう》

「回向《えこう》」
願《ねが》わくば此《こ》の功徳《くどく》を以《もっ》て
普《あまね》く一切《いっさい》に及《およ》ぼし
我《われ》らと衆生《しゅじょう》と
皆共《みなとも》に仏道《ぶつどう》を成《じょう》ぜんことを

長い間、どうもありがとうございました。(拍手)

(平成11年5月5日　天台寺法話を再構成)

あーうれしい
まる子《こ》は
しあわせだよ
このように
うれしかったら
いちいちかみしめることが
幸福《こうふく》への第一歩《だいいっぽ》である

特別付録ＣＤ・解説

(1)『般若心経《はんにゃしんぎょう》』読経《どきょう》について

このＣＤでは、まず「開経偈《かいきょうげ》」をあげてから『般若心経《はんにゃしんぎょう》』を唱《とな》えています。また読経《どきょう》が終わったのちには「回向文《えこうもん》」をあげます。「開経偈《かいきょうげ》」、「回向文《えこうもん》」については本文223ページを参照《さんしょう》してください。

法要《ほうよう》での読経《どきょう》では「開経偈《かいきょうげ》」、『般若心経《はんにゃしんぎょう》』、「回向文《えこうもん》」の最初《さいしょ》の一句《く》（『般若心経《はんにゃしんぎょう》』は題名）を導師《どうし》（この場合、寂聴師《じゃくちょうし》）が唱《とな》え、その後を皆《みな》で唱和《しょうわ》します。

右ページに掲《かか》げた「読経《どきょう》のしかた」を見ながら、ＣＤと一緒《いっしょ》にお経《きょう》をあげてみましょう。

(2)特別法話《とくべつほうわ》中の用語について

以下《いか》に、法話《ほうわ》中で使われている言葉について、そのいくつかを簡単《かんたん》に解説《かいせつ》します。なお、『般若心経《はんにゃしんぎょう》』については、本書第７章を参照《さんしょう》してください。

『摩訶般若波羅蜜多心経《まかはんにゃはらみったしんぎょう》』　『般若心経《はんにゃしんぎょう》』の正式名称《せいしきめいしょう》（本文159ページ参照《さんしょう》）。

貝多羅葉《ばいたらよう》　本文150ページ参照《さんしょう》。

偈《げ》　「偈頌《げじゅ》」とも。経文《きょうもん》の後ろにあって、経《きょう》の大意《たいい》を韻文《いんぶん》（詩）にして歌いあげたもの。

『妙法蓮華経観世音菩薩普門品《みょうほうれんげきょうかんぜおんぼさつふもんぼん》第二十五』　『観音経《かんのんきょう》』（本文102ページ参照《さんしょう》）の正式題名《せいしきだいめい》。『観音経《かんのんきょう》』は『法華経《ほけきょう》』（妙法蓮華経《みょうほうれんげきょう》）の第25番目に収《おさ》められている。この経《きょう》は、むずかしい『法華経《ほけきょう》』の中でも普及版《ふきゅうばん》の役割《やくわり》をしているので「普門品《ふもんぼん》」と呼《よ》ばれるのである。

「爾時無尽意《にじむじんに》」　『観音経《かんのんきょう》』は「爾時無尽意菩薩《にじむじんにぼさつ》」（このとき、無尽意菩薩《むじんにぼさつ》が……）から始まる。

「世尊妙相具《せそんみょうそうぐ》　我今重問彼《がこんじゅうもんぴ》」　『観音経《かんのんきょう》』偈《げ》の冒頭《ぼうとう》。「世尊《せそん》（釈迦《しゃか》）は妙《たえ》なる相《そう》（お顔）を具《そな》えておられます。私は今重《かさ》ねて彼《かれ》（観世音菩薩《かんぜおんぼさつ》）についてお聞きします」の意。

パンニャーとプラジュナー　ともに「智慧《ちえ》」の意味。パンニャーはパーリ語、プラジュナーはサンスクリット語の単語《たんご》。本文159ページ参照《さんしょう》。

臨死体験《りんしたいけん》　人間が仮死状態《かしじょうたい》になったときに「体験《たいけん》」したことを指《さ》す。日本だけでなく、世界各地《かくち》でいろいろな報告《ほうこく》がなされている。

阿弥陀《あみだ》さまの悲願《ひがん》　阿弥陀仏《あみだぶつ》は仏《ほとけ》になる前、法蔵《ほうぞう》と名乗って修行《しゅぎょう》をしていた。その修行時《しゅぎょうじ》に立てたのが、いわゆる「四十八願《しじゅうはちがん》」である。四十八願《しじゅうはちがん》の18番目は「阿弥陀《あみだ》の本願《ほんがん》」とも言われるもので、「阿弥陀仏《あみだぶつ》の名を唱《とな》える者は極楽往生《ごくらくおうじょう》する」という内容《ないよう》である。

「阿弥陀経《あみだきょう》」　別名《べつめい》『小無量寿経《しょうむりょうじゅきょう》』。『大無量寿経《だいむりょうじゅきょう》』、『観無量寿経《かんむりょうじゅきょう》』とあわせて「浄土三部経《じょうどさんぶきょう》」と呼《よ》ばれ、浄土宗《じょうどしゅう》や浄土真宗《じょうどしんしゅう》の根本経典《こんぽんきょうてん》になっている。

金殿玉楼《きんでんぎょくろう》　黄金《おうごん》や玉《たま》で飾《かざ》った建物《たてもの》のこと。

得度式《とくどしき》　出家《しゅっけ》し、髪《かみ》を剃《そ》って仏門《ぶつもん》に入るための儀式《ぎしき》。

湯灌《ゆかん》　納棺《のうかん》する前に、お湯を入れた盥《たらい》で遺体《いたい》を清《きよ》めること。最近《さいきん》では薬用《やくよう》アルコールやぬるま湯をひたしたガーゼで清《きよ》めることが多い。

【修正会《しゅしょうえ》とは】本ＣＤは平成《へいせい》12年１月、京都《きょうと》・寂庵《じゃくあん》で行なわれた「修正会《しゅしょうえ》」の実況録音《じっきょうろくおん》です。修正会《しゅしょうえ》とは、正月初《はじ》めに行なわれる法会《ほうえ》のこと。新しい年の平和を祈《いの》るために開かれます。

『般若心経《はんにゃしんぎょう》』読経《どきょう》のしかた

〈開経偈《かいきょうげ》〉

無《む》上《じょう》甚《じん》深《じん》微《み》妙《みょう》法《ほう》　百《ひゃく》千《せん》万《まん》劫《ごう》難《なん》遭《そう》遇《ぐう》
我《が》今《こん》見《けん》聞《もん》得《とく》受《じゅ》持《じ》　願《がん》解《げ》如《にょ》来《らい》真《しん》実《じつ》義《ぎ》

仏《ぶっ》説《せつ》摩《ま》訶《か》般《はん》若《にゃ》波《は》羅《ら》蜜《みっ》多《た》心《しん》経《ぎょう》

観《かん》自《じ》在《ざい》菩《ぼ》薩《さつ》　行《ぎょう》深《じん》般《はん》若《にゃ》波《は》羅《ら》蜜《みっ》多《た》時《じ》　照《しょう》見《けん》五《ご》蘊《うん》皆《かい》空《くう》　度《ど》一《いっ》切《さい》苦《く》厄《やく》　舎《しゃ》利《り》
子《し》　色《しき》不《ふ》異《い》空《くう》　空《くう》不《ふ》異《い》色《しき》　色《しき》即《そく》是《ぜ》空《くう》　空《くう》即《そく》是《ぜ》色《しき》　受《じゅ》想《そう》行《ぎょう》識《しき》　亦《やく》復《ぶ》如《にょ》是《ぜ》
舎《しゃ》利《り》子《し》　是《ぜ》諸《しょ》法《ほう》空《くう》相《そう》　不《ふ》生《しょう》不《ふ》滅《めつ》　不《ふ》垢《く》不《ふ》浄《じょう》　不《ふ》増《ぞう》不《ふ》減《げん》　是《ぜ》故《こ》空《くう》中《ちゅう》無《む》色《しき》
無《む》受《じゅ》想《そう》行《ぎょう》識《しき》　無《む》眼《げん》耳《に》鼻《び》舌《ぜっ》身《しん》意《に》　無《む》色《しき》声《しょう》香《こう》味《み》触《そく》法《ほう》　無《む》眼《げん》界《かい》乃《ない》至《し》無《む》意《い》識《しき》界《かい》
無《む》無《む》明《みょう》亦《やく》無《む》無《む》明《みょう》尽《じん》　乃《ない》至《し》無《む》老《ろう》死《し》　亦《やく》無《む》老《ろう》死《し》尽《じん》　無《む》苦《く》集《しゅう》滅《めつ》道《どう》　無《む》智《ち》亦《やく》無《む》
得《とく》　以《い》無《む》所《しょ》得《とく》故《こ》　菩《ぼ》提《だい》薩《さっ》埵《た》　依《え》般《はん》若《にゃ》波《は》羅《ら》蜜《みっ》多《た》故《こ》　心《しん》無《む》罣《けい》礙《げ》　無《む》罣《けい》礙《げ》故《こ》
無《む》有《う》恐《く》怖《ふ》　遠《おん》離《り》一《いっ》切《さい》顛《てん》倒《どう》夢《む》想《そう》　究《く》竟《きょう》涅《ね》槃《はん》　三《さん》世《ぜ》諸《しょ》仏《ぶつ》　依《え》般《はん》若《にゃ》波《は》羅《ら》蜜《みっ》多《た》
故《こ》　得《とく》阿《あ》耨《のく》多《た》羅《ら》三《さん》藐《みゃく》三《さん》菩《ぼ》提《だい》　故《こ》知《ち》般《はん》若《にゃ》波《は》羅《ら》蜜《みっ》多《た》　是《ぜ》大《だい》神《じん》呪《しゅ》　是《ぜ》大《だい》明《みょう》呪《しゅ》
是《ぜ》無《む》上《じょう》呪《しゅ》　是《ぜ》無《む》等《とう》等《どう》呪《しゅ》　能《のう》除《じょ》一《いっ》切《さい》苦《く》　真《しん》実《じつ》不《ふ》虚《こ》　故《こ》説《せつ》般《はん》若《にゃ》波《は》羅《ら》蜜《みっ》多《た》呪《しゅ》
即《そく》説《せつ》呪《しゅ》曰《わつ》
羯《ぎゃ》諦《てい》羯《ぎゃ》諦《てい》　波《は》羅《ら》羯《ぎゃ》諦《てい》　波《は》羅《ら》僧《そう》羯《ぎゃ》諦《てい》　菩《ぼ》提《じ》薩《そ》婆《わ》訶《か》　般《はん》若《にゃ》心《しん》経《ぎょう》

〈回向文《えこうもん》〉

願《ねが》わくば此《こ》の功《く》徳《どく》を以《もっ》て　普《あまね》く一《いっ》切《さい》に及《およ》ぼし
我《われ》らと衆《しゅ》生《じょう》と　皆《みな》共《とも》に仏《ぶつ》道《どう》を成《じょう》ぜんことを

◆寂庵《じゃくあん》への道《みち》

寂庵《じゃくあん》とは……　出家者《しゅっけしゃ》・瀬戸内寂聴《せとうちじゃくちょう》の修行《しゅぎょう》・生活の場として、昭和《しょうわ》50年12月、京都《きょうと》・嵯峨野《さがの》に寂庵《じゃくあん》が結《むす》ばれました。当初《とうしょ》、寂庵《じゃくあん》は非公開《ひこうかい》でしたが、昭和《しょうわ》60年５月、サガノ・サンガ（嵯峨野僧伽）の落慶《らっけい》を機《き》に、法話《ほうわ》の会や写経《しゃきょう》の会などが定期的《ていきてき》に開かれるようになりました。

寂《じゃく》庵《あん》の定《てい》期《き》行《ぎょう》事《じ》

●写経《しゃきょう》の会

毎月１日（予約不要《よやくふよう》）

午前10時から午後３時まで

ただし事前に予約《よやく》があれば、平日でも写経《しゃきょう》を行なっています。

●座禅《ざぜん》の会

毎月15日（予約不要《よやくふよう》）

午前９時から10時

ただし、法話《ほうわ》の会と重《かさ》なる時は、14日に変更《へんこう》となります。

●法話《ほうわ》の会

毎月第３日曜日

午前11時と午後１時半の２回

かならず予約《よやく》を必要《ひつよう》とします。下記《かき》の要領《ようりょう》で往復《おうふく》ハガキにて応募《おうぼ》してください。予約受付《よやくうけつけ》は、希望日《きぼうび》の１ヶ月前から開始《かいし》となります。なお、応募《おうぼ》ハガキ１枚《まい》につき、１人の申《もう》し込《こ》みとなります。団体《だんたい》での申《もう》し込《こ》みはできません。また、定員《ていいん》になり次第《しだい》、お断《こと》わりすることがあります。

往復《おうふく》ハガキの書《か》き方

表面

往信
616-8434
京都市右京区
嵯峨鳥居本
仏餉田町７の１
寂庵「法話の会」係

（白紙のまま）

裏面

返信
あなたの
住所
氏名
郵便番号
を書く

・法話希望日
・希望の会（午前・午後のどちらかを明記）
・住所　・電話番号
・氏名

ご注意《ちゅうい》

◆８月はすべての行事《ぎょうじ》がお休みです。　◆どの行事《ぎょうじ》も、団体《だんたい》での参加《さんか》はお断《こと》わりしております。

◆平日の写経《しゃきょう》は、庵《あん》の状況《じょうきょう》によりお断《こと》わりすることがあります。あしからずご了承《りょうしょう》下さい。

※**月例行事《げつれいぎょうじ》以外《いがい》は閉門《へいもん》しておりますのでご注意《ちゅうい》下さい。**

寂《じゃく》庵《あん》だより

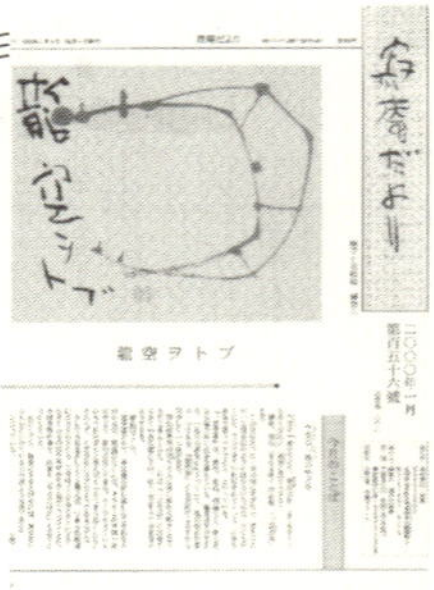

寂庵《じゃくあん》では庵主《あんじゅ》・瀬戸内寂聴《せとうちじゃくちょう》を中心に月刊紙《げっかんし》「寂庵《じゃくあん》だより」を発行しています。
A5判８ページ（通常号《つうじょうごう》）には、庵主《あんじゅ》が執筆《しっぴつ》する
「随想《ずいそう》」、「今月のことば」、「相談室《そうだんしつ》」などの
連載企画《れんさいきかく》の他《ほか》、インタビューや読者参加《さんか》の特集《とくしゅう》も掲載《けいさい》されています。
また、寂庵《じゃくあん》や岩手《いわて》・天台寺《てんだいじ》での行事案内《ぎょうじあんない》（法話《ほうわ》、写経《しゃきょう》、座禅《ざぜん》など）や
庵主《あんじゅ》の最新情報《さいしんじょうほう》も知ることができます。

（「寂庵《じゃくあん》だより」の年間購読料《こうどくりょう》は2500円（送料込《そうりょうこ》み）です。ご希望《きぼう》の方は郵便振替《ゆうびんふりかえ》にて、「寂庵《じゃくあん》だより編集部《へんしゅうぶ》」（振替口座《ふりかえこうざ》01090-7-49260）に購読料《こうどくりょう》2500円をお振込《ふりこ》みください。なお、振替用紙《ふりかえようし》の通信欄《つうしんらん》に「新規契約《しんきけいやく》」とお書《か》き添《そ》えください。）

寂《じゃく》庵《あん》ホームページ

定例行事《ていれいぎょうじ》などの情報《じょうほう》は、寂庵《じゃくあん》のホーム・ページで知ることができます。また写経《しゃきょう》の会、「寂庵《じゃくあん》だより」の申《もう》し込《こ》みもホーム・ページ上で受《う》け付《つ》けています。インターネットでhttp://village.infoweb.ne.jp/～jakuan/にアクセスしてください。

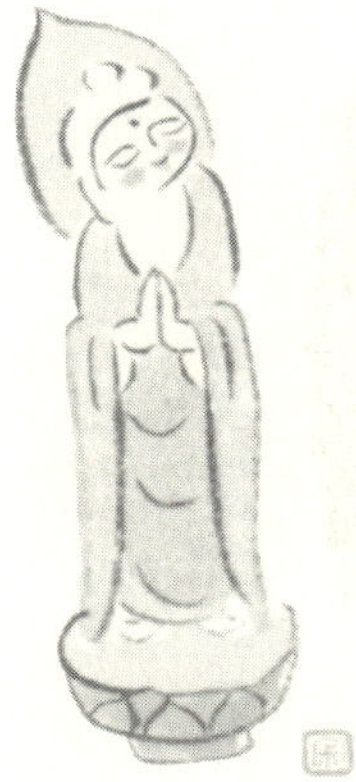

＜寂庵地図《じゃくあんちず》＞

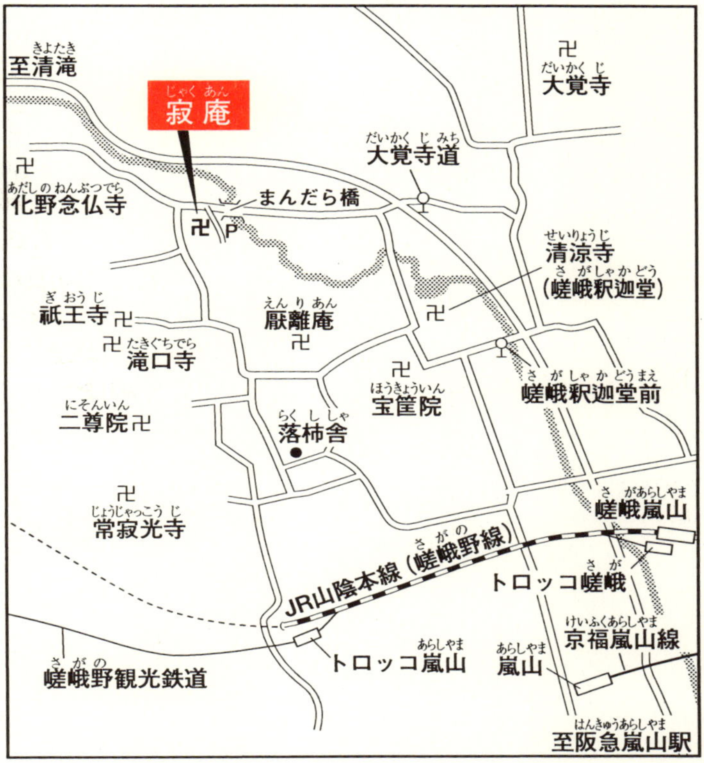

【交通案内】

●京都駅《きょうとえき》から
京都《きょうと》バス［71］［81］、市バス［28］は「嵯峨釈迦堂前《さがしゃかどうまえ》」下車、徒歩《とほ》で10分。
京都《きょうと》バス［72］は「大覚寺道《だいかくじみち》」下車、 徒歩《とほ》で5分。

●京阪三条駅《けいはんさんじょうえき》前から
京都《きょうと》バス［61］は「嵯峨釈迦堂前《さがしゃかどうまえ》」下車。
京都《きょうと》バス［52］は「大覚寺道《だいかくじみち》」下車。

●阪急嵐山駅《はんきゅうあらしやまえき》前および京福嵐山駅《けいふくあらしやまえき》前からタクシーで約《やく》5分。

●JR嵯峨野《さがの》線
「嵯峨嵐山駅《さがあらしやまえき》」下車、タクシーで約《やく》5分。

●寂庵《じゃくあん》住所
〒616-8434　京都《きょうと》市右京《うきょう》区嵯峨鳥居本仏餉田《さがとりいもとぶっしょだ》町7の1

◆天台寺《てんだいじ》への道《みち》

天台寺《てんだいじ》とは……　正式名称《せいしきめいしょう》は「八葉山天台寺《はちようざんてんだいじ》」。奈良《なら》時代の西暦《せいれき》728年、聖武天皇《しょうむてんのう》の勅命《ちょくめい》で行基上人《ぎょうきしょうにん》が開山《かいざん》したと伝《つた》えられる東北最古《さいこ》の古刹《こさつ》ですが、実際《じっさい》にはそれ以前《いぜん》から「神のいます山」として信仰《しんこう》の対象《たいしょう》になっていたと考えられています。昭和《しょうわ》62年５月５日、第《だい》73世《せい》天台寺《てんだいじ》住職《じゅうしょく》として瀬戸内寂聴師《せとうちじゃくちょうし》が晋山《しんざん》。翌年《よくねん》、比叡山延暦寺《ひえいざんえんりゃくじ》から「不滅《ふめつ》の法灯《ほうとう》」が分灯《ぶんとう》されました。天台寺《てんだいじ》の本尊《ほんぞん》・桂泉観世音立像《けいせんかんぜおんりゅうぞう》、十一面観音立像《めんかんのんりゅうぞう》は国の重要文化財《じゅうようぶんかざい》となっています。

天《てん》台《だい》寺《じ》の行《ぎょう》事《じ》

● **５月５日　春の例大祭《れいたいさい》**

● **10月第１日曜日　秋の例大祭《れいたいさい》**

春・秋２回の例大祭《れいたいさい》では法話《ほうわ》の他に、南朝《なんちょう》３代目の長慶天皇《ちょうけいてんのう》を弔《とむら》う御輿渡御《みこしとぎょ》が行なわれます。また、月山神楽《がっさんかぐら》の奉納《ほうのう》も。

● **月例法話《げつれいほうわ》**

４月から11月の第１日曜日の午後１時より

ただし、５月と10月は大祭《たいさい》の日。12月から３月までは雪のため休みです。

● **８月16日　安比川《あっぴ》精霊《しょうろう》流《なが》し**

● **大晦日《おおみそか》から元旦《がんたん》**

大晦日《おおみそか》の午後11時から篝火《かがりび》が焚《た》かれ、除夜《じょや》の鐘《かね》。元旦《がんたん》の午前○時より、本堂《ほんどう》で修正会《しゅしょうえ》の法要《ほうよう》。餅《もち》つきも行なわれます。

● **写経《しゃきょう》の会　月例法話《げつれいほうわ》の翌日《よくじつ》**

ただし、写経《しゃきょう》そのものは、いつでもできます。

天台寺《てんだいじ》までの交通

鉄道・バス　東北新幹線《とうほくしんかんせん》・盛岡《もりおか》駅でＪＲ東北本線に乗り換《か》えて、二戸《にのへ》駅下車（約《やく》45分）。駅前からタクシーで20分。二戸《にのへ》駅からはＪＲバス浄法寺《じょうほうじ》行きも出ています（天台寺《てんだいじ》前停留所《ていりゅうじょ》下車。所要《しょよう》時間30分）。ＪＲ盛岡《もりおか》駅からは浄《じょう》法寺《ぼうじ》行き高速《こうそく》バスもあります（約《やく》１時間）。

自動車　東北《とうほく》自動車道・安代《あじろ》ジャンクションで八戸《はちのへ》自動車道に入り、浄法寺《じょうぼうじ》インターチェンジで下りる（盛岡《もりおか》から約《やく》50分）。料《りょう》金所《きんじょ》を出て右折《うせつ》し、最初《さいしょ》の交差《こうさ》点《てん》を右に曲がる。天台寺《てんだいじ》には駐《ちゅう》車場《しゃじょう》もあります。

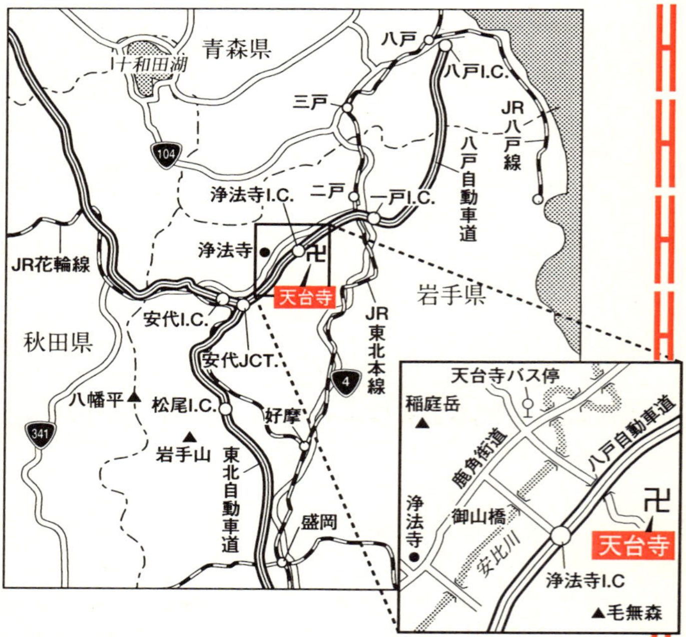

〈問い合わせ先〉
天台寺《てんだいじ》…0195(38)2500
交通《こうつう》・宿泊《しゅくはく》などの問い合わせ…浄法寺《じょうほうじ》町観光協会《まちかんこうきょうかい》0195(38)2211

◎特別付録ＣＤ

企画　（株）集英社インターナショナル
制作　ジネット・ヌヴー協会ジャポン
プロデューサー・コーディネーター　野口眞一郎
レーベルデザイン　古久文嗣(SGNJ)
録音　於　京都・曼陀羅山　寂庵　2000.1.7
エンジニア　山本誠治／冨岡照雄（サム・コーポレーション）
ディレクター　大越智（東芝EMI）
編集・マスタリング　東芝EMI スタジオ テラ CD-5　2000.2.1
マスタリングエンジニア　池田彰（東芝EMI）
進行　小倉洋一（東芝EMI）
アートワーク　田村有理（東芝EMI）

＜取り扱い上のご注意＞●ディスクは両面共、指紋、汚れ、キズ等を付けないように取り扱って下さい。●ディスクが汚れたときは、メガネふきのような柔らかい布で内周から外周に向かって放射状に軽くふき取って下さい。レコード用クリーナーや溶剤等は使用しないで下さい。●ディスクは両面共、鉛筆、ボールペン、油性ペン等で文字や絵を描いたり、シール等を貼付しないで下さい。●ひび割れや変形、又は接着剤等で補修したディスクは、危険ですから絶対に使用しないで下さい。

＜保管上のご注意＞●直射日光の当たる場所や、高温・多湿の場所には保管しないで下さい。●長期の保存には、市販のＣＤケースなどのご利用をお勧めします。

痛快！寂聴仏教塾

2000年　4月29日　第1版発行
2000年　6月26日　第4版発行

著　者　瀬戸内 寂聴

発行者　島地勝彦

発行所　株式会社 集英社インターナショナル
郵便番号　101-0051
東京都千代田区神田神保町2-17-10集英社共同ビル
電話　出版部　(03)5211-2632

発売所　株式会社 集英社
郵便番号　101-8050
東京都千代田区一ッ橋2-5-10
電話　販売部　(03)3230-6393
　　　制作部　(03)3230-6080

印刷所
製本所　大日本印刷株式会社

Printed in Japan　ISBN4-7976-7006-1 C0015